大石学・時代考証学会〈編〉

明治・大正・昭和の時代劇メディアと時代考証

勉誠出版

巻頭言

近現代時代劇・時代考証の歴史的前提

――リアリズムの視点から

大石　学

はじめに

本書は、時代考証学会が二〇一四年から二〇一九年にかけて開催したシンポジウム（第七回「明治・大正・昭和を考証する――時代考証の現場から」二〇一五年、第八回「時代考証学とノンフィクション」二〇一六年）とサロンの報告から、近現代時代劇（明治以降の時代を扱った時代劇）と時代考証に関する内容をまとめたものである。

近現代時代劇と時代考証については、これまで近現代資料の膨大さ、オーラルヒストリーの重要性と課題、人物・事件の評価の難しさなどが指摘されている。ここでは、先のシンポジウムとサロンの成果をふまえ、近現代時代劇と時代考証の歴史的前提について、リアリズムの視点から素描したい。

かつて私は、時代考証について、「映画・演劇・テレビなどで、セリフ・衣装・道具・装置などが、題材となった時代のそれを正しく再現しているかどうか調べること」と定義し[1]、その後、時代考証の意図・目的を、「『らしさ』を高める作業」と表現した[2]。

他方、私は時代考証を支える思想であるリアリズムについて、芸術的リアリズムと科学的リアリズムに分類し、芸術的リアリズムが制作者や受け手の主観性・個別性・多様性に依拠する一方、科学的リアリズムは客観性・普遍性・画一性を求める方法と述べた。(3) なお、二つのリアリズムについては、科学的リアリズム抜きに芸術的リアリズムは成立しえず、科学的リアリズムが芸術的リアリズムを基礎づける関係と考えるものである。

一、古代・中世の能と狂言

まず、日本古代・中世以来の古典芸能である能と狂言についてみる。能（猿楽・田楽とも）は、舞と謡（うたい）による歌舞劇であり、起源は、奈良時代に唐から伝来した散楽（さんがく）（物真似（ものまね）、軽業（かるわざ）・曲芸、奇術、人形遣い、踊りなどの娯楽的芸能）とされる。平安時代には、猿楽（滑稽的物真似）として展開し、南北朝〜室町時代初期には、主役（シテ）と相手役（アド）のせりふ・しぐさなどが確立、観阿弥（かんあみ）・世阿弥（ぜあみ）父子が大成した。主題は「幽玄」「優雅」であり、能面をつけた感情や動作は、様式化・パターン化された。橋懸（はしがかり）を備えた三間（けん）（約五・四メートル）四方の簡素な能舞台で、背景や小道具をほとんど使わず、観客の想像力に多くを委ねる芸能として成立した。(4) 江戸人は、能舞台のシンプルさを歌舞伎の舞台と比べて、「やほな事　芝居の目てハ能ぶたい」と、野暮と詠んでいる。(5)

一方、狂言は、能と同じく散楽を起源とし、平安時代の猿楽から発展したとされる。主役と相手役のせりふ・しぐさなどにより「をかし」（滑稽）をテーマとする。能が現実と異なる虚構の世界を、文語体の謡で語るのに対して、狂言は口語体で、感情をより直接的に表現し、能より現実性・社会性は高い。

しかし、狂言もまた、舞台装置や道具は少ない(6)。観客の想像力に多くを委ねる能と狂言は、より強く芸術的リアリズムに依拠しているといえる。

これら古代に起源をもち、中世に展開した能と狂言は、たとえば、狂言『佐渡狐』は、佐渡と越後の農民が佐渡に狐がいるかいないか言い争うが、彼らの衣装は掛素袍・狂言袴・帯刀と、実際の農民とはほど遠い。時代・場所などを特定しない能と狂言は、時代考証の余地は少ないといえる。

二、近世の歌舞伎と人形浄瑠璃

1　歌舞伎の展開

戦国時代から江戸時代の近世において、広く庶民を観客とする芸能の商品化（興行化）が見られた。この時期芸能は、古代以来の経済的援助者であった朝廷・寺社・中世武士が没落し、近世、とくに江戸時代の長期の「徳川の平和」のもと、社会経済の発展を基礎に庶民生活やリテラシーの向上によって、商品化が実現した。その代表が、歌舞伎と人形浄瑠璃である。

まず、歌舞伎は、正統でない異端、秩序からの逸脱を意味する「傾く」を語源とする(7)。慶長八年（一六〇三）頃、出雲大社の巫女という阿国ら女性集団が、京都で茶屋や風呂屋の男女をテーマに、男装・女装・帯刀など異形で歌い踊り、興行化したのが起源とされる。慶長一二年、阿国らは江戸に進出、遊女らがこれを真似たことから遊女歌舞伎と呼ばれた。

しかし、寛永六年（一六二九）幕府は、風俗矯正の名目で遊女歌舞伎を禁止した(8)。その後、遊女に代わり美少年が演ずる若衆歌舞伎が流行したが、若衆が男色の対象となり、殺傷事件が起こるなどしたため、承応元年（一六五二）六月幕府は若衆歌舞伎も禁じた。[9]

その後、若衆の前髪を落とし月代を剃った野郎頭（成人）の役者が演じる野郎歌舞伎が流行り、元禄時代（一六八八～一七〇四）の歌舞伎ブームを迎えた。当時、上方では「狂言作り」を名乗る富永平兵衛や、「作者」を名乗る近松門左衛門ら専業作者が生まれ、市井の恋愛を主題とする「和事」が流行し、坂田藤十郎、女形の芳沢あやめなどが活躍した。

他方、江戸では、派手で豪快な演技の「荒事」が発達した。荒事の創始は、貞享二年（一六八五）市村座の『金平六条通』とされ、このとき、鬼神・妖怪・悪を退治する坂田金平役の市川団十郎は、紅と墨の顔化粧（隈取）をしたとされる。荒事の特徴としては、他に車鬢（髪の逆立）、雄弁（連事）、見得、六法などがある。元禄時代以後、常設劇場や舞台装置も発達し、花道、セリ、回り舞台、引き道具などが整備された。演出も、早変わり、宙乗り、水からくりなど工夫が凝らされ、娯楽性も高まった。

これら歌舞伎の舞台装置や演出の進歩は、より具体的・現実的な舞台を見せる効果を図るものであり、時代考証の科学的リアリズムへの道を開いたといえる。

江戸中期以降、上方・江戸の両地域を越えて新たな歌舞伎ジャンルが展開する。一つは社会的事件や出来事を素材とする「世話物」であり、今一つが歴史的事件や人物を扱う「時代物」である。現代で言えば、世話物はトレンディドラマ、時代物は時代劇である。

まず、世話物について、幕府は、風俗の紊乱を危惧し、享保七年一二月七日、心中を扱う書物の出版禁止令[10]を出し、翌八年二月には心中者の厳罰と、「演劇に作りなすこと、かたく停禁たるべし」と、演劇化を禁止し[11]、享保二〇年一二月に心中物板行の禁止令[12]など出版統制も行った。寛政八年（一七九六）五月四日、伊勢古市（三重県伊勢市）の遊郭油屋で遊女お紺の相手の宇治浦田町（伊勢市）の医師孫福斎が、対遇を不満として客や奉公人など九人を斬り、うち三人を死亡させる「油屋騒動」が起きた。事件は十日後、伊勢松坂（松阪市）で芝居『伊勢土産菖蒲刀』として演じられ、七月には近松徳三他合作『伊勢音頭恋寝刃』が大坂角の芝居（大阪市道頓堀）で上演された。

一方、時代物は、たとえば、文化元年（一八〇四）四世鶴屋南北が、遭難した播磨高砂（兵庫県高砂市）生まれの商人徳兵衛の東南アジアの見聞録をもとに『天竺徳兵衛韓噺』（江戸河原崎座）を作り、嘉永六年（一八五三）河竹黙阿弥は、江戸前期の筑前黒田家の御家騒動や島原・天草一揆を題材に『しらぬい譚』（河原崎座）を作った。

世話物は、ほぼ同時代の出来事や風俗を、そのまま舞台化するので観客は理解しやすいのに対し、時代物は、異なる時代の人物や事件を描くため、時代考証の要素が強くなる。たとえば、時代による刀剣の種類や変化に注意し、脇差の多様化にも配慮することになる[13]。時代物の成立は、科学的リアリズムに基づく時代考証への傾斜を強めたといえるのである。

2 人形浄瑠璃の展開

近世のもう一つの芸能である人形浄瑠璃（文楽）は、文禄・慶長年間（一五九二～一六一五）頃、中世の人形操りと浄瑠璃（語り）が結びついて成立したとされる[14]。元禄時代、大坂で近松門左衛門作・竹本義太夫語りの竹本座が評判を得、元禄一六年（一七〇三）七月、義太夫の門人豊竹若太夫が道頓堀に豊竹座を開き、紀海音らを座付役者として竹本座と競った。文楽の名称は、江戸後期に大坂道頓堀で始めた操人形一座の文楽座に由来する。人形も改良され、足が付き、口や目が動き、享保一九年（一七三四）には三人遣いのスタイルが確立した。

人形浄瑠璃でも、世話物と時代物のジャンルが成立した。世話物の例として、たとえば、近松門左衛門は、元禄一六年四月七日に大坂堂島新地（大阪市）天満屋の女郎はつ（二一歳）と内本町醤油商平野屋の手代徳兵衛（二五歳）が西成郡曾根崎村の露天神の森（大阪市）で情死した事件を、同年五月七日に「曾根崎心中」（竹本座）として上演し評判をとった。また、宝永年間（一七〇五～一七一一）の為替金横領事件を同年『冥途の飛脚』（大坂竹本座）、享保五年（一七二〇）一〇月紙屋治兵衛と遊女小春の網島大長寺（大阪市）の心中事件をモデルに一二月「心中天網島」（竹本座）が上演された。

他方、時代物の例として、享保四年（一七一九）近松『平家女護島』（一七一九年）は平家物語を素材とし、二世竹田出他『義経千本桜』（一七四七年、竹本座）は、源平合戦後の源義経の都落ちと平家武将らの悲劇を描くフィクションである。また、寛政九年（一八九七）刊行開始の『絵本太閤記』が評判をとると、刊行中の寛政一一年近松柳他の合作で豊竹座で大当たりした。

ただし、時代物は、歴史上の人物などを実名で描くことは制限された。たとえば、素戔嗚尊と八岐大蛇の対決を描く近松『日本振袖始』（一七一八年、竹本座）は、神代の出来事を扱ったため近松が投獄されたとされ、のち文化六年（一八〇九）江戸中村座で歌舞伎として上演されると、これも数日で打ち切られた。また、中邑阿契他『祇園祭礼信仰記』（一七五七年、豊竹座）は、松永弾正を松永大膳、豊臣秀吉を此下東吉とし、近松半二他『近江源氏先陣館——盛綱陣屋』（一七六九年、竹本座）は、大坂の陣のさいの真田信之・信繁兄弟を、鎌倉時代の近江坂本城の佐々木盛綱・高綱兄弟にうつした。福内鬼外（平賀源内）『神霊矢口渡』（一七七〇年）は「太平記」をもとに、江戸外記座で初演し、近松半二他『伊賀越道中双六』（一七八三年、竹本座）は、伊賀上野鍵屋の辻（三重県伊賀市）の仇討ちを、渡辺数馬を和田志津馬、荒木又右衛門を唐木政右衛門、仇の河合又三郎を沢井股五郎に置き換えた。

人形浄瑠璃においても、歌舞伎同様、セリフ、人形衣装、諸道具、舞台背景など、史実にもとづき、「らしさ」を高める科学的リアリズムによる時代考証が必要とされた。

おわりに

以上、近世の歌舞伎と人形浄瑠璃は、古代・中世の能・狂言の芸術的リアリズムとは異なり、科学的リアリズムを基礎とする時代考証を必要とするものであった。近世中期以降、歌舞伎・人形浄瑠璃ともに世話物と時代物のジャンルを生み出したが、世話物よりも時代物、浄瑠璃より歌舞伎の方が、時代考証の必要性は高かった。ただし、当時の考証作業は、作者、役者、小道具、衣装、床山などの関係者が経験にもとづき行った。学問成果にもとづく今日の時代考証に比べると、いまだ精密さ、具体性を欠くところが大きかったが、科学的リアリズムへの関心を深め、これを支える、時代考証の重要性を高めた。

これは、同時に庶民や観客の歌舞伎・人形浄瑠璃のテーマ、舞台、大小道具類などへの興味・関心を高めることになり、歌舞伎、人形浄瑠璃の知識・技術の庶民化・共有化が進んだ。以下の川柳はその一端を示すものである。

「そのまゝに　してハ作者も　つくりかね(15)」は、正保元年（一六四四）九月に幕府が狂言中で当時の人名を用いることを禁じた触に対して詠んだものであり、「あの口に　戸が立テられぬ　門左衛門(16)」は、元禄一六年（一七〇三）二月四日の赤穂四六士切腹と同じ二月に幕府が出した、「堺町木挽町劇場にても、近き異事を擬する事なすべからず(17)」との触に対するものとされる。「三ンがいの　さじきから　いよ新五郎(18)」は、正徳四年（一七一四）の江島生島事件に関係して、幕府が桟敷の二階三階を禁じたことを、処罰された生島新五郎への掛け声で皮肉っている。「代参へ　愚僧も芝居　好きといふ(19)」は、大奥と寺院僧との醜聞を詠んでいる。楽屋の上下と史実の違いをうたった「がくやでハ　よりとも公の　部やハなし(20)」、「楽屋では　範頼公に　茶をくませ(21)」「楽屋てハ　上席をする　平衛門(22)」（『仮名手本忠臣蔵』七段目「祇園一力茶屋」の「足の軽い足軽殿」の平右衛門）など、科学的リアリズムは、政治や社会秩序への批判意識をも生み出す土壌になった。その意味では、本来の「傾く」の語義の一部は、しっかりと受け継がれていたといえる。

注

（1）大石学「時代考証と地域史研究」（『地方史研究』三二二号、二〇〇六年）。
（2）大石学「時代劇の新局面・史実と虚構――時代考証の視点から」（『風俗史研究』第七五巻第一号、二〇二三年刊行予定）六頁。
（3）大石学「歴史作品とリアリティ」（大石学・時代考証学会編『大河ドラマをつくるということ――時代考証学の提唱』名著出版、二〇一二年）一一頁。
（4）榎木行宣「猿楽能」、味方健「猿楽能の展開」（いずれも芸能史研究会編『日本の古典芸能3・能』平凡社、一九七〇年、所収）。
（5）小池章太郎『増補新訂考証江戸歌舞伎』（三樹書房、一九九七年）二六一頁。

（6）池田廣司「狂言の展開」、北川忠彦「狂言の性格」、茨木憲「狂言論」（いずれも芸能史研究会編『日本の古典芸能4・狂言』平凡社、一九七〇年、所収）。
（7）以下の論述については、山本勝太郎他『歌舞伎劇の経済史的考察』（宝文館、一九二七年）、服部幸雄「歌舞伎――構造の形成」、權藤芳一「洋式の展開」、山本修二「歌舞伎論」、藤浪与兵衛「歌舞伎の小道具――荒事の太刀を中心に」（いずれも芸能史研究会編『日本の古典芸能8・歌舞伎』平凡社、一九七一年、所収）を参照。
（8）国史大辞典編集委員会『国史大辞典』第三巻（吉川弘文館、一九八一年）五〇六頁。
（9）石井良助編『徳川禁令考』前集第五、三三九二号（創文社、一九五九年）四五一頁。
（10）黒板勝美他編『国史大系・徳川実紀』第九篇（吉川弘文館、一九八四年）二九〇頁。
（11）黒板勝美他編『新訂増補国史大系・徳川実紀』第八篇（吉川弘文館、一九八一年）二九七頁。
（12）前掲注9書、二九四三号、二五〇頁。
（13）前掲注7山本修二、藤浪与兵衛論文。
（14）以下の論述は、森修「人形浄瑠璃の展開と大坂」、吉永孝雄「人形浄瑠璃の爛熟と伝承」（いずれも芸能史研究会編『日本の古典芸能7・浄瑠璃』平凡社、一九七〇年、所収）を参照。
（15）前掲注5書、一二七頁。
（16）前掲注5書、一二八頁。
（17）黒板勝美他編『新訂増補国史大系・徳川実紀』第六篇（吉川弘文館、一九八一年）五〇二頁。
（18）前掲注5書、二九九頁。
（19）前掲注5書、三三二頁。
（20）前掲注5書、一二三頁。
（21）前掲注5書、一二三頁。
（22）前掲注5書、一二三頁。
補注　歌舞伎・人形浄瑠璃の内容・性格については、国立劇場公演パンフレット『国立劇場』などによる。

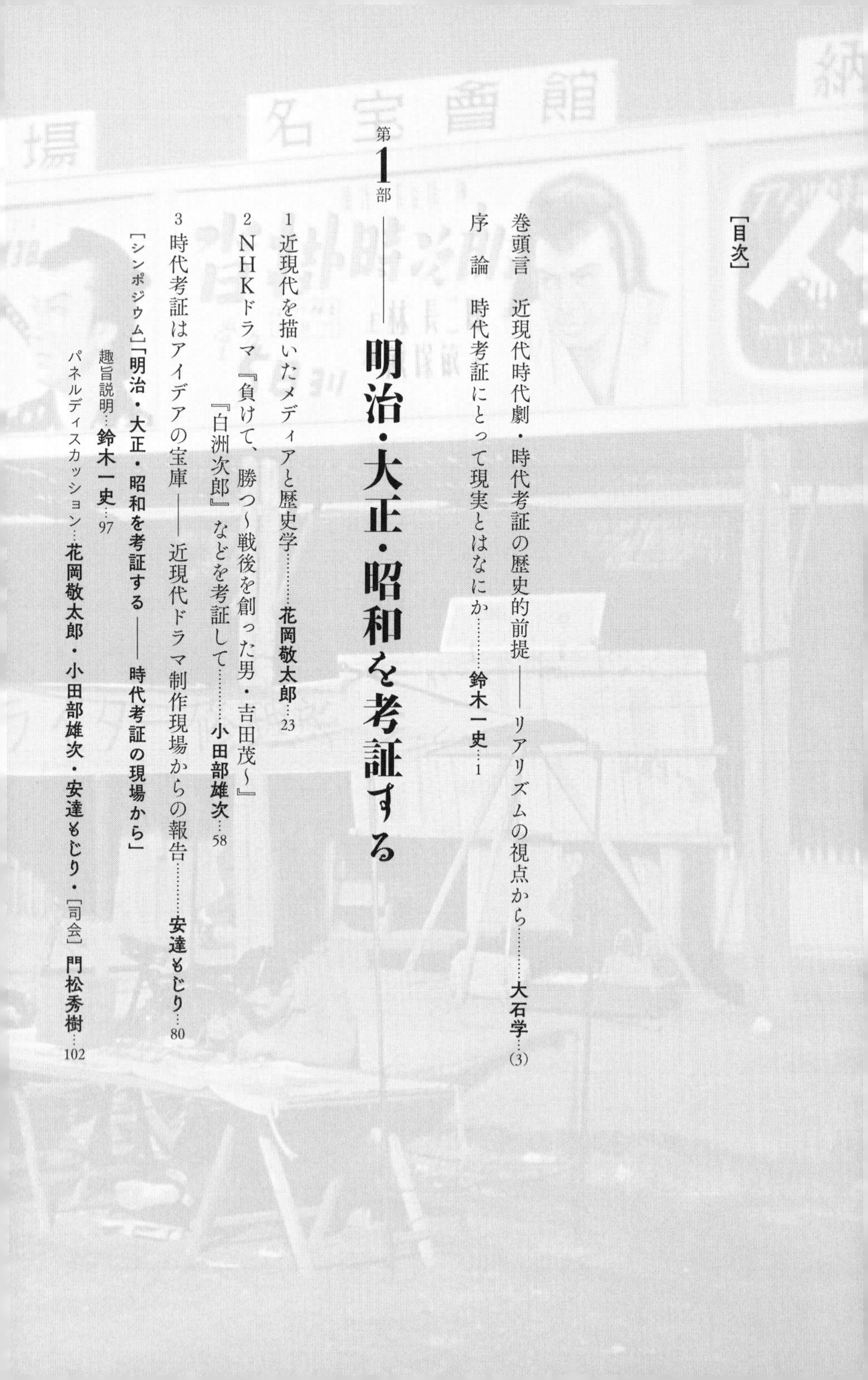

【目次】

巻頭言　近現代時代劇・時代考証の歴史的前提――リアリズムの視点から……大石学…(3)
序論　時代考証にとって現実とはなにか……鈴木一史…1

第1部　明治・大正・昭和を考証する

1　近現代を描いたメディアと歴史学……花岡敬太郎…23
2　NHKドラマ『負けて、勝つ～戦後を創った男・吉田茂～』『白洲次郎』などを考証して……小田部雄次…58
3　時代考証はアイデアの宝庫――近現代ドラマ制作現場からの報告……安達もじり…80
［シンポジウム］「明治・大正・昭和を考証する――時代考証の現場から」
趣旨説明…鈴木一史…97
パネルディスカッション…花岡敬太郎・小田部雄次・安達もじり・［司会］門松秀樹…102

第2部 ノンフィクションを考証する

1 歴史教養番組の構造と変遷……神谷大介…141

2 シナリオ論証を通じて……落合弘樹…162

3 歴史番組の〝歴史〟——制作者の視点から……谷口雅一…177

［シンポジウム］「時代考証学とノンフィクション」

趣旨説明…神谷大介…190

パネルディスカッション…神谷大介・落合弘樹・谷口雅一・［司会］鈴木一史…193

［コラム］記憶をめぐる時代考証
——時代考証学会第七回シンポジウムのアンケート回答から……神谷大介…221

［コラム］ノンフィクション・歴史教養番組はどのような時代劇メディアか
——時代考証学会第八回シンポジウムのアンケート回答から……中野良…238

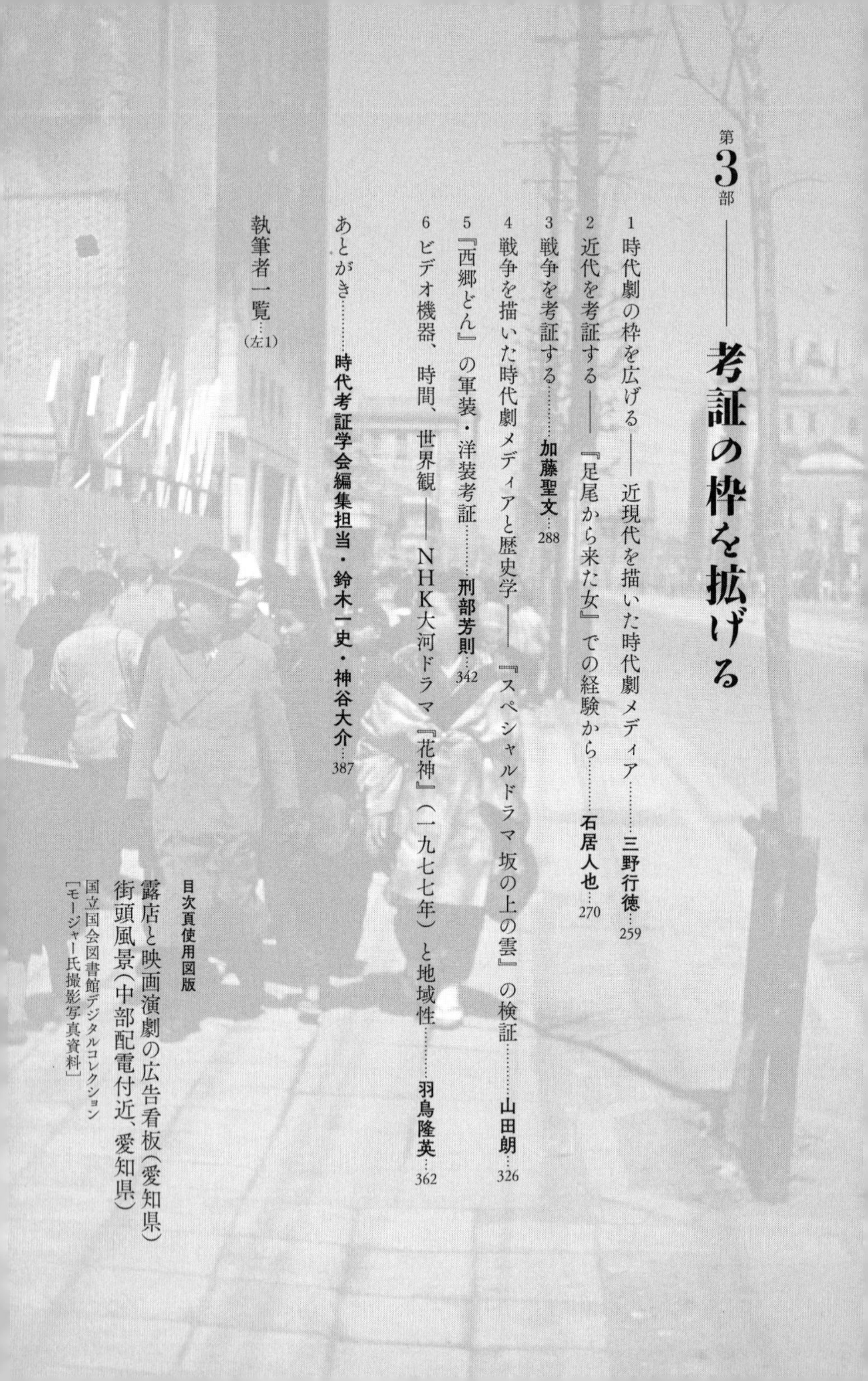

第3部 ―― 考証の枠を拡げる

1 時代劇の枠を広げる――近現代を描いた時代劇メディア……三野行徳…259
2 近代を考証する――『足尾から来た女』での経験から……石居人也…270
3 戦争を考証する……加藤聖文…288
4 戦争を描いた時代劇メディアと歴史学――『スペシャルドラマ 坂の上の雲』の検証……山田朗…326
5 『西郷どん』の軍装・洋装考証……刑部芳則…342
6 ビデオ機器、時間、世界観――NHK大河ドラマ『花神』(一九七七年)と地域性……羽鳥隆英…362
あとがき……時代考証学会編集担当・鈴木一史・神谷大介…387
執筆者一覧…(左1)

目次頁使用図版
露店と映画演劇の広告看板(愛知県)
街頭風景(中部配電付近、愛知県)
国立国会図書館デジタルコレクション
[モージャー氏撮影写真資料]

序論　時代考証にとって現実とはなにか

◉鈴木一史

時代考証という言葉を聞いて、あなたは何を思い浮かべるでしょうか。

ドラマ『新春仕事人スペシャル 必殺忠臣蔵』（テレビ朝日、一九八七年）で、赤穂藩へ向かう早駕籠が進む後ろを新幹線がかけぬけるという場面があります。演出上のねらいがあってのことでしょうが、作品の舞台は元禄時代ですから、およそ二百六十年後の一九六四年に開業するであろう新幹線の車両がこの時代に走っているはずがありません。過去のあるときにたしかにあったであろう物事と、あるはずのない物事を区別して示すのが時代考証のもっとも基本的ないとなみです(1)。

時代考証の「時代」とは「時代劇」という言葉から考えれば分かりやすいでしょう。すなわち「現代」のことではない劇、具体的には『水戸黄門』（TBS、一九六九～二〇一一年）や『暴れん坊将軍』（テレビ朝日、一九七八～二〇〇二年）などのように作品の舞台が主に江戸時代以前、昔であることを示します。「考証」とはあまり聞きなれない言葉ですが、昔あったことを残された史料から考え、想像し、筋を通して証し立てる、ととのえて説明することです。つまり時代考証とは、過去の出来事を史料というよりどころをもとに明らかにすることだといえます。

ここで「江戸時代以前」としなかったのは、近年では明治時代以降の近現代史を取り上げた作品、たとえばスペシャルドラマ『坂の上の雲』(NHK、二〇〇九~二〇一一年)などで時代考証が行われるようになったからです(本書第3部第4章)。テレビドラマの終わりなどで流される制作関係者の一覧に「〇〇考証」という文字があったり、学習漫画の表紙や奥付に関係者の肩書として「監修」という文字が入っていたりするのを見たことがあるかもしれませんが、これは時代考証をはじめとした考証のことを指します。歴史を題材とした作品において、過去のことを記した史料に基づいて誤りを指摘したり、より正確になるような代わりの案を示したり、正確ではないけれどどこういったことはいえるかもしれないという意見を伝えるのが、時代考証の現場で主に行われることです。(2)

この時代考証について議論を続けてきたのが時代考証学会です。歴史を題材としたテレビ・ラジオ・映画・演劇などの時代劇、歴史小説、マンガ、アニメ、ゲームなどの作品をまとめて「時代劇メディア」(3)と呼び、主にNHK大河ドラマなどを取り上げて制作現場で行われる作業を紹介したり、作品に接した人びとの受けとめ方を調べたり、(4)観光や町おこしに時代劇メディアがどう使われるかといったことを議論してきました。(5)テーマはさまざまですが、これらの議論は作品が作られるなかで時代考証がどのような作業として行われるか、すなわち「物語がなぜそのようなかたちで存在するのか」という問いと、作品に接した人びとが何を考え、どう行動するかに注目する「史実がどのような現実を作りあげているのか」(6)という問いに大きくまとめることができます。

これまでの議論を振り返れば、「証」という文字が表すように参照できるたしかな大元の歴史があり、それを史料から証明しながら作り手に直しを求めることが時代考証だと思われるかもしれません。しかし、ことはそう単純ではありません。わたしが時代考証にかかわったドラマ『永遠の0』(テレビ東京、二〇一五年)で主人公が特攻へ参加するか否かを書く紙に印刷されている文字が「望」になっていたことがありました。現在わたしたちは新字体の漢字を多く使いますが、戦前の公文書は主に旧字体の漢字で書かれていました。ですからこの場合はんから、必ずしも指摘した通りに直るとは限りません。「望」の字が使われていたはずです。しかし旧字体を使えば現在の人びとは何の漢字か分からないかもしれませ

時代劇メディアは歴史を使った絵空事、物語です。けれど観る人びと、読む人びと、聴く人びとが生きている現実と何のかかわりもなければ楽しむことはできません。作品の設定や風景、登場人物の台詞、行動などが自分にとって親しみをもてる、切実である、あるいは自分の欲し望んだことが実現されている、すなわち現実的だと感じたとき、自分にかかわりのあるものとして楽しみ、心動かされるのではないでしょうか。

たしかに時代考証は過去において現実がいかにあったかを重んじます。ただし過去はすでに失われており、物語られることであらわれるわけですから、このように再現すれば正解という意味での元となる歴史はありません[(7)]。そして先に挙げたように、現在において作品を観る人びとが分かりにくいかもしれないと捉えることもまた、時代考証が直面する現実です。だとすれば、時代考証というい となみはいかなる現実と向かい合い、またどのような現実を作っているのでしょうか。わたしがこの小文で深めたいのは、この問いをめぐる考察にほかなりません。

ここで気をつけたいのは、時代劇メディアはあくまで娯楽だということです。これまでの時代考証学会の議論では、専門家は人びとが歴史についてどう感じているかを捉えつつ、知識や調べる力を使ってよりたしからしい情報や研究成果を広く伝え、作り手が研究成果を取り入れることで作品の質が上がり、また人びとは作品を通して誤解を直すことが望ましい、といった前提や埋想がありました。しかし時代考証が細かく行き届いているから作品の完成度が高くなるとは限りませんし、必ずしも多くの人びとが楽しめる、心動かされるわけではありません[(8)]。時代劇メディアは専門家が研究して分かったことや正しい歴史についての理解を広めるためのものではないのです。それを弁えたうえで、時代考証といういとなみについて議論することが肝要だといえるでしょう。

この小文では以上の立場から、本書に収められた時代考証についての報告や作品についての分析を繙き、検討する素材を提供するため、時代考証にとって現実とはなにかという問いを考えます。

＊

多くの人びとが等しく共有できる約束事があること。これが江戸時代や戦国時代[9]の歴史を取り上げた作品や時代考証の特徴です。

詳しくいえば、着るものや言葉、体の動かし方、街並みなど世界を描くための約束事が積み重ねられています。作品に接する人びとも、これなら江戸時代や戦国時代の話だと分かるという共通の理解があります。極端かもしれませんが、登場人物が和服を着てそれらしい言葉遣いやしぐさをし、木や紙、土で作られた和風の建物があれば、多くの人びとが江戸時代や戦国時代の話だとみなしますし、そのような作品として楽しみます。これはNHK大河ドラマで「所作指導」の役割が日本舞踊の演じ手によって担われることがあるように、歌舞伎や能、狂言といった江戸時代以前からの伝統芸能が現在まで続いており、約束事が大きく変わることなく保たれたという事情もあるでしょう。時代劇において「チャンバラ」や「勧善懲悪」から日々のくらしぶり、あるいは出来事を描くことへの変化という傾向がみられるにせよ[10]、江戸時代や戦国時代の歴史を題材とした作品の蓄積が、これまでの時代考証についての議論の前提になっています。

これに対して、近現代史にはそうした約束事がありません。ですから時代考証においてもそれまでとは異なる現実性と向かい合うことになります[11]。

明治時代以降、写真や新聞、映像など新しい媒体が多くの人びとに広まりました。いつ、誰が、どこで、どのような様子で、何を言い、どう行動したかがより細かく記録されるようになりました（本書第3部第2章・第3章）。アジア・太平洋戦争について取り上げるときのように、この戦闘に居あわせた、あるいは有名な人物に会ったといった体験をもとにした記憶をもつ人びとも生きていることがあります。近現代史の時代考証では必ずどこかに史料がある、見落としはないかというおそれを以て考証を行っているというのがわたしの正直な感想です。ドラマ『負けて、勝つ～戦後を創った男・吉田茂～』（ＮＨＫ、二〇一二年）で主人公が首相に就いたとき、昭和天皇にお辞儀をする場面があります（本書第1部第2章）。吉田の動向は公文書や書簡などから追えますので、誰がそこに同席し、何を話したかが書かれているかもしれません。昭和天皇についても『昭和天皇実録』（東京書籍、二〇一五～二〇一九年）に何日の何時何分にどこで何をしたかということが書かれています。部屋の様子、あるいは集まった人びとの衣服や装飾品を記録した写真があるかもしれませんし、使われていた家具が残されているかもしれません。場合によっては、音声の入ったカラー映像で記録されていることもあります。いっぽうで、どれだけ多くの史料があったとしても分からないこともあります。ドラマ『レッドクロス～女たちの赤紙～』（ＴＢＳ、二〇一五年）において、地下壕へ避難したときに醤油の樽がトイレとして使われたという場面では、証言がもとになっているためその樽が実際にどういうものだったかは分かりません。おそらくその醤油樽はとうになくなっているでしょう。そこで時代考証の担当者は当時流通していた醤油樽の大きさを調べたそうです（本書第3部第3章）[12]。近い時代に使われていた樽を調べることで、同じようなものが使われたであろうという推測に基づいて時代考証をしたことになります。このように近現代史の時代考証では、膨大な史料を調べて対象となる出来事そのものの記録をさがす一方、近い時代、場所の似たような物事についての史料を当てはめることがあります。ここでの現実とは、過去にあった現実そのものではなく、現在のわたしたちが過去に似せて作り上げた、完成形や正解のないパズルのようなものだといえるでしょう。

ここで注目したいのは、こうした現実は作り手や作品に接する人びとがそれぞれにとっての現実を生きるなかで伝えたいと思ったこと、こうであってほしいと欲し望んだ結果としてあらわれるということです。たとえばドラマ『夫婦善哉』（NHK、二〇一三年）で作り手は「ダメダメな男と女のくだらない恋の話」を伝えるために「地名」や「空気感」を大切にしたそうです（本書第1部第3章）。これは登場人物がいつ、どこで、どのような場所で、何を着て、食べ、誰とどのような言葉で話し、身の回りにどういう物があったか、その一つひとつがその人の感受性や判断のものさしとなり、心の動きのもとになるであろうという考え方に基づくとおもわれます。織田作之助の原作小説は一九四〇年に発表されたものですから、現在とは男女の結びつき方が異なるでしょうし、作り手の思い描く「ダメダメ」さが原作小説に表された男女のありようと同じであったかは分かりません。けれど登場人物を取り巻く物事を過去にあったものから借りることで、もしかしたらこういう人がそのとき本当にいたかもしれない、「ダメダメ」さは現在にも通じるものがあると納得できるだけの説得力をもつ人物として表現されます[13]。また、かわぐちかいじの漫画『ジパング』（講談社、二〇〇一～二〇〇九年）は現在のイージス艦がアジア・太平洋戦争中の一九四二年にタイムスリップしたことをきっかけに、帝国海軍の少佐が未来の日本を知って歴史を変えようとする作品ですが、当時の武器の性能や軍事作戦の経過が細かく示されたうえで、未来（現在）を知った登場人物たちが過去を変えようとし、あるいはそれを防ごうとする様子が描かれます。おそらく作者は当時のことをかなり調べたうえで描いているのでしょう。ここには、過去が変えられないことを知ったうえでなお、別の日本があり得たのではないかという現在の作り手が欲し望んだことを表現するために、細かな出来事が舞台として使われています。現在を生きるわたしたちが欲し望んだことが実現した作品の世界も、時代考証が作る現実だといえます。

さらに近現代史の場合、作品にかかわるわたしたちが生きる現在において現実がいかにあるかも問題になります。アジア・太平洋戦争について、開戦に至る経緯や真珠湾攻撃、朝鮮半島や東南アジアなどの植民地の位置づけについては今なお議論がありますし、金銭の補償といった利害にもかかわっています。娯楽だからと割り切れず、作り手にクレームというかたちで反対意見が入らないようにする配慮が求められる場合もあるそうです（本書第3部第3章）。しかし史料は誰かが作って残したものである以上、作った人から見えたことを、その人自身の立場からしか書けません。またその史料を選んで示す時代考証の担当者も、公平中立な立場はとれません（公平中立も、別の立場から等しく距離を置くというひとつの立場です）。立場によって選ぶ研究成果や史料は異なりますから、「客観的」な時代考証は成り立たないのです。現在を生きる人びとがそれぞれにとってかくあるべきものとして欲し、思い描く社会のすがたもまた、時代考証が向かい合う現実だといえるでしょう。

＊

これまで述べてきたように、時代考証は過去の出来事という現実のみならず、さまざまな現実とかかわることで成り立っています。いっぽうで時代考証は史料をもとに過去にあったかもしれない現実を作り上げるいとなみでもあります。そこでは時代考証を行う「わたし」が現在の現実を振り返りつつ過去をまなざし、自分にとっての現実として捉えるというみちすじが欠かせません。以下では一般的にノンフィクション、とくに歴史教養番組と呼ばれる一連の作品に注目して、時代考証が過去の現実を見出すことがいかなる行いなのかを考えます。

歴史教養番組を具体的に挙げるならば、『その時歴史が動いた』（NHK、二〇〇〇～二〇〇九年）や『タイムスクープハンター』（NHK、二〇〇九～二〇一五年）といった作品でしょう。[14]『その時歴史が動いた』では、歴史の画期となった日付、たとえば真珠湾攻撃が行われた一九四一年一二月八日が「その時」と定められ、ドイツに滞在していた大使が国際情勢の把握に悩んだりナチス政権の高官と会ったりする様子を映した再現ドラマや当時の戦場の映像、外務省へ打たれた電報といった史料の紹介、専門家による当時の国際関係の説明を織り交ぜながら「その時」にいたる出来事や人間関係、登場人物が考えたであろうことなどが描かれます。過去の出来事や史料に基づきつつ、歴史を波乱万丈にみちた劇的なものとして表現するのが歴史教養番組だといえそうです。「教養」は聞くことの少なくなった言葉ですが、「読書による人間形成」[15]という言葉を手がかりにすれば、歴史教養番組とは歴史についての知識を増やして思索を深め、自分を取り巻く物事を理解することで豊かな知性と感性を伴った人間性を培うことを目的に作られていることがうかがえます。

歴史教養番組では謎とそれにたいする仮説を立ててたしかめるという構成や、二人以上の人物同士をライバルとみなして比べるといった工夫が施されます。また単純に史料を並べてみせるのではなく、再現ドラマにしたり過去の痕跡が残された場所に注目したりといったことも行われます。伝える手段はさまざまでも、現在の作り手が伝えたいことや研究の成果に基づき、同じく現在の人びとへ伝えるに足る、あるいは楽しめるであろう出来事や人物を選んで筋書きを作ることにおいて、歴史教養番組もまた娯楽なのです。

では、歴史教養番組において過去の現実はどのように描かれるのでしょうか。『その時歴史が動いた』で山崎の戦いを取り上げた際、オーディションで俳優たちが明智光秀を演じるときに手を握り締めて「くっ」と言ったそうです（本書第2部第3章）。現在のわたしたちは、これが悔しさを表すしぐさであろうと分かりますし、光秀が羽柴秀吉に負けて不利な立場に置かれた苦しさを表現したいのであろうというねらいを読みとることができます。一五八二年に本能寺の変で織田信長が亡くなったことからこの戦いが起こったことや、秀吉が光秀を討ったことは、さまざまな史料や研究の積み重ねによってかなりの程度にたしからしいこととして理解されています。光秀がこのような言葉を発し、しぐさをしたかどうかは史料から証し立てられないかもしれませんが、番組を観る人びとは喜怒哀楽をもった現在のわたしたちと同じ人物として、いいかえれば現実的な人物として光秀を捉え、親しみをおぼえるでしょう。歴史教養番組は史料に基づいて過去の現実をふまえつつ、現在の人びとにとってこれが本当にあったことかもしれないと感じられる表現を交えて歴史を描いているといえます(16)。

しかし時代考証の立場からみて戦国時代がどのような時代だったかを考えれば、必ずしもこのような表現が成り立たないことに気づくのではないでしょうか。自分がいつ討ちとられるかも分からないのが当然であり、身内同士でも命を取り合っていた時代において、つねに領国を守り、広げることに心血を注いだであろう戦国武将が、現在のわたしたちと同じように心のなかをしぐさとして表したでしょうか。感情をあらわにすることは現在のように望ましいことだったとは限りませんし、むしろ周りに不安や不信をもたらし、裏切られることにつながったかもしれません。時代考証とは、史料を調べて過去の現実をかたちづくっていたであろう部品を取り出して集め、組み合わせるだけの作業ではありません。その時代を生きた人びとが何を大切にし、あたりまえのこととみなし、どう振る舞うことが妥当なこととしてあったかという、価値観の総体としての現実を探るいとなみでもあるのです。だとすれば、時代考証においては現在の現実を生きる「わたし」がその現実を捉え、過去と比べて同じところ、異なるところ、似ているとみなせるところを観察し、過去を生きた人びとにとっての現実を見出すことが行われているはずです。それは過去の現実を、現在の「わたし」からみたものとして新たに生み出すことだといえます。

NHKスペシャル『〝終戦〟知られざる7日間』（二〇一五年）では、アジア・太平洋戦争の終結に際して玉音放送で戦いが終わったことが呼びかけられたものの、徹底抗戦を主張する動きがあったことを作り手が取り上げようとしました。時代考証にたずさわった研究者はそれを否定し、番組の趣旨そのものを変えるように促し続けたそうです（本書第3部第3章）。作り手は、戦いをやめるよう命令があったとしても、現在の会社で上司が仕事を指示したときに逆らったり拒否したりすることがあるように、当時の一部の兵士たちも同じような感覚で徹底抗戦を唱えたと考えたのでしょう。現在のわたしたちと同じく、みずからの意志をもつ人びとが容れがたい時代のなりゆきに抗ったという尊い物語として描きたかったのかもしれません。

しかし当時の軍隊において、組織の方針や上官の命令は絶対です。逆らえば軍法会議にかけられることもありましたし、暴行を受けたりもしました。逆らうことは文字どおり命がけであり、わずか数十年前でありながら現在からは想像することの難しい、まったく異なる現実があったのです。時代考証において過去の現実を疑う余地のない固まったものとみなしているだけでは、こうした現実を探り当てることは困難です。それは現在を生きるわたしたちが過去について当然のものとして考え、当てはめてしまっていることは何かということを振り返ったうえで、史料に書かれた言葉が意味するところを想像するという過程を経てはじめて見出されます。上司の命令に口応えしてもせいぜい喧嘩になるか給料を減らされるか退職になるくらいなのだから、当時の軍隊も似たようなものだったであろうという思い込みをいったん措いて、まったく違う論理と心理のもとで人びとが生きていたのではないかと考えてみること。時代考証にとっての現実とは決まりきって終わってしまった史実としてのみならず、現在のわたしたちにとっての現実をよく観察しながら過去をまなざすことを繰り返すなかで生み出されるものです。この過程があることにおいて、時代考証とは過去の現実を現在の現実のなかで新たに生み出し示す創造的ないとなみであると、はじめていえるのではないでしょうか。

＊

この小文では、本書で取り上げられている時代考証の事例やわたし自身がたずさわった作品を素材に、時代考証といういとなみにとって現実とはいかなるものとしてあり、またどのような現実を作るかという問いを立てて考えてきました。

時代考証において現実とは、過去の痕跡である史料に基づき、過去のある時代にあるべきものがなかったり、あるはずのないものが出てしまったりしていないかを示し、ととのえるものとしてあります。とくに近現代史のようにさまざまな媒体の発明と広がりによって、なまなかではない量の記録が残されている場合、時代考証は当時の現実と記録とが矛盾していないかを見つける間違いさがしにならざるを得ません。しかしどれだけ多くの記録があろうとも、このとき、この場所で、この人がなにを感じ、考え、行動したかという個別性にたどりつくことができるわけではありません。近い事例から同じであろうと思われる史料を当てはめることもあるわけですから、時代考証によって示される現実とはさまざまな部品を使い、過去にあったことに似せて組み立てられたものだといえます。

いっぽうで、過去に起こった出来事やそれをめざして組み立てた現実だけが時代考証の向かい合う現実ではありません。作り手、時代考証にたずさわる者、作品に接する人びとが現在を生きるなかで、過去や歴史にたいして欲し望み、伝えたいと願ったことがらもまた現実です。それは男女の交わりの機微といった人間のありかたであったり、戦争に負けることなく他のありようをたどったかもしれない日本といった願望であったり、また戦争や植民地といった立場性が分かれる物事への見方、あるいはあるべき理想であったりします。現実とは、いま、ここで、「わたし」が生きる途上で目の前にあらわれる避けがたい物事だけを意味しません。わたしたち一人ひとりが現実とかかわるなかで感じ、考えたこともまた紛れもない現実なのです。このとき時代考証が作り出す現実は、史料や研究成果の単なる組み合わせによってのみあらわれるわけではないといえます。

このことは、創作的な作品と比べてより歴史上の出来事や史料に沿っているとされる歴史教養番組において明らかです。戦国時代やアジア・太平洋戦争といった過去においては、現在のわたしたちがあたりまえと思っていることやしぐさ、命令への処し方などが同じだったわけではありません。時代考証にたずさわる者が、自分の心の動きや物事の捉え方そのものを深く振り返り、現在の現実のありようを過去に当てはめてしまうことをよく自覚しながら過去をまなざすことで、現在のわたしたちの心のうちに過去のありようは見出されます。現在の「わたし」が過去を見出すという意味での時代考証からみれば、いわゆるフィクションとよばれるドラマとノンフィクションとして括られる歴史教養番組には、創作か否かという分野の違いではなく、どこまで史実や史料を重視するかという程度の差しかないのです。

時代考証は現場での作業としてみれば、過去にあったであろう現実をたしからしく、またよりどころをもって証し立てることです。けれど、それを行うのは現在を生きる「わたし」です。ただひとつの現実だったであろうものとして過去を示すのではなく、作り手が伝えたいと望んだ感情や、こうであってほしかったと願った世の中のすがた、社会はかくあらねばならないという理想といった、「わたし」の前にあらわれた現実を見定めることで、はじめて過去は現在と異なり、且つ現在からしかまなざすことのできないものとして見出すことができます。

時代考証にとっての現実とは、過去という固まった出来事のみにしばられるものではありません。過去から現在まで歴史が連綿と続き、積み重なるなかで生きた、あるいは生きている人びとにとってのさまざまなかたちの複数の現実を指すのであり、それらの現実を「わたし」が選び取るなかで過去を見出し、構成して生み出すことこそが、時代考証といういとなみなのです。この地平において歴史とは立ち返ることでも、現在から離れたものとしてまなざすことでもなく、いま、ここで生きる「わたし」が「わたし」だけの知性と感性、そして熱情をもって加わり、結果的に「わたし」のありようが顕わになることとしてあるといえるでしょう。

ですから時代考証とはこのとき、この作品、この作り手、考証するこの「わたし」という一度限りの現実の組み合わせによる結果として成り立ちます。ゆえに正解はありませんし、こうあることが望ましいという理想を一様に当てはめられるものでもありません。そして時代考証が行われた作品だからといって、歴史についてただひとつの正しい答えが得られるわけでもありません。大切なのは作品を低俗なものとして、あるいは取るに足らないものとして切り捨てるのではなく、また間違いさがしに勤しむのでもなく、たくさんのかけがえのない「わたし」にとってのさまざまな現実のなかに表現や時代考証があることを解ったうえで、それでも作り物の娯楽だと割り切って楽しむことではないでしょうか。(17)

本書を読んだあなたが、時代考証の現場やいとなみの豊かさに触れて、過去を見出すことや歴史を識ることの奥深さに興味を向けることを希い、この小文をおわりたいと思います。

付記

本書は時代考証学会がこれまで開催してきたシンポジウムやサロンでの報告及び討議の内容を中心に書き下ろしを加えて一書としたもので、初出は次の通りです。

なお、録音の文字起こしについては各報告者や発言者の校閲を経ており、当日の発言内容とは若干異なる場合があります。

＊大石学「巻頭言　近現代時代劇・時代考証の歴史的前提――リアリズムの視点から」
書き下ろし

＊鈴木一史「序論　時代考証にとって現実とはなにか」
書き下ろし

＊第1部　明治・大正・昭和を考証する
第7回シンポジウム「明治・大正・昭和を考証する――時代考証の現場から」（二〇一五年一一月一四日、於明治大学駿河台キャンパス）における録音の文字起こし

＊第2部　ノンフィクションを考証する
第8回シンポジウム「時代考証学とノンフィクション」（二〇一六年一一月一九日、於明治大学駿河台キャンパス）における録音の文字起こし

＊コラム
第7回・第8回シンポジウム当日における総括及び参加者アンケートの分析に基づく書き下ろし

＊第3部　考証の枠を拡げる
・三野行徳「時代劇の枠を広げる――近現代を描いた時代劇メディアをめぐって」

第4回サロン「近代・現代を描いた時代劇と時代考証」（二〇一四年二月二七日、於千代田区立日比谷図書文化館）、第5回サロン「近代・現代を描いた時代劇と時代考証Ⅱ」（二〇一五年二月二一日、於帝京大学霞ヶ関キャンパス）、第7回サロン「近代・現代を描いた時代劇と時代考証Ⅲ」（二〇一六年三月一九日、於明治大学駿河台キャンパス）開催時の趣旨説明に基づく書き下ろし

・石居人也「近代を考証する――『足尾から来た女』での経験から」
第5回サロン「近代・現代を描いた時代劇と時代考証Ⅱ」での報告内容に基づく書き下ろし

・加藤聖文「戦争を考証する」
第7回サロン「近代・現代を描いた時代劇と時代考証Ⅲ」における録音の文字起こし

・山田朗「戦争を描いた時代劇メディアと歴史学――『スペシャルドラマ 坂の上の雲』の検証」
書き下ろし

・刑部芳則「『西郷どん』の軍装・洋装考証」
書き下ろし

・羽鳥隆英「ビデオ機器、時間、世界観――ＮＨＫ大河ドラマ『花神』（一九七七年）と地域」
第12回サロン「幕末＝明治維新表象と地域性　河井継之助（越後長岡藩）を中心に」（二〇一九年三月二三日、於明治大学駿河台キャンパス）での報告内容に基づく書き下ろし

注

（1）大石学によれば、時代考証は映画・演劇・テレビなどで、セリフ・衣装・道具・装置などが、題材となった時代のそれを正しく再現しているかどうか調べることと定義されます。詳しくは大石学「時代考証と地域史研究」

（『地方史研究』三二二、二〇〇六年八月）を参照してください。

（2）時代考証の具体的な作業としては、「A企画（人物設定、時代設定、地域設定、ストーリーの相談など）、B台本づくり（史実との整合性、セリフの検討など）、C大道具・小道具類の相談（セット、書状・文書の制作など）、D撮影現場からの問い合わせ（セットの確認、セリフの変更、役者のステージング、所作など）、Eビデオや試写のチェック、F放送後の視聴者からの問い合わせへの対応」（大石学「序「時代考証学」の可能性」大石学・時代考証学会編『時代考証学ことはじめ』東京堂出版、二〇一〇年、九―一〇頁）とされます。個別の作品における考証の過程などについては、野本禎司「時代考証と歴史学――NHK大河ドラマ「篤姫」を題材に――」（前掲大石学・時代考証学会編『時代考証学ことはじめ』）や竹村誠「歴史学と時代考証との関わり――大河ドラマ『篤姫』を題材に――」（大石学・時代考証学会編『大河ドラマをつくるということ――時代考証学の提唱――』名著出版、二〇一二年）、三野行徳「大河ドラマのなかの新選組と幕末――時代考証を通じて――」（時代考証学会・大石学編『大河ドラマと市民の歴史意識』岩田書院、二〇一三年）、工藤航平「大河ドラマ制作における専門家と〝学問〟――時代考証学の構築に向けて――」（時代考証学会・大石学編『時代劇制作現場と時代考証』岩田書院、二〇一三年）、清水克行「社会史研究の成果と歴史ドラマの現在――「タイムスクープハンター」時代考証の経験から――」（『人民の歴史学』一九五、二〇一三年三月）などに詳しく書かれています。

（3）「時代劇メディア」という言葉の意味するところと成り立ちについては、野本禎司「序論」（大石学・時代考証学会編『戦国時代劇メディアの見方・つくり方――戦国イメージと時代考証』勉誠出版、二〇二一年）などに詳しく書かれています。

（4）本書第3部第6章でこの問題が取り上げられています。

（5）時代考証家と呼ばれる人びとが担っていた時代考証は、一九九〇年代ごろから歴史の研究者をはじめ殺陣や所作、建築、言葉など多様な分野の専門家によって担われています。こうしたことを踏まえて時代考証学会では、歴史の研究者や時代劇メディアにかかわる作り手（ディレクターや所作指導担当者など）、演じ手などを交えて議論してきました。また参加者へのアンケートにより、歴史への関心をもつ人びとが時代劇メディアや時代考証に何を期待しているかを調べるとともに、作品の舞台となった地域における歴史にかかわる取り組みも明らかにしてきました。時代考証学会では、特定のテーマについて研究者や制作者などでパネルディスカッションを含めて議論する集まりをシンポジウム、主にＮＨＫ大河ドラマの舞台になった地域に注目する集まりをフォーラム、個別の話題を問題提起的に取り上げる集まりをサロンと呼んで活動しています。時代考証学会のこれまでの活動やその成果、めざすところについては前掲大石学「序「時代考証学」の可能性」や前掲野本禎司「序論」等を参照してください。

（6）佐藤宏之「趣旨説明」（大石学・時代考証学会編『時代劇メディアが語る歴史――表象とリアリズム――』岩田書院、二〇一七年）一五頁。

（7）「対象それ自体の本質が存在しないように……ことがらそれ自体の本質は存在しない。それゆえ対象認識とは、まず、そのつど主体の欲望―関心に相関して現われ出る対象の意味と価値の秩序の認識である。したがって一切の認識は、対象の「認識対象（として）の本質」の認識である」（竹田青嗣『欲望論　第1巻「意味」の原理論』講談社、二〇一七年、六一〇頁）という指摘、また「歴史的出来事は構成の作業と無関係に「存在」するものではなく、構成の作業を通じて不断に「生成」する」（野家啓一『歴史を哲学する』岩波書店、二〇〇七年、九〇頁）という指摘、そして「過去は過ぎ去り、現在ではない。過去は現前していない。過去はただ、物語られることによって現在的であり、現前する」（熊野純彦「〈過ぎ去ったもの〉をめぐる思考のために――追憶と傷痕のあいだで」上村忠男ほか編『歴史を問う2　歴史と時間』岩波書店、二〇〇二年、一八六頁）という指摘が、過去を見出すことの内実と過去のありようとを的確に表しています。

（8）作り手や演じ手と作品、作品に接する人びとと作品とのかかわりはそれぞれ別のものとして成り立つことに注意が必要です。芸術についての「二つの変化――作者から製作されるオブジェへと進む変化と、オブジェないし作品が消費者を変えるという意味での変化と――は、互いに完全に独立しているということです。……重要なのは、生産者と消費者のあいだには……直接的なコミュニケーションは存在しないということ、そして、作品という媒体が、それに感動する相手に対して、作者の人格や思想についての何らかの観念に還元されることがらを伝えることはできない……芸術家と受容者のなかで起こったことを正確に比較する手段など、けっして存在しない」（ポール・ヴァレリー「芸術についての考察」今井勉・中村俊直編訳『ヴァレリー集成Ⅴ〈芸術〉の肖像』筑摩書房、二〇一二年、三三五―三三六頁）という指摘が、この論点についての原理的なありようを示しています。

（9）戦国時代の歴史についての時代考証を議論したのが前掲大石学・時代考証学会編『戦国時代劇メディアの見方・つくり方』です。

（10）前掲大石学「時代考証と地域史研究」など。

（11）本書第1部第1章では近現代史を題材とした時代劇メディアについて概観しています。

（12）本書第3部第5章では、NHK大河ドラマ『西郷どん』（二〇一八年）における軍服などの時代考証について紹介されています。

（13）この作り手は自身が広島での平和記念式典の取材で聴いたセミの鳴き声に発想を得て、昭和の歴史を取り上げたドラマを演出するときには夏にセミの鳴き声を入れているのだそうです（本書第1部第3章）。音が記憶を呼びさますことに着目すれば、時代考証とは史料や歴史上の出来事といったことだけではなく、人びとの感性をも含んで議論することが重要でしょう。

（14）本書第2部第1章では歴史教養番組の概要や番組の変遷が紹介されており、本書第2部第2章ではNHK BSプレミアム『英雄たちの選択』（二〇一三年～）などにおける時代考証の様子が紹介されています。

（15）竹内洋『教養主義の没落』（中央公論新社、二〇〇三年）二三七頁。

（16）再現ドラマという手法は過去における人びとの振る舞いや景色を目で観て耳で聴くことにより、目の前に過去そのものがあらわれたかのような現実感をともないます（本書第3部第3章）。しかしこうした手法は、歴史が時間のなかで積み重ねられてきた多面的なものであることへの想像力や、史料に書かれた言葉の文脈を読み取る力を失わせることにもつながります。この論点については、藤田省三（竹内光浩・本堂明・武藤武美編）『語る藤田省三――現代の古典をよむということ』（岩波書店、二〇一七年）三―六頁を参照してください。

（17）この小文の冒頭で取り上げた『新春仕事人スペシャル 必殺忠臣蔵』は、藤田まことが演じる主人公・中村主水の「従来の必殺シリーズは江戸の末期が背景になっておりましたが、今回はぐっとさかのぼって元禄時代が仕事人の活躍の場所です。まぁ多少の違和感はございましょうが、そこは作り物のご愛嬌といったところで、いつの世にも中村主水的人物が存在したという解釈で、よろしくお願いいたします」という口上からはじまります。わたしたちに求められているのは、史実や史料と異なるところがあっても「作り物のご愛敬」として楽しむ心構えだといえるでしょう。

参考文献

武田清子編『思想史の方法と対象』（創文社、一九六一年）
川村二郎『銀河と地獄　幻想文学論』（講談社、一九七三年）
小林秀雄『小林秀雄初期文芸論集』（岩波書店、一九八〇年）
川村二郎『語り物の宇宙』（講談社、一九八一年）
西研『ヘーゲル・大人のなりかた』（日本放送出版協会、一九九五年）
野家啓一「時は流れない、それは積み重なる――歴史意識の積時性について」（上村忠男ほか編『歴史を問う2　歴史と時間』岩波書店、二〇〇二年）
有馬学『日本の歴史 第23巻　帝国の昭和』（講談社、二〇〇二年）
磯前順一『喪失とノスタルジア　近代日本の余白へ』（みすず書房、二〇〇七年）
小野紀明『ヒューマニティーズ　古典を読む』（岩波書店、二〇一〇年）
菅野覚明『再発見 日本の哲学　吉本隆明――詩人の叡智』（講談社、二〇一三年）
小林秀雄（国民文化研究会・新潮社編）『学生との対話』（新潮社、二〇一四年）
飛矢崎貴規「批評にとって時間とはなにか――中島栄次郎論」（『思想の科学研究会　年報　第四号　ＰＵＢＬＩＫＯ』思想の科学研究会、二〇二二年）

第1部

明治・大正・昭和を考証する

「日比谷帝国生命館（後の朝日生命）」
（国立国会図書館デジタルコレクション
（モージャー氏撮影写真資料））

1 近現代を描いたメディアと歴史学

◉花岡敬太郎

はじめに

(1) 近現代史を対象としたメディアに対して求められる研究者の実務と実情

本報告では近現代史を描いた時代劇メディアに歴史学、特に近現代史研究がどのように接してきたかを整理します。

近現代史を対象としたメディアを制作する際に求められる（であろう）研究者の実務とはなんなのか。ドラマや映画をはじめ、『NHKスペシャル』や『NNNスペシャル』といったドキュメンタリー番組なども射程に入れ、近現代を描いた時代劇メディアの制作に、近現代史研究者がどのような関係性を求められ、そして実際にどういうふうに関わっていく必要があり、実際に関わってきたのか。そして今後、どのように関わっていくことができるのか、そういったことを少し整理します。

近現代を描いた時代劇の考証に近現代史研究者がどう関わってきたかを、NHK系のドラマのクレジットに限ってですが表を作りました（章末掲載付表1参照）。趣旨説明でも『飛ぶが如く』（NHK、一九九〇年）から考証が入ったという指摘がされましたが、「時代考証」という担当クレジットの「ある」・「なし」だけで言えば、もう少し前の一九八〇年代から時代考証は入っています。これが実際に大学等の研究・教育機関に所属する研究者の考証が入ったとなると九〇年代以降になるのですが、いずれにせよ考証自体は八〇年代から入っていたわけです。これがさらに、後で報告なさる小田部雄次先生のように、担当が華族考証、宮中考証などとそれぞれの研究者の専門に特化して分担されるようになるのは、さらに後年の話になります。二〇〇〇年代半ば以降ぐらいから、考証が単純に時代考証や風俗考証ではなく、例えば軍事考証ですとか、あるいは医事考証、騎兵考証や海軍考証というふうに細分化されていく場合も増えていきます（付表1参照）。

このように、考証の在り方が細分化されていくのにもかかわらず、近現代を描いた時代劇メディアに対する考証というのがどういう作業で、どういったことが要求されているのかというようなイメージ、これが、報告者も含めた近現代史研究者の間ではあまり定着・共有されていないというのが実情です。考証への関わり方が研究者の専門に則して細分化してしまったからなのか、担当が断片的になってしまうことも多い。極端な言い方をすると、自分がどういった作品の考証を担当しているかすら知らされず、いきなりスタッフから電話がかかってきて、「これどうなっているんですか？」と問われ、質問内容が断片的過ぎて却って回答に窮してしまうようなこともあるようです。現実として、研究者が「考証」という間口から作品制作に関与する余地は、非常に断片的で細分化していっているという実情があることは事実です。付表1の『ドラマスペシャル・白洲次郎』（NHK、二〇〇九年）等が象徴的ですが、やはり細かい。

近年、明治・大正以降を描いた作品は多産される傾向にあります。作品も増え、考証の担当も細分化している。つまり交渉として作品作りに関与していく窓口は拡大しているのに対し、研究者のほうのコミットの幅はあまり広がってはいない。趣旨説明にもあったように、前近代を描く時代劇と同等以上の考証が必要であるはずなのに、そこに対してコミットしていく研究者、あるいはそのコミットの仕方っていうのは全然、体系だってもいなければ、広がってもいないという現状があります。これは制作側の考証を求めていくスタンスの問題もありますが、同時に、歴史学、特に近現代史研究者全体の大きな問題として考慮されるべきテーマなのではないか。そういった問題関心に立ち本論を構成しています。

今回は、「近現代史研究の新しい視点と時代考証との距離感」という視点を設定します。そもそも、近現代史研究の研究推移や文脈は時代劇やドラマの演出を考証するという観点からいくと相性はあまり良くありませんでした。それが、近現代史研究の在り方が変わってきて、場面によってはドラマ作りの考証にタイトに挑んでいけるような環境ができつつあるのではないでしょうか。その新しい視点について、この後、少し説明させていただきます。

（2）本稿の課題と目標

二〇〇〇年代以降、時代考証に対する要求は細分化しているのにかかわらず、対応するべき研究者のコミットの幅が広がっていないという現状については以上の通りです。しかし、近現代史研究の関心の振り幅そのものは、ここまで大雑把に確認してきた考証と研究の関係性とほぼパラレルな時系列関係で大きくなってきています。例えば、筆者自身の主研究分野にも近いメディア史という、一種独立した分野の研究動向などがまさに二〇〇〇年代以降多様な進化を遂げた分野といえます。もう一つは近現代を描いた物語、あるいは教科書記述や博物館展示にも関わってくる歴史叙述の問題系と近現代史研究者の関わり合い方の推移も近年大きく変わりだしています。研究そのものの地盤も変わっているし、研究者がこういったメディアに臨む姿勢も少し変わってきている。その変わり方を以降で述べさせていただきます。

近現代史研究における映像メディアと研究者の関係

（1）近現代史研究者は映像メディアに対してどのようなアプローチをしてきたか

メディア史研究の舞台では、戦前のニュース映画や戦後の戦争映画などを取り上げて、メディアと政治の関係、あるいは社会との関係を分析するのが主流でした。例えば佐藤卓己氏の諸研究などが代表的かと思いますが、戦時期のニュース映画などを対象にした研究があり、映画の制作主体と軍部との関係性や制作過程、その内容などの分析をもとに映画というメディアが大正末期から、戦間・戦中期にもった宣伝効果の強さを解き明かしていく研究があります。

次に、メディアと戦争経験や記憶との関係性についての研究があります。例えば戦後の軍記ものや戦争・兵器などを題材にしたマンガなどから逆に戦争の記憶を読み取っていき、戦後の日本人が戦争をどういうふうに受け止めていたのかということの変遷を追っていくような研究で、吉田裕氏の『日本人の戦争観』（岩波書店、一九九五年）や、『「聖戦」の残像 知とメディアの歴史社会学』（人文書院、二〇一五年）などを始めとした福間良明氏の研究などが挙げられます。さらに、戦争とメディアの関係性という観点では、国策映画の動向を検証した古川隆久氏の『戦時下の日本映画』（吉川弘文館、二〇〇三年）などが代表的な研究成果として考えられます。映画の興行成績の堅調さをあてにした軍部はせっせと国策映画制作に力を注ぐわけですが、軍部の思惑に反してそういった国策映画は今一つ国民に受け入れられない。国策映画への注力に反して、意外にも人々はそういった軍部のメディア戦略に踊っていなかったという実態を明らかにしています。

映画研究に関しては、映画産業全体の展開を検証する映画史研究があります。こういった研究は、映画を通した同時代史研究で社会史、あるいは文化史の範疇に入っていくのですが、劇映画、ストーリー映画を中心に監督や脚本家、出演者あるいは映画配給会社の実態などをファクターとして用いて映画の時代を明らかにしていきました。この分野の研究となりますと、佐藤忠男氏や四方田犬彦氏らが代表的な論者になるかと思います。

比較的近年の動向としては、テレビドラマを研究の対象にしていく動きも出で参りました。テレビドラマに着目したものとして最初に取り上げたいのは、二〇一五年の夏に亡くなられた鶴見俊輔氏だと思います。鶴見氏は『戦後日本の大衆文化史 1945～1980』（岩波書店、一九八四年）の中で、連続テレビ小説（朝ドラ）を国民の共通の物語っていうのを作っていく一つの磁場として機能していると指摘しました。しかし、鶴見氏の指摘の後、中々、この指摘を実際に検証していく研究が広がらず、二〇一〇年代に入ってから若干の広がり出てきました。例えば、ドラマやドキュメンタリー作り手の行動を思想史的な方法論で読み解いていくところから一九六〇年代後半の社会のうねりを説明していく安田常雄氏の「テレビの中のポリティクス」（安田常雄編『社会を消費する人びと』、岩波書店、二〇一三年）のような成果が生まれました。さらに鶴見氏の指摘した朝ドラに関していうと、戸邉秀明氏が一九五〇年代から連綿と続く朝ドラは、戦後史を考える上で非常に重要な研究素材であるはずだと「NHK『連続テレビ小説』が作り出す歴史意識」（『歴史評論』七五三、校倉書房、二〇一三年）という文章で改めて指摘なさいました。

ここまでの流れを小括しますと、メディア史や社会文化史の一環としてドラマや映画を取り上げていく蓄積は（特にテレビドラマについて）まだそこまで大きくないということがいえます。ただ、大きくないながらも二〇〇〇年代頃からメディア、特にテレビを取り上げる言説は増え出しています。つまりテレビ、時代劇、そういったものに対して、特に近現代を描いた時代劇メディアに対して、研究者はもう少し敏感でなければいけないということに、気付き始めている人がいるとは言えるだろうと思います。

研究者が積極的に関わってきたのは、むしろ時代劇やドラマではなく、ドキュメンタリーだと言えるかもしれません。『ＮＨＫスペシャル』などが代表的なコンテンツといえるでしょうが、近現代史研究者と映像メディアとの関係という意味では、むしろこちらのほうが主戦場と言え、制作者との緊張関係などを含めてより研究者の関与の力点が強いのはこちらであると言えます。こういったドキュメンタリーの場合、大抵は何らかの形で研究者が監修などとして関わっているのですが、著名な研究者が番組構成の中で中心的な役割を果たしたものを取り上げますと、特筆すべきなのは『昭和天皇　二つの「独白録」』（ＮＨＫ、一九九七年）で、この作品を制作していく過程で、昭和天皇独白録の英語版が見つかっています。『昭和天皇独白録』という文章は、東京裁判の前に昭和天皇が先の大戦における自身の役割や立ち位置などに関して述懐した文章で、その政治的な性格から類推して、英語版（対ＧＨＱ版）が必ず存在するはずだと長年いわれていました。ですが、一部の保守系の作家などからは、『独白録』は天皇陛下が平和への想いを吐露した文章で政治的な思惑を孕んだ文章ではないから英訳など存在するわけがない」と一笑に付されてもいました。しかし、これが実際にこのドキュメンタリーの制作過程で見つかった。それで研究者も大いに持論を立証することができたわけです。こういった、資料探掘という側面から見ると、ドキュメンタリー制作と歴史学研究については、ある程度、Ｇｉｖｅ　ａｎｄ　Ｔａｋｅの関係が成立していると言えます。

こういった、メディア研究（映画史、文化史）の展開やドキュメンタリー制作への関与の実態を経て、九〇年代半ばから二〇〇〇年代にかけて研究者のメディアへの関心は深まり、多様化する傾向にはあるといえます。特に二〇一〇年代以降テレビドラマや映画制作、それから、以後で改めて言及しますが、時代考証の在り方そのものが研究の言及の対象になっていく。それが、メディア史研究の裾野（メインストリームにはなりえていないので「裾野」としておきます）は多様化していると言えるかと思います。当然、多様化すれば当事者の姿勢は柔軟にもなっていく傾向になっていくのだろうと思います。

（2）近現代を描いた物語などに対する近現代史研究者の言及

ここまでの研究潮流とは別に、もう一つ研究者がとってきた行動があります。それが、次の項目の「近現代を描いた物語に対する近現代史研究者の言及」というところになります。これは、ドラマや映画でこの物語を映像化する、あるいは物語をゼロからつくり出すという小説などへの関与とは異なりますが、研究者にとって重要なスタンスの一つであるかと思いますので説明をさせていただきます。

まず、歴史小説と近現代史研究の関係についてですが、文学と歴史学かという議論ということになりますと、戦後の比較的早い時期の一九五〇〜一九六〇年代からずっと大きなテーマとして屹立していて、その中でも一番有名なものとして「昭和史論争」があります。昭和史論争をどう考えるかということ自体が膨大な論点を孕む重大な議論だとは思うのですが、今回の報告では触れられません。今回の議論に関わる最初の事例として、大岡昇平の歴史小説を巡る議論を取り上げます。

大岡の歴史小説論を巡る大きな議論として『蒼き狼』論争が挙げられます。『蒼き狼』（文藝春秋新社、一九五八年）は近現代史を描いた小説ではなく、チンギスハンを描いた井上靖の大作です。この作品の記述スタイルに大岡昇平が非常に鋭くに嚙みついていきます。具体的には、井上靖の関連史料群の読み込み方が杜撰であり、歴史小説といえども史料に向き合った叙述をしなければならないというふうに批判をしていきました。この大岡の指摘に対し、井上は正面から反論することを避けつつ、「自身の史料の使い方は歴史学研究の成果に依拠している」という批判はおかしい」というふうに反論していきます。この井上のレスポンスに対して大岡は「学術上の成果に安易に依拠する」姿勢そのものをさらに踏み込んで批判していきます。つまり、作家自身が史料を深く読み込んだ上で、その史料の性格などを決めて用いるべきであるとまで言うのです。歴史小説家にも〝史観〟は絶対的に必要であるとまで言い切ります。つまり歴史小説を書く人間に対して、歴史学研究者と同等以上の「歴史観」と史料精査を求めていくわけですね。むちゃ振りじゃないかと思えるくらいに厳しい議論を大岡はしていきます。さらに「叙述をする際に単一の史観にまとめてもならない」、つまり自身の歴史観を明確に持ち史料を見る事は重要だが、実際に文章を書く段になったら、その単一の窓口から歴史を描くのは駄目だというわけです。これは非常に厳しい指摘で、大岡はこのスタンスで前述の井上の『蒼き狼』や、森鷗外の『堺事件』（鈴木三重吉方、一九一四年）などを痛烈に批判していきます。もう少し時代が下ると司馬遼太郎の一連の歴史小説に対しても同様の理屈で批判を加えていきます。大岡は、鷗外の『堺事件』に対するアンチテーゼとして『堺港攘夷始末』（中央公論社、一九八九年）という本を書いてもいますが、残念ながら、書き切る前に大岡は亡くなってしまいます。こういった論点を踏まえて大岡が執筆したのが『レイテ戦記』（中央公論社、一九七一年）や『俘虜記』といった近現代史を描いた小説です（大岡の歴史小説を巡る一連については柴口順一『大岡昇平と歴史』（翰林書房、二〇〇二年）を参照）。

この大岡と、近現代史研究者の中心人物の一人である藤原彰氏が「対談 アジア侵略と天皇の軍隊」と題し、『歴史評論』（校倉書房、一九七三年）上で討論をしています。藤原氏は先ほど少しだけ述べた「昭和史論争」の歴史学研究側の当事者の一人でもあります。つまり「昭和史を歴史学の観点から総括して描いたにも関わらず、その時代を生きた人間が見えない」と亀井勝一郎をはじめとする文学者側から批判され、全く体系的な反論ができなかった歴史学研究者の一人が、井上靖や司馬遼太郎文学の実証性の乏しさを厳しく批判する大岡昇平と意見を交わします。この対談でまず議論の俎上に上がるのが「近現代史を描くのは文学の仕事か、歴史学の仕事か」というテーマです。「そこに生きている人の生きざまを描くのは、歴史学ではなく文学の仕事」と、藤原は歴史学研究者として、やや及び腰の姿勢を見せ、「歴史学は生きている人間を描きにくい」と歴史学研究の方法論上の弱点を吐露していきます。これは明らかに自身が昭和史論争で徹底的に批判されたことを念頭に置いた指摘だと思いますが、藤原のこういった及び腰の姿勢を大岡昇平という人は決して逃がさない人といえます。つまり、大岡は歴史学研究者側のそういった及び腰の姿勢を追及し、「歴史学」も人間をしっかり描いていくべきだと指摘していきます。藤原は、レイテでの戦闘をアジア・太平洋戦争の戦史上、非常に重要な戦闘であると評価しつつも、日本軍が完膚なきままに叩きのめされ、帰還兵の多くもその惨状から当時のことを語り残そうとしなかったことなどから史資料があまり残っておらず、あくまで現存の史資料から時代の構築を目指す歴史学の側からは戦闘の詳細を浮かび上がらせることは困難であると位置づけていきます。そして、そういった歴史学側の視点から、大岡が自身の経験を踏まえて著した『レイテ戦記』を歴史学の立場からは起こすことの出来ない叙述であると高く評価することで、大岡からの追求をいなそうとしていくわけです。こういった藤原の立場性と評価に対して、大岡は自身の経験を踏まえた叙述姿勢を述べています。それは、歴史を構成していくものは、いわゆる公文書のような実際の文書資料の中だけではなくて、もっと色々なところから分かっていくものなのではないかという考え方と言えるでしょう。色々な状況というのは、単に公文書のような文書史料だけではなく、本当に身の回りにある様々なものが資料となり色々な事が分かってくるということです。そして、その分かったものと実体験を突き合わせていくと、自身の記憶や経験というものが相当に歪んでいることが分かると加えて指摘します。どういうことかと言うと、大岡は実際にミンドロ島で逃げ回っていた時に、空を見あげたら月がゆがんで見えたと言います。確かに歪んで見えたのですが、帰国後に当時の月齢等を調べたら、明らかにその日は十六夜でほぼ満月だったらしい。つまりきれいな満月が見えていなければいけないのに歪んで見えた。この歪みこそ、その時期にそこで自身が体験した「戦場」の歪みであり、それを著すのが自分の仕事であるというふうに大岡は考えていたと読みとれる節があります。こういうふうに「レイテ戦」という一つの具体的なファクターに拘って大岡昇平という作家は歴史を描いていくわけです。この大岡のあくまで「レイテ戦」に叙述の幅を絞っていく姿勢に対して藤原彰がどう応えていくかというと「本当の戦記」という言葉で称讃していきます。

結論から先に言ってしまうと、歴史学の側から少しずつこの大岡のスタンスの方へ近づこうとしている人が出て き始めている。私自身もそこに近づきたいと思っている研究者の一人です。大岡について最後に少し。藤原との『歴史評論』での対談とほぼ同時期に連載されていた司馬遼太郎の『坂の上の雲』（文藝春秋、一九六九年）について大岡は批判をしています。具体手には、「植民地」の話がない、それから「中国へのまなざし」もない、面白いが、やはり叙述には問題が多いと。面白い〝けど〟がつきます。〝けど〟駄目だと言い方をしていくわけです。

藤原と大岡の議論の数年後に歴史学者の色川大吉氏が『歴史の方法』（大和書房、一九七七年）という〝問題作〟を執筆します。この著作の中で色川は、現状における近現代史研究、あるいは歴史と研究者の関係というものを整理しています。簡単に指摘の中身をまとめると、日本国民の歴史意識を形成しているのは歴史小説や大河ドラマであり、海音寺潮五郎や吉川英治や司馬遼太郎が歴史意識をつくっている。言い換えれば、間違っても研究者や学校の先生がその役割を果たせていないと言うのですね。歴史家や教師がどんなに渾身の論文を書いたって『翔ぶが如く』（文藝春秋、一九七五年）は売れないという言い方もします。大河ドラマにも言及していて、演出の面白さは非常に面白くてよくできている、しかし、こんなにスパッとよく明快な物語は、やはり歴史を考える上では危ないということも少し述べています。加えて、こういったドラマの大概は、典型的な英雄史観であるとも指摘していきます。源平物、戦国物、徳川時代初期の忠臣物、それから維新の英雄、これをローテーションでやっていき、結局、日本の歴史っていうのは清盛と頼朝と信長と秀吉と家康と誰と彼とがつくった、というふうに思われてしまう。大河ドラマに関して色川は、天皇制批判と民衆史はタブーであると付け加えていきます。こういうものはほとんど大河ドラマでは取り上げられない。実際、初めて民衆の歴史みたいなのが出てくるのは、『いのち』（NHK、一九八六年）ですし、天皇制っていうものに対して少しでも踏み込んだっていうと、『太平記』（NHK、一九九一年）まで待たないといけないので、色川の指摘の十年以上後のことになります。こうやって大河ドラマを中心に展開される英雄史観至上主義に対して、歴史学の側からどのような事ができるか、歴史学と歴史小説の相違は何なのかという事について、色川は司馬史観批判を踏まえながら展開していきます。色川は、司馬は才気あるまれな人だが、歴史の本質がわかっていないという風に言い方で彼を批判していくのです。例えば、僕だったらあんなに水っぽい土方歳三は描かないとか、もっと坂本龍馬はドロドロした人に描くという言い方をして、司馬はそこが分かっていないと指摘していくのです。しかし、ここでも色川は「面白い」とも加えるのです。司馬史観批判は、司馬が存命の折も、彼の死後も、様々な研究者によって連綿と繰り返されて行きますが、「司馬は面白い」と但し書きを着けた上で、彼の着想や書きぶりを批判していく点は色川の重要なところではないでしょうか。

司馬史観批判は色川以降もずっとあるのですが、一つ蓄積と言っていいぐらいに重なってきたのは、二〇〇〇年代に入ってからだろうと思います。これについての分岐点は非常に分かりやすく、司馬の代表作『坂の上の雲』をＮＨＫが放送するのが決まってから、改めて歴史学研究者の側から司馬史観批判があがって来たと言えるでしょう。この時の批判のポイントは大きく分けて三つあります。一つは、そもそも司馬遼太郎という人の歴史観、あるいは歴史事実に対する臨み方に対する根本的な批判。もしくは、彼の論述の実証性に対する批判です。これは研究者同士の間であれば実証性や歴史観に対する批判や指摘はめずらしくないのですが、これを多くの研究者は司馬遼太郎という作家と彼の作品に対してぶつけていきました。こういった司馬の歴史観や実証性への批判は批判としてあるとして、もう一つ、人びとが司馬を待望し、司馬が歴史小説を出版すると売れてしまうという、この社会状況自体がまずいのではないかということを言っていく人が一方でいます。例えば、前述の色川の批判を引き継ぐような形であれば、中塚明氏は『司馬遼太郎の歴史観』（高文研、二〇〇九年）という本の中で、司馬小説の歴史観や実証性の乏しさを指摘しています。例えば、司馬の作品は明治時代の躍動感を好意的に評価しすぎるあまり、戦前期（明治～大正～昭和）の連続性や関係性をかなり安易に切り離してしまっている側面がありますす。明治時代は良かったのに、昭和期は軍部が台頭して駄目な時代だったと言わんばかりの書きぶりに陥りがちなわけです。こういった、時代の連続性から目を背けた歴史観に対し中塚の著作は厳しい指摘を加えていきます。山田朗氏（彼は報告者の指導教授なのですが）は、司馬の叙述に問題があること、司馬文学を待望してしまう社会がまずいこと、それは全くその通りなのだが、『坂の上の雲』の長編ドラマ化に焦点を当てて考えてみた場合、ドラマと司馬小説とは少し腑分けして考えないといけないだろうと指摘していきます。〝ドラマ化〟というファクターが介在した場合、まさにそこには脚本家による台本があり、監督による演出があり、それこそ専門家による考証も入ってくる。あるいは出演する俳優の話もある、そういった色々なファクターが絶妙に混ざり合ってくるため、司馬遼太郎の「坂の上の雲」という原作者、原作の問題はあるのだけれども、それだけでは回収できない別の問題として配慮はしないといけないだろうということを山田氏は言っていきます。

ここまで述べてきたように、近現代史を描いた物語に対し、七〇年代以降、歴史学研究者たちは断続的ではあるけれど言及を繰り返しており、歴史を面白く叙述、演出するっていうことの妙味自体は認めつつ、スパッと割り切ってしまうような明快に過ぎる叙述はやはり危ないということを指摘し続けてはきました。ただし、こういった歴史をドラマティックに描く事について様々に言及を繰り返す人自体がレアケースであるということも一方では事実であり、七〇年代から八〇年代において、大体の研究者は、藤原彰氏のようなスタンスの人が多いと思っていただいたほうがいいと思います。そして、この類の論点は、二〇〇〇年代以降、特に『坂の上の雲』の映像化を巡る議論を境に、司馬史観、あるいはそれを受容する社会の問題にグッと絞られていくように思います。論点が拡がるのではなく、論点が司馬周辺にまとまっていく傾向があります。そのことをちょっと踏まえて、最後に『歴史評論』という雑誌の特集について少しだけ述べていきます（付表2参照）。

（3）雑誌『歴史評論』の取り組み

『歴史評論』は、研究者が自身の執筆した投稿する、いわゆる学術雑誌ですが、扱っているテーマについては比較的広範であり、様々な特集を組む雑誌です。政治史や経済史だけではなく、文化史であったり、あるいはメディア史であったり。そういった傾向があることもあり、この雑誌の特集の組まれ方の動向や傾向を追いかけてみると、思いのほか、歴史学研究全体の関心の所在や方向性が見えてくることもあります。

一九七〇年代から一九八〇年代は大体、七〇年代に一個、八〇年代に一個、九〇年代に一回ぐらい、一〇年に

付表2『歴史評論』 文学・メディア関係の特集一覧

1976.9　317　歴史文学をどう読むか
宮地正人 平将門と明治維新
坂口勉「将門記」における将門像
新行紀一 山岡荘八「徳川家康」をめぐって
菅井幸雄 森鴎外と近代演劇
大江志乃夫 新田次郎「八甲田山死の彷徨」
——文学作品への史学からのアプローチ
池田敬正 司馬遼太郎「竜馬がゆく」をめぐって
中村新太郎 歴史の真実と歴史小説
——大岡昇平の歴史小説論ノート
津上忠・松島栄一(対談) 歴史劇作成過程をめぐって
——劇作家と歴史家の対談
鶴田八洲成 地域史研究と文芸・教育の一実践

1984.5　409　文学の中の歴史
大岡欽治“おしん”をめぐって
梶村秀樹 歴史と文学 朝鮮史の場合
関和彦『風土記』世界の再構成のために
黒羽清隆 牛飼がうたよむ時に考 近代短歌史と近代民衆史のあいだで
佐藤能丸『明治文学全集』(筑摩書房)の完結とその意義
坂口勉 史料としての文芸作品 今昔物語集を素材に
青木美智男 史料としての近世文芸『一茶全集』(全八巻・別巻)を読んで
田中正俊 文学の思想性と歴史を視る眼と アジア史の認識に向けて
北川鉄夫 日本文学にえがかれた部落問題素描

1994.6　530　歴史学とマスメディア〈歴史マンガ〉
戸川点 学習マンガ日本の歴史を読む
青木孝寿『まんが信州の歴史』を編集して
青木美智男 マンガ家と日本史研究者の接点 編集協力の体験から
歴史学とマスメディア〈歴史学と時代劇〉
額田洋一 歴史研究者の業績の放送利用と著作権法
山本博文 特殊講義 江戸時代の裁判制度と大岡越前
馬場章 水戸黄門というラッキョウ
箱石大 坂本龍馬の人物像をめぐって
歴史学とマスメディア〈歴史学と歴史小説〉
永井路子・西村汎子・黒田弘子(司会) 歴史学と歴史小説の間

2008.2　694　文芸作品から読み解く民衆世界
原田敬一 日本文学の近代　——史料論への接近——
若尾政希『浮世物語』から時代を読む　——近世人の思想形成と書物
青木美智男 人情本にみる江戸庶民女性の読書と教養
——為永春水『梅暦』シリーズを素材に
佐藤宏之 歴史・実録・講談　——「越後騒動物」の変遷
須田努 三遊亭円朝の時代
——大衆芸能に見る、一九世紀民衆の日常心性

1　近現代を描いたメディアと歴史学（花岡）

2009.1　705　歴史小説と日本近代史研究のあいだ
保谷徹 歴史小説と幕末史　――司馬遼太郎と吉村昭
成田龍一 松本清張の「大日本帝国」
――文学者の想像力と歴史家の構想力
武田晴人 経済史研究から見た城山三郎作品
花森重行「歴史と文学」の境界をずらす
――色川大吉の歴史小説論を中心として
平井雄一郎 歴史ドラマと歴史ドキュメンタリー
――二つの「石井筆子」映画を手がかりに

2013.1　753　映画をめぐる歴史と時間
板倉史明 映画史における〈異本〉とフィルム復元
――伊藤大輔作品を中心に
池川玲子 占領軍が描いた日本女性史
――CIE映画『伸びゆく婦人』の検討
千葉慶 失われた戸惑いを求めて
――「復帰」前後の沖縄アクション映画・再読
平井雄一郎『帝都物語』と二つの「都市史」
――劇映画による歴史叙述の転義法
戸邉秀明 NHK「連続テレビ小説」が創り出す歴史意識
――「国民的ドラマ」という装置への批判的覚書
米倉律 放送史関係資料のアーカイブ化をめぐる現状と課題

一回ぐらいの割合で文学やメディアと歴史学の関係を特集していて、こういった特集の中で、例えば水戸黄門は実際に諸国漫遊をしていないといったような話を「実証的」な見地から言及したものもあります。しかし、その論調は、概ね前述の藤原氏が見せた態度に似通ったものと言えます。文学やメディアが展開する歴史叙述の実証性の弱さや、史実との相違がなぜまかり通ってしまうのかというようなことを議論していく事が中心だったと言えるかもしれません。

これが二〇〇〇年代、特に二〇〇〇年代後半となってくると少し様相が変わります。「歴史小説と日本近現代史研究のあいだ」という特集が二〇〇九年に組まれて、成田龍一氏が歴史学の側から文学へのアプローチの対象が、司馬遼太郎批判に関する軸にまとまり過ぎているのではないかということを指摘します。そして、司馬を議論するときに対抗軸として何があるかと考えたときに、成田氏は松本清張の議論を引き合いに出していきます。さらに、司馬のまずさを考察していくにあたり、司馬のようではない作家として松本清張以外に吉村昭の名前を挙げてくる人もいます。これは史料と史料の間の空白部分の行間をある種の想像で繋いでいってしまう司馬文学に対して、史料と史料の間を埋める行間にも根拠がなければならない、そこに想像をはべらせるための想像の根拠が必要であると指摘していきます。これは、先ほどまで何度も取り上げて来た大岡昇平の考えにかなり近いのですが、このような取り組みをしてきた作家が吉村昭であると取り上げています。同巻では、先ほど取り上げた色川大吉の議論に関しても再考察も展開されています。これは『歴史の方法』という著作の課題や問題点は問題点として受け止めるとして、彼が指摘した論点そのものについて歴史学者はもう少し考えていかなければならないのではないか、放置していたらまずのではないかと、花森重行氏が指摘しています。しかし、その際に色川の「歴史の方法」での議論のあり方は、司馬遼太郎の議論と実のところ潜在的によく似ているという構造的問題も指摘しています。色川大吉自身もそのことにかなり自覚的であり、彼の議論が、根本的に「歴史」に向き合う時の考え方は異なるにもかかわらず司馬の歴史小説論に結果的に似てしまった。そのことから抜け出していこうとする色川の試みにこそ、「文学」やその界隈（時代劇メディアも含んで良いでしょう）に近現代史研究者が臨んでいく可能性があるのではないかと、花森氏は述べています。

こういった成田氏や花森氏の議論は、テーマが多岐にわたるとはいえ全体の論考の組み立て方自体は極めて「歴史学」的である『歴史評論』全体の文脈からすると、かなり前衛的な議論と言えなくもありません。そのことの背景は、「歴史学」の興味の射程が拡大していた二〇〇〇年代（二〇〇九年）であったということもあるでしょうが、むしろ、この『歴史評論』の特集の二年ほど前に『現代思想』という雑誌で似たような企画が組まれ、そこでは松本清張の思想を手掛かりに歴史と文学の関係性について議論されました。実は、そこからスライドしてきた議論だと言えます。そのため歴史学から端を発した議論とはちょっと言えないのです。しかし、こういうことを考えなければいけないっていうことを『歴史評論』で特集してきたということ自体が大きな前進であると位置づけることはできるだろうと思います。

一〇年一巡りという言い方をしましたが、この二〇〇九年の企画から比較的すぐに、今度は映画やテレビドラマと歴史学の関係を巡る議論がなされるようになりました。それが二〇一三年の「映画をめぐる歴史と時間」という企画で、先ほど少し述べた、戸邉秀明さんの朝ドラに関する議論もこの企画の一部です。この企画の中で、映像メディアにおける〝考証〟の重要性に関するある程度実証的な論説が、恐らく初めて出て来ます。平井雄一郎氏の『『帝都物語』と二つの「都市史」』という論文がそれにあたり、荒俣宏原作の小説を「ウルトラマン」等の演出でも有名な実相寺昭雄が監督した「帝都物語」（東宝、一九八八年）における考証（時代考証、建築考証、風俗考証）について論じています。「帝都」自体は荒唐無稽なSF作品なのですが、作品の舞台となる明治、大正、昭和の時代のそれぞれの建物であるとか、町並みなど膨大なお金をかけて徹底的に実相寺は考証しています。当時、構造物を厳密に考証し、そうやって再現された世界観の中で荒唐無稽なお話を繰り広げるとどうなるか。あからさまに虚構と分かっていても、背景の考証の完成度が高ければ、「お話」もある種の真実性が出て来て、見ている人を納得させていくことができる。つまり、考証の重要性というものは、つきつめれば、全くの虚構の上に成り立つ創作だとだって分かり切っている作品であっても説得力持たせることができる。そのことを考えあわせれば、時代考証という作業の持つ意味を研究者は決しておろそかにしてはいけない。実際のところ、そこまでは平井氏は言い切っていないのですが、そういった主張が透けて見える論文がこの企画では上梓されている。

二〇一二〜二〇一三年だと、こういった議論が論文としてある程度出されてきます。司馬史観批判等の潮流を引き継ぎつつ、歴史学研究者の文学への言及の軸が司馬一本に絞られがちであることへの内省と、そこからもう一度論点を拡げていこうとする動きがあるわけです。色川大吉の議論を再考しかり、あるいは司馬批判に変わるオルタナティブの議論軸として松本清張や吉村昭、あるいは今回の報告で取り上げた大岡昇平、彼らの試みや業績を再検討することで従来の歴史と文学の議論と異なる論点を模索していこうとするのが、近年の一傾向だろうと思います。

一方でテレビや映画における近現代史を描いた作品の展開や、そこに関わる諸考証に対しても、まさに歴史学の作法にのっとった細かな分析がなされつつあり、メディア史研究・歴史叙述への目配りも多様さと裾野の広がりを見せていると言えます。冒頭でも述べましたように、近現代史研究者が時代考証にどう関わるかっていうイメージの全体像はまだまだ定着しているとはいえないのですが、それを定着させようという努力をすれば受け入れてくれそうな土壌は少しずつできているのではないか。ただし、かなり強く意識していかないと拡がりを保つのは難しいのではないかとも近現代史研究者の端くれとして感じています。

おわりに

「近現代史を描くことの難しさ」ということで、近現代史を描いた時代劇を取り巻く研究者の状況はここまで述べてきた通りです。二〇〇〇年代以降、考証の内実は、細分化・多様化の傾向がある。そのため、考証にはタイトに近現代史研究の成果が反映され、それは趣旨説明にあった鈴木さんの「永遠の0」の台詞に関するエピソードなどもそうだったと思います。一方で関わり合い方そのものが断片的なものになってしまっている。つまり片棒を担ぐことはできるのだけれども、関わりあい方がかなり断片的になってしまっています。

近現代史研究者の時代考証に対する関心の蓄積はまだ多くありません。一九七〇年代以降、折に触れ歴史小説や近現代史をテーマにしたドラマに対し言及はされてきました。しかし、一歩踏み込んで議論をしていったのは色川氏をはじめ、そう多くはないと言えます。テレビドラマそのものを考察対象に据えようとする潮流が出て来るようになったのも、二〇一〇年代以降の動向と言えます。時代考証学会としては、趣旨説明にもありましたが、ここ何年間かで石は投げている、賽はまいているつもりではいます。

ただし、近現代史を考証するという営みに関して言うと、一つ大きな「難しさ」があります。これについても趣旨説明で指摘されていましたが、どういう史料を提供し、考証を組み立てていくかという選択肢があまりに多い。一方で、どういった史料の提供の仕方がありうるのかということの参考軸となる蓄積は極端に少ない。このことは、先ほどあげた大岡昇平の議論とも関わってくることなのですが、考証や演出をする際の当事者たちの歴史観や史料への向き合い方の問題があります。ここまで再三述べてきましたように、大岡の議論は我々研究者も真摯に受け止めなければいけないことは言を待たないのですが、大岡が最初に議論を吹っ掛けたのは井上靖であり、これは歴史小説家たちに向けて投げられた議論だったわけです。そもそもが、歴史学研究者にあてられたものではない。このことを現在のドラマ制作現場に引き付けて考えていくと、大岡の議論の対象として俎上に上がるのは演出家や脚本家、場合によっては俳優にあてられた議論になるように思えます。企画、演出、演技をする側、とどのつまりドラマを「作る側」に求められる歴史観や史料にもとづく史実性を大岡の議論から引っ張ってくることが出来るのではないでしょうか。大岡の議論を踏まえれば、ドラマ制作者には研究者と同等かそれ以上の歴史観や史料の読み込みが要求され、もう一方で単一の物語に表現を安易に回収してはいけないということになります。司馬遼太郎への批判にもあったように、物語に傾倒しすぎない配慮が求められる。この配慮に、われわれ研究者はどう関わることが出来るかということが、恐らく本日の議論に対する研究者側からの大テーマになると思います。

歴史上の出来事を現代の価値観で裁かないというのも重要なことではないかと思っています。これは評価、批判両方について言えます。例えば、実在、架空を問わず、登場人物が、それぞれの時代をどのように生きたかを描いていくことが物語づくりのダイナミズムの根幹にあるだろうと思うのですが、そのことが冒頭で述べた本報告のテーマでもある「近現代史研究の新しい視点と時代考証との距離感」に関わってくるのではないか。ですが、そこが誤解の温床でもあるように感じています。現在の価値観や考え方で、例えば戦時下の人々の生き方を描いてしまうというのは、やはり問題があるのではないか。「日本軍や当時の天皇制国家は侵略者だったから悪い」と描き方に拘ってしまうと、ドラマとしてのリアリティーを失ってしまう。だからといって、当時の人々の生きざまを無批判に迫ってしまうと、戦争責任のような構造的な問題を棚上げにしてしまいかねない。それこそ、二・二六事件の青年将校たちは必死に時代を生きようとした若者であったことは間違いないわけですが、「彼らだって必死に生きていたんだ」と必死さに寄り添いすぎてしまうと、それを肯定してしまうかもしれない。しかし、やはり歴史学の理性としてそれは許されない。そうなってしまうと、研究者は二・二六事件の物語を紡ぐ営みからついつい降りてしまう。では、考証は含めて研究者はどう関われるかということには、まだ蓄積もなければ議論の土壌もないんですね。

単一の物語にストーリーや人物を押し込めない配慮。かつての歴史学には、マルクス主義歴史学という巨大な物語構造があり、そこに押し込めていくことで、「はい、完了」という傾向もありました。しかし。それはもう許されないと言えるでしょう。そして、そのことは歴史学だけではなく、実際に演出をしたり、演技をしたりすることで物語作りに関わる全ての人に求められている配慮なのではないかと思います。その「配慮」を踏まえた物語の紡ぎ方に研究者がどのように科学性を担保しつつ関与できるかということも、まだ議論されていないと言えます。そこを踏まえ、近現代史研究者はどのように時代考証にコミットできるか、このコミットのされかたについては、この後、小田部先生がしてくださると思います。しかしながら、ドラマ作りにおいて、叙述の主体は脚本家や演出家をはじめとした制作側にあります。だとすると、考証していく研究者と制作者の間にはある程度の緊張関係は存在するでしょう。企画、演出、あるいは俳優の演技のこと、色々と想定できます。その中で研究者が関わっていくために必要な材料は、不完全ながらも二〇一〇年代以降供給されだしてきました。それを今後どのように生かしていくのかが研究者の課題と言えます。そうは言っても、そこに臨んでいくメディア全体の課題は、特に近現代史の分野においては厳然と残っているのではないか。そのことを問題提起として最後に指摘し、私の報告は終わらせていただきたいと思います。

プロデューサー（制作統括含む）	演出	主演	考証担当者
	中江裕司	満島真之介	考証等クレジット確認できず
作統括：岡本幸江	柳川強	吉高由里子	クレジットの確認できず
崎憲、里内英司、中村直文	大原拓	香取慎吾	海軍考証：夏川英二 風俗考証：天野隆子
西勇也、橋本果奈、齋藤明日香	安達もじり、橋爪紳一郎、泉並敬眞、深川貴志、松岡一史、二見大輔	上白石萌音、深津絵里、川栄李奈	時代考証：天野隆子 岡山風俗考証：田中豊、風俗考証：谷直樹
田静雄	田中正	妻夫木聡	歴史考証：内海愛子、宇田川幸大 風俗考証：天野隆子、医事考証：大橋秀一
本雄二	木學卓子	濱田岳、津田健次郎	考証等クレジット確認できず
作統括：松川博敬	柳川強	本木雅弘	時代考証：天野隆子
林泰子	黛りんたろう	松下奈緒	考証等のクレジットは確認できず
亘麻衣子、藤原敬久、橋爪國臣 村将太	黒崎博、村橋直樹、松本健祐、田中健二、川野秀昭、尾崎裕人、田島彰洋、鈴木航、渡辺哲也	吉沢亮	時代考証：井上潤、齊藤洋一、門松秀樹 国旗考証：吹浦忠正、建築考証：三浦正幸
作統括：内藤愼介、磯智朗	笠浦友愛、本木一博、岡野宏信	福士蒼汰	確認できず
山峻平	梛川善郎、盆子原誠	杉咲花	時代考証：天野隆子 風俗考証：谷直樹
ウ・モリ、佐野昇平	黒崎博	三浦春馬	確認できず
郷達也	横山哲	芳根京子	時代考証：鈴木一史、花岡敬太郎
本雄二	小山靖史	木村多江	考証等のクレジットは確認できず
宮崇文、石井智久	戸田幸宏	中条あやみ、本郷奏多	時代考証：天野隆子、大森洋平
本晃久、山本礼二、京田光広	黒沢清	蒼井優	考証等クレジット確認できず
西千栄子、宮本えり子、小林泰子	吉田照幸、松園武大、橋爪紳一朗、野口雄大、鹿島悠、倉崎憲	窪田正孝、二階堂ふみ	風俗考証：刑部芳則 オリンピック考証：真田久
亘麻衣子	加藤拓	松田龍平	上海史考証：熊月之 上海租界考証：陳祖恩 上海風俗考証：藍凡 日中関係史考証：貴志俊彦
作統括：三鬼一希	勅使河原亜紀夫	安田顕、村上佳菜子	時代考証：後藤泰男
作統括：小松昌代、髙橋練	本木一博、船谷純矢、岡崎栄	井上真央	時代考証：天野隆子
方慶子	吉田照幸	吉岡秀隆	考証等のクレジットは確認できず
谷知記、葛西勇也	中島由貴、佐藤譲、鈴木航、小谷高義、野田雄介、泉並敬眞、原田永詩、佐原裕貴	戸田恵梨香	時代考証：天野隆子 風俗考証：谷直樹
本雄二	小山靖史	木村多江	考証等のクレジットは確認できず
作統括：佐野元彦、雫石瑞穂、高 東	柴田岳志	岸惠子	時代考証：中野聡 風俗考証：天野隆子
多繁勝	柳川強	高良健吾	時代考証：天野隆子
山峻平、川口俊介、宮本えり子	木村隆文、田中正、渡辺哲也、二見大輔	広瀬すず	時代風俗考証：天野隆子
作統括：内藤慎介、海辺潔	渡辺一貴	渡辺謙	芸能考証：友吉鶴心 時代風俗考証：天野隆子
本伸三、家富未央、大越大士	井上剛、西村武五郎、一木正恵、大根仁、津田温子、桑野智宏	中村勘九郎、阿部サダヲ	時代考証：古川隆久、松重充浩 風俗考証：天野隆子

付表1　近現代（明治期以降から1968年前後まで）を舞台とした時代劇作品一覧
（NHKが1980年代以降制作したもの）

放送年	種別	作品名	時代背景	脚本家
2022	ドキュメンタリードラマ	ふたりのウルトラマン	1960年代〜現代	中江裕司
	特集ドラマ	風よあらしよ	大正期	矢島弘一
2021	特集ドラマ	倫敦ノ山本五十六	1930年代	古川健
	連続テレビ小説	カムカムエヴリバディ	1920年代〜現代	藤本有紀
	終戦ドラマ	しかたなかったと言うてはいかんのです	終戦前後	古川健
	ドラマ×マンガ	特攻兵の幸福食堂	現代(マンガパートが戦時中)	政地洋佑
	特集ドラマ	流行感冒	大正中期	長田育恵
	特集ドラマ	裕さんの女房	1940年代後半〜80年代後半	神山由美子
	大河ドラマ	青天を衝け	幕末維新期〜昭和初期	大森美香
2020	BS時代劇	明治開化　新十郎探偵帖	明治初期	小松江里子、伊藤靖朗
	連続テレビ小説	おちょやん	1910年代〜50年代	八津弘幸
	特集ドラマ	太陽の子	大戦末期	黒崎博
	ドキュメンタリードラマ	Akiko's Piano 〜被爆したピアノが奏でる和音〜	原爆投下前後	田中眞一
	ドラマ×マンガ	あとかたの街　〜12歳の少女が見た戦〜	現代(マンガパートが戦時中)	政地洋佑
	特集ドラマ	56年目の失恋	1964年⇔2020年	戸田幸宏
	8Kドラマ	スパイの妻	戦争前夜(1940年)	浜口竜介、野原位、黒沢清
	連続テレビ小説	エール	1900年代〜70年代	吉田照幸、清水友佳子、嶋田うれ
2019	スペシャルドラマ	ストレンジャー　〜上海の芥川龍之介〜	1921年	渡辺あや
	BSプレミアム	黄色い煉瓦 〜フランク・ロイド・ライトを騙した男〜	大正期⇔現代	新云隅子
	土曜ドラマ	少年寅次郎	昭和中期(1930〜40年代)	岡田惠和
	スーパープレミアム	八つ墓村	1940年代後半〜50年代初頭	喜安浩平、吉田照幸
	連続テレビ小説	スカーレット	1940年代後半〜70年代後半	水橋文美江、三谷昌登
	ドラマ×マンガ	お父さんと私のシベリア抑留 〜「凍ての掌」が描く戦争〜	現代(マンガパートが終戦前後)	開沼豊、岩瀬晶子
	特集ドラマ	マンゴーの樹の下で 〜ルソン島、戦火の約束〜	戦時中⇔現代	長田育恵
	スペシャルドラマ	夢食堂の料理人 〜1964東京オリンピック選手村物語〜	1964年前後	鈴木聡
	連続テレビ小説	なつぞら	終戦直後〜1970年代半ば	大森寿美男
	土曜ドラマ	浮世の画家	終戦直後	藤本有紀
	大河ドラマ	いだてん 〜東京オリムピック噺〜	明治後期〜高度成長期	宮藤官九郎

プロデューサー（制作統括含む）	演出	主演	考証担当者
統括：藤尾隆（テレパック） 小林大児（NHK）、 出水有三（NHK）	タナダユキ、小林達夫、清弘誠	岡田将生	時代考証：大石学 落語監修：柳家喬太郎
内礼二郎	渡邊良雄、安達もじり、保坂慶太、松岡一史、中泉慧	安藤サクラ	時代考証：天野隆子 風俗考証：谷直樹、資料提供：安藤宏基
督世	佐々木章光	向井理	時代考証のクレジットは確認できず
明久	熊野律自	常盤貴子	時代考証：天野隆子
卓子	平林雄二	駿河太郎	考証等のクレジット確認できず
智	平山武之	坂東龍汰、蘆田愛菜	風俗考証：天野隆子 時代考証：大森洋平
慶子	吉田照幸	吉岡秀隆	考証等クレジット確認できず
	亀岡哲郎、尾崎裕人、泉並敬眞、松岡一史	濱田岳、広瀬アリス、岡本玲、葵わかな	時代考証：谷直樹、資料提供：門松秀樹
ロケ：沈斌	木村隆文	内野聖陽	時代考証：加藤聖文 風俗考証：天野隆子
千栄子、藤原敬久	野田雄介、盆子原誠、岡田健、津田温子、石塚嘉	鈴木亮平	時代考証：原口泉、磯田道史
知記 統括：後藤高久	本木一博、東山充裕、川野秀昭、保坂慶太、中泉慧、髙橋優香子、鈴木航	葵わかな	時代考証：谷直樹、資料提供：門松秀樹 上方芸能考証：荻田清 芸能考証：旭堂南陵 大阪街並み考証：橋爪紳也
敬明 統括：佐野元彦、須崎岳、中村	西谷真一、榎戸崇泰	志尊淳、山本耕史	時代風俗考証：天野隆子 芸能考証：渡辺プロダクション
順一郎	柳川強	井浦新	外交考証：中島琢磨
証、櫻井壮一	桑野智宏	太賀	風俗考証：天野隆子
未央、制作統括：落合将	大原拓、清水拓哉	ユースケ・サンタマリア	時代考証：天野隆子
晃久	黒崎博、福岡利武、田中正、渡辺哲也、松本健祐	有村架純	時代風俗考証：天野隆子
内礼二郎	棚川善郎、安達もじり、新田真三	芳根京子	時代考証：天野隆子 神戸風俗考証：谷口義子
真介、ハンス・デヘルス ピット・コルミカン、 カルモディ	ピーター・フェルフーフ、 ロブ・キング 髙橋陽一郎、高木徹（ドキュメントパート）	ジョナサン・ハイド、 ポール・フリーマン マルセル・ヘンセマ、 イルファン・カーン他	歴史考証：日暮吉延、宇田川幸大、永井均、武田珂代子、高取由紀、内海愛子、バラク・クシュナー
直哉、緒方慶子	吉田照幸	長谷川博美	考証等クレジット確認できず
証、中村高志	柴田岳志、榎戸崇泰	尾上真千子、長谷川博己	漱石人物考証：中島国彦 風俗考証：天野隆子
淳司	岡崎栄	石原さとみ	軍事監修：堤明夫
岳	柳川強	薬師丸ひろ子、香川照之	風俗考証：天野隆子
利武	西谷真一	三宅弘城	時代考証：宮本又郎、原口泉 風俗考証：谷直樹
総史、伊藤純、大伴直子	石澤義典	平岳大	考証等クレジット確認できず
利武、熊野律時	西谷真一、新田真三、佐々木善春	波瑠	時代考証：宮本又郎、原口泉 風俗考証：谷直樹
敏彦	田中健二	オダギリジョー	経済・金融考証：鎮目雅人 時代考証：柴田紳一 風俗考証：天野隆子 所作考証：橘芳慧

放送年	種別	作品名	時代背景	脚本家
2018	ドラマ10	昭和元禄落語心中	昭和初期〜現代	羽原大介
	連続テレビ小説	まんぷく	昭和10年代〜40年代	福田靖
	スペシャルドラマ	太陽を愛したひと	1964年前後	山浦雅大
	特集ドラマ	夕凪の街　桜の国2018	戦時中(原爆投下前後)⇔現代	森下直
	ドラマ×マンガ	戦争めし	現代(マンガパートが戦時中)	山咲藍
	スペシャルドラマ	花へんろ特別編　「春子の人形」	大正〜昭和中期	早坂暁
	スーパープレミアム	悪魔が来りて笛を吹く	1947年前後	喜安浩平、吉田照幸
	BSプレミアム	わろてんかスピンオフ 「ラブ＆マンザイ〜LOVE and MANZAI〜」	1902年〜終戦直後	鹿目けい子
	特集ドラマ	どこにもない国	昭和20年前後(終戦前後)	大森寿美男
	大河ドラマ	西郷どん	幕末維新期〜明治初期	中園ミホ
2017	連続テレビ小説	わろてんか	1902年〜終戦直後	吉田智子
	土曜ドラマ	植木等とのぼせもん	1962年〜90年代	向井康介
	スペシャルドラマ	返還交渉人 〜いつか、沖縄を取り戻す〜	1960年代	西岡琢也
	土曜ドラマスペシャル	1942年のプレイボール	1940年代(太平洋戦争前後)	八津弘幸
	土曜時代ドラマ	悦ちゃん 〜昭和駄目パパ恋物語〜	昭和10年代	櫻井剛
	連続テレビ小説	ひよっこ	1960年代	岡田恵和
2016	連続テレビ小説	べっぴんさん	1930〜80年代	渡辺千穂
	NHKスペシャル	ドラマ「東京裁判」	終戦直後	ロブ・キング、高木徹 ケース・ファンバイナム、 マックス・マニックス
	スーパープレミアム	獄門島	終戦直後	喜安浩平
	土曜ドラマ	夏目漱石の妻	明治期	池端俊作、岩本真耶
	ザ・プレミアム	スペシャルドラマ戦艦武蔵	現代(太平洋戦争期の記憶)	岡崎栄
	終戦スペシャルドラマ	百合子さんの絵本 〜陸軍武官・小野寺夫婦の戦争〜	太平洋戦争期	池端俊作
	プレミアムドラマ	あさが来たスピンオフ 割れ鍋にとじ蓋	大正期	三谷昌登 監修:大森美香
2015	プレミアムドラマ	蝶の山脈 〜安曇野を愛した男〜	昭和期	石澤義典
	連続テレビ小説	あさが来た	1857年〜大正期	大森美香
	放送90年ドラマ 経世済民の男	高橋是清	明治期〜昭和初期	ジェームズ三木

プロデューサー （制作統括含む）	演出	主演	考証担当者
幸江	棚川善郎	阿部サダヲ	経済考証:阿部武司 風俗考証:天野隆子 政治史考証:井上寿一 医事考証:田口鐵男
信也	柴田岳志	吉田鋼太郎	風俗考証:天野隆子
一希	堀切園健太郎	松山ケンイチ	風俗考証:天野隆子
斎、谷口卓敬	清水一彦、川野秀昭	菅田将暉	考証等クレジット確認できず
内礼二郎	渡邊良雄、末永創、安達もじり	井上真央	時代考証:大石学、海原徹、三宅紹宣
晃久	野田雄介、梶原登城、佐々木善春、渡辺哲也	シャーロット・ケイト・フォックス	時代考証:谷直樹 風俗考証:永井良和、川井ゆう
昌代、谷口卓敬	清水一彦、土井翔平	松下奈緒、佐藤隆太	時代考証:天野隆子 医事考証:堀井昌子
厚司、谷口卓敬	堀切園健太郎	浅野忠信	考証等クレジット確認できず
練	田中正	尾野真千子	時代考証:天野隆子、石居人也
岳	柳川強、松原善之助、安達もじり、橋爪紳一朗	吉高由里子	時代考証:天野隆子
幸	森義隆	イッセー尾形	考証等クレジット確認できず
圭	伊勢田雅也	泉澤祐希	消防考証:渡邊幸次郎 風俗考証:天野隆子
信也	佐藤譲	中村雅俊、南果歩	新幹線開発考証:髙橋団吉(原作者) 風俗考証:天野隆子
ゆき	木村隆文	杏	時代考証:天野隆子、谷直樹
賢	安達もじり、藤並英樹	森山未來、尾野真千子	時代考証:橋爪節也
斎、遠藤理史	吉村芳之、川野秀昭	菅田将暉	時代考証:天野隆子
俊一	加藤拓、一木正恵、末永創、清水拓哉、佐々木善春、中野亮平、長谷知記	綾瀬はるか	時代考証:大石学、山村竜也、本井康博 儀式儀礼考証:佐多芳彦
一希	木村隆文、勝田夏子、大原拓	堀北真希	時代考証:天野隆子
高志	柳川強、野田雄介	渡辺謙	時代考証:柴田紳一、楠綾子 憲法考証:古関彰一 風俗考証:天野隆子 宮中考証:小田部雄次
圭	梶原登城	堤真一	考証等クレジット確認できず
与志木 弘	加藤拓	本木雅弘、阿部寛	時代考証:鳥海靖 風俗考証:天野隆子 海軍軍事考証:平間洋一、菊田愼典 陸軍軍事考証:寺田近雄、原剛 騎兵考証:岡部長忠、末崎真澄、清水唯弘
ゆき	田中健二、末永創、安達もじり	尾野真千子	時代考証:明珍健二 軍事考証:星川勝幸
圭、出水有三	棚川善郎、福井充広	松尾スズキ、常盤貴子	医事考証:和井内英樹 軍事考証:原剛
子	笠浦友愛、岡田健、梶原登城	井上真央	時代考証:天野隆子
勝裕	松浦善之助	青木崇高	海軍考証:神立尚紀 風俗考証:天野隆子
元彦、谷口卓敬	清水一彦	宮崎あおい	時代考証:本馬貞夫、姫野順一 海軍考証:平間洋一 オペラ考証:永竹由幸
幸江、鹿島由晴	吉村芳之、田中英治	仲間由紀恵	時代考証:高良倉吉、上里隆史
斎、谷口卓敬	黛りんたろう	常盤貴子、筒井道隆	時代考証:天野隆子

放送年	種別	作品名	時代背景	脚本家
		小林一三－夢とそろばん－		森下佳子
		鬼と呼ばれた男〜松永安左エ門〜		池端俊作
	放送90年ドラマ	紅白が生まれた日	終戦直後	尾崎将也
	土曜ドラマ	ちゃんぽん食べたか	高度成長末期(昭和40年代前半)	尾崎将也
	大河ドラマ	花燃ゆ	幕末維新期	大島里美、宮村優子、金子ありさ、小松江里子
2014	連続テレビ小説	マッサン	1920〜71年	羽原大介
	土曜ドラマ	芙蓉の人	1892年前後	金子ありさ
	土曜ドラマ	ロング・グッドバイ	1950年代	渡辺あや
	土曜ドラマ	足尾から来た女	1890年代	池端俊作
	連続テレビ小説	花子とアン	1900〜52年	中園ミホ
	シリーズ被爆70年	鯉昇れ、焦土の空へ	太平洋戦争前後	ノゾエ征爾
	NHKスペシャル	東京が戦場になった日	太平洋戦争末期 (1945年3月ごろ)	中園健司
	スペシャルドラマ	妻たちの新幹線	1950〜60年代(昭和30年代)	大森美香
2013	連続テレビ小説	ごちそうさん	1911〜47年	森下佳子
	土曜ドラマ	夫婦善哉	大正期〜昭和期	藤本有紀
	プレミアムドラマ	かすてぃら	1963年前後	羽原大介
	大河ドラマ	八重の桜	幕末〜明治30年代	山本むつみ、吉澤智子
2012	連続テレビ小説	梅ちゃん先生	1945〜61年	尾崎将也
	土曜ドラマスペシャル	負けて、勝つ 戦後を創った男・吉田茂	終戦直後	坂元裕二
	土曜ドラマスペシャル	とんび	1960年代〜現代	羽原大介
2011	スペシャルドラマ	坂の上の雲(第三部)	日清・日露戦争期	野沢尚 加藤拓 柴田岳志
	連続テレビ小説	カーネーション	1924〜2011年	渡辺あや
	土曜ドラマ	TAROの塔	1910年代〜昭和戦後期	大森寿美男
	連続テレビ小説	おひさま	1932年〜現代	岡田恵和
	土曜ドラマスペシャル	真珠湾からの帰還	太平洋戦争中	鈴木智
	土曜ドラマスペシャル	蝶々さん	明治初期	市川森一
	BS時代劇	テンペスト	19世紀末	大森寿美男
	土曜ドラマスペシャル	神様の女房	大正末期〜昭和期	ジェームズ三木

プロデューサー（制作統括含む）	演出	主演	考証担当者
弘 与志木	佐藤幹夫 木村隆文	本木雅弘、阿部寛	時代考証:鳥海靖 風俗考証:天野隆子 海軍軍事考証:平間洋一、菊田愼典 陸軍軍事考証:寺田近雄、原剛 騎兵考証:岡部長忠、末崎真澄、清水唯弘 軍装考証:平山晋 外交交渉考証:東郷和彦
慎介	一木正恵	勝地涼	軍事考証:原剛 軍犬監考証:藤井多嘉史 風俗考証:天野隆子
明	川野秀昭	池松壮亮	考証等クレジット確認できず
武之	汪俊	田中裕子	考証等クレジット確認できず
将	渡邊良雄、勝田夏子、一木正恵	松下奈緒、向井理	時代考証:天野隆子
弘 与志木	佐藤幹夫 木村隆文	本木雅弘、阿部寛	時代考証:鳥海靖 風俗考証:天野隆子 海軍軍事考証:平間洋一、菊田愼典 陸軍軍事考証:寺田近雄、原剛 艦船考証:泉江三 騎兵考証:岡部長忠、末崎真澄、清水唯弘 軍服考証:柳生悦子　軍装考証:平山晋
明	柳川強	小林薫	時代風俗考証:天野隆子 政治考証:粟屋憲太郎 裁判考証:泉德治
圭	大友啓史、東山充裕	伊勢谷友介	政治考証:粟屋憲太郎 風俗考証:天野隆子 憲法考証:古関彰一、笹川隆太郎 自動車考証:涌井清春 皇族華族考証:小田部雄次 三品取引考証:黄孝春
田透	伊勢田雅也	谷原章介	考証等クレジット確認できず
明	柳川強	ARATA	風俗考証:天野隆子
昌代、鈴木圭	岡崎栄、吉川邦夫	長谷川京子	考証等クレジット確認できず
正男	柳川強	香川照之	軍事考証:寺田近雄 風俗考証:天野隆子 歌謡考証:小野恭靖
久司	野田雄介、伊勢田雅也、真鍋斎、 佐藤譲	藤山直美	時代考証:橋爪紳也
雅義	小松隆、田中健二、海辺潔、福井充広	宮崎あおい	時代考証:天野隆子
康彦、金澤宏次	佐藤峰世、田中健二	森光子、野際陽子	時代考証:天野隆子、田辺安一、ブラジル日本移民資料館、サンパウロ州立博物館 美術考証:ユリカ・ヤマザキ
裕人、峰島総生	富沢正幸、高橋陽一郎、石原静雄	唐沢寿明	時代考証:天野隆子
裕人、阿部康彦	吉川邦夫、渡辺一貴	伊東四朗	時代考証:天野隆子 衣装考証:江木良彦
久朗	榎戸崇泰、高橋陽一郎、佐藤譲、 福井充広	石原さとみ、上野樹里、 上原多香子、紺野まひる	宝塚考証:鈴鹿照 風俗考証:芳井敏郎
加寿子	大友啓史、岡田健、松浦善之助	菊川怜	時代考証:小野一成、天野隆子
高至、小林千洋	富沢正幸、久保田充	小林桂樹	風俗考証:天野隆子

放送年	種別	作品名	時代背景	脚本家
2010	スペシャルドラマ	坂の上の雲(第二部)	日清・日露戦争期	野沢尚 佐藤幹夫 柴田岳志
	NHKスペシャル	さよなら、アルマ 〜赤紙をもらった犬〜	太平洋戦争期	藤井清美
	NHKスペシャル	15歳の志願兵	太平洋戦争末期	大森寿美男
	特集ドラマ (日中共同制作)	蒼穹の昴	1886〜99年	楊海薇
	連続テレビ小説	ゲゲゲの女房	1939〜86年	山本むつみ
2009	スペシャルドラマ	坂の上の雲(第一部)	日清・日露戦争期	野沢尚 佐藤幹夫 柴田岳志
	NHKスペシャル	気骨の判決	太平洋戦争末期 (1945年3月ごろ)	西岡琢也
	土曜ドラマ	白洲次郎	1900年代〜戦後期	近衛はな 大友啓史
	松本清張 ドラマスペシャル	顔	1950年代後半	中園健二
2008	NHKスペシャル	最後の戦犯	太平洋戦争末期 (1945年8月ごろ)	鄭義信
2007	スペシャルドラマ	海峡	終戦直後	ジェームズ三木
	NHKスペシャル	鬼太郎が見た玉砕 〜水木しげるの戦争〜	太平洋戦争末期	西岡琢也
2006	連続テレビ小説	芋たこなんきん	1930年代〜高度成長期	長川千佳子
	連続テレビ小説	純情きらり	1928〜48年	浅野妙子
2005	放送80年ドラマ	ハルとナツ	1934年〜現代	橋田寿賀子
	月曜ドラマシリーズ	ハチロー	関東大震災直後〜終戦直後	田向正健
	特集ドラマ	名探偵赤富士鷹	1936年前後	藤本有紀
2003	連続テレビ小説	てるてる家族	終戦前後〜高度成長期	大森寿美男
	月曜ドラマシリーズ	夢見る葡萄	昭和初期〜終戦直後	鈴木聡
2001	木曜時代劇	山田風太郎 からくり事件帖 〜警視庁草紙より〜	明治初頭	杉山義法、斎藤樹実子

プロデューサー（制作統括含む）	演出	主演	考証担当者
幸司、小林千洋	清水一彦、菅原浩、木村隆文、 勅使河原亜紀夫、藤井　朋子	沢口靖子	考証等クレジット確認できず
利秀	久世光彦	岸恵子	考証等クレジット確認できず
慎介	長沖渉、高橋陽一郎、柳川強	岡本綾	映画史考証：西岡善信
久司	黛りんたろう、吉川邦夫、渡辺良雄	遠野なぎこ、倍賞千恵子	風俗考証：小野一成、天野隆子 鉄道考証：松沢正二、大石和太郎
	木村隆文	桃井かおり	考証等クレジット確認できず
瓦	尾崎充信、広瀬満	江守徹	歴史考証：佐々木克 風俗考証：小野一成
	佐藤峰世、篠原圭、伊勢田雅也	松本麻希	考証等クレジット確認できず
	佐藤幹夫、笠浦友愛	桃井かおり	時代考証：小野一成
	清水一彦、大加章雅、遠藤理史、 大橋守、本木一博、菅原浩、原林麻奈	田中美里、野村萬斎	時代考証：小野一成 風俗考証：天野隆子
宏次	重光亨彦	津川雅彦	監修：古関彰一 時代考証：小野一成
博昭	マイケル・パティンソン	玉置浩二	考証等クレジット確認できず
正一、村山昭紀	松岡孝治	上川隆也、仲代達矢	考証：竹内實
幹雄	大山勝美	松たか子	考証等クレジット確認できず
栄	岡崎栄	永澤俊矢	考証等クレジット確認できず
	片岡敬司	国生さゆり、池田鉄洋	考証等クレジット確認できず
	江口浩之、小松隆、竹林淳、後藤高久	安田成美 → 中田喜子	時代考証（資料提供）：小野一成
	田中賢二、兼歳正英、大賀章雅、 柴田岳志、鈴木圭、六山浩一	細川直美	時代考証：小野一成
	松岡孝治	桃井かおり	考証等クレジット確認できず
栄	岡崎栄	永澤俊矢	考証等クレジット確認できず
	佐藤幹夫	田村英里子、松村雄基	考証：円谷プロダクション
	周寰	栗原小巻	考証等クレジット確認できず
	菅康弘	沢田研二	考証等クレジット確認できず
	鈴木圭	竹中直人	考証等クレジット確認できず
	田中賢二	桃井かおり	考証等クレジット確認できず
	山本秀人	富田靖子	考証等クレジット確認できず
	江口浩之	若村麻由美	考証等クレジット確認できず
		斉藤由貴	考証等クレジット確認できず
慎、松木守正	原嶋邦明、宮沢俊樹、諏訪部章夫、 長沖渉、三井智一、伊豫田静弘、 一井久司、吉川幸司、松本順、 若林久朗、吉田雅夫、林可奈子	鈴木京香	考証：松平誠 考証協力：天野隆子
勝四郎	岡本憙侑、諏訪部章夫、柴田岳志、 橋本幸三、一井久司	田中実、荻野目洋子	考証クレジット確認できず
文孝、岡本由紀子	平山武之、望月良雄、西谷真一、 木田幸紀、小松隆一、菅康弘、 古川法一郎、	西田敏行、鹿賀丈史	監修：小西四郎 時代考証：原口泉 風俗考証：小野一成
	岡本憙侑、西村与志木、古川仁、 榎戸崇泰	渡辺謙	風俗考証：加太こうじ 医事考証：佐藤智 考証協力：天野隆子
高至	佐藤幹夫、小松隆、広川昭、 佐藤峰世、瀬脇敏夫、大津山潮	山口智子	風俗考証：三田純市
由紀子	岡本憙侑、木田幸紀、末松緑朗、 川合淳志、四方康嗣	小林薫	考証等クレジット確認できず
勝	深町幸男、木田幸紀、外園悠治	桃井かおり	時代考証：小野一成

放送年	種別	作品名	時代背景	脚本家
	金曜時代劇	お登勢	明治初頭	ジェームズ三木
	NHKスペシャル	戦争を知らない君たちへ	太平洋戦争末期	山元清多
2000	連続テレビ小説	オードリー	1953～2001年	大石静
1999	連続テレビ小説	すずらん	1923～99年	清水有生
1997	ドラマ新銀河	コラ!なんばしよっと3	1960年代後半	金子成人
	水曜ドラマの花束	夜会の果て	明治初期	ジェームズ三木
	ドラマ新銀河	雲の上の青い空	1958年前後	ジェームズ三木
	水曜ドラマの花束	新 花へんろ	大正～昭和中期	早坂暁
1996	連続テレビ小説	あぐり	1907～54年	清水有生
	土曜ドラマ	憲法はまだか	終戦直後(日本国憲法発布前後)	ジェームズ三木
1995	土曜ドラマ 日豪共同制作ドラマ	最後の弾丸	太平洋戦争末期	吉田博昭
	土曜ドラマ	大地の子	終戦期～文化大革命期	岡崎栄
	BS日曜ドラマ	藏	大正～昭和初期	中島丈博
	土曜ドラマ	ストックホルムの密使	太平洋戦争中	岡崎栄
1994	ドラマ新銀河	これでいいのだ	1950～60年代(昭和30年代)	小林政広
	連続テレビ小説	春よ、来い	1943～89年	橋田寿賀子
1993	連続テレビ小説	かりん	1948～64年	松原敏春
	ドラマ新銀河	コラ!なんばしよっとII	1960年代	金子成人
	土曜ドラマ	エトロフ遙かなり	太平洋戦争中	清水邦夫
	土曜ドラマ	私が愛したウルトラセブン	1960年代後半(67～69)	市川森一
	土曜ドラマ	大草原に還る日	終戦直後～1970年代	王興東、王浙濱
1992	土曜ドラマ 日中香港共同ドラマ	流れてやまず	1928～30年代	大野靖子
	NHKスペシャル	バルコクバラゲ	1926年(大正15年)	畑山博
	ドラマ愛の詩	コラ!なんばしよっと	1961年前後	金子成人
	土曜ドラマ	新十津川物語(昭和編)	終戦直後～	冨川元文
	土曜ドラマ	新十津川物語(大正編)	大正期(関東大震災前後)	冨川元文
1991	土曜ドラマ	新十津川物語(明治編)	明治期(日露戦争前後)	冨川元文
	連続テレビ小説	君の名は	1945～55年	井沢満、横光晃、宮村優子、星川泰 小林政広
1990	連続テレビ小説	凜凜と	1912～32年	矢島正雄
	大河ドラマ	翔ぶが如く	幕末維新期	小山内美江子
1989	水曜ドラマシリーズ	晴のちカミナリ	1954年前後	髙橋正圀
1988	連続テレビ小説	純ちゃんの応援歌	1947～62年	布施博一
	水曜ドラマシリーズ	続イキのいい奴	1953～59年	寺内小春
	ドラマ人間模様	花へんろ・風の昭和日記 第3章	大正～昭和中期	早坂暁

プロデューサー（制作統括含む）	演出	主演	考証担当者
林通	伊豫田静弘、兼歳正英、榎戸崇泰、湯座明彦、小松隆一	藤田朋子	考証等クレジット確認できず
雅次	大津山潮、小松隆、江口浩之、上田信、菅野高至、阪本洋三	若村麻由美	考証等クレジット確認できず
由紀子	大原誠、黛りんたろう、佐藤峰世	小林薫	風俗考証：加太こうじ 考証協力：天野隆子
武	永野昭、岡本憙侑	小林薫	考証等クレジット確認できず
康則	清水満、榎戸崇泰、一柳邦久	古村比呂	考証等クレジット確認できず
	門脇正美、荘加満、長沖渉、阪本洋三	加納みゆき	考証等クレジット確認できず
勝	深町幸男、田中賢二	桃井かおり	時代考証：小野一成
由紀子	岡本喜侑、菅野高至、大森青児、末松緑朗、木田幸紀、二瓶亙、安本稔	斉藤由貴	考証等クレジット確認できず
康生	伊豫田静弘、阿部康彦、富沢正幸、布施実、金沢宏次	三田佳子	監修：小木新造 衣装考証：小泉清子、鈴木紀男
	平山武之、阪本洋三	樋口可南子	考証等クレジット確認できず
勝	村上佑二、菅野高至	川谷拓三	時代考証：小野一成
勝	深町幸男、木田幸紀、外園悠治	桃井かおり	時代考証：小野一成
	宮沢俊樹、森平人	三田佳子	考証等クレジット確認できず
壮太	村上佑二	大原麗子	時代考証：小野一成
克史	重光亨彦、布施実、一井久司	沢口靖子	衣装考証：小泉清子 風俗考証：長澤謹吾 醤油考証：多田庄兵衛
武	清水満、田中賢二、松本守正	松坂慶子	時代考証：尾崎秀樹 風俗考証：中田幸平 衣装考証：小泉清子
原作郎	広瀬満、上田信	新藤栄作、藤谷美和子	考証等クレジット確認できず
勝	門脇正美	緒形拳	考証等クレジット確認できず
晋	村上佑二、伊豫田静弘、佐藤幹夫、 松岡孝治、田島照、松平保久、小林武	松本幸四郎	考証：樋口清之、猿谷要 衣装考証：小泉清子、織田稔子
耕	北嶋隆、富澤正幸、小林信一	榎木孝明、辰巳琢郎	考証等クレジット確認できず
	深町幸男	根津甚八	考証等クレジット確認できず
	富沢正幸、上田信	永島敏行	考証等クレジット確認できず
由紀子	江口浩之、小林平八郎、竹本稔、望月良雄、一柳邦久、吉村文孝、江端二郎、大木一史、秋山茂樹	乙羽信子、田中裕子、小林綾子	考証：小木新造
原作郎	樋口昌弘	藤吉久美子	監修：三田純市
慧	椿恭造	手塚理美	考証等クレジット確認できず
壮太	松井恒男、江口浩之、小松隆	原日出子	考証等クレジット確認できず
河原平八	深町幸男、加藤郁雄	フランキー堺	考証等クレジット確認できず
二	松尾武、森平人	紺野美沙子	考証等クレジット確認できず
河原平八	深町幸男、渡辺丈太	フランキー堺	考証等クレジット確認できず
	岸田利彦、平山武之	星野知子	考証等クレジット確認できず
晋	重光亨彦、清水満、中村克史、	菅原文太、加藤剛	監修：樋口清之 風俗考証：磯目篤郎 医事考証：酒井シヅ
原作郎、原晙二	土居原作郎、田中昭男、樋口昌弘	山咲千里	考証等クレジット確認できず
	北嶋隆、平山武之	熊谷直美	考証等クレジット確認できず
幹	佐藤満寿哉、原晙二、樋口昌弘、吉村芳之、田村勝四郎	相原友子	考証等クレジット確認できず
日出夫	田中昭雄	友里千賀子	考証等クレジット確認できず

放送年	種別	作品名	時代背景	脚本家
	連続テレビ小説	ノンちゃんの夢	1948～54年	佐藤繁子
1987	連続テレビ小説	はっさい先生	1931～48年	髙橋正圀
	水曜ドラマシリーズ	イキのいい奴	1949年	寺内小春
	ドラマ人間模様	魚河岸ものがたり	1966年前後	池端俊作
	連続テレビ小説	チョッちゃん	1927～49年	金子成人
1986	連続テレビ小説	都の風	1940～56年	重森孝子
	ドラマ人間模様	花へんろ・風の昭和日記 第2章	大正～昭和中期	早坂暁
	連続テレビ小説	はね駒	1890～1912年	寺内小春
	大河ドラマ	いのち	終戦～高度経済成長期	橋田寿賀子
1985	ドラマ人間模様	恋の華　～白蓮～	明治～大正期	砂田量爾
	ドラマ人間模様	國語元年	1874(明治7)年	井上ひさし
	ドラマ人間模様	花へんろ・風の昭和日記	大正～昭和中期	早坂暁
	ドラマ人間模様	家族あわせ～夕焼けとんび～	終戦直後	井沢満
	ドラマ人間模様	樋口一葉 われは女成りけるものを	明治20年代	大野靖子
	連続テレビ小説	澪つくし	1926～45年	ジェームズ三木
	大河ドラマ	春の波濤	明治中期～大正期	中島丈博
1984	連続テレビ小説	心はいつもラムネ色	1928～50年代	冨川元文
	ドラマ人間模様	羽田浦地図	1965年前後	池端俊作
	大河ドラマ	山河燃ゆ	1940年代(太平洋戦争前後)	市川森一、香取俊介
	連続テレビ小説	ロマンス	1912年～昭和初期	田向正健
1983	ドラマ人間模様	まあええわいな	大正期	岡本克己
	ドラマ人間模様	父への手紙	1964年前後	中島丈博
	連続テレビ小説	おしん	1900年代～1970年代	橋田寿賀子
1982	連続テレビ小説	よーいドン	1927～47年	杉山義法
	連続テレビ小説	ハイカラさん	1882～1905年	大藪郁子
1981	連続テレビ小説	本日も晴天なり	1944～73年	小山内美江子
	ドラマ人間模様	続・あ・うん	1938年前後	向田邦子
1980	連続テレビ小説	虹を織る	1937～65年	秋田佐知子
	ドラマ人間模様	あ・うん	1938年前後	向田邦子
	連続テレビ小説	なっちゃんの写真館	1920年代	寺内小春
	大河ドラマ	獅子の時代	幕末～明治中期	山田太一
1979	連続テレビ小説	鮎のうた	1920年代～50年代	花登筺
	連続テレビ小説	マー姉ちゃん	1934～57年	小山内美江子
1978	連続テレビ小説	わたしは海	1920年代～40年代	岩間芳樹
	連続テレビ小説	おていちゃん	1910年代～1945年前後	寺内小春

プロデューサー（制作統括含む）	演出	主演	考証担当者
…幹	佐藤満寿哉、村上慧、田代勝四郎、原晙二	新井春美	考証等クレジット確認できず
	田中昭男、松尾武	高瀬春奈	考証等クレジット確認できず
…篤彦	北嶋隆、八木雅次、渋谷康生	浅芽陽子	考証等クレジット確認できず
…瞭	岸田利彦	真木洋子	考証等クレジット確認できず
	中山三雄、松尾武	中谷昇、南田洋子	考証等クレジット確認できず
	小林利雄、浦野進、小林万顕	横内正、日色ともゑ	考証等クレジット確認できず
…三千郎	松井恒男、古閑三千郎、田中　昭男	樫山文枝、髙橋幸司	考証等クレジット確認できず
	関口象一郎、岡本憙侑、辻元一郎	林美智子	考証等クレジット確認できず
	中山三雄	渡辺富美子	考証等クレジット確認できず
	中山三雄	北沢彪、小林美七子	考証等クレジット確認できず

放送年	種別	作品名	時代背景	脚本家
1977	連続テレビ小説	風見鶏	大正期	杉山義法
	連続テレビ小説	いちばん星	明治期～昭和前期	宮内婦貴子
1976	連続テレビ小説	雲のじゅうたん	1918～1952年	田向正健
1972	連続テレビ小説	藍より青く	1943～63年頃	山田太一
1970	連続テレビ小説	虹	1938～65年	田中澄江
1967	連続テレビ小説	旅路	1915～62年	平岩弓枝
1966	連続テレビ小説	おはなはん	明治中期以降	小野田勇
1964	連続テレビ小説	うず潮	大正末期～1951年	田中澄江
1962	連続テレビ小説	あしたの風	1940～50年代	山下与志一
1961	連続テレビ小説	娘と私	1920年代後半～51年	山下与志一

※本報告では、明治維新期以降から1968年前後までを舞台として取り扱った作品について「近現代を描いた時代劇メディア」と位置付ける。1968年で区切ったのは、その時期が社会学・思想史などの文脈において同年前後を時代の転換点と位置づけていることを参考にした。68年を転換点とする研究は多くあるが、映画史の文脈では四方田犬彦『1968年文化論』(毎日新聞社、2010年)、運動史については小熊英二『1968(上・下)』(新曜社、2009年)、社会構造全体の変化を俯瞰したものとして絓秀実『革命的な、あまりに革命的な』(作品社、2003年)、同編『1968』(作品社、2005年)、テレビドラマやアニメなどのサブカルチャー上の構造変化と世代間による1968年前後の時代認識の変化については宇野常寛『リトル・ピープルの時代』(幻冬舎、2011年)などを参照されたい。

2　NHKドラマ『負けて、勝つ～戦後を創った男・吉田茂～』『白洲次郎』などを考証して

◉小田部雄次

はじめに

吉田茂と白洲次郎という、戦後の保守政治家の二人のドラマを監修させていただいた体験談を時代考証学会のお役に立つのであればということで、お話したいと思います。

実は私、茨城県の水戸市で育ちまして、水戸市立第二中学校という所があるのですが、そこには「大日本史編纂之地」という碑があったのです。子どもの頃や中学校の頃は全然知らなかったのですが弘道館なんていうのも近くにありまして、このあたりで水戸光圀が日本の歴史を書いたということを言われて、そんなものかという程度だったのですけれど。今日は考証について話すにあたって、「『水戸黄門』考証で考える考証のあり方」についてもふれたいと思います。

2 NHKドラマ『負けて、勝つ〜戦後を創った男・吉田茂〜』『白洲次郎』などを考証して（小田部）

一、『負けて、勝つ〜戦後を創った男・吉田茂〜』の考証

（1） 天皇の前でどうお辞儀をしていたか

『負けて、勝つ〜戦後を創った男・吉田茂〜』（NHK、二〇一二年、以下『負けて、勝つ』）ではほんの一瞬ですけれども、主役の渡辺謙さんが天皇の前でお辞儀をする場面がありました。実は制作中に静岡の私の家に電話がかかってきまして、「先生、東京に出て来られないか」と言うのです。渡辺謙さんって真面目な方で、「どうお辞儀していいのか分からない」ということで、直接教えてくれと私に言うわけです。「いや、ちょっと待ってください。私も天皇の前に出て頭を下げたことはないです。これは閣僚に訊くか宮内庁の方に訊くしか分からないでしょう」と。このような経緯がありましたが、放映された映像は僕にとっては違和感がありました。僕の知っている範囲ですが――私、宮中に入ったことはありませんが――史料を読みますと、入ったところに屏風がありま す。最初の部屋にいるうちから、直接天皇に会えないですね。いつでもそうだったかどうかは、これはちょっと検証しなければいけないですが。私がNHKの担当者に言ったのは、「部屋の入り口を開けて天皇にパッと出会うのはないでしょうね。とりあえずちょっと長めの屏風があって、その後ろに座っていらっしゃるか立っていらっしゃる」ということです。両脇にどなたがいますかということまで訊かれましたよ。「それは、そのときによって違うでしょう」と答えました。私に訊くよりも当事者に訊いてくださいとしか言いようがないのですね。

実は近現代史の考証って怖いですよ。当事者がいるのです。時代劇の方には申し訳ないですが、皆さん亡くなっていますからある意味気楽です。それはうそだろうとか、この史料じゃこうだとか、いやこうだよということはありますけれど。

私は三回ほど宮内庁関係者からクレームをつけられております。そんなに仲が悪いわけではないので、クレームというと大げさなのですが。『皇室の20世紀』（小学館、二〇一〇年）というDVDマガジンに「皇室の博聞」という連載コラムを書いたときに、宮内庁の方から出版社に「この写真に写っているのは陛下ではない」、つまり今の天皇陛下（上皇、二〇二二年時）ではないとの指摘がありました。昭和天皇の戦争責任を追及する動きもあまりなくなって、ご家族、つまり昭和天皇と皇后（香淳皇后）と男子一人（親王）と女子三人（内親王）がいて、葉山の海岸で波を追っかけっこしている有名な写真があるのです。その波を追いかける子どもが、どうも学習院の服を着て小さい子なので、年齢的にこれは本当に皇太子殿下（上皇）なのかなと、私も疑問があったのですよ。疑問はあったけれど、ある本には「皇太子」と書いてあった（今は修正されています）。

そんなことがあって、私が「皇太子」だと書いたら宮内庁からクレームが来て、「これは殿下ではない、皇太子さまではない、弟の義宮さまだ」と。なぜだと訊いたら、「そのとき殿下は風邪をひいて、この日、部屋で休まれていた」と。「なんでそんなことが分かるのか」と訊いたら、天皇陛下（上皇）が侍従に直接言ったらしいです、「私ではない」と。で、私に訂正文を載せろというのです、わび状ですね。だから私は、それ以降の『皇室の20世紀』の私の原稿はちゃんと事前に目を通してくれと出版社を通して宮内庁にお願いした。そういう事件がありました。

また、チェロという楽器がありますね、天皇陛下（当時は皇太子、現在の上皇）の弾かれる。これは美智子さま（上皇后）の影響で、天皇陛下も音楽をやって、家族で一緒に演奏するのはいいものだという言葉があった。これをいい話だと思って書いたら、渡辺允元侍従長から「あれは美智子さまに教わったのではない、影響を受けたのではない。殿下自ら楽器を奏したかったのだ」と、また叱られました。「誰が言ったのですか」と訊いたら、

「陛下だ」と。私は反論できませんでした。当事者がいるのですよ。だから怖いです。当事者がいることをうかつに書くものではないと、そのときしみじみ思いました。

もう一つは、これは私のミスもあったのですけれど、皇室の方は福祉活動をやりますね。私は美智子さまを褒めようと思って、「美智子皇后様が、社会福祉を一生懸命にされていらっしゃいます」と書いた。すると、「美智子様だけではないと、ある宮さまが怒っている」と聞かされました。「自分も社会福祉をやっている。それをないことにしたのだから、わびを書きなさい」と。ごめんなさいと次の号で謝りましたけれど。その際も、原稿を事前に見てくださいと言いました。出てからあれこれ言われるのは嫌ですと。私も悪意があったのではなくて、多くの皇族の方々が社会福祉をやられているのも知っていますが、字数が足りないので美智子さまに絞ったのです。そしたら、「自分の名前が載っていない」とお叱りをうけたのです。当事者がいらっしゃるのです。

（2）昭和天皇はどんな部屋にいたか

次に、『負けて、勝つ』で、牧野伸顕の逝去の報に接する昭和天皇の場面で、NHKの担当者から「昭和天皇はどんな部屋にいたのですか」と訊かれました。「部屋には何が置いてありましたか」と訊いてくるのです。本人に訊いてほしいと思うのだけれど、一応、写真がいくつか残されています。いろいろなところから写真を引っ張ってきて、いろいろな角度から見て、これはこのときの写真だ、これはと特定していきました。関係者からも「先生、面白い調べ方しますね」と。

そのとき私も改めて気がついたのですが、日本の宮城、要するに皇居は同じ所にずっとありません。ご存知だと思いますが、明治時代になって失火で一度焼けて、その後に建てられた明治宮殿も空襲で焼けてしまいます。戦後建て直しをしますが、その間は別の所に行くわけです。牧野が亡くなったのはその頃です。当時、昭和天皇はどこで執務していたのかというと宮内庁庁舎の三階です。昼間は。執務が終わると別です。防空壕だった御文庫です。吹上御所と新宮殿ができるまで、居場所は複雑でした。それを分けないでやってしまうと全然違うのです。

ただ、執務室の調度品は若干似ています。机があって、ダーウィンと、実はナポレオンの胸像があったというのだけれど捨ててしまったそうです。ナポレオンの胸像と、ダーウィンやリンカーンの胸像があるという説があります。なぜ、ナポレオンの胸像を捨てたのか。史料によると、昭和天皇はナポレオンが好きだったようです。皇太子時代にフランスを訪問したときに、ナポレオンの没後百年祭に全て出席しています。これは『昭和天皇実録』（東京書籍、二〇一五〜二〇一九年）にきちんと書いてあるし、戦後、ヨーロッパに行ったときも、ナポレオンのものが好きだったことがわかります。ただ戦争責任を問われたこともあって、ナポレオンを好きですとはやはり言えないのだろうなとしみじみ思います。

だから生物学者のダーウィン、アメリカの偉人からリンカーン、そしてナポレオンと、部屋に三つの胸像が置かれていて、そのうちナポレオンを誰が捨てたのかという話があるのですが、昭和天皇本人ではないかという説があって、これは分からないですね。

ただ、逆に僕のやり方は、わからないときはぎりぎりの線でわざと書いていることがあります。一つの方法は、映画の『ジュラシック・パーク』（ユニバーサル・ピクチャーズ、一九九三年）でどのように恐竜を育てたかという説明のなかで、遺伝子がない部分はどうするかというと、蚊が吸った恐竜の血から取り出した遺伝子に今生きているカエルの遺伝子をつなげるというような場面がありました。つまり、われわれが知っている現段階の情報と当時の断片的な情報をつなぎ合わせて、多分こうであろうということを言ってしまうわけです。分からないから。

ただ先ほど言ったように、当事者が知っていればクレームをつけてくれる。今のところ、先ほどの『皇室の20世紀』のクレームは別として、指摘を受けたことはほとんどない。つまり当事者でも知らない人が多いからですね。ただ、それが検証なしで歴史事実として残ると、それはそれで厄介です。

二、「水戸黄門」考証で考える考証のあり方

（1）漫遊しない水戸黄門はドラマとして受けるのか

今話したようなことを体験してきて、今日この場にお呼びいただいたわけですが、そうした考証の経験がお役に立つのかということです。先ほど言ったように私は水戸で生まれて育ったから、若干水戸黄門には思い入れがあります。このあいだ一緒に食事した学生に「水戸黄門って、全国を歩いてないの？」と言われました。「歩いていると思ったの？」と逆に言いたいです。でも今の子たちは多分そうです。どうも一説によると、水戸黄門は子どもの頃、お父さまに連れられて熱海までは来たらしいです。『新編鎌倉志』に書いてあります。でもそれ以上は行っていない。この話を先日、社会人の方にしました。すると何パーセントかの方は、やはり水戸黄門は漫遊したと思っていたみたいです。場がしんとしましたよ。水戸黄門が漫遊したことはありません。

では何をしていたのかというと、『大日本史』という歴史書を編さんしていて、助さん、格さんとおぼしき藩士と一緒に働いていました。二人を全国に派遣して、全国の大名などから史料を借り出して集め、中国の歴史のような面白い日本史を作りたいと考えた。完成したのは、なんと明治になってからですからね。長い。徳川一五代が終わった後も編さんを続けて作られたけれど、今読む人はいるのでしょうか。ただ、今読む人がいなくても、

南朝正統論、大義名分論ということで水戸学の基礎にもなり、尊王攘夷論につながったということで、現在にも名を残しています。

問題は、水戸黄門のドラマとそうした歴史はどのように絡むのかということです。われわれはそれらを見て、あまり南朝正統論、大義名分論、尊王攘夷論と結びつけません。

（2）印籠で決着することの安堵とは何か

まず考えなければならないのは、日々のリアルな様子を描いた水戸黄門のドラマを作って面白いのか、ということです。おそらく面白くないと思う。視聴率は高くないと思います。水戸にいつも居て、助さん格さんに遠くに行って史料を集めておいでといっても、全然受けないです。だからああして全国を回ることでドラマが続くわけです。

さらにもう一つ言うと、歴史学研究者は怒るかもしれませんが――私も歴史学研究者ですが――印籠で決着しないと駄目なのです、あのドラマ。私が昔、家庭教師をしていたところのお母さんが新聞販売店のおかみさんで、水戸黄門が印籠を出す時間になるとその瞬間だけタタタッとテレビを見に行く。あとはどうでもいい。「スカッとしますよね、先生」って言うのです。安定した決着の仕方を求める民衆意識というものがあると思いました。今の人もそうかもしれないけれど、今日は頑張った、明日も頑張ろう、でも理不尽なことが多く不快だ。そうした思いがあり、その思いが決着したという代償作用です。あんな決着はしないほうが良いのではないかと思う人も当然いますけれど。

太平洋戦争が始まったときも同じです。日中戦争や満州事変というのは、宣戦布告していません。あれは事変ですから。だから戦死しても、開戦していないので戦死ではないという話です。太平洋戦争が始まって、「これで戦争になった、すっきりした」ということを歴史学者の体験談として、木坂順一郎さんが書いていました。そのようなものかと私は大学生の頃思いましたが、分かる気もしてきました。

すっきりしたいという民衆意識というか、日常の暮らしから生まれ出る民衆感情を引き寄せられるかというのは、ドラマにとって大事だと思うのです。ただ、その感情が歴史学的にどうかというのはまた別の問題ですが、社会学的には拾わなければいけないとは思っているところです。完全否定はできないですね、そういう民衆意識というのは。

(3)「善」と「悪」の「構図」の意味は

もっと冷静に考えていけば、悪代官をこらしめるというのは、私は学生に半ば冗談で半ば本気で言うけれど、一番悪いのは水戸黄門だろうと。一番、搾取階級ですよ。あの人がふらふら歩きながら、農民の労働力を搾取するという点で、社会科学の理論から言えば、最大の悪いやつだろうと。その最大の悪いやつが、たまたま自分の下っ端で悪いことやったやつをこらしめる。これはどういう構造かというと、この体制をひっくり返すということまでは考えないですが、その体制の運用の仕方が悪いやつは許せないという気持ちというのは、現在の民衆意識とつながるものがある。これがいいか悪いかはまた別問題ですけれど。

そこまで考えると、『水戸黄門』をある意味つまらないと言ってはいけないわけです。現代史的にも、『水戸黄門』が受けるということは、『水戸黄門』にはそれぐらいの社会科学的な、あるいは社会学的な民衆意識を語っているところがあるということです。今はなぜ放映が終わったのかという問題は、現代社会はどうなっているのか、時代背景が駄目なのか、あるいはわれわれ日本人は、『水戸黄門』のような勧善懲悪を乗り越えたのかという問題とつながってきます。これもまた別な問題になりますが。

先ほど知り合いの方と話していて、『水戸黄門』がなくなると時代劇を知っている人がいなくなると言われて、それはあるなと感じました。私の若い頃の場合には、『銭形平次』や『赤穂浪士』がいつも放映されていました。毎回、カツラかぶって刀を差しているおじさんを見て近代以降とは違う時代だと分かりますが、放映されなくなると江戸時代にはちょんまげもなく、刀を差しておらず、靴を履いている人がぶらぶら歩いていたというイメージを国民の中に入れてしまうということもあるので、どちらがいいかというのは難しいです。そのあたりはこれからの問題です。

(4)「徳川の平和」とは何か

ところで、私は今大変です。静岡にいると徳川家康、徳川家康ですよ。徳川のご当主と県知事、しかも有名な大学教授やその同調者たちが一緒になって、徳川万歳、徳川、徳川ってやっています。これは悪いことではないです。ただ私は今、井上馨についての研究を手伝っていて、来週その講演会をするのですが、井上馨というのは興津の別荘で五メートルもの銅像を建てた人です。長州藩出身で伊藤博文の友達、鹿鳴館時代でも活躍した人ですが、学界での評判は悪い。評判は悪いのになぜわたしが研究するのかというと、歴史というのはいろいろ調べたほうがいいだろうということです。

地元で彼が書いた掛軸や手紙が山ほど出てきまして、たまたま見つけました。今、その分析中です。しかし井上馨は静岡ではあまり注目されていないです。実は興津には元老がもう一人来ています。西園寺公望です。井上は彼よりもややマイナーな扱いです。要するに特定の人だけ取り上げていては、相当バランスが悪いのです。今、静岡で歴史館の構想（仮称）静岡市歴史文化施設構想、現静岡市歴史博物館）がありますけれど、徳川を中心に取り上げるか、そうではなくするか検討しています。僕はやはり「徳川さん」が中心になってもいいけれど、歴史というのはもっと多様性があるはずだろうと思っているのですが、勝てません。かたや子孫や関係者も入って、しかも私より優れた時代考証家たちでやっています。これはやはり力負けというところです。

どういうことかというと、徳川の平和といっても、当時の徹底した身分階級制度やキリスト教弾圧など、圧倒的な力の平和であって、アメリカによる世界平和とどこか似ています。また徳川を打ち出すのは、観光資源の問題ともつながっています。以前、ＮＨＫ大河ドラマの『平清盛』（ＮＨＫ、二〇一二年）も随分問題になっていて、この時代考証学会でも話題になったそうですが、僕はあの番組、いい番組だと思っていました。「画面が汚い」という指摘に対しても、リアルだなと逆に感動しましたが、人気がなかったそうですね。観光客も増えませんでした。だから視聴率で作品を測れるものかという思いがありましたが、時代考証学会の発行した書籍を見ていたら、あれはいいと書いていた人がいて安心しました。

三、時代考証に関わって感じた相反する二つのテーゼ

（１）魂は細部に宿る

私は、いくつかの作品の時代考証に携わって、時代考証に関わる二つのテーゼを考えました。まず「魂は細部に宿る」。格好いい言い方ですが、細かいことをばかにはできないということです。お辞儀一つですが、渡辺謙さんはやはりさすがだと思います。どうお辞儀をするのか、角度が難しいです。深々とやり過ぎてもいけない。目はどこに置くかを考えてみても、天皇を見てはいけないと思います。下を向いていると思うのです。どうやって歩いて、どこでもう一回お辞儀をするのかと。これは細かいことですが、天皇というものに対するあり方の問

題です。屏風を立てたりして真正面からは行かないと思うのです。こういうものは、細部までこだわることが大事です。今までそういうことは学者が取り上げてきませんでした。今回、私はこうした考証に携わって助かったよと喜ばれても、そんな問題は論文にしても多分採用されません。天皇のお辞儀の仕方は学会誌には載せてもらえないと思います（近年、少し変わってきたようですが）。でも私はこういう機会に接して、論文にはならないけれど細部というのは大事にしたいと思いました。

（2） 木を見て森を見ざる

もう一つは逆に、細部にばかりこだわると、それでは吉田茂は何をした人なのかと、お辞儀の仕方など、画面からカットしてもいいではないかということも言えるわけです。この人は戦後の日本に何を与えたのかということをきちんと描かなければ、お辞儀ばかり一生懸命やっても仕方がないという思いも、なかったわけではありません。

結論から言いますと、私は吉田茂の考証をさせてもらったわけではないのです。あれこれお手伝いはしたのですけれど、私の名前は「宮中考証」で載っていました。『白洲次郎』（NHK、二〇〇九年）では「皇族華族考証」となっています。だから僕は白洲次郎の考証家ではありません。白洲次郎については若干、面白い人だと思っていたけれど、制作者側にあれこれ言えないのです。私が制作者側から頼まれたことは、例えばそのときどのような服を着ていたか、部屋はどのような間取りだったかといった質問に対して、これはこうですねと答えることです。ある程度台本ができたときには、その台本も見せていただいて考証をしますが、実は最初に台本を見せてもらっていません。

映画『日本でいちばん長い日』（東宝、一九六七年）のリメイク（松竹、二〇一五年）が作られました。私は一か月ほど考証に付き合ったのです。その頃『昭和天皇実録』が公開直前だから、私は共同通信社に依頼されて実録を全部読んでいたのです。しかも、「先生、読んで四〇〇字ぐらいにまとめてくれ」って。無理をいいますよね本当に（笑）。でも読めるチャンスがあるというのはうれしいじゃないですか。だから一生懸命読みました。そうしたら、読んでいる忙しい最中に電話がかかってきまして。「実は先生、女官の研究者ですよね」って言われて、「まあ、やりましたが」と返したら、「女官の服の色って何色ですか」って言うのです。「えっ」となりまして。女官の名前すらすべて分かっているわけでもないのに服の色までと言われても。史料は少ないです。写真はあります。明治や大正の時代の和装や洋装とか。ただ女官の服の色を写真で全て言えるかというと、女官にも階級があるし、場所によって、どこに行くかによって違う。その色の違いはどこで分けるのですかという話になり、私がお世話になっている和装に詳しい方がいるので、その方に訊いてくださいと言いました。その後は忙しいので考証をお断りしていたら、また、「先生、『昭和天皇実録』の仕事は終わったでしょう」と言われまして、「うん、まあ」ということで、いろいろ手伝いました。

それで、いろいろと調べているうちに（作品の内容が）分かってきて、「台本読んだけど、これなら、半藤さんの『日本のいちばん長い日』が詳しいよ」と伝えたら、「いや実はそのリメイクです」と、制作側の担当者が初めて言ったわけです。「それなら半藤さんに訊けばいいじゃない」という話ですませました。その後また言ってきたのが、「大きな木がある場所で、天皇が閣僚と集まって行うような儀式がありませんか」ということです。どうもそれは本当に作品で描かれたらしいのですが、「そんな儀式ないよ」と言ったのです。正月からの全ての宮中儀式をもう一回見直して、天皇と閣僚が集まって大きな木の下で何かやっているような儀式があるかないかと言われれば、どう考えてもないのです。こうなったら、「昭和天皇が子どもの頃は沼津にいたから、そのときに見た夢ということにでもしたらどうか」と答えたら、「いや、それは駄目です」と。そういうことで阿南惟幾などがいる場面になったらしいです。でもそこまでは踏み込めない。

つまり私は頼まれたこと、要するに宮中の勉強をしている人間として、こんな比喩をすると失礼かもしれないけれど、山で道に迷ったロケ隊がたまたま通りかかって、「頂上に行くのはどっちの道ですか」と聞かれたおじさんのようなものなのです、僕は。「あっち」と答えて、「どうもありがとう」と言われているようなものです。だから、あなたは何をしに山に行くのかとか、そういうところには私は口を出せないわけです。逆に言うと、「何で白洲次郎の時代考証をしたのか、何で吉田茂の時代考証をしたのか。あんな保守主義者を」と叱られたりするときもあります。私は、『負けて、勝つ』の内容について、全く意見は言えなかったのです。もう少し吉田とか白洲を見てもいいと思うから協力はしたのですが、言えないです、やはり。しかも、「この人とこの人は違う場面でしゃべっているよ」と指摘をしても、「いや先生、予算の関係上一つにしていますから」という話もありまして。それはそれで現場のご苦労もあるということですね。

四、ドラマと歴史学研究の間

(1)　視聴者にとって面白いこととは？

次にドラマと歴史学研究の間という話題にうつりますが、視聴者にとって面白いことというのは、歴史家にとって面白いこととは違います。『水戸黄門』ではないけれど、ドラマにしても面白いところは違うわけです。われわれはよく「危ない」という言葉を使っていますけれど、これも難しい言葉です。誰にとってどう危ないのかということで、「危ない」といわれる側にとってはその人の意見のほうが危ないかもしれないっていう、これは相対的なものです。ここは乗り越えていかないと、国民的な良いドラマというのはなかなか作りにくいですね。

（2）歴史事実や真実は多極化する

歴史の事実や真実というのは、私は多極化していくと思います。何でもいいのかというと、そうではない。時代が変われば、ものの見方が変わり、生産構造が変われば価値観もいろいろ変わります。真実というのも、これはある意味、主観的なものです。私がこの立場に立って見ている姿と、皆さんからこちらを見ているのは当然違ってしまうように、何が真実かということを築き上げていく必要があるけれども、なかなか難しいです。だから、この映画は分からないなと言って頭ごなしに否定するのではなく、なぜこれが国民の支持を得ているのかということを考えるところで、むしろ見えるものがあります。

私は学生に、「君は司馬（遼太郎）を読んだかね」と言われたことがありました。あまり好きではなかったのでそんなに読んでなかったし、学生が教員に向かって、「君は司馬を読んだかね」と迫る口調に驚きました。ファンは怖いのです。

司馬遼太郎さんはいろいろ言われていますけれど、あの人があれだけの人気を得たということを否定しては話にならないですね。現在の研究水準で考えると、私は日本近代史で日露戦争が最悪の事態だと思っています。あれで権益地域を広げ、それを守るために日本は太平洋戦争まで進みましたから。あのとき権益地域を広げなければ、「邦人の救助」みたいなことやらずに済んだのです。今だって行ってしまうでしょう、どうしても。昭和天皇はなぜ戦争に引きずられたのかといえば、「満州に日本人がいる、上海に日本人がいる」と言われたならば、兵を出さないとは言えないわけです。

これは逆にいえば、日露戦争で日本人が権益地域を広げてしまった。だから日露戦争は栄光ではなくて、僕は没落の始まりだっただろうと今思っています。そのことは学問的な問題だから反論もあるでしょう。ただ当時の日本人が、司馬さんの書くような日露戦争までの日本人のあの頑張りというのが欲しかったのでしょうね。だから司馬さんは日露戦争の後を書いていませんよね。ご自身が戦争体験者だから書けないのです、美しくないから。そこは小説家というのは羨ましい。歴史学ではそういきません。書かなければいけないです。このように小説家でも歴史家でも、歴史に向き合う自分なりのスタンスという問題があります。

五、原作と制作と考証

原作と制作と考証が同じ人でしたら一番良くて、問題は起きません。だから原作者がちゃんとした考証家であれば、他人に訊かなくて済むわけです。もう一つ、原作者と制作者と考証する人が対等の場合であれば、またそれはそれで議論をしながら、原作を作りながらということができます。本当のプロ同士が語り合っていれば、三人三様の良いものが作れるかもしれません。

しかし今まで私が経験した現場というのは、私は本当に末端の相談相手です。それ以上のことを相談されても、多分協力できなかったかもしれないけれども、まず末端の相談相手として位置付けられているのが現状です。ただ訊かれることはほぼ似ているもので、アーカイブ化の話が出ていたようですけれども、宮中の間取りや女官の服については、関係者に訊けば分かるのです。だからそうした資料が必要でしたら、用意しておくと良いです。そういったものは写真も残されているし、関係者もまだ生存されている方がいらっしゃいますから。この部屋の、服装の、あるいは間取りのなどというのも、研究者はむしろ知らないです。そういう情報を持っていると楽だという気がします。

六、「すきま産業」としての皇室・華族研究

（1）研究も実態も知られていない

さて、結局何で私がこのような、ある意味、立派な仕事をさせていただいたかというと、皇室や華族についての研究というのは少ないのです、今までのところでは。自分で言いますけれど「すきま産業」なのです。明治大学で私は華族という授業を担当しましたが、そのときの学生の反応を覚えています。そんな特権階級の話は聞きたくないと言われました。そこで「いや違う。俺がやろうとしていることは違う。この人たちがいかに没落していったかをやる」と返したら、「それなら許す」と。特権階級を描いてはいけないという雰囲気というのは強かったですね。十年前くらいの話です。

その後、『華族――近代日本貴族の虚像と実像』（中央公論新社、二〇〇六年）という本を書きましたが、おかげさまでベストセラーでした。つまり他の人がやったことがないからです。新しいことはないかと、まとめられるものを選んで書いたのです。そんなに新しいことだったのかなとも思うけれど、おかげさまで今でもロングセラーになっています。それはなぜかというと、他の人がやっていなかったから。なぜそうなのか。戦後日本の歴史学界というのは、天皇制は研究するけれど天皇は研究してはいけなかった。タブーということもありますが、研究したくなかったということもあるわけです。だから、「おまえが華族のことを研究するから、日本が右傾化した

のではないか」と批判されるのです。「華族みたいなものを研究するから、元華族がその気になって、どんどんテレビに出てくる。だからおまえのせいだ」と。本当かどうかはよく分からないけれど、「旧皇族さん」が随分テレビに出たりすると、「おまえがやるからだ」と。「いや違う。これはあの人が勝手にやっているのだ。俺のせいではない、時代の問題だ」と思っているのですけれども、助長したというわけですね。

相手にするから、話題になるから、勢力が盛り返すという意味での現代史の危機というものがあります。けれど研究しなければもっと分からない。だから私は、天皇制の研究家と言われたことがありません。皇室研究家と言われます。なんだか右翼っぽいですね。まして水戸出身で『大日本史』を編纂した近くが出身校、なんだか右翼の親分みたいですね(笑)。もちろん右翼か左翼かというのは、これはあくまで相対的な分け方ですけれど。それにしても、天皇とか皇室とか華族というのは、批判というのはあっても、その実態を見てみようという歴史学がありませんでした。そのために、私はそれを研究したことによって、多少研究者としてのステータスを、あるいはこうした考証者としての立場を得たわけです。ただ、たしかにおっしゃるように、「日本にせっかく民主主義社会ができて、民衆の時代になったのに、おまえは古い特権階級を持ち出した」と言われてしまうとつらいという思いがあるし、反面その程度の民主主義かと思うこともあります。

私、井上馨を研究していて、井上さんが好きな人たちは「井上公」と呼びます。だから関係者に会うときは「井上公」と言わないと何かまずい気がして、「井上」と下手に言うと、「小田部先生は井上さん嫌いか」と言われて。まだ親族の方がいますから。だからなかなか難しい問題があります。現場にいるとどうしても過去の断片というか、日本はそこまで民主化してないなということを逆に思うし、また個別の方々に会ったときに、まだ乗り越えなきゃいけない問題があると思うのです。だから理念と理想は持っていていいのですけれど、現場や現実は重いです。

（2）タブーであった天皇の「出演」

「すきま産業」と言いましたけれど、結局これから問題になるのは、映画『日本のいちばん長い日』（松竹、二〇一五年）について、昭和天皇を正面から写したと話題になったようなことです。やっと今頃になってということもありますけれど、昭和天皇については、これから取り上げられる機会が増えていくと思います。

そこでの問題は、昭和天皇のイメージをもっている人がまだまだ多いということです。私のような、昭和天皇を知識で知っている者から言わせると、ドラマ『負けて勝つ』での、渡辺謙さんが出演した場面は「天皇さん、しっかりしなよ」という感じの天皇なのですが、あれがリアルと言えばリアルです。目が悪かったのですね。『昭和天皇実録』を読むと、すごい近眼だったことが書かれています。姿勢も悪いということで、子どものときから矯正させられたと、『昭和天皇実録』にちゃんと書かれています。話し方も矯正されていますね。そういう意味では、「しっかりした天皇像」を出されてしまうと違うなという感じです。しかしこれからは多分、昭和天皇を知らない人も増えるからどう描くのかなという問題があります。現代史を取り上げる映画のなかで増えていくでしょう。

七、近現代関係ドラマを見ての雑感

（1）秋山徳蔵『天皇の料理番』における天皇・皇后の描き方

次に、最近の近現代関係ドラマを見ての雑感という話題にうつります。最近のドラマを見まして、秋山徳蔵さんの『天皇の料理番』（TBS、二〇一五年）、これも同名作品（TBS、一九八〇〜一九八一年、一九九三年）のリメイク版で、面白く見ました。ちゃんと最後まで面白いなと。前のは見ていないですが、結構、ああいうモダニズムとかが好きなのですね。いい映画だなと思ったし、俳優さんたちも一生懸命演じているところが非常に好感をもてました。

和久井映見さんが好演されていたのですが、私の貞明皇后のイメージからいうと、その美しさのイメージが少し違っていました。大正天皇が病気で倒れて、貞明皇后はそのころからあのような華やかな服は着ていないし、あんなふりふりの美しいお帽子もかぶらないと思うのだけれども、私も見たわけではありません。さらに徳蔵さんと天皇の対面の場がどうも、これは記憶違いだったら申し訳ないですが、天皇が御簾のなかにいたような気がするのです。近代以降は御簾の奥になんかいません。しかもあの部屋ですが、別荘みたいな和室の上に障子があってというのはおそらく御用邸です。宮殿ではないのです。

先ほども言ったように、皇居が空襲で焼けたあと宮内省（宮内庁）で公務をして、御文庫で暮らしていたのです。御用邸にはあまり行っていない。厳密に調べていないので詳細はわかりませんが、これからは天皇を描くならそういう考証もやらなければいけない時代になってしまうかなと思いました。

ドラマとしてとても面白かったことは、最後のアヒルを追いかけた場面。インターネット上で賛否がありましたけど、私は本物以上にリアルに感じました。アメリカに対しての、日本のあのときの思いというのが、多分あいうものだろうなと。当時を体験していませんけれど、歴史上の知識で分かります。

（2）李方子の「悲劇」とは？

もう一つ最後に。李方子という人物がよくドラマ化されて、この間、二時間の作品も放映されて私もいろいろご招待を頂いていますが、時代考証の問題から言うと、私は少し作られ過ぎたと思っています。李方子が初めて新聞で自身の結婚についての記事を見た、政略結婚とわかり、「あっ」と方子は驚いたという場面がありました。有名な場面です。でも昔は大体、親が決めていますね。しかも政略結婚ではあるけれど、これは私がずっと調べていて、最近研究者も分かってきたと思うのですが、あれは、親の伊都子が一生懸命嫁ぎ先を探したのです。華族は嫌で嫁ぎ先は皇族でなければ嫌なのです。ところが、これは言うと失礼になるから僕は言えないし、まだ証拠がないけれど、何か事情があって早く嫁がせなければいけなかった。それを頼んでいたのです。これは日記を見ると少し微妙なのです。日記には「やっと見つかった、うれしい」と書いてあります。

それで韓国の王妃というのは、当時差別はありましたが金持ちなのです。王家ですから日本の皇族よりはるかに金持ちなのです。何代も続いた王家だったわけですから。漁業権から何からいろいろな利権をもっています。王様なのです。日本の天皇は王様ではなかった。日本の王様は維新前の徳川家なのです。だから維新後に国費で働いていた皇族たちから見れば、李王家は莫大な財産をもっていたわけです。金銭的に豊かな王家だったのですね。それで戦前はかなりやっかまれたというのがあったみたいです、逆に戦後になって、国籍がなくなって韓国にも戻れない。韓国の王様が日本にくっついて韓国の民を捨ててしまったようなものですから戻れないです。北にも南にも戻れない。最後には朴正熙政権の時代に韓国に戻れたものの、夫の李垠は死んでしまった。日本人だけれど元王妃の李方子として韓国で福祉活動やっていくという、これが美談の流れです。元王妃が福祉活動をやるということで、これがドラマになるのです。だから後半生は良いけれど、前半生は少し作られ過ぎています。

一番悲劇の人というのはもっといたのです。この李垠の妹で日本人と結婚させられた李徳恵さん。学習院でいじめに遭ったという記録があって、精神疾患になっています。そして嫁ぎ先でおかしくなってしまう。僕に言わせればよほど悲劇です。李垠さんだって悲劇です。けれどドラマにならないでしょう日本では。韓国では作っているみたいですけれど。だからやはりこれが難しいです。ドラマか歴史的な事実かという問題があって、ナショナリズムもからむ。それを整合化させていくのは日本ではまだまだ難しいかもしれません。

最後に、昔から梨本伊都子のドラマを作ってほしいと思っています。彼女の日記を発見したとき、テレビ番組にはなりました。『おはよう！ナイスデイ』(フジテレビジョン、一九八二〜一九九九年) などの番組で、三〇分くらいのドキュメンタリーを作ってもらいました。そのとき映画にしようかという話もあったのですが、まだできない。旧華族出身でない正田美智子さんを批判的に書いていますから。美智子さんの結婚式の日に、これで日本はもう駄目だと書いた人ですから。美智子さまがご健在の間は、映画化は少し難しいだろうと思っています。

ただ、この人は明治から昭和戦後までの日記を残しているのです。日々書いているのです。戦争の記録も残した人で、看護婦をやったり、皇族妃としての悩みごとまで書いています。私は全部のコピーを持っていますけれど (実物は所在不明)、全部ではなく、小出しに出しています。それは別にけちなのではなくて、全て出版してくれる出版社がいないからです。時々論文を書くときに少しずつ使わせてもらっていますが、面白いのですよ。ただこれは、梨本伊都子の出自が佐賀鍋島藩の娘で、明治の皇族のお妃になって、そのような立派な上流階級のような人々が明治・大正・昭和をどう生きたかという、こういうドラマとして面白いのであって、それが国民に受けるかどうか、他の人々に面白がられるかどうかはまた別ですよね。

おわりに

そういうことで、ドラマと歴史学の関係というのは私も勉強になったし、時代考証学は大事だと思っています。だからますます、現代史もこれから気合を入れて研究していかないといけない。細部を訊かれたときに「分かりません」とは言えないです。ただ難しい問題はあるので、その溝をどう埋めていくかということが問われると思っています。

3　時代考証はアイデアの宝庫
——近現代ドラマ制作現場からの報告

◉安達もじり

NHKの安達です。ディレクターの仕事をしております。今放送しております『花燃ゆ』（NHK、二〇一五年）という大河ドラマの演出をこの一年間やってまいりました。経歴をご覧いただければ分かるかと思いますが、これまで朝ドラ（連続テレビ小説）や大河ドラマなど色々なドラマを演出してきました。

たまたまここ四、五年の間、いわゆる明治・大正・昭和という時代を扱ったドラマの制作におそらく一番たくさん関わってきましたので、今日ご指名をいただいたのだと思います。直近で言いますと、去年は連続テレビ小説『花子とアン』（NHK、二〇一四年）という作品をやり、その前には土曜ドラマ『夫婦善哉』（NHK、二〇一三年）という作品ですとか、さらにさかのぼれば、連続テレビ小説『カーネーション』（NHK、二〇一一年〜二〇一二年）という朝ドラなどを作ってきました。

一、江戸以前と明治以降ではアプローチの仕方が違う!!

自分なりにどんなことを考えてドラマを作っているのかというお話を、具体的な話をする前にちょっとだけさせてください。ざっくりと言いますと、〈江戸時代以前の時代劇〉と〈明治時代以降の時代劇〉というのは、正直、作っているときの感覚が違うということをまずお話しします（最近は明治時代のお話でも「時代劇」と呼ぶようになりました）。

〈江戸時代以前の時代劇〉は、決まりごとがとても多いです。例えば大河ドラマをやっていますと、大河一筋四〇年というスタッフがいたりしまして、そういうベテランのおっちゃんとかに決まりごとをめちゃくちゃたたき込まれるわけですね。着物の着付けの仕方から所作をはじめいろいろと。「この時代は、こういうふうにして、こうやるんだぜ」みたいなことを、ぺーぺーの助監督をやっているときに本気でたたき込まれ、それを知らないと本気で怒られるという中でものを作っています。ある決まりごとの中でいかに面白く豊かにできるか、みたいなことを追求していくような感覚です。

それに対して、〈明治時代以降の時代劇〉というのは、誰もその決まりごとを持っていません。「おばあちゃんのお話」、つまり何世代か前の自分の知っている人たちが子どもの頃に経験した時代のお話になってきますので、アプローチの仕方が題材によって変わってきます。「おばあちゃんのお話」というのは、これ実は中国の『紅いコーリャン』（西安電影製片廠、一九八七年）という映画からヒントを得たキーワードです。一九二〇年代のお話だったと思いますが、冒頭、「この話はうちの祖父と祖母の話だ。うちでは今でも語り草になるが、なにしろ昔のことだから、当てにはならない」というナレーションから始まる映画で、おばあちゃんの一代記みたいなお話です。このナレーション、とても素敵だなと思って、自分の中でとても大事にしています。大正・昭和という時代を描くときに、自分の祖父・祖母の世代とか、もう一世代前とかをちょっとイメージするだけで、すごく身近に感じられて、愛着も持てる。こういった近い時代の物語を作るときには、実感のある「肌触り」や「におい」

なども常に意識しながら作るということが大事だな、と思っております。

二、ストーリー作りにおける時代考証作業

「ドラマ作りの二本柱」というと、同じ仕事をしている人が見ると「おまえ何言うてんねん」と突っ込まれると思いますが、大胆に、〈ストーリー〉と〈感情描写〉をその二本柱にしてみました。

いわゆる「時代考証」の作業は、ドラマ作りの中でその一つ目の〈ストーリー〉、つまり「お話を作る」という段階から始まります。脚本家の方と打ち合わせをしながらお話を作り、あらすじが出来たところで、時代考証をお願いしている先生に、「こういう話なんですが、これは大丈夫でしょうか」というご相談をまず持ち掛けます。「いや、この年代にこの設定はないよ」「じゃあどうしたらいいですかね、こうしてみましょうか」みたいなやりとりをさせていただくことから始まるわけです。

ストーリーがだんだん形になり、台詞も含めて脚本ができたところで、今度はもっと細かくいろいろと検証をしてもらいます。例えば大河ドラマの時代考証で言いますと、脚本ができると、時代考証の先生に何人も来ていただいて「時代考証会議」を開き、頭から最後までト書きを含めて脚本をその場で音読します。何か突っ込みどころがあると、誰かが手を挙げて止める。「この言い回しは、ちょっと現代っぽいね」とか。例えば、『自由』とか『空気』という言葉は、江戸時代にはなかった単語。明治時代以降に外来語の翻訳としてできた言葉だから、これは江戸時代のドラマとしては不適切だ。言い回しを変えた方がいいのでは」といった検証作業をやります。多くのドラマにおいては、ここが一番メインの時代考証作業となります。この作業が終わったら後は現場に

任されて、現場の決まりごとの中でドラマを作っていく。細かいところで本当に分からないことがあったときだけ、失礼ながら夜中に電話して先生をたたき起こし、日々時間に追われているという言い訳のもと、「先生すみません。明日、撮らなあかんのですけれど、これ、どう思いますか」みたいなこともやらかしたりはしていますが。ストーリー作りにおける時代考証作業は、大体こんな感じで進んでいきます。

三、感情描写にも時代考証が生きる！

ドラマ作りの二本柱のもう一つに、〈感情描写〉というキーワードをあげました。これから、今まで手掛けた四本の近現代ドラマについて、どんなアプローチをしてきたかということをお話ししますが、これらのドラマを作る中で、「感情を描写するにあたって、時代考証って、すごい、すごい大事だな」と思うようになりました。具体的にどういうことか、この後掘り下げていきたいと思います。

「感情を描写する」ということが、ドラマを作る上で一番大事なことだと思っています。登場人物の感情が伝わらないと、見ていて感情移入できないという当たり前のことなのですが。とにかく、どうやればそこにある「感情」が見ている人に伝わり、見ている人の「感情を呼び覚ます」ことができるかということを、作るときに徹底して考えます。「肌触り」や「におい」、「場所の空気感」みたいなことをちゃんと表現すれば、そこにある「感情」もちゃんと伝わるのではないか、といったようなことです。私、今日大学という場所に二十年ぶりぐらいに来ましたが、今すごく緊張しています。こういう大勢の方と一人で向かい合う場というのが、日頃まずない状況ですので。この場所、この壇上にいる今の自分の感情を、もし映像で撮った場合にどうやって伝えるか、ここに立つ緊張感はどうやったら映像に映るかといったことを考えるわけです。

先ほどからも（小田部雄次先生の講演の中で）お話が出ていましたが、例えば「セット」はとても大事です。戦後すぐぐらいの設定のドラマだったとします。「どういう建物がありどういう日常がそこにあったのか」ということを徹底して調べて作りこむ。その時代を経験した方に「懐かしい」と感じてもらえることを目指して細かく丁寧に作りこむわけです。そういう場に主人公がいるのを見て、「こういう時、こういう気分になるの、よう分かるわ」みたいに思ってもらえたら勝ちで、と言いますか。「細部に魂が宿る」と小田部先生も先ほどおっしゃっていましたが、まさにそういうことを目指そうとするわけです。でもやっぱり分からないことだらけなので、時代考証の先生にいろいろとお知恵をお借りすることになります。こういった作業は、「ストーリー作りにおける時代考証」とはまた別の、一つの時代考証の形だと思っています。

もう一つ大事にしているのは「音の記憶」です。例えば、昭和の戦争を描くドラマを作るとします。これは完全に個人的な記憶なのですが、ＮＨＫに入って、最初山口放送局という所に勤務しました。毎年八月六日の「原爆の日」に、朝から平和記念式典の中継がありまして、その中継要員として広島に行きました。早朝から中継スタッフとして働くということを四、五年やったのですが、毎年必ずセミが鳴き散らしているのです。「終戦の日」とか甲子園の黙禱とかのイメージもありますが、自分の中で、戦争と言えばセミの鳴き声、みたいにつながっていて……今まで、何度か戦争の時代（を題材にした場面）を演出してきましたが、脚本上可能であれば、なるべく夏の設定、夏のシーンにして、痛いほどあのセミの鳴き声を入れたりとか、そういう細かいことをやったりしています。

こういった「人の記憶をくすぐるような仕掛け」みたいなものを、ストーリーにプラスアルファする形でドラマの中に投入できれば、一層豊かに「感情描写」ができるのではないかと思ってやってきました。前置きが長くなりましたが、具体的に見ていきましょう。

四、連続テレビ小説『カーネーション』でのアプローチ

『カーネーション』というドラマから話をさせてください。四、五年前に朝ドラで放送しました、尾野真千子さん主演の、ファッションデザイナーの人をモデルにしたお話です。大阪の岸和田という、あのだんじりで有名な町を舞台にしたドラマです。モデルの小篠綾子さんという方は、二〇〇〇年代、一〇年近く前までご存命でした（二〇〇六年没）。五、六歳くらいから亡くなるまでを描くという、スーパー一代記でした。

朝ドラは半年間で一シリーズを放送します。一話一五分、だいたい一五〇本から一五六本ぐらいありまして、ものすごい長さです。モデルの小篠さんが特異なところは、最初から最後まで、一生引っ越さなかったこと。一軒の家で生まれ育ち、お店を開いて、亡くなるまでその家で暮らし続けてこられた方でしたので、本当に徹底して一〇〇年近く場所が変わらないドラマだったんですね。

ファッションを題材にしていたこともあり、その一〇〇年間どういう時代の移ろいがあったのかということを細かく丁寧に描いていきたいなと思ってアプローチしました。服の流行は年ごとに変わっていきます。江戸時代を描くときには、例えば一七三五年と一七三六年の流行の違いなんていうものは一切気にしませんが、一九三五年と一九三六年の流行の違いは明らかに記録が残っています。

まず何をやったかといいますと、年表を作るしかない！　ということで、見開き三ページで一年分の年表ノー

トを自分で作りました。およそ百年分、これは何冊かになったのですが、この年表ノートをまず作った上で物語を組み立てていきました。もちろん実在の方ですので色々なエピソードが残っています。一つのあるエピソードについて、その時代時代の空気の中で「なるほど、こういうときに、こういうことをされたか」ということが分かってくると、そのときの主人公の気持ちが浮き上がって見えてくることが何度もありました。「このドラマにおいて、時代描写って、めっちゃ大事だな」とその都度思いました。

ただ時代描写が大事だからといって、俯瞰的に大きな事象としては描けません。なぜならヒロインが一軒の家から一歩も出ないからです。世の中で起きていることを大々的に描くことが構造上できなかったので、だったらヒロインがいる店の中から見た表の商店街の景色を事細かに少しずつ変えて表現するしかないということで、「景色の移ろい」に力を入れて表現していきました。（物語の中で、例えば「一〇年後」といった形で大きく時代が飛んだときに、がらっとシャッター街に変わるとか、いろんな大胆な変更はもちろんしましたが）細かいことで言いますと、年ごとに商店街に貼ってあるポスターをちょっとだけ変えたりとか、一九八五年のシーンには阪神が優勝したことを知らせるスポーツ新聞を商店街の道端に置いたりとか、そういう細かいお遊びも色々やりました。

こういった細かいことをすごく大事にしたいと思ってやっているのですが、やっぱり、分からないことだらけなんですね。そういうときには、時代考証の先生に（どこまでがご専門なのかはさておき）とりあえず丸投げをして聞いてみました。分からないことを全て丸投げすると、先生も先生で、いろいろマニアックに研究されている方に、例えば「一九五〇年ぐらいのときの子どもの（様子）はどうだったか」とか聞いてくださったり、割と大きなリサーチ組織を組んで細かい情報集めをしてくださいました。先ほどから話が出ていましたように、時代が近現代に近づくにつれてだんだん時代考証が細分化していくというのは、当然のような気がします。というのは、その当時のことを記憶している方がまだたくさんいらっしゃるからです。例えば、「二〇一五年の話をやるんですが、時代考証をお願いします」と仮に言ったとして、おそらく一人の方に考証をしてもらうというのは不可能です。この間まで放送していました『まれ』（NHK、二〇一五年）という現代劇の朝ドラで、大石（学）先生に「ケーキの作り方について考証をお願いします」と言ったとしても、「そんなの分かるか」と言われるのが当たり前です。それぞれの専門分野にそれぞれの専門家がいて、その専門家に考証をお願いするというのが、現代劇では当たり前なのですが、そういう意味でいうと、（近現代は）現代劇と時代劇の中間を描く時代ですので、時代考証も細分化して当たり前かな、という気がしています。

五、土曜ドラマ『夫婦善哉』でのアプローチ

次に『夫婦善哉』という作品にいきます。『カーネーション』で初めて大正・昭和という時代のことを描いていろいろ知った上で、『夫婦善哉』という作品を撮りました。今日お話ししたドラマの中で、この作品だけモデルがいないと言いますか、架空の人物が主人公の、織田作之助の有名な小説のドラマ化です。映画（東宝、一九五五年）が本当に有名なので、もちろん最初は私も映画の世界から入ったのですが、このドラマが放送されるのが織田作之助生誕百年という節目の年（二〇一三年）で、なおかつ地元大阪で作るということで、「オダサク」の原作に忠実に作ろうという目標を立てました。映画の『夫婦善哉』は自分の中で「喜劇」のイメージがあり、丁々発止の夫婦のやりとりを面白がる題材だと思っていたのですが、原作を読むと非常に淡泊で、全然喜劇でもなんでもない、日記みたいな内容なのです（ちょっと誇張して言っていますが）。「何だろうな、これ」と思いまして、ど

こから手掛かりをつかんでいったらいいのか最初は悩みました。

原作の中に大阪の地名がいっぱい登場します。本当にマニアックな地名が、三行に一か所ずつぐらいの勢いで出てきまして、これがどこかというのが分かる場合もあるし、分からない場所もある。とりあえず地名を全部洗い出して、それがどういう町だったかということを調べることにしました。

それももちろん、時代考証の先生を頼ってといいますか、ほとんどタッグを組むような状態で調べたのですが、そうしましたら色々なことが見えてきたのです。例えば、「梅田新道（しんみち）」という場所があります。原作では、主人公の柳吉という男が梅田新道の大きな商家の生まれで「商家のぼんぼん」であるという設定なのですが、実は映画では、柳吉は何代も続く「名家のぼんぼん」みたいな描かれ方をしていて、セットの中に代々の当主の肖像画が飾ってあったりしているのです。けれど調べていくと、梅田新道という所は、実はちょうどこの時代にできた新興商店街で、「この家が何代も続いた名家であるとは考えられない」という結論に達しました。だとしたら我々は原作に忠実にやろう！ということで、「一代でたたき上げてでかくなった、成金の家のぼんぼん」という設定にしました。そういったことが事細かにたくさん出てきまして、こういう発見って大事だなとそのとき思いました。

あの当時のことを色々調べていきますと、びっくりすることが昔の本にたくさん書いてあったりします。例えば「ジャズと三味線が鳴り響く道頓堀」「道端に僧侶が端座（たんざ）（正座）して何か唱えている」みたいな、当時の町の様子を描写した当時の本が出てきて、「なんですか、先生、これ、めっちゃおもろいじゃないですか」とか言いながらそれを再現してみましたというのが、実はこのドラマの第一話の冒頭のシーンです。細かい描写をいっぱい重ねたのですが、これは全部、時代考証によってワンカットずつ拾い出してきたネタです。全部（調べた本に）

書いてありました。台本上は（富司純子さんのナレーションで）「ごちゃごちゃごちゃごちゃごちゃした所でっしゃろ」としか書いてなかったのです。「ごちゃごちゃごちゃごちゃごちゃした所」の表現って、どうしたらいいのだろうというところから始まり、時代考証から大きなヒントを得て出来上がったシーンなのです。これを経験して、時代考証って大事なのだ、というより面白いなと思うようになりました。

この当時の大阪は、実際にこうやって画と音にしてみると（かなり誇張はしていると思いますが）、すごくにぎやかな町で、その空気感で一つの世界を作れるなという体験をしまして。さっき申し上げた「人の記憶を呼び覚ます」ということではないですけれど、「ドラマの中に一つの世界を作り、そこに空気があり、そこに環境があるという表現をしていきたい」と心に誓い、その後、頑張っている次第でございます。

このドラマを初めて記者の方々にお見せする「記者試写」という試写会があって、記者の方から感想を伺ったときに、「時代劇なんだけど、すごくトレンディードラマを観ているみたいでした」と言う方がいて、それがすごくうれしかったです。描きたいのは、ダメダメな男と女のくだらない恋の話。そこにある「感情」を（見てくださる方に）伝えるために、いろいろな仕掛けを考えてやるという、それこそが時代考証であり演出なのかなと思いまして。これを経験して、「細部に魂が宿る」ということを、その後、本当に大事にしたいなと思うようになりました。

ちなみに余談ですが、第一話の冒頭のシーンで流れていたトランペット（のメロディについて）は、多分、当時あんなモダンな曲はなかったと思います。それは、分かった上でやっています。どういう節を吹いているかといいますと、このドラマのメインテーマを、抜粋して吹いてもらっています。それは、あえての仕掛けです。

あと、もう一つ、冒頭のシーンに登場していた「南無妙法蓮華経」というお経は、黒澤明さんとか、川島雄三さんとかの映画によく登場するアイテムです。「道端に僧侶が端座して……」という昔の本からヒントを得てやった描写ですが、一応あのお経についても考証で確認しています。これはお坊さんに聞いたのですが、西と東でやはり団扇太鼓のたたき方が違うということが分かり、大阪仕様でやってもらいました。そういう細かなことを確認しながら、「少しでも豊かにしたい」と毎回色々やっているわけです。

六、連続テレビ小説『花子とアン』でのアプローチ

そうした経験をした上で一昨年（二〇一三年）、東京（ＮＨＫ放送センター）に転勤で来まして、『花子とアン』という朝ドラを担当しました。これはまた、『カーネーション』と同じような、実在の女性の一代記です。モンゴメリの『赤毛のアン』をモチーフに、それを翻訳した方（村岡花子さん）の一生を描く物語でしたので、『カーネーション』とはちょっとアプローチが違うな、という気がしまして。『カーネーション』と『夫婦善哉』でだいぶ知識が豊富になってきていたので、今度は逆に「シンプルに物語を作る」というアプローチで挑もうと思いました。なるべくファンタジーに見えるような世界を作るにはどうすればいいか。そのときのチーフ演出がテーマの一つに掲げたが、「色にこだわりたい」ということでした。『赤毛のアン』の勝手なイメージですけれど、「赤と緑だ！」なんて言って号令をかけましたので、じゃあ色々な時代、色々な都市に、どんな赤と緑があるかというのをひたすら探しまして、こっそりいっぱい仕掛けています。

そうすると、やはりドラマのカラーというのが出てきます。実は衣装も、その当時（大正時代）の着物とかを古着屋からかき集めてきてもらいました。だからすごい見栄えは華やかで、「こんな派手なの着ていたんだ」と

いう発見もありました。ただ、古着なのでとにかく臭い。現場が臭い、と役者さんが嫌がったりもしました。「そういう意味のにおいは、映像からは伝わらないので、我慢してください」とか言いながらやりましたが。割とこだわってやった分、結果的に非常に華やかなイメージのドラマになったという気はしています。逆の発見もありました。「色がない時代」というのが実際にあったのだな、と。いろいろ探しましたが、やはり戦時中になるとだんだん色味のものが減っているということが分かり、そんな発見も面白いなと思いながらやりました。

あと面白かったのは、ヒロインの夫が最新の電化製品を買うのが好きだったということです。これは実際に残っているお話です。そこそこ裕福な家庭だったみたいで、新しいものを買う余裕があった。翻訳をしている奥さんのために、家事が楽になるようにといって電化製品を買いまくるというエピソードが残っています。それを律義に（ドラマの中で）再現しようとするのですが、記録はたどれるのですが、今、物が残っていないんですね。「何年に出た冷蔵庫をセットに入れます」と言っても、「そんなものどこにもねえよ」というような。あったとしても、借りるだけですごいお金がかかったりして、そういう意味でのごまかしはいっぱいやりましたが、志としてはなるべくちゃんと再現したいと思ってやってきました。

この時代のドラマ作りの大変なところ、実はそういうところです。江戸時代までの時代劇は、いわゆる「決まりごととしての物」があるのです。ドラマ仕様の物が、全て大河ドラマの倉庫には眠っている。何でも出てきます。でも、昭和とか、実は一番難しいと言われているのは昭和六〇年代ぐらいで、携帯電話が出始めたりとか、消費文化になり始めた頃の物はほとんど残っていなくて、実はその辺（の時代）を再現するのが一番お金がかかると言われています。この時代を描くドラマが少ないのは、そういう裏事情もあると思います。

そんな感じで物集めに苦労する一方で、「この電化製品って、いつから大丈夫なんでしたっけ？」ということは、ことごとく（時代考証の）先生に確認をとります。一応、「確認しないと、裏を取らないと」というのがNHKのスタイルなので、「裏を取る」と言って、また夜中に先生をたたき起こすということをやってしまっているわけです。

七、大河ドラマ『花燃ゆ』でのアプローチ

今は『花燃ゆ』という作品をやっています。幕末から明治初期というのは、非常に難しい時代だなと思いました。なぜならば、ちょうど江戸以前と明治以降の境目の時代を描くドラマだからだと思います。やり方によっては、江戸以前みたいなスタイルで描くこともできたかもしれません。つまり、「ドンパチ戦って勝った、万歳！」みたいなことにカタルシスがある、というドラマの作り方で幕末維新を描くということです（そういうカタルシスが成立するのが、江戸以前の時代劇だと思います）。ところが、今回は違うアプローチで挑みました。「明治以降のドラマ作りの手法を、幕末に当てはめてみよう」と言って、時代を変えるということはどういうことか、外国からの圧力が来るというような状況の中で人は何を考えどう生きるのか、といったことを真摯に描こうと始まったドラマでした。

そういう意味で非常に難しかったです。調べれば調べるほど、当時色々な考え方を持つ人がいて、その考え方の違いで戦いを繰り返していたという構図が、どんどん見えてくるわけです。現代の感覚に通じる「平場の目線」に立った時に、どこに焦点を置くべきか、とても悩ましい問題でした。このドラマは、松下村塾という所に生まれ育ち、前半生はほとんどそこから離れなかった人（楫取美和子）がヒロインです。実は『カーネーショ

ン』と一緒で定点観測のドラマなのかもしれないと思い、「なるべく、ヒロインの目の前で起きていないことは描かない」ということを徹底しようとしたのですが、結果的に俯瞰的に大きな時代のうねりというものを（江戸以前の時代劇の手法でいうところの「カタルシス」という意味で）描き切れず、物足りないと思われている方ももちろんいらっしゃるでしょう。でも、「平場の目線」にこだわってもう一押し掘り下げれば、色々なものがまた見えてくるのではないかなと思って、今、最後の仕上げをやっております。

この五年ぐらいで四作品（その間に他のドラマももちろん作っているのですが）、明治・大正・昭和の時代を題材にしたドラマを制作しまして、ついに年表ノートが幕末から平成までつながりました。やってみるものだなと思って、これを財産にまたこういう時代を描くことができたらいいなと思っています。

本当に日々時間はどんどん先にいっているので、多分二〇年後、今度は「昭和は完全に時代考証の時代だ」と言われる日が必ずやってくると思います。時が移ろう以上は、それは仕方のないことかなと思います。

正直に言いますと、時代考証の先生、みなさん大好きです。すごく、なれなれしく仲良くタッグを組んでやらしていただいています。こちらの制作スケジュールの中で色々と無理を申し上げているので本当にご迷惑をお掛けしているなと思いつつ、時代を残すということと、新しい発見と、「楽しいエンターテイメントを一緒に作りませんか」というお誘いをしてこうやってお仕事をご一緒させてもらえることが楽しく、今日もこういう場を頂戴しまして、本当にありがとうございました。

八、後記

この講演の機会をいただいた後、再びNHK大阪放送局に戻り、昭和の時代を描いた連続テレビ小説『べっぴんさん』（NHK、二〇一六年）、『まんぷく』（NHK、二〇一八年）、大正時代から現代に至る一〇〇年間に及ぶ物語の『カムカムエヴリバディ』（NHK、二〇二一年）という三本の朝ドラの演出を担当しました。

自作の年表ノートも更新し続けてきました。『カムカムエヴリバディ』では、脚本開発の前に、年表ノートを元にした「百年年表」を作成し、物語作りの土台にしました。このドラマは、モデルとなる人物がいないオリジナルストーリーでしたので、時代考証にヒントを得てストーリーを考えていくしかありませんでした。「百年年表」を元に想像を膨らませ、「この登場人物は、こういう時はこう思い、こう行動するはず！」ということを一つ一つ考えて物語を紡いでいきました。終わったときには、登場人物たちと一緒に一〇〇年間を生き抜いたような感覚になっていました。

「日々時間はどんどん先にいっている」――そんなことを申し上げていた講演から早七年の月日が経ちました。その間、思いもよらぬことが世の中でたくさん起きました。今の時代に生きている人たちに何をお届けするべきなのか、思い悩むこともたくさんありました。明治・大正・昭和の時代、そしてその時代を生きた先人から学ぶこともより一層増えてきたように思います。近現代をドラマで描くにあたって、これまで以上に深い視点と洞察力が必要になってきていることは確かです。

これからも試行錯誤を続けていくと思います。楽しんでいただけるものを皆さんにお届けできるよう、自分なりに格闘し続けていきたいと思います。

時代考証はアイデアの宝庫

～近現代ドラマ制作現場からの報告～

NHKドラマ番組部
ディレクター　安達もじり

本題の前に少し乱暴な仮説を…

□江戸以前の「時代劇」⇔明治以降の「時代劇」はアプローチの仕方が違う！！

○江戸以前　肌感覚で知らない時代。「時代小説」や「時代劇」で出来上がった“イメージ”

○明治以降　肌感覚、記憶のつながりがある時代。“おばあちゃんのお話”

□ドラマ作りの二本柱（あくまで仮説です）

○ストーリー　お話、展開の面白さ。脚本作り　⇒　史実確認としての“時代考証”

○感情描写　脚本を肉体化する作業。感情をいかに描くか。
感情移入してもらうためのあらゆるアプローチを探る。
⇒　“時代考証”からアイデアを得る

⇩

以下、具体的なエピソードで…

□「カーネーション」でのアプローチ

連続テレビ小説「カーネーション」
2011年10月～2012年3月放送　作：渡辺あや　出演：尾野真千子ほか
コシノ3姉妹の母・小篠綾子さんの生涯をモデルに描く、大阪・岸和田の女一代記。
大正13年（1924）～平成23年（2011）の物語。

○定点観測のドラマ“大正から平成までの一幕物の喜劇”

○人々の「記憶」をたよりに取材を重ねる！

○１軒の店から見た世相、店内から見える景色の移ろいで表現

○“懐かしい”という感覚、記憶をくすぐる出来事、洋服＝流行を丁寧に描写

1

□「夫婦善哉」でのアプローチ

土曜ドラマ「夫婦善哉」
2013年8〜9月放送　原作：織田作之助　脚本：藤本有紀　出演：森山未來・尾野真千子ほか
たびたび映像化されてきた名作をリメイク。名もなき男と女の究極のラブストーリー。
大正6年（1917）〜昭和13年（1938）の物語。

○“時代劇”を装った“トレンディードラマ”　男女のラブストーリー
○地名（梅田新道、道頓堀、船場…）　その土地がどんな町だったかを徹底的にリサーチ
○当時の名物料理を再現！　今も昔も美味い酒肴が男女を繋ぐ

□「花子とアン」でのアプローチ

連続テレビ小説「花子とアン」
2014年4〜9月放送　原案：村岡恵理　脚本：中園ミホ　出演：吉高由里子ほか
「赤毛のアン」の翻訳者・村岡花子さんの生涯を描く一代記。
明治33年（1900）〜昭和27年（1952）の物語。

○“コスプレ”ドラマとしての時代劇　“ファンタジードラマ”。
○色にこだわる！　「赤と緑」がキーカラー　「時代の色」を発見！
○最新の電化製品・家具をすぐに買う一家！？

□「花燃ゆ」でのアプローチ

大河ドラマ「花燃ゆ」
2015年1〜12月放送　作：大島里美・宮村優子・金子ありさ・小松江里子　出演：井上真央ほか
吉田松陰の妹・文の波乱万丈の生涯を描く。
嘉永3年（1850）〜明治17年（1884）の物語。

○幕末維新の動乱を無名の女性の視点で描く　精神としては“社会派ドラマ”
○現代的なテーマ・視点で“変革の時代”を平場の目線で切り取ると？
○いわゆる「時代劇」とは違うアプローチで幕末維新を見つめなおす！

最後にまとめ

2

Symposium

シンポジウム「明治・大正・昭和を考証する――時代考証の現場から」

趣旨説明

◉鈴木一史

明治・大正・昭和、すなわち近現代の歴史を題材とした作品の時代考証にはいかなる困難がともない、どのような問題があるのか。本シンポジウム「明治・大正・昭和を考証する――時代考証の現場から」がめざすのは、これらの問いを考えるための基礎的な視点を示すことです。

時代考証学会（以下、当会）はこれまで、「歴史作品、学問、市民社会に寄与する総合学」（大石学「「時代考証学」の可能性」大石学・時代考証学会編『時代考証学ことはじめ』東京堂出版、二〇一〇年、一一頁）としての「時代考証学」を確立するために活動してきました。その根柢には、歴史学などの研究成果を積極的に社会へ伝え、役立てたいという思いがあります。

当会はこれまで二つの問いを軸に議論を続けてきました。ひとつは「物語がなぜそのようなかたちで存在するのか」、もうひとつは「史実がどのような現実を作りあげているのか」（佐藤宏之「趣旨説明」大石学・時代考証学会編『時代劇メディアが語る歴史――表象とリアリズム――』岩田書院、二〇一七年、一五頁）です。前者はＮＨＫ大河ドラマをはじめ歴史を題材としたドラマやマンガ、演劇などの作品全般（以下、時代劇メディア）において、時代考証が作品づくりにどうかかわるかという問いです。後者は、人びとが作品をとおして歴史上の出来事や人物などにいかなるイメージをもっているか、あるいは作品の舞台となった地域の人びとは放映をきっかけにどのように行動したかといった、作品と社会とのかかわりについての問いです。今回のシンポジウムで考えたいことは主に前者の問いに位置づけられるでしょう。

一般的に時代考証という言葉からは、江戸時代や戦国時代のような、現在を生きる誰もが体験したことのない時代が対象だと思われるのではないでしょうか。明治・大正・昭和の歴史を題材とした時代劇メディアは、作り手、あるいはもととなる作品の作者が体験したことやその人の記憶をよりどころに作られることもあり、あまり考証の対象にされてきませんでした。しかし、西郷隆盛と大久保利通が主人公のNHK大河ドラマ『翔ぶが如く』（一九九〇年）では専門家が時代考証を行っています。近年では明治・大正・昭和の歴史も、人びとの所作や建築、史実などについての考証が求められるようになってきたといえるでしょう。当会ではこうした傾向をふまえ、中野良「NHK連続テレビ小説の時代考証をめぐって――軍事史・戦争史研究の視点から――」（二〇一四年）、石居人也「近代を考証する――『足尾から来た女』での経験から――」（二〇一五年）といった報告を通じて近現代史を取り上げた時代劇メディアについて議論してきました。今回はこれらの成果のうえに、明治・大正・昭和の歴史を題材にした時代劇メディアがどのように作られているのか、そして自分の身近な人びとが生きていた時代を考証するとはいかなるいとなみなのかを考えます。

議論の前提として、共有しておきたい論点を二つ挙げます。

ひとつは考証の根拠となる史料の多さです。時代考証では作品の舞台となる時代についての史料を根拠として示すことが欠かせません。しかし明治時代以降、新聞やラジオ、テレビといった新たなメディアが人びとに広まりました。そのため、当時の様子を伝える史料はそれまでと比べて種類も数も膨大です。ゆえに考証にさいして網羅的に史料をみることは難しくなります。

では膨大な種類と数の史料から何を根拠として示し、いかに意見を述べるのか。これがもうひとつの論点です。具体的に考えるために、アジア・太平洋戦争における真珠湾攻撃について述べた二つの文章を読んでみましょう。

1

「真珠湾では残念なことがありました」

「何でしょう」

「我々の攻撃が宣戦布告なしの『だまし討ち』になったことです」

「たしか宣戦布告が遅れたのでしたね」

「そうです。我々は、宣戦布告と同時に真珠湾を攻撃すると聞かされてきました。しかしそうはならなかったのです。理由はアメリカ大使館職員が宣戦布告の暗号をタイプするのに手間取り、それをアメリカ国務長官に手交するのが遅れたからですが、その原因というのが、前日に大使館職員たちが送別会か何かのパーティーで夜遅くまで飲んで、そのために翌日の出勤に遅れたからだといいます」

「そうなのですか」

「一部の大使館職員のために我々が『だまし討ち』の汚名を着せられたのです。」

2
「当時の外務省が、日米外交交渉の打ち切りを通告するのが遅れたんです」
「前日にワシントンの日本大使館員が宴会で夜遅くまで飲んでいて出勤が遅れたことも原因の一つです」

この文章は私が以前、時代考証に携わったドラマ『永遠の0』（テレビ東京、二〇一五年）にかかわる文章です。1は原作小説で元海軍中尉の登場人物が思い出を語る場面（百田尚樹『永遠の0』太田出版、二〇〇六年、六九頁）で、2は筆者がドラマの考証において修正案として示した台詞です（このシーンは放送されませんでした）。1は真珠湾攻撃における宣戦布告の遅れが日本大使館員の飲酒にあったとする一方、2では日米交渉打ち切りの伝達過程など複数の出来事を挙げるとともに、「宣戦布告」を「外交交渉の打ち切りを通告」に変えています。ここで注目したいのは、1が「一部の大使館職員のために……汚名を着せられた」、すなわち日本が卑怯であるとみなされたという立場から日米交渉をみているのに対して、2はあくまで原因のひとつとして大使館職員の飲酒による出勤の遅れを取り上げていることです。

どの研究成果をふまえ、いかなる立場から根拠となる史料を取捨選択して示すかによって、同じ出来事でもその意味するところは異なります。特に明治・大正・昭和のような現在に近い時代を取り上げた時代劇メディアでは、「汚名を着せられた」といった表現からもわかるように、我々が生きる社会やそのあるべき姿をどうみるかという考えや感情、ひいては政治的立場の対立が含まれやすいことは見逃せません。ここに、近現代史を題材とする時代劇メディアを考証する困難のひとつがあるといえるでしょう。

これらの論点を共有したうえで、本シンポジウムでは次の報告を用意しました。

一番目に、ＮＨＫ制作のドラマを中心に近現代史をテーマとした時代劇メディアについて、当会の花岡敬太郎が概要を報告します。歴史学が時代劇メディアをどのように取り上げてきたか、また作り手が歴史を題材した作品をどのようにとらえてきたかを、『レイテ戦記』などで知られる大岡昇平らの議論などから紹介します。

二番目は、『ドラマスペシャル 白洲次郎』（ＮＨＫ、二〇〇九年）や『負けて、勝つ〜戦後を創った男・吉田茂〜』（ＮＨＫ、二〇一二年）の考証を手がけた小田部雄次氏をお呼びしました。時代考証に携わった経験や皇室研究の立場から、時代考証にかかわることの困難やその意義をお話しいただきます。

三番目は、『夫婦善哉』（ＮＨＫ、二〇一三年）や連続テレビ小説『カーネーション』（ＮＨＫ、二〇一一年）、『花子とアン』（ＮＨＫ、二〇一四年）等でディレクターを務められたＮＨＫの安達もじり氏です。作り手の立場から、明治・大正・昭和の歴史を題材にした作品を手がけられた経験をもとに制作の方法論や時代考証への期待についてお話しいただきます。これらの報告に加えてパネルディスカッションを行い、近現代史を題材とした時代劇メディアを考証することをめぐる議論を深めます。

本シンポジウムは、特定の作品を批判したり、どの主張が正しいか否かを結論づけたりすることが目的ではありません。明治・大正・昭和という時代を射程に入れることで、時代考証学のもつ問題の広がりをいま一度問い直すことこそが、本シンポジウムのねらいです。

Symposium

シンポジウム「明治・大正・昭和を考証する――時代考証の現場から」パネルディスカッション

◉花岡敬太郎（時代考証学会、明治大学大学院文学研究科博士後期課程）
◉小田部雄次（静岡福祉大学教授）
◉安達もじり（ＮＨＫドラマ番組部ディレクター）
◉司会　門松秀樹（時代考証学会）
＊所属はいずれもシンポジウム開催当時

門松　本日第七回の時代考証学会のシンポジウムにおきまして、近現代を舞台とする作品について報告していただきました。

まず花岡さんからは、歴史学を始めとする学術研究とドラマ制作、時代考証というものについての関係、あるいは真実とフィクションというものについての関係、問題点、課題といった論点を提示していただきました。それから小田部さんからは、時代考証の実務に関わった経験を元に、研究者の立場から見た時代考証のさまざまな課題や成果についてお話をいただきました。さらに安達さんからは、制作者の立場からドラマを制作するにあたり、どういった点に留意されているのか、時代考証とドラマ制作とがどう関わっているのかということをお話いただいたことになろうかと思います。

皆さんが共通して指摘されていたのは、作品の制作において時代考証が有用だという認識だと思います。たとえば花岡さんのご報告では、平井雄一郎さんの研究等を引いて、考証が非常に緻密に行われるのであれば、SF作品のような創作でも歴史研究者がまとめた研究と同等に近い説得力をもち得るのではないかという点から、時代考証が非常に重要ではないかという指摘がありました。また小田部さんのご報告では、魂は細部に宿るという話もあるように細かい点まで注意して考証し、再現をすることで、ドラマの説得力を増すことができるのではないかというお話をいただきました。同様に安達さんからも、時代の空気感や生活してきた感覚、こういったものを緻密に再現することでより視聴者に納得してもらう、引き込む、感覚に訴えるようなドラマ作りができるという指摘をいただきました。

つきましては、まず時代考証の重要性という点で皆さんからご指摘をいただいていますので、改めてこの点について皆さんのお考えをお伺いしたうえで議論していただければと思います。報告順で、まず花岡さんから改めてご報告の概要をまじえて議論していただければと思います。

◉門松秀樹氏

花岡　時代考証学会が時代考証を大事だというのは、ある意味あたりまえですが、その中身は二つあります。ひとつは小田部先生や安達さんと同じで、いわゆる魂が細部に宿るではあ

◉花岡敬太郎氏

りませんけれども、がっちり考証することで作品に説得力を増すのだという作品制作上の問題で、もうひとつは、時代考証が非常に強い力をもつということを近現代史研究者があまり共有できていないということです。時代考証の重要性が共有されていないという現状がこの社会状況のなかでよろしくないのではないかというところから、今回僕は研究者の立場から時代考証の重要性を認識し、そこに関わる覚悟が必要ではないかと申し上げました。

歴史は研究者だけのものではありません。広く社会に還元するうえで、その披露の仕方に関して研究者がもっと幅広い知見をもたなければならない、もっているからこそ時代考証が大事だという指摘をしたつもりです。

門松　ありがとうございます。小田部さんからもお願いします。

小田部　花岡さんと似ていて、ちゃんとした考証をしてあると「ああ」と思いますよね、そこまで調べたのかというか。特に近現代史は——僕は一応、歴史家としてやっていて——ずさんだなというところで、「そこまで調べてほしいよな」と思ったり、あるいは調べてあれば、その丁寧さが非常に分かったりするので、得心というかやはり含みがある姿勢というのを感じます。

言うべき嘘とやってはいけない嘘があると思うのです。もちろん嘘なんて描いてはいけないのだけれど、ドラマはあっていいだろうと。やってはいけない嘘というのもありますよね。ただその判断が難しくて。個人

◉小田部雄次氏

攻撃をする気はないのですが、映画『終戦のエンペラー』（クラスノフ・フォスター・プロダクションズ、二〇一二年）でしたか、奈良橋陽子さんが作られて、僕は試写会に呼ばれて感想をと言われたのです。関屋貞三郎（一八七五～一九五〇年。内務官僚、のち宮内大臣や貴族院議員を歴任）について僕は経歴を知っていますので、あの方が終戦のときに官僚であるということが一番許せなかったですね。関屋は奈良橋さんのお祖父さんなのですけれど――その気持ちはよく分かるけど――我々歴史家から言わせると、あの方は昭和初期に右翼に糾弾されて官僚職を辞めて――もちろん昭和天皇の免責に河合弥八さんと動いたのは間違いないのです――終戦のときは在野の人なのです。宮中官僚として動いたという設定で、僕は完全に「ああ」と思って、これは「奈良橋さんは自分のお祖父さんを大事にしちゃったね」という感想が出てしまいました。

こういう細かいところの嘘は、やってはいけない嘘だったのではないか。それなりに色々文句をつけるところとかはあったけれど、一番大事なポイント、そこで僕はあのドラマの説得力がかなり落ちてしまって残念だったという経験があります。だから、やっていい嘘、やってはいけない嘘というのは、作る側はきちんと考えたうえで考証によってうまく作ると、見るほうは非常に得心するし感動があるのではないかと思います。

安達　すみません、安達でございます。先ほども話しましたが、我々制作サイドも明治以降のドラマで考証をどういう形でお願いをして、どういうスタンスでやっていくかというの

◉安達もじり氏

は、本当に試行錯誤の真っただ中です。たまたま私は先ほど言いましたように、四本ぐらいやらせてもらったので、試行錯誤のなかで新しい発見があって、ここが大事だなと思えたり、そういう経験をさせてもらえたりしたので言えることもあるのですけれど。基本的には試行錯誤していくしかないと思っています。ただ一点、時代考証が必要であるということは、はっきり分かったような気がします。

小田部さんの「言うべき嘘とやってはいけない嘘」というのは、本当は知ったうえで嘘をつくということができれば理想で、それを目指してはいます。『その時歴史が動いた』（NHK、二〇〇〇～二〇〇九年）という歴史番組を担当したことがあるのですけれど、それとドラマとは全然違う質のものだし、ある夢を与えるべき番組だと思ってやっていますので、とにかく徹底して分からないことは知り、知ったうえで嘘をつく。それで豊かにしていくということができればいいのかなと、今のところは思っています。今後も引き続き試行錯誤しながら、さっきも言いましたがタッグを組んで何か面白いものを作っていけたらなというような気持ちでおります。

門松　どうもありがとうございました。改めてご議論をいただいたなかで論点になってくるのは、フィクションと史実の問題――小田部先生からご指摘がありました、ついていい嘘とついてはいけない嘘の境界――というところが、考証することと、ドラマを制作することとのせめぎ合い、争点、論点になっていく部分ではないかと思われます。

これまで経験されてきた制作や時代考証のなかで、ここまでは許容できるというところ、あるいはここからは駄目というところを——先ほど小田部先生から経験に基づいたお話をいただいておりますが——そういった事例を示していただいて率直なところを説明していただくと、フロアの方によりお分かりいただけるかなと思います。ご自身が経験をされてきたなかで、こういった演出をしたいと思ったときに考証の担当者に相談した経験、あるいは相談を受けた経験などありましたら、できる範囲で構いませんのでお話いただければと思います。

小田部　自分はそんなにいっぱい考証していないし、先ほど奈良橋さんの話をしてしまったしね。個人攻撃ではなく、天皇関係の研究をしていると研究の方が進んでいます。例えば、昭和天皇は敗戦のときに——「終戦」と言う方もいますが——何を守ろうとしたのかということは、現代史研究では当然、万世一系の皇国を守ろうとしたということは分かっているのです。けれどやはり、それをやるとあまりにも偏屈な、自分の国だけ守ろうとしたのかということになる。たくさん人が死んでいますけれども、その国民をどう思っているのかと。戦後の理屈から言えば天皇も国民も平等だけれど、あの頃は臣民で、「朕」のために死んでくれたわけです。自分のために犠牲になってくれたら美しいことですから。でもそれはドラマでは描けません。世界平和のために戦争をやめたっていうけど、あの「残虐なる爆弾」（終戦の詔書）と最後まで敵国を憎んでいます。我々が調べると、ソ連が本土に攻めてくるのが一番気になっていて、早く終戦したかったわけですね。

原武史さんも言っていましたけれども、日本で知られてない天皇像についての証言を取り上げたことは買うけれども、昭和天皇の問題というのは終戦を判断した瞬間だけではまずない。けれど、陛下は国民のために戦争をやめたといつまでも描かれるのです。学会ならば、戦争を始めたのは誰なのか、どんどん人が死んでいる

◉パネルディスカッションの様子

のにどうしてやめなかったのかといった問題はいくらでも出てきます。しかも終戦時の玉音放送で使われた詔書を丁寧に読めば分かりますけれども、世界のため、平和のために戦争をやめたのではない。自分が受け継いできた日本という国体を自分の代で殺してはいけないという論理なのは、研究者の常識です。けれどこうした作品がくりかえし作られるたびに、陛下のおかげで戦後の平和ができたという内容になってしまいます。僕はそういう筋書きの考証をしろといわれたら、「ちょっとごめん、別の人に考証を」ということになりますが。かといってそんなドラマを作れと今言えるかというと、それこそ私は住所を教えることができなくなるのではないかと思います。

現代史をやるということは、明治、大正ぐらいまではまだしも、昭和以降は――昭和天皇も亡くなられて随分になりますが――色々な方の思いがあるし、戦後日本の歴史の作り方について、様々な価値観があります。学者、研究者として本当はこうなのだというのはいくらでも言いたいことはありますが、ドラマでは多分そこまで描かれない。原爆を落とされたので戦争をやめたと思っている方が多いでしょう。でも史料を読めば分かります。ソ連が参戦して、ソ連に占領されるよりはアメリカに占領されたほうがいいという最後の決断があったのです。ですがそれはドラマでは多分描かないし、今回もせっかく『日本のいちばん長い日』(東宝、一九六七年)をリメイクしたのだから、『昭和天皇実録』（東京書籍、二〇一五～二〇一九年）が出るし、原作者の半藤一利さんも『昭和天皇実録』を読んでいるのだから、そこらで書けよと言いたいけれど、多分そういうドラマはまだ作られない。リメイク版ばかりで、陛下のおかげ戦争が終わったとなってしまっていますよね。公の電波に乗せるのはなかなか難しいでしょう。

安達　小田部先生がおっしゃっているのは、まさに非常に難しいと思う点です。最初に言いましたストーリー作りと感情描写の点で言うと、ストーリー作りのところで非常にシビアな判断を求められます。特に遺族がいらっしゃる、つまり実在の方をモデルにしたドラマを作るときは、極めて嘘をつきづらいといいますか――ドラマを作る以上、その人を傷つけたいわけではないという前提の思いが、絶対にこれはほぼ一〇〇パーセントそうだと思うので――実際色々な記録が残っていて、例えばお子さんやお孫さんがご存命ということが、昭和物になるとものすごく事例が増えてきます。だからなるべく番組の最後に、「これはフィクションです」と書いて逃げたりするのですけれど。

実は『花子とアン』（NHK、二〇一四年）をやったときは、ヒロインの名前は実在の村岡花子さんという、そのままでやりました。ところが周りの登場人物は、ほぼ名前を変えています。柳原白蓮も葉山蓮子というドラマの名前にしました。「カーネーション」はもっと言えば、全員架空の名前にしています。これはドラマであるという、そういうところでスタンスを見せながら、ただモデルで描いていますという以上はつけない嘘というのがあまりにも多く、そこは非常にシビアに――例えば何年にどの仕事をしていたとか、そういうことは結構色々な人間関係にも関わってくるので――ちゃんと調べるようにしますし。無理くりドラマのストーリーにはめるため設定を変えるということは割と大きな嘘な気がして、なるべくといいますか、そこは絶対にやらないようにしたいなというスタンスではやっています。
　だから、むしろ先ほど『夫婦善哉』（NHK、二〇一三年）の指摘をいただきましたが、当時トランペットはなかったであろうけれど導入する、みたいなところがあります。作品を豊かにするという意味での嘘つきはするように、自分のなかで線引きはしています。実際いらっしゃった方に関わることはなるべく――自分が絶対そんなことはないのですけれど――例えば五十年後に自分の人生がドラマ化されて、「ちょっと違うんやけどな」と絶対思うと思うのです。人から見たらこう見えたのか、みたいに思うこともあるかもしれませんけれど、そういうところは単純に人間関係として、人付き合いの延長の話だと思うので、そこは気を遣うようにしています。

門松　ありがとうございます。お話しいただいたなかで、近現代、特に大正、昭和期の作品を制作するうえで、現在の社会との関わり――関係者ですね、その事実を記憶としてもっておられる方が存命であるか否か――が、制作においても考証においても非常に大きな特徴と言えるのではないでしょうか。趣旨説明で指摘がありましたとおり、こういった点が前近代の作品を作るうえでしなければいけない配慮と、近現代の作品を作るうえでしなければいけない配慮の違いにつながると考えられる点であり、考証を担当された小田部先生と、実際に近現代、特に明治後半から昭和にかけてのドラマを制作されている安達さんからご指摘いただいたと思います。
　そういった形で記憶が残っている、関係者が存命の場合は精密な考証というものが必要になってくるという指摘が、花岡さんからも安達さんからも、小田部先生からもあったわけですが、こういった考証の細分化、専門化の問題につきまして、もしお考えがあれば――学問がどんどん細分化をしていくと全体が見えなくなっていくというようなことが指摘をされるわけですが――時代考証の場合、より精密さ、細密さが必要である一方で、そうした専門分化することが、作品の制作全体にどう影響を与えるかに関して、報告いただいたお三方からお考えをお伺いできればと思います。

花岡　近現代史の研究は非常にジャンルが細かくなっていて、私自身一九六〇〜一九七〇年代のメディア文化史を研究していますが、だからといって六〇年代の政治史のことをいきなり訊かれたらその場で即答できないですし、考証してと言われたとしても、いやちょっと他の人に、ということになると思うのです。それは学問の問題としては、細かくなり過ぎてしまってその時代全体、あるいはその時代の大きな流れというところから遠くなるという問題、これは天皇制研究でも、一人の天皇の行動や生活は細かく研究されるようになったけれど、一方で天皇とは、天皇制とは何かといった議論が最近見られないではないかということを、何年か前にお亡くなりになった先生が言っていたというのをよく思い出して、大きな問題だと思っています。

これは時代考証にも関わることで、細かく丁寧に考証しなければいけないということは一方であるし、絶対条件だと思うのですけれど、その反面、それが一つの作品でどういう位置を占めているか、どういう役割を担っているかということがきちんと把握できないのではないか。その場で必要だから訊かれるのはいいのですけれど、それが全体のなかでの何かということも同時に分かっていくような関係を、作る側も答える側も投げ合えるようになれば一番ベストかと。そこではじめて研究者は時代考証に対して主体的に責任をもてるようになっていくのではないかなというのは、今回議論を自分でまとめていて感じたことです。

小田部　趣旨は同じですけれど、僕は皇室とか華族以外のことを訊かれてどこまで答えたらとかということは分からないですね。『白洲次郎』（NHK、二〇〇九年）、『負けて、勝つ〜戦後を創った男・吉田茂〜』（NHK、二〇一二年）と、ちょっと白洲のことは知っていたのですが、若干気に入らないストーリーだなとは思いました。

吉田についてもちょっとなって思ったのですけれど、ただ全く完全に僕が気に入るストーリーばかりではないから、ある程度こういう面もあっていいかという感じで受け止められたから、私は引き受けました。『日本のいちばん長い日』（松竹、二〇一五年）は先ほども言いましたように、最初から何を言われているか分からない、何のドラマを作っているのか、後になって実はリメイクですと、そういうアプローチの仕方をされてしまうと、ちょっとこちらとしても対応のしようがないから、クレジットから外してくださいと私のほうからお願いしたのです。とにかく二カ月付き合っといて、それはないだろうというのは、正直言ってあります。終わった後、先生できました、ありがとうの一言もあればいいけれど、何もないのですよ。別に怒っているわけではないし、こっちがそうしていいよと言ったのだからいいのですが、こういう関係のつくり方をしてしまうと、とは思います。

僕は時代考証家として勉強してきたわけではなくて、ありがたいことにたまたま自分のやっているものがこの世の中の役に立っている、つまり「俺の専門研究というのはトップレベルに近づいたのかな」と感じるということですよね。社会的に許容されたと。そういう意味では考証が細分化しても構わないし、専門家で担当しても構わないし、このドラマ作りの現状を考えると逆にそれしかないだろうなと思います。だから近現代史等ではこれはこれで、むしろお声がかかれば僕も勉強になるし、お答えできることは答えるし、答えられないと思えばごめんなさいとなります。そのために勉強をしているわけではないところもありますけれど。宮中の間取りなんて、こういう話がなければ僕は一から勉強しなかったし、女官の服装などというのも今まで考えもしなかったけれど、写真を見るたびに「これは白だったな」と意識するわけです。それは別に論文になるわけではないですけれど、イメージとして広がるのです。

ちょっと話飛びますけど、僕は西郷隆盛の背が大きかったという話が印象に残ります。そういうのは我々気がつかないけれども、背が大きい人間は他人を威圧するというのは何となく俗的だけれども、この二つを聞いたとき、昭和天皇と木戸幸一の背の高さはどうだったのだろうか、井上馨と伊藤博文はどうだったのだろうかとか考えるようになります。そうするとこれを無視してやってしまっては駄目で、これは逆に私自身の歴史研究にも生かされるからこういう関係はあっていいかなと、むしろ機会があったらいつでも電話くださいというあれじゃないけど、金が欲しいとかそういうことじゃないですね、お互い役に立つ部分はやっていいのではないかなと思います。

先ほど花岡さんが言われたように、全体像が分からないのにお手伝いはできません。失礼な言い方だけれど今から銀行で強盗をやるのか、それとも人のための事業をやるのか分からないでここの鍵を開けてくれと言われてもということです。これは例えばの話で、イデオロギーとしては私も学者だからありますから、好戦的なドラマはあまり好きではありませんし、日本の戦争を肯定するドラマも好きではありません。

ただ色々な事情があったことは分かっています。だから本当は平和主義なドラマを作っていただけるのなら喜びますけれど、必ずしも、何を作るかを教えてもらわなかったならば、陛下への吉田茂のお辞儀の仕方なんて言ったけれども、実はとんでもない好戦的なドラマだったら、お宅は何をやっているんだと逆に僕が怒られますからね。お宅の責任だと言われても――ウィキペディアを見たら、『負けて、勝つ～戦後を創った男・吉田茂～』の宮中考証として自分の名前が載っているのを知らなかったです、私も――知らない人が見たら、「あれを監修した人間だろう、どういうつもりでやったんだ、全体の責任はどう取るんだ」と言われたときに困りますね。ですから、通りすがりのおじさん扱いでいいのですけれど、何をしに山に行くのですかというのは聞いておきたいということです。

安達　言い訳をさせていただきますと、今お伺いしたような事例というのは、もし後輩がやっていたら、めっちゃ怒ります。ドラマはチームで作るものなのです。スタッフ、大河ドラマで百人以上いたりして、それをまとめてみんなで一つのベクトルを目指してものを作るというときに、最低限こういうドラマ作りたいんだという旗振り役がいて、チームに巻き込むお相手に対しては、それをまず熱く語って、一緒にやりません？とお尋ねするのが筋でありまして。すみません、多分あんまりいい経験をされてない感じが非常に申し訳ないのですけれど。

今はたと気がついたのですけれど、いわゆる江戸時代とかを専門にされている先生とかだと、これまでもドラマを作る、いわゆるチームに入っていただいてというのは三十年、四十年ぐらいそういう時代考証というものの歴史があったのに対して、近現代を研究されている先生方は本当に、最近嵐のように何かが押し寄せてきている状態なのだなというのを、今日初めて知りました。

基本的には、先ほども花岡さんがおっしゃっていたみたいに、作り手側の歴史観ということで言うと、自分はちょっとそこは非常に自信がないのですけれど、単純にこの物語――主人公を設定して、こういう人物として描きたいみたいなこと――に関してはある思いをもっています。それがある種、歴史観にもつながるのかもしれないのですけれど、そういうところはちゃんとご説明すべきだし、ざっくばらんに話したうえでお知恵をいただきつつ、こちらも何かお互い刺激を与えられるような関係性をうまくつくれればいいのになと、今お話を聞いていて思いました。

実際そこで筋を通したうえで現場、例えば二五時ぐらいまで撮影していて、本当に分からないというような電話したりすることがまれに出てくるのですけれど、そこはなるべく、もちろんないようにしていますし、事前にということは一応さすがに思ってやるべきだと思いますので、そういう場合は、ちゃんとチームでやるものだというような気がしています。

あともう一点、どんどん細分化していくという話がありましたけれど、作っている側の単純なやりやすさでいうと、絶対何人かの先生方にお願いしないといけない状態になるのは確実です。そういう場合に窓口というかチーフがきちんと——こちらも何人ものチーフでやっていまして——窓口となって、時代考証担当のスタッフが先生にお伺いして、分かった、それ誰々に訊くよみたいなことができるとやりやすいですけれど、それも試行錯誤で人同士の付き合いなので——同じ状況はないと思いますので——その都度、礼儀をもってやるしかないんだろうなということがあります。

門松　ありがとうございました。今回のシンポジウムの一つ重要なテーマでもある近現代を舞台とした作品における時代考証の意義や難しさ、あるいは時代考証や制作の経験に基づく話をかなり率直にしていただきました。

ご報告いただいたお三方から追加の説明、議論等々をいただいたわけですが、ここでフロアの皆さんから、作品を見ていて考証等について疑問に思っておられるような点がありましたら、実際に考証を担当されている先生や制作されている方がいらっしゃっている機会でもありますので、質問を受けられればと思いますがいかがでしょうか。

参加者A　いくつか聞きたいことがあります。まずひとつは『花燃ゆ』（NHK、二〇一五年）ですが、女性視点の男大河みたいなものを期待していたら、全部外されたような感じがして、長州を描くうえで僕は『花神』（NHK、一九七七年）を観ていて、ああいうものをリメイクするのかと思っていたら、だいぶ違っていたので驚きました。そのうえでもうひとつは、今、最終回のストーリーが判明しているので、明治時代の宮中に楫取美和子が入って乳母をやるというところまで描くかと思ったらそこもやらないということになっているみたいなので。企画の時点でどう描こうとしていたのでしょうか。

安達　実は私も『花燃ゆ』のチームには、『花子とアン』をやっていたので途中で入ったのです。立ち上げに関わってないので、最初チームに入ったときに骨格もできていて撮影も始まっていたので、どういうドラマなのだろうと思いました。ただ自分が撮る以上、自分なりにこの題材だったらこうしたいと、時代考証の会議にも出させてもらって色々な質問をしたりして。自分のなかでは先ほども言いましたけれど、一人の女性の目線で時代の移ろいを見つめていくドラマなのだろうなというつもりでやってきました。ぶっちゃけて言うと、割と宣伝頑張ろう週間だったのですね、『花燃ゆ』は。大河ドラマもそろそろ朝ドラ（連続テレビ小説）ぐらい視聴率を取ろうよというプレッシャーが上からあって、とにかく宣伝みたいなもので始まったので、やや大げさに色々、中身よりも売り文句先行みたいなきらいはあったかもしれません。

もう一個難しかったのは、実在の人物なのですけれど――聞いた話ですけれど――企画を立ち上げた当初、本当に記録が残っていないという人物で、企画が決まってからいろんな史料が出てきたらしいのです。大石先生のほうが多分詳しいのですけれど、山口の研究者の方とか色々な方が全力を挙げて――ものすごくこき使いました――そういう意味でいうと。一、二年ればっかりやったはずと思うくらいに色々調べていただいて、色々なネタが上がってくる。なので、正直どこに行きつくドラマかというのはおおよそ分かっているが、どんどんネタが出てきて、試行錯誤のなかで話を作ってきたので、最後がどこにたどり着くかということもやりながら、今回に限っては作りました。

大体は原作があってというのが普通なのでしょうけれど、そういうチャレンジでした。今思えば、もっとこうしておけば良かったなという点は正直ありますけれど、それをやっているときは、とにかく目の前のある史料と色々なアイデアとスタッフ、出演者、みんなの知恵をとにかく寄せ集めて必死になって作ってきた、という言い方をしておくということでよろしいでしょうか、すみません。本当に大石先生に色々なお知恵をいただきました。お世話になりました。ありがとうございます。

門松　よろしいでしょうか。

参加者A　もうひとつ続きを。大河ドラマに限らないと思うのですが、昭和の皇室はドラマや映画でよく取り上げられますけれど、明治の宮中はなかなか映像になってないのですが、そういうことが企画として挙がったときには、史料はすぐそろったりするようなものなのでしょうか。

小田部　どのレベルかによるのですけれど、かえって明治は『明治天皇紀』という一番大きいのがあって、あと国立国会図書館に明治の政治家たちの史料があるので政治レベルではある程度分かるし、あと明治の宮中文化を研究しておられる方がおられましたよね。そういう方もいるし、ファッションをやっている人もいるし、その辺の方を集めれば考証というのではないけれど枠は作れるかなと。私に一人でやれというのは、それは無理だけれども、結構情報はあるのではないかな。

それと明治なら、意外とオブラートに包まずにあるし、建物も明治のものが残っていますから、かえってできなくはない。ただ視聴者の側が喜ぶかどうかです。どういうふうに作るか、鹿鳴館にしてもどう作るか、挫折した外交交渉をどう描くか。ただ作ろうと思えば作れると思うし、楽しく作れば作れるような気はしますけどね、僕は。

あと、ちょっと悪口を言ってしまったつもりはないのですけれど、僕は大河ドラマとか結構好きで見ていまして。たしかに問題があるなと思うけれど、学生の質問に答えなきゃいけない手前もあって、昔、篤姫は何をやった人ですかと訊かれて、これは観てないとまずいと思ってね。ごめんなさい。細部にわたって言い出したら色々あるけれど、日本でこういった歴史物をとりあえず作っていただければ、観ている方が批判的な目で見ればいい。批判とは悪口ではなくて、これって本当なのかということを、これはフィクションじゃないか、そういうことを視聴者側も大人になって見る努力というのがあっていいのではないだろうか。あるいは逆にそういう学者批判のような、批判するとは悪口を言うのではなくて、史実はこうだったけれど、こういうものを作りましたみたいなことがあっても構わない。別にそれは批判するとかやめさせるのではなく、より面白くしてもらうためのお互いの助け合いというのですか、足を引っ張るのではなくて。今日はなんか悪いです、こんな偉い人を僕は小さくさせちゃってごめんなさい。

僕はドラマ好きですし、いいドラマを作るために国民が足を引っ張るのではなく、我々同士が足を引っ張るのでもなくて、こういうふうにするともっと良くなるのではないかみたいなアドバイスをお互いにしていけば、こんな史料がありましたという発見があるし、あっていいんじゃないかと。僕はずっと表現したいなと思うし、僕も観ます。

あともうひとつ。やっている最中に史料が出てくるというのは、これはむしろいいことでして。自分の話を出すと、来週井上馨の講演会を興津でやるのですが、随分史料を見つけました。井上馨だけではなくて、それこそ宮中関係者が興津にしょっちゅう来ていたのが分かるのです。それで地元の人たちと手紙をやりとりしたり、地元の人の家に行ってなんと書を書いてあげたりとか。地元の人たちがその人たちのために相撲の大会をやったり、海水浴の援助をしたりと。こんな田舎町でこんなことがあったのかと僕はびっくりして、四代にわたって取っておいた家があるのです。四代目も初めて見たと。私が「来週、講演するからちょっと教えてよ」と言ったら、そんな人の名前も皆さんも知らない人なのですけれど。杉山平作さんといって、なんと徳川慶喜や大正天皇と一緒に狩猟をやっているんです、静岡で。有栖川宮もいたんですよ。びっくりしますよね。こんな静岡の山の中で鉄砲撃って、ちゃんとしていたんだっていうことに。

僕も今回こういうことやっていて初めて分かる。講演会に間に合ったから良かったけれど。講演会やった後、また「うちにも史料があるよ」ということがあると思うのですね。こういうのは一回で完結するものではなく、講演会をやったから出てきたので、次にそなえてまた新たなドラマの展開をされたらいかがでしょうか、なんて偉そうに言っていますが。僕は今回の吉田松陰の妹さん、本当は宮中にまで入り込むまで見られればいいのですが、明治時代に幕末からいた人でも子孫とかが結構宮中に入っていますね。橋本綱常という医師がいますが橋本左内の弟なのです。天皇側近なので。楫取素彦さんもそうですね。僕はあのドラマを見てこんな人名もつながっているんだと逆に発見しました。我々もポジティブに勉強させてもらっています。

門松　よろしいでしょうか。

参加者A　はい。

門松　ありがとうございました。では。

参加者B　宮城から参りました。ALT（外国語指導助手）の友人が海外で“Princess Atsu”（篤姫）を見てから、ものすごく日本の大河ドラマに興味をもって来日した友人とかもいるのです。例えば海外で放映している日本の作品をgo backではないですけれど、“Princess Atsu”は海外で評価がとても高くて、それを知っている外国人は多いのに反して、海外版を見ている日本人は少ないと思うのです。友人からの又聞きでしかないので、例えば数年前にやった"Princess Atsu"とか、今後海外版を日本でBSなりで放送する予定はないのでしょうか。

あと、相馬の野馬追が大好きだっていうオーストラリア人のALTがいて、その人もやはり昔の大河ドラマの海外版を見て――相馬の野馬追の人たちがスタッフで入っていたのかな――クレジットから相馬の野馬追を調べて、世界最古のホースフェスティバルだということでやってきて、宮城の中学校で素晴らしい文化があるんだっていうのをALTは言っていたのですけれど、周りは全然知らなくて。社会の先生も初耳だし、我々英語のスタッフでちょうど私昔勤めていたときも初めて知ったことでした。

この先オリンピックなんかがあるのですけれど、その際に過去にやった大河ドラマの海外版の再放送などがあるともっと深く、時代考証ではないですけれど、興味をもたれている海外の外国人の方とかも結構いらっしゃるのでいいのではないかと思うのですが、どうでしょうか。

安達　すみません、正直知りませんとしか言いようがないのですけれど、ただNHKは割と海外に売ったり買ったりということは最近かなり増えてきて、今後も相当力を入れるようです。海外でどういうドラマが売れるかというと、長い連続物が売れるらしいのですね。正に大河ドラマと連続テレビ小説は一番買い手がつくというようなことがあるのは事実みたいです。逆に海外のドラマとかを買ってくるという交流はBSができて以降非常に進んでいる気がしますが、この先どういう戦略かという辺りは正直担当をしていないので、はっきりは分からないです。これがどんどん進んでいく方向であることは間違いないです。

参加者B　ありがとうございます。

門松　よろしいでしょうか。どうもありがとうございます。それではご質問がありましたらお願いします。

参加者C　埼玉から参りました。お三方の話を非常に面白く拝聴しました。そのなかで今回『白洲次郎』のお話が出てきて、あの作品は非常によくできていると思ったのですけれど、何点か非常にひっかかるところがありました。あれはないよねというところがひとつありまして、白洲次郎が家で家族と一緒に過ごすところはないよねと。彼は家族に対して非常に厳しい人というのが出てくるのです、はっきり言っているところが。それ以外にも家族のシーンが何回か出てくるのですけれど、厳しいんですって言ったときにはしっかりしていたのに、そこから腑抜けていく。だから、こういう育ちをしている子どもは絶対に年をとったからといってそうはならないみたいなところが、私にはひっかかった。なぜかといいますと、私の知り合いには大名や公家、家老の末裔、はたまた農家の方とか、三代前は何をしていたか知らないという方まで色々いらっしゃるのです。そこにはお育ちというものが厳然とあるのです。動きが全部違ってくる、家庭内の立場も違ってくる。当然その時点でその状態でしたから、それが大正、明治だったら当然あるだろうというのが私の頭のなかにあるのです。そういうところは育ちということをきちんと書かれていたので、観ていて非常に安心感があったのですね。

ただ逆にいうと、こういうことを研究されている方はいらっしゃらないのではないかと思うのです。昭和、大正の時代に家族に対してどのような対応をしてきたか。だから特定の誰かの家族がどうだったっていうのではなくて、一般的に政府高官の家ではこうだった、または武家の末裔ではこうだった、または農家は小作なのか大農家なのかで全然違うということに対して、恐らく研究されてないと思うのです。研究されていないということは、訊くところがないのではないかという気がしているのですけれど、そういったところを実際にドラマとして描かないといけないときには、どういったアプローチでどういうふうにこれを拾っていくのかっていうところを聞きたいと思いました。

安達　おっしゃるとおり、人がどういう感じで暮らしているかというところは非常に悩みます。いつも悩みます。例えばですけれど、夕飯のシーンがありました。日が落ちたナイトシーンにするのか、夕方まだ日が落ちる前にするのか、今の感覚でいうと晩飯、大体日が落ちてからという感覚が自分にはあって、ついナイトシーンにしたくなるのですけれど。

参加者Ｃ　私は午後四時です。

安達　はい。夕方、でも絶対そんなことはないと思って、大体夕方のシーンにします。そのことか分からないですけれど、当たり前のように今見てらっしゃる方が当たり前のように感じるのか、ものすごく忙しく働いているという設定の人が出てきて、こんな時間から飯を食えるのかというように見えないかという迷い、そういう迷いとかもあったりして毎回悩みます。毎回、その都度ごとの答えを出しながらやってはいるのです、正解かどうか分からないのですけれど。どんな職業の方、どういうおうちの方が、例えば昭和何年頃にどういう暮らしをしていたかというのは、一番頼れるのは写真です。写真が残っている時代なので、こんなのを使って食べていたのかとかそういうことも見えてきます。分からない場合はとにかく写真を頼る、あとは記述が残っていたりするのを頼ったり、その日の時代考証の先生にヒントを得たり、もらったりするのですけれど。ただそういう生活レベルの空気感というのが一番難しいです。何かいい解決方法あったりするでしょうか。

小田部　近代になってから家々のしきたりはその家に任されているから、その家のことを厳密に研究していないとパターン化できないですよね。だから僕は逃げだけれども、白洲次郎のことしか頼まれていなくて、ただ原作があってその原作に合わせたのだと思う。だから白洲家の日記や記録があって、そういうことが書いてあれば分かりますよね。そうでないものは家によって違う。当主が一人で食べているとか。

例えば昭和天皇の実録から分かったのは、御陪食を取っているのです。天皇と皇后だけで食べているのでは寂しいから、土曜日は誰かが一緒に飯を食べる、あるいは誰々が来たならば、ここは御陪食にあずかるとか。二人で食べないで、あいさつをした人と一緒に食べる。ただそのテーブルに何が乗っていたかまでは書いてないですよね。秋山徳蔵さんのを見ればというのはあるかもしれないけれど、あれは大体晩餐会用の個別の食事です。だからそれを質問されたことがあるのですけれど、天皇はこの日どんなふうに座ったのかと言われても、記録がないとちょっと答えられないというのはあります。

ただ、おっしゃるように我々が気をつけなければならないのは、専門家の価値観でファミリー、その家族の生活、ライフスタイルを同じにしてしまう。実は宮内庁から怒られたことがもう一つあったのを思い出しました。天皇、皇后両陛下が一緒に歩くようになったのは、平成の天皇からだと言っている学者がいると。実は昭和天皇も良子皇后と一緒に歩いていた、だから初めてではと言うのだけれど。僕はそのときに、戦後になってはあるけれど、戦前はやはり日本の場合は男尊女卑ですと。明治であったらば天皇、皇后両陛下が一緒に歩くことはまずない。例えば天皇が前田家に行くと、翌日か二日後に行くんです皇后は。梨本宮伊都子妃の日記や前田家の日記で分かるのです。一緒に行かないんです。それで同じものを見るのです。手品を見たり。そして天皇なり皇后なりが帰ってから前田家や梨本家の当主が天皇や皇后にあいさつに行くのです、その日のうちに。こんなしきたりについては、書いてないことが多いですね。鶴のことなんて書いてあって、お正月にも食べますけれど、最初何かと思いましたよ。ツルというくずし字が。そしたら今回も、先ほど言った興津でも侍従たちが一緒に食べるときについてきて、十歳頃の大正天皇ね、それが書いてあるのですよちゃんと。それはそこの宿屋の本邦初公開、私が初めて見ました。それぐらいまでやっと分かってくるのです。どうやって食べたかまでは分からないですが。

ですから今後の課題ですけれど、一軒一軒の家の記録が残っていないと分からない。家のことはたしかに専門の目で見てしまっていいのだろうかと思います。やはり違う。伝統的な家だったら代々のしきたりがたしかに残っているはずで、例えば使用人が同じ部屋に入ってはいけないとかね。旧前田家本邸（東京都目黒区）に講演で行ったときに、使用人の出入り口は造りが同じ建物なのに安普請なのです。三階に行って「先生この部屋知っていますか」って、お嬢さんが多かったので洗濯物干し場です。外に見えないように洗濯物を干すから。こんなの入ってみないと分からないですね。食事はどうするのですかって、三つの部屋に分けて軍人さん用、それと自分の親戚用、そして華族さん用って。華族はFamilyではなくてPeerageの方ね。だから、それで前田さんは軍人でもあったし親戚もあるから、新年会では同じ時にやっているのに部屋を分けるのです。初めて聞きました。食べる物もそれぞれが微妙に違うのです。これはやらないと分からないですよね。こんな研究をしている人はいないでしょう。歴史家は人物の生活パターンをあまり研究しないのです。ドラマや小説家はやります。そのなかで私は日記とか読んで人物とかもやってきたから、結構人物が好きだから、多少ちょっとだけ。ふだんは興味ないのですね、皆さんたしかに。大事ですけどね。だから僕はそういうことをやってかないといけないなと思うんです、生活パターン。これは考証のためにやるのではなくて、歴史学そのものをもっと豊かにするために、現代の目で過去を見ないためにも、そしてそういう時代を知るためにも、もっと文化史とか、おっしゃるようにファミリーのあり方とか食生活のあり方とか、どんなふうに座ったのかとか、暖房はどう取っていたのかに、もっと関心をもたなければいけない。これは考証という仕事を私も手伝わせていただいて開けた面があるかなと。

安達　今お話を聞いていて、たしかに現代劇で例えば社会派ドラマとかやるとなったときに、徹底して取材してドラマを作るわけです。取材をするという当たり前のことが、この時代のことに関しても必要だなと思いました。具体的にこの人を題材に描くとなったらその人を調べるし、どういう生活をされた方かといったことを調べたうえで、面白いですね、三階に物干しがあるなんていう情報を得たならば絶対セットに活かして。それで描けることが絶対に出てくると思うので。色々地道に調べてキャラクターを作ったり生きた時代を作ったりしていくというのが大事なのかなと思いました。

参加者C　ありがとうございました。

門松　それでは次の話題に移らせていただきたいと思います。先ほど時代考証のあり方をめぐってお三方からご意見をいただきましたが、花岡さんの報告のなかで近現代史を研究している研究者が、近現代を舞台としたドラマについて十分な配慮をしていないのではないかという指摘がありました。その一方、小田部先生のご報告で時代考証を担当する研究者の位置付けが事実上末端で全体に関われないという指摘もありました。また安達さんからの報告、お話のなかで研究者、制作者共にタッグを組んでいるチーム、みんなが一体になって作品制作に取り組んでいるというお話もございました。

こういった点について、研究者としてこれまで時代考証に関与してきた、あるいは研究者の立場から「時代劇メディア」と当学会でも呼ぶ歴史を題材とした作品と研究者との関わり、あるいは実際に制作される立場から研究者との関わりについて、お三方の考えを伺えればと思います。また、ご報告で自分が聞かれたことには答えられるけれど、物語全体について答えられる機会がない、非常に限定的ではないかという指摘がある一方、先ほど安達さんから、制作側チーフと考証側チーフのようなものがいて、お互いにチームをつくって意思の疎通を図ればいいのではないのかといったお話もありました。考証を軸にして研究者とドラマ作品の制作がどういった関係で展開するのが望ましいと思われるかについて、お三方にそれぞれ考えを伺えればと思います。花岡さんからお願いします。

花岡　安達さんのご報告で、感情をプチテーマに挙げられたりセミの声の話をされたりしていて、僕も研究者として、個人として共感しているのか自分で分かりかねるのですけれど、先ほどの大岡の月がゆがんで見えるというのとセミの話はちょっと似ている感じがします。一人の人間にとってそれがまさに全ての世界であって、それに説得力をもたせるために考証はあるべきで、それを実証的ではないといって逃げてはいけないのではないかというのが、私自身の研究者としてのスタンスです。

最初に僕が、どのような時代を生きたのかで政治状況や経済状況の話、またどのような日々を過ごしたのかで、風俗、習俗、建築、インフラ、さらに人々の周りに何があったかで、流行、習慣、こういったものに敏感になることが今の近現代史の研究状況として芽が出つつあるということを言ったら、安達さんがそういうものに着目していらっしゃったというイメージです。色川大吉や小説家も研究者も、そういうところを本当に突き詰めたら最終的にはそんなに違わないところにいるのではないかということを『歴史の方法』で言っています。僕もそうなのではないかと今思っています。それを踏まえたうえで、研究者があんまりチームを組んで行動することはないですけれど、例えば講座本なんかを書くときには呼びかける人がいてそれぞれのテーマがあり、テーマに合った研究者を呼んで一冊の本を書いてもらうということがあります。それをやってしまうと一個出来上がるのに一年、二年かかってしまうのでドラマの現場には向かないかもしれないですけれど。研究者一人ひとりがドラマ制作者に縦につながるのではなく、研究者チームを例えばプラン作りの場に呼んで作ってもらい議論を喚起することができて、それを許す時間的、経済的余裕があれば、研究者はドラマを作る一員だという意識を強くもてると思います。先ほどあったように相互に高め合っていける、そこに新しい議論の場ができるので、研究者は議論が好きですから次のステップにいける。ただ自分もメディア史をやっていて、テレビ番組などでメジャーになっていくと、歴史学的に詰めていくことは――特に毎週作っているドラマなんかは――限りなく無理に近いだろうと思いつつ、まずは可能性を模索するところから始める、そのために研究者がまずこちらを向くことが今必要だというのが、報告を作っていて強く感じたところです。

小田部　全体を考証しろと言われたときに、できるものとできないものがありますよね。例えばやってみたいものがあって、それを言っていただけてこんな楽しい話はないぐらいのもの。しまいには論文も書かず学校の仕事も休ませていただいてお手伝いします、お金は要りませんとか言うかもしれません、人生で多分こんな楽しい機会はないだろうと思うのです。責任を取ってそれを対応できる、例えば吉田茂や白洲次郎はやはり僕の専門ではないのです。勉強はしますけれど。だからさっきから言うけれど、別に作れという意味ではないけれど、梨本伊都子妃の作品を作りたいというのなら、ぜひ呼んでください。僕が一番知っています。日記も読んでいますから。例えばそれだったらできる。

だけど他は、今みたいに電話で言っていただいてもいいのです。聞いていると、現場で撮影しているときにも問題が起きるみたいです。ここにきて女官の服がどんな仕様だったのかという問題が生まれるわけじゃないですか。それが現場まできて、そうするとそこの場に登場してくれた方が、俺も知らないなって、お互いに訊いてみようということになると思うのです。これは社会的に僕の仕事であろうと。ただ先ほども言ったけれど、どんなドラマを作るためなのかぐらいは言ってほしいです。時々五月雨式なのです。そうすると、今度はこれをやってくれ、あれをやってくれ、なかなか小田部はちゃんと答えるぞとなって、さらにあれもこれもとなり、最初から一覧表を作ってくれと言いたい感じがあるけれど作れないみたいですね。それは分かっているのです。だから、これ考えてくれているのでしょう、こちらの嫌いな世界ではないから、ありがとうございますお手伝いいたしますという気持ちでいますけれど。

　だから末端と言ったのは悪口ではなく現状を言ったのであって、現にそれしか僕はできないと思うのです。『白洲次郎』や『負けて、勝つ～戦後を創った男・吉田茂～』は最初から声をかけてくれれば自分で勉強してお手伝いできたけれど、白洲次郎のときは、憲法関係の時代考証は古関彰一さんが、政治関係は粟屋憲太郎さんが、宮中関係は私がやりました。これ全部、研究者仲間です。粟屋憲太郎は私の大学院時代の指導教員ですから、「華族は小田部にやらせろ」ということだったと思うのです。だから実はつながってはいたのです。ただお互いに話し合いをしていなくて、粟屋さんは華族とか皇族をあまりやらないから、小田部にやらせて自分は政治関係をやるよということだったと思うのです。だから僕は一人でやるというのは研究者も困ってしまいますし、現実にそんな研究者はいない。むしろこういう質問にはこう答える、何をやるということをちゃんと作っておけば、大体パターンは決まっていくと思うのです。近現代における宮中の間取りや服装は、大体訊かれることは重なっているので、小田部はそれらのことを研究しているから訊いてみようと時代考証学会が情報ぐらい流していいのかもしれない。そういう研究者の組織づくりというかお手伝いづくりというか、そういうことをしていけたらいいと思います。

安達　とにかく作るときもたくさん調べて何を作りたいのかということをやらないといけないし、調べれば調べるほど色々なことに詳しくなって、そうすればこの話はどこ大学の誰先生が詳しいに違いないと思ってアプローチをかける。そうやってつながりができて、今度こんなのをやるのですけれどどなたかご紹介いただけないですかみたいな、人のつながりをうまく築けていけば非常に幸せだと思います。最低限、一応こちら側で意図してわきまえるべきは、我々は二十四時間テレビの仕事をしていますけれど、先生方は先生方のお仕事をされているという当たり前のことを忘れないことが最低限の人間のルールだなと思いつつ、あえて「面白いので一緒にやりましょうよ」という関係にもっていけたら一番幸せだなと、理想はそんな感じかなと思っております。

門松　ありがとうございました。時代考証に研究者が関わることで、先ほど花岡さんのご報告にありましたように、研究成果を社会に還元するという意味があるのではないか。それを踏まえて、今後そういったドラマ作品等々の制作に研究者が関与する度合いを深めることが重要で、研究者も制作者の側も前向きに捉えられているのではないのかと思います。

あとパネルディスカッションの時間、十五分程度となってしまいましたので、特にテーマを定めず本日の報告内容につきましてフロアから訊いておきたいことがありましたら、パネルディスカッションでの議論でも、個別報告についてでも構いませんので、質問を受けたいと思います。

参加者D　名古屋から来ました。私は歴史の研究者でも専門家でもなく単なる素人ですけれども、実はレジュメに書かれている成田龍一さんの本を読んでいて、大正時代の終わりから昭和の初めにかけて明治維新をテーマにした文学作品がたくさん書かれたということが書かれていて、明治維新を再検証したいという希望が大衆にあって、そういったものが例えば新選組をテーマにした小説が書かれたりということとつながっていったのではないかという話を読んだことがあるのです。今の日本もちょっとそれに近い雰囲気があるのではないかと感じております。この夏は安倍首相の談話がニュースになりましたけれども、太平洋戦争の話をするかと思ったら明治維新から話を始めて帝国主義がということを話していました。社会全体として日本の近現代史をもう一回知りたいという、そういう大衆の欲望みたいなものがどこかあるような気がしています。例えば今も大河ドラマと同じ時代をテーマにした連続テレビ小説をやっていますけれども、そういったものが受けるということが、ちょっとつながっているのではないかなと感じているのです。そういった、大衆が近現代史を知りたいという思いがある一方、先ほど花岡先生がおっしゃっていた、歴史の研究者はどんどん研究が細分化していて、何となく近現代史を知りたいという大衆の欲望との間で、その両者をつなぐ仕事をされているのがドラマ制作者の皆さんが苦労されているところだと思うのです。それはものすごく大変な仕事なので、その重い仕事を担われている安達さんを始めとするドラマ制作者の方はすごいと思っていて、ドラマの制作者の方だけにそういった重荷がいってしまっている状況をどこかで打開しなければいけないというのが、パネルディスカッションのテーマではないかと私は感じていました。

その場合、先ほど研究者のネットワークという話で、地方でロケを行う場合はフィルム・コミッションがサジェスチョンする体制が出来上がっていて、それと同じようなシステムを時代考証学会がやればいいみたいな話になってしまうかもしれないですけれど、歴史の研究者とかひょっとしたら小説家なんかも含めたネットワーク、ある種のデータベースみたいなものを作って、ドラマ制作者にドラマの企画や企画以前のブレインストーミングの段階で作っていくようなことがこれから必要とされるのではないかと思うのです。そういうのは今の段階では夢物語みたいな話なのでしょうか。私の一方的な感想みたいになってしまったのですけれど、これからその辺の問題がどういうふうに育っていくのかなと私は非常に気になっています。

安達　すごいですね。フィルム・コミッションというのも実はまだそんなに長い歴史がなくて、ほんのここ二、三〇年ぐらいです。こういういいロケ地があって、ネタがありますよ、この地方にはこういうのがあります、観光資源にもなるのでぜひロケに来てくださいというスタンスで、色々な母体がありますけれど、官公庁でやっている所もあればオリジナルでやっている所もあるのですけれど、全国に広がりました。非常に助かるといいますか、それもまた一緒で、特に連続テレビ小説やご当地物になると、ほぼスタッフ同然に扱って一緒に仕事をする現場が多々あります。時代をさかのぼるフィルム・コミッションという発想はすごいと思いました。

今日これだけ先生方の話を聞いたりしていても、そのネタ面白そうとか、単純にいっぱい引っかかることが、ネタが出てきて、後で詳しく聞かせてくださいという感じです。日ごろ何もなければお付き合いがあまりない業種の方々とこうやって一緒に話をさせていただくだけで色々なことが見えてくると思いますし、逆にこちらが得ることが多いと思うのです。こちらから何が刺激になるかみたいな、一方通行な気がして、いい思いばかりさせていただいている気がするのですけれど。何かお返しできないかとは常日頃思ったりもしていますが。本当にネットワークみたいなものがうまく色々なところでできると、さらに豊かになっていくかなという気がいたしました。

小田部　興津の話をしたでしょう。興津には西園寺公望を研究しているグループ、朝鮮通信使の迎賓館として使われた清見寺を研究しているグループと、あと私が手伝っている井上馨を研究しているグループ、あと雲博士の阿部さんというチームがあって。あと農事研究所、ワシントンに桜の木を贈った苗木を作った所と、あと伊藤博文の息子――養子ですけれど、井上馨の甥ですが――の別荘とかがいっぱいあるのです。あと水口屋ギャラリーというのがあって、水口屋さんはオリヴァー・スタットラーというGHQの将校が泊まってアメリカに日本の宿屋を紹介したというのが有名なのです。そこに西園寺公望詣でにくる人たちが泊まった。西園寺別邸の近くで昭和天皇も泊まったという場所なのですが、研究はみんなばらばらです。皆一つひとついい史料を持って研究しているのに一緒にやらない、そんなに一生懸命やることもないしと、下手をすれば対立しているのです。僕は静岡県のあちこちに行って色々やるので、みんな地元の研究者が多いですね。静岡は地域研究者が多いのです。なのにそれぞれ勝手にやっているのです。人によっては史料を出してくれない。地元の研究者と付き合うのは大変で、だからそれを束ねる人が地域にいればうまくいくのかもしれませんが。何代も続く家とかでは色々な史料もあるし、地域研究を自分たちの楽しみとしてやっている人たちもいるし、お寺の住職さんなんかは特にそうですよね。皆さんその地域の歴史を研究しているのですが、独立独歩というか誰かとやろうとはしない。ここがやはり大変でしょうね。これがうまくまとまっていくと膨大なネットワークができます。私も今度それ言おうと思ったけれど、よそ者のくせにとかえって嫌われるかなと思って。興津の人間ではないじゃないかと言われそうで、つらいところがあるのです。

これからはそういうことも考えていく、それがNHKさんの背負った重荷に、なおかつ、今回の機会で日本全国の郷土史家をどうにかまとめてみましょうよと、学会が絡んだ歴史、どうやってそういうばらばらなものをうまくネットワークとしてつなげていいドラマ作りに、お互いに共存、協力できるかと勝手なことを思っています。

花岡　僕自身先ほど申し上げたとおり、二〇〇〇年代ぐらいから明らかに近現代史に対する興味や関心が深まっているのに、研究の方は細分化してしまっているように思います。良くも悪くもですけれど、近現代史を知りたいとは、明治維新以降の日本のことを知りたいという人々の思いのベクトルと、研究者が研究を深めるときの思いのベクトルは結構真逆であることが多いのです、残念ながら。そのなかで、僕は真逆であること自体が悪いことだとは全く思っていません。多くの人々の感情的な欲求には応えていかないけれど、特に近現代史の場合は戦争責任の問題がありますので、そこに対して理性的になるためにはきちんと事実を詰めていかなければいけない。それこそ吉田茂であれ白洲次郎であれ、あるいは天皇であれ批判の対象にしていかなければならないし、厳しい言説も作っていかなければいけない、ほぼ全否定ということもありますけれども。でもそのなかで、一方で彼らが次の時代をつくるために、間違っていることをしたかもしれないけれども、彼らなりの精一杯の努力をしたということも事実で、それを描かなければいけないときに、研究者としての理性みたいなものをどれくらいの理性を持ち込めるか。そこが難しいから、特に近現代史は研究者がなかなか乗ってこないのだと思います。政治性やイデオロギーの問題がありますから。

結局、歴史学は小説やドラマに今までずっと勝てなかったという言い方をすると変ですけれど、さっき言った『飛ぶが如く』が売れたようにやはり司馬遼太郎の小説であって、研究者の本ではないということを、研究者は直視しないといけない。だから面白い物語を書くべきだとは言わないですけれども、人々が期待しているものに対して、自分たちがどうコミットしていくか、その仕方を皆で考えないとならない。それはおそらくチームのようなものも作っていかなければならないでしょう。そのなかで議論も喧嘩もするでしょうけれど、深まっていくと思うのです。だからまずはそこを特にここにいる人たちから始めていくべきじゃないでしょうか。

参加者E　色々ありがとうございました。関連して二、三個ほど質問させていただきたいです。例えば地方のフィルム・コミッションは町おこしをしたいという経済的なインセンティブがあるから、あそこまで皆が集まって活動していると思うのです。歴史の研究者にとって、ドラマの時代考証に参加されるために何かやろうというそういう場面、インセンティブとか研究者としての業績とか、そういうところはないのでしょうか。それが一番目の質問です。

二番目の質問は安達さんに伺いたいのですけれど、基本的にドラマの制作者が企画を立てて、そこから時代考証をお願いするというパターンが多いように思うのですけれど、逆に歴史の研究者が――歴史研究コミッションなるものがあったとして――このテーマだったらドラマを作りやすいです、面白いドラマを作れますよといった、企画も含めて研究者とか専門家の方がプレゼンテーションをするようなことは、過去にあまりないのでしょうか。どちらかというとドラマ制作者が企画を立てるのがメインで、逆というのはあり得ないのでしょうか。その辺の可能性についてお考えを聞きたいです。

花岡　僕自身の知見から言うと、多分近現代史に限らないですけれど、時代考証を担当した人、担当させられそうになったけれど逃げたみたいな話をしている人の話を聞くと、一番最初に出るのは割に合わないという話なのです。ドキュメンタリーだと、放送局に資金があり、その資金で科学研究費補助金よりずっと楽にお金を取れて新史料の発掘――最近は坂本龍馬が実は本当に健康だったなどという史料が見つかったりしているようですけれど――ができれば、ドキュメンタリーなんかはコミットするメリットがあると思うし、研究の発信もできるかもしれません。

小田部　僕は好きなのですよ。プライドもあるから訊かれて答えられないのは非常に不愉快なのでなんとか答えてやろうと。だからその場で分からなくても一週間待ってくれ、俺が答えてやるという。ただ、こちらも先はどみたいに何のために作っているか、どういうストーリーなのかを教えてもらえるといいのです。『日本でいちばん長い日』は僕が忙しかったことと、結局後になって実はリメイクですと言われたことで、非常に悪いけど、これ以上一生懸命やる気はないという感じがありました。だけど『白洲次郎』と『負けて、勝つ〜戦後を創った男・吉田茂〜』は、はっきり言って――台本は後から来ましたけど見せてくれて、五月雨式だったけれど――ここで俺が答えられないと沽券に関わるというね。天皇がどんな形でお辞儀をされたのかとか、天皇の部屋はどうなっていたとか、これくらい知らなければまずいだろう、これに答えられなければ皇室研究者として恥ずかしいという思いがありましたので、喜んでお役に立つと。

何のメリットがあるかというと、お金のメリットはくれた方がうれしい。色々取材はしてもお金をくれない人はいます。昔、高橋紘さんという僕の大先輩が五〇〇円でもいいから渡すのが礼儀だろうと怒っていました。電話がかかってきて「三笠宮さまをどう思う」と、一〇〇歳の宮さまです。僕は多分また取材を受けるのだろうけれど、三笠さまどうですかって、普通は静岡の私の研究室まで挨拶に来てくれますよ。それが「先生すいません」の電話一本です。「どうも」、ガチャって。お金をもらわないときもいっぱいあるのです。もらわなくてもいいですよ、お役に立たないのだったら。だけれどそういうのをやっているとこちらもやはりお互いルールを作りたいよねということになる。お金が欲しいというのではないのだけれど、こちらも訊かれれば答えたいというプライドがあるのです。ただお役に立たないと申し訳ないとは思う。だけど、これはないだろうと。切られてしまうと一番腹が立ちますけどね、こちらとしては。いずれにしても、頼まれればプライドがあるから僕ができることは答える。金の問題では――僕なんかは定職に就いているから余計に――ではないですよね。研究はするけれどそれが刺激になります。先ほども言ったようにちょっとした仕事だったけれど、やっぱり白洲や吉田のことを考えるし、もちろん自分が広がるからこれがメリットかなという気がしますね。

僕は観光資源があってもいいのですが、これは扱いが難しいですよね。観光資源にならないから要らないみたいな話をされてしまうと、ちょっと違うのではないかと。観光資源のためだけにドラマを作っているわけではないしね。だからあまり種明かしをしてしまうというのもどうなのだろうか、お互い自分たちの地域を大事にしてくれている番組ができるということで、うまくいくのではないかと。

実は井上馨については、地元の井上馨顕彰会が怒っているんです。ちょっとしか出てこないと。井上馨は『花燃ゆ』に出るでしょう。この出し方はとか、今度は鹿鳴館なのに井上を出さないのかと彼らは怒っていますよ。けれど制作者には制作者の立場があるのだから、あそこまで出してくれたので良かったじゃないですかと一生懸命なだめました。だから僕らは支援者みたいなものでね、これはどう考えても作る側がメインでしょうと。

俺たちの方が、研究者の方から何か言わないと、というのはおっしゃるとおりです。僕はしばしば言っているのですけれど、梨本伊都子妃をドラマにしませんかと。ただ美智子皇后（上皇后）が生きているから、美智子さまが柳原白蓮たちに反対されたという、あそこの部分うまくやれば僕はいいドラマになるなと思っているし、僕は人物論が好きで、結構人物像を追っていますので、ぜひやってほしいなと思っています。ただどうするかはNHKが決めることでして、私が決められることではない。ただ研究者は寄生虫になったらまずいかなというのは、おっしゃるとおりだと思います。

安達　二つ目の質問で、今お話できた段階でこちらからお話をもちかけていることですけれど、大体先生と仲良くなるのです。むっちゃ雑談して、いっぱいネタをもらえます。それを調べます。番組が終わって、番組の間に雑談したことをひたすら調べて、いっぱい企画を書いています。実際企画をいっぱいもっていますが、今のところ、ごめんなさい、今日お話ししたなかでは実現していないだけで、これ大河でやったらどうかなという話が出てきます。面白いものは面白いし、これちょっと先生、結構難しくないですかとか、ドラマにするのにどうしたらいいだろうみたいな雑談もできますし、そこは本当に人間関係でたまたま私はまだそれを実現してないだけです。多分、今回の『花燃ゆ』も今回プロデューサーに詳細は聞いてないのですが、そういう今までの積み重ねがあって彼が見つけてきた題材だと思います。こうやって形にできることは多々あると思いますので、そこはいい例で、キャッチボールできると本当にいいなと思っています。

門松　ありがとうございました。まだ議論が尽きないところですが、残念ながら時間も超過してしまいましたので、この辺りで質問を打ち切りにさせていただきます。

本日、近現代史をテーマに時代考証学会でシンポジウムを開催いたしました。近現代史を取り上げるということは時代考証学会にとって初めての試みですので、今回お三方からの報告、それからパネルディスカッションでの議論、さらにフロアからの質問を元にした議論や成果をもとに、今後さらに当学会の活動を展開、進化させていくことができればといったように思っています。長い時間どうもありがとうございました。

第2部

ノンフィクションを考証する

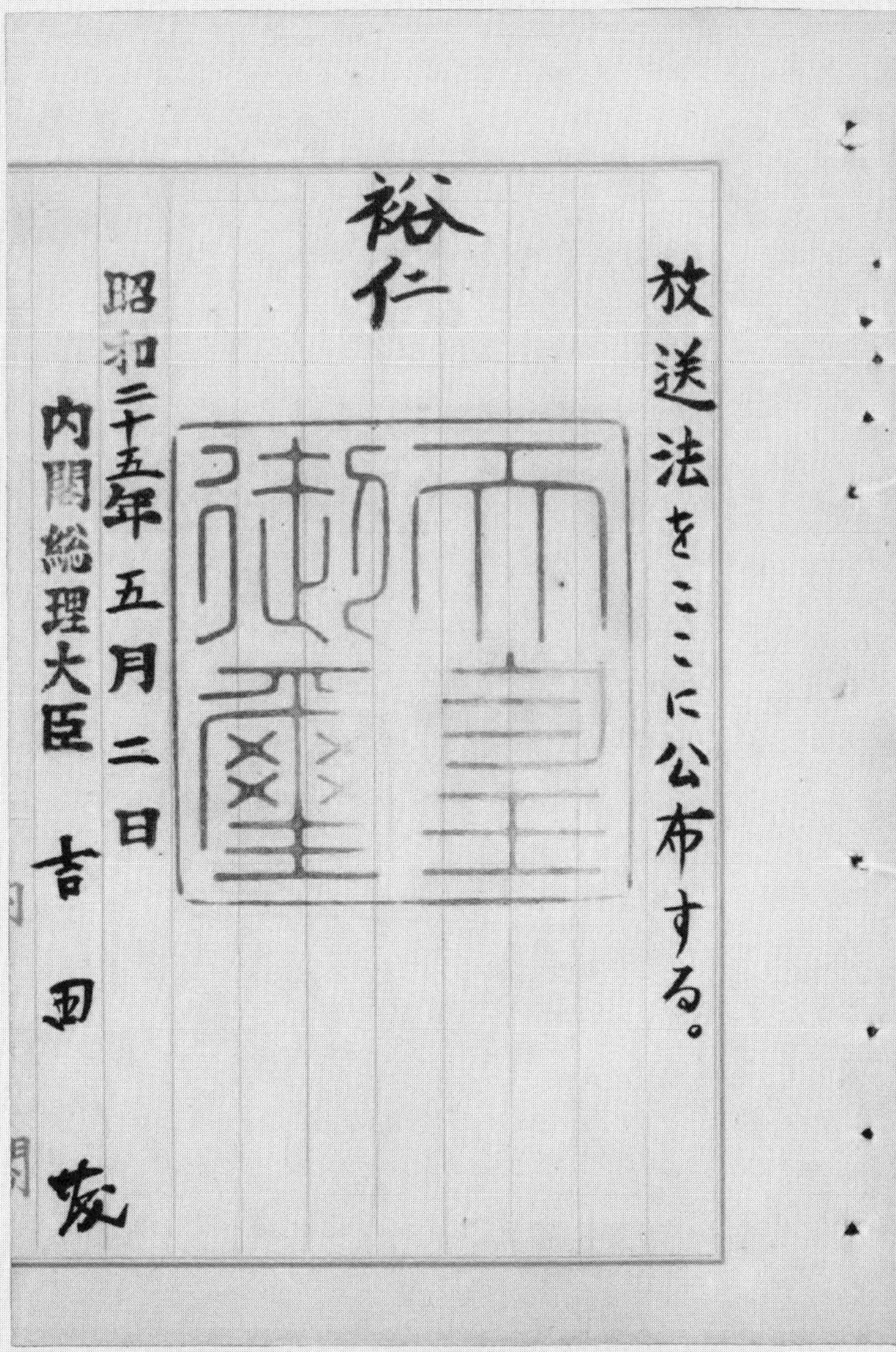
放送法をここに公布する。

裕仁

昭和二十五年五月二日

内閣総理大臣　吉田茂

「放送法・御署名原本・昭和二十五年・法律第一三二号」
（国立公文書館デジタルアーカイブ）

1　歴史教養番組の構造と変遷

◉神谷大介

はじめに

私の報告は、この後に続く落合報告、谷口報告への叩き台、議論の土台を提示する基調報告となります。それでは、はじめに歴史教養番組の流れを説明する前提として、テレビの普及と番組の種別について、確認をしておきたいと思います。

一九五三年二月一日、ＮＨＫによるテレビの本放送が始まりました。放送が開始された直後のテレビ番組を見ますと、月曜日から土曜日の八時四五分から九時までの一五分間、教養科学講座という番組を放映していたことを確認できました。日本放送協会編『放送五十年史』（日本放送出版協会、一九七七年）などの書籍で確認してみますと、ラジオ放送からテレビ放送へとメディアの主体が移っていく中、テレビ放送開始時には青少年教育に注力しようという議論があったことがわかります。そのようなねらいをもって教養科学講座などの番組が放映されたと考えられます。

一九六〇年から一九六三年の間に一般家庭へ白黒テレビが急速に普及していきます。高度経済成長を遂げていく中で、一般家庭にテレビが広がっていくわけですね。教養番組をはじめ、ドラマや映画がお茶の間に映像として届けられるようになっていきました。こうした社会の大きな変化というものが一九五〇年代以降にあり、そうした中で、歴史教養番組も次第に放送されはじめ、内容を多様化させながら現在に至っているということになります。

また、デジタル放送の開始は、番組制作の流れに大きな影響を与えた画期として位置付けることができると想定されます。確認してみますと、まず一九九六年にCS放送、それから一九九八年にケーブルテレビ、二〇〇〇年になりましてBS放送、二〇〇三年には地上波がデジタル化しています。こうしたデジタル化の波によって番組の高画質、双方向化、それから多チャンネル化というものが進んでいくことになります。これに応じて、歴史教養番組の種類も非常にバラエティーに富んだものになっていったのではないでしょうか。

テレビ放送が開始されてから現在に至るまで六十年以上が経過しています。その中で、どのような番組が作られてきているのか、そのような番組はどのように区分されているのか。放送法に基づいて番組の種別を確認してみます。放送法とは、一九五〇年、テレビ本放送に先立ち制定された放送事業の内容を規定した法律ですね。日本放送協会の運営や監督、民間放送について規定している法律で、数回の改正を経て現在に至っています。その中の第二章「放送番組の編集などに関する通則」、ここに含まれる第五条「番組基準」というものがございます。これを見てみますと、教養番組、教育番組、報道番組、娯楽番組などといった区分が設けられているにすぎないのですね。各番組の構成に関する規定は、放送法では少なくともなされておりません。非常に緩やかな区分となっています。番組の構成要素や趣旨に応じて番組を規定するというような明確な区分がなされていないということですね。多様で複雑な構成を持つ番組を個別具体的に規定することは実質的に難しいということなのでしょう。

「さて、いよいよ「今日のその時」がやってまいりました」、「歴史、それは絶え間なく流れる大きな川」。どこかで聞いたようなフレーズだと思います。いずれも歴史教養番組の決めゼリフの一節ですね。何となく聞き覚えがあるという方も多いのではないかなと思うのですけれども、それだけ視聴者に影響を与えているということではないでしょうか。そのような番組を視聴し終わって、どういう影響を受けたか、自分の歴史意識がこういうふうに変わったなとか、特に意識化されるということは少ないと思いますが、「教養」を謳っている歴史教養番組であるだけに、無意識のうちに人々の歴史認識の形成に少なからぬ影響を与えているのではないでしょうか。

お茶の間のテレビの中でゲストコメンテーターとして研究者がしばしば出演しまして、その人が自ら語ることも多い歴史教養番組が、人々の歴史認識の形成に影響力を及ぼしてきたということは、想像に難くないと思います。しかし歴史教養番組に関する問題については、これまで十分な考察がなされてこなかったのではないでしょうか。今日はそのようなノンフィクション、歴史教養番組に迫っていくことになります。

一、歴史教養番組の構造

歴史教養番組の特徴というのは、具体的にどのようなものなのでしょうか。議論の対象とする歴史教養番組の特徴について、その構造から見ていきたいと思います。どのような立場の人々が歴史教養番組の中でどのような役割を担っているのかということを図1に示しました。私自身の専門は日本近世史、幕末維新史でして、このような歴史教養番組の制作に本格的に携わった経験はございません。ですから、外からの視点で見た場合、歴史教

【制作者】	制作・演出：	プロデューサー	ディレクター	製作統括	総合演出	構成	番組編集	ほか
【制作者】	現地取材：	取材	リサーチャー	ほか				
【制作者】	映像：	撮影	照明	映像デザイン	映像技術	イラスト	CG	ほか
【制作者】	美術：	美術	スタイリスト	ヘアメイク	ほか			
【制作者】	音響：	音声	音響効果	音効音楽	音楽協力	選曲	ほか	
【制作者】【演じ手】【研究者】	出演：	司会	案内人	ゲスト	ナレーション	ほか		
【研究者】	協力：	資料提供	撮影協力	ことば指導	ほか			
【研究者】	時代考証：	総合監修	時代監修	時代考証	ほか			

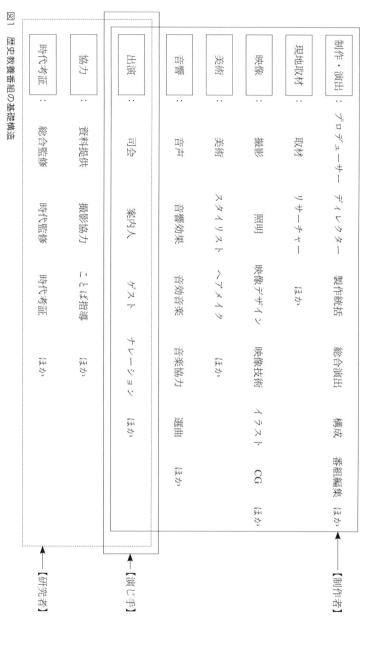

図1　歴史教養番組の基礎構造

養番組はこのように捉えられるのではないかという一つの見方を提示させていただくことになります。

まず四角で囲んでいる部分です。「制作」、「演出」ですとか、「現地取材」などとある部分は、大枠での役割分担になります。私がまとめた要素です。それからコロンの右側は、具体的な役割分担ですね。各番組の最後にテロップに表示される役割を記したものです。ただ、テロップで流れる役割名というのも番組によって様々なのですね。ここで示しているのは、その番組の中で実際に表示されているものをそのまま引用しております。

「制作・演出」の役割を担う立場としましては、「プロデューサー」、「ディレクター」、「制作統括」、「総合演出」、「構成」、「番組編集」などが相当するのではないでしょうか。それから「現地取材」ですね。ノンフィクション作品、歴史教養番組を作るわけですから、実際にその現地をしっかりと取材して、どのような場所で歴史が展開していたのか、その舞台を事前にしっかりと現地調査していきます。リサーチャーあるいは「取材」と呼ばれる立場の人々が制作に関与していくことになります。これはノンフィクション作品の特徴が現れているところですね。

「映像」担当としては、「撮影」、「照明」、「映像デザイン」、「映像技術」、「イラスト」、「CG」、このような立場の人々が関わっております。歴史の情報を補足するにあたりまして、アニメーションを用いたり、CGを用いたり、最近は表現の手法が多様化しておりますので、これら映像担当者の関与の度合いが強まってきているのではないでしょうか。それから「美術」担当ですね。「美術」、「スタイリスト」、「ヘアメイク」。「音響」については「音声」、「音響効果」、「音楽」、「音楽教育」、「選曲」などと多様です。

実際に番組に「出演」する立場としては、「司会」、「案内人」、「ゲスト」（研究者や作家、評論家）といった、歴史に関する知識を有している人たちですね。さらに「ナレーション」などが付きます。これらの人たちが、スタジオやロケ地、あるいは研究室ですとか、場合によっては自宅で出演します。

また、番組の内容に応じて制作に「協力」する立場として、「資料提供」とか「撮影協力」、あるいは「ことば指導」があります。これらは「時代考証」のカテゴリーに近い部分だと思います。「時代考証」を担う立場としては、「総合監修」、「時代監修」、「時代考証」などがあります。

こうした関係者の役割分担を見ていきますと、まず「制作・演出」から「出演」まで、いわゆる制作者と呼ばれる人々が当然ながら全体的に関与し、演じ手は「出演」の部分に関与していくことになります。特定の専門領域を有する研究者は「協力」や「時代考証」のカテゴリーに関与しますが、演じ手として出演する立場にもなるというのが、歴史教養番組の特徴だと捉えることができるのではないでしょうか。

それでは「制作」の流れについて、図2を見ていきましょう。最初の段階としましては、どういう番組を作っていくのかという企画ですね。これは制作や演出の役割の人々が関与する部分です。番組のテーマですとか、放送時間枠、予算ですとか、編成、どういった役者や研究者を呼ぶのかとか、そういった番組全般の企画を行います。それに基づいて、第二段階として調査を行います。「現地取材」ですとか、「協力」が主に関わってきます。企画に基づいて事前に調査をして、その中で資料の収集ですとか、新たな素材の掘り起こし、史実の裏付けなどを行っていくわけですね。現地取材担当者（「取材」「リサーチャー」など）が、博物館、図書館、美術館などの文化施設や研究機関といったところで資料を調査したり収集したりしていきます。ここで学芸員や研究者が深く関与していくことになるわけです。

私も仕事柄、研究仲間を通じて番組制作サイドから問い合わせを受けることがしばしばあります。研究者のネットワークを活用しながら、リサーチを進めていくという形が実態になっているようです。

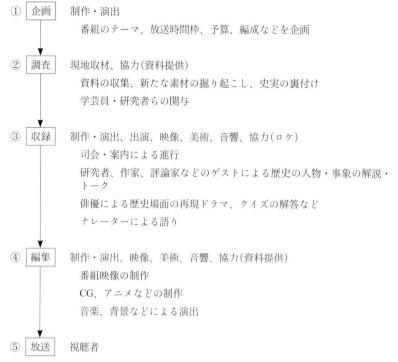

① 企画　制作・演出
　番組のテーマ、放送時間枠、予算、編成などを企画

↓

② 調査　現地取材、協力（資料提供）
　資料の収集、新たな素材の掘り起こし、史実の裏付け
　学芸員・研究者らの関与

↓

③ 収録　制作・演出、出演、映像、美術、音響、協力（ロケ）
　司会・案内による進行
　研究者、作家、評論家などのゲストによる歴史の人物・事象の解説・トーク
　俳優による歴史場面の再現ドラマ、クイズの解答など
　ナレーターによる語り

↓

④ 編集　制作・演出、映像、美術、音響、協力（資料提供）
　番組映像の制作
　CG、アニメなどの制作
　音楽、背景などによる演出

↓

⑤ 放送　視聴者

図2　歴史教養番組制作の流れ

そして三つ目の段階で、収録に入っていくわけです。「制作・演出」、「映像」、「美術」、「音響」、「出演」、「協力」（ロケ地などの協力）が関わって、司会や案内によって番組が進行していきます。基本的には、スタジオで司会者が仕切って番組を進行していくわけですが、研究者、作家、評論家などのゲストが加わって、歴史の人物や事象に関する解説やトークが展開することもあります。それから、演じ手（ゲスト俳優など）は、自身の歴史観を語るですとか、歴史的な場面を再現するドラマに出演する、あるいは歴史の知識を深めていくクイズで解答者として参加するなど、さまざまな役割で撮影、収録に関与していきます。それから「ナレーター」によって語りが加え

られていくということがあります。

収録が終わった後、四つ目の段階として、編集が行われていきます。ここでも「資料提供」が関与していきます。実際に情報を取捨選択していく中で、適切な選択ができているかどうかということを「資料提供」に協力してもらいながら、番組を作っていくという流れになります。また、ノンフィクション作品を盛り上げていくにあたって、分かりやすく解説するCGやアニメ、場を盛り上げる音楽というものが非常に重要な役割を果たしています。この点は私自身、多種多様な歴史教養番組を視聴していく中で感じたところでもあります。

こうして番組が制作され、お茶の間に情報が届けられるという流れになるわけです。

二、歴史教養番組の変遷と類型

これまでにどのような歴史教養番組が放送されてきたのでしょうか。今回のシンポジウムを開催するにあたり、管見の限り確認できたものを表にまとめておきました。

表で取り上げた番組というのは、あくまで私が現段階で確認できた限りのものに過ぎませんので、脱漏している番組もいくつかあろうかと思います。その点はあらかじめご承知おきいただければ幸いです。将来的に情報を補足、修正し、より精確な表にしていく必要があります。今まで参考になるような文献は、私が調べた限りではありませんでした。恐らく、こういうテーマに絞って議論されたこと自体があまりなかったのではないでしょうか。色々な評価の仕方が――この番組はこちらの類型に入れたほうがいいのではないかとか、こういう番組が抜けているとか、あるいはこの番組は歴史教養番組とは言えないのではないかというような――、皆さんそれぞれあると思うのですけれども、そういったことを踏まえて議論する叩き台になればという考えで提示しています。本当にバリエーションがありまして、ここでは原則として歴史上の事象とか人物、そういったものへの理解を深めることを主眼として作られた番組に絞っております。例えば受験生向けの教育番組ですとか、講師がひたすら講義する放送大学のようなものなどは除外しております。バラエティー番組の中で部分的に歴史について触れることがありますけれども、そういったものも基本的には除外しております。それからクイズ番組ですね。クイズ番組の中で不定期に、部分的に歴史に関する問題を取り上げているものも省いております。対象は地上波、BS放送を基本としておりまして、CS、ケーブルテレビなどの番組は対象外としました。

表に示した番組構成要素の一つ目、「ト」とあるのがトークですね。基本的にスタジオ、史跡、研究室で司会、案内、ゲストの語りを用いるものです。「現」とあるのは、現地取材、現地映像などを示しています。史跡などの取材VTRのほか、写真、映像などを含むものですね。「再」とあるのは、再現VTR。再現VTRといっても、ドラマで歴史の現場を再現したり、あるいは火縄銃を鉄砲保存会の関係者の方が再現で撃ったりというような再現実験ですとか、いろいろな形の再現VTRがございます。そういったものを含めて「再」という項目で丸を付けているということですね。「証」というのは、当事者たちによる証言。「ア」というのは、アニメーションです。「CG」は、そのままコンピュータグラフィックスですね。「ク」はクイズ。これらが歴史教養番組を構成している基本的要素だと考えられます。以上を踏まえ、歴史教養番組を類型化してみました。図3をご確認ください。

ここで示した類型は、トーク、現地取材、再現VTR、証言、アニメーション、CG、クイズなど、番組を構成する基本的要素を整理し、巨視的にどう類型化できるかを私なりにまとめたもので、司会進行型、史跡紹介

主な司会・出演など	ト	現	再	証	ア	CG	ク
演：松本清張、海音寺潮五郎、司馬遼太郎、山岡荘八、色川吉ほか	○	○					
会：フランキー堺、永六輔、米倉斉加年、赤塚不二夫、鈴木二	○	○					
石野倬／出演：所荘吉ほか	○	○	○				
会：鈴木健二／出演：池波正太郎、奈良本辰也、堺屋太一、川大吉ほか	○	○	○				
会：中村克洋	○	○	○	○			
会：関口宏／アシスタント：高木希世子、宮田佳代子、千野麻、水野真紀ほか	○	○	○	○			○
会：濱中博久	○	○	○				
会：三宅裕司ほか／出演：黒鉄ヒロシ、鳥越俊太郎、高田文、童門冬二ほか	○	○	○				
会：三宅民夫	○	○	○				
会：内藤啓史、上田早苗ほか／出演：堺屋太一、永井路子、門冬二、小和田哲男ほか	○	○	○				
会：内藤啓史	○	○	○			○	
会：松平定知／出演：小和田哲男、加来耕三、黒鉄ヒロシ、々木克、脇田修、堺屋太一、藤田達生ほか	○	○	○			○	
草彅剛	○	○	○			△	
会：高橋英樹、中井美穂／出演：前田敦子、杉浦太陽ほか	○	○	○			○	
会：みのもんた、大橋未歩、森本智子／出演：荒俣宏、吉村治ほか	○	○	△			○	
会：ビートたけし、大江麻理子、松丸友紀／出演：荒俣宏、田真由ほか	○	○	○			○	
会：青龍(声：松方弘樹)、白虎(声：ゴルゴ松本)／N：小林志ほか／ミステリー調査員：三谷友里栄ほか	○	○	○			○	
会：渡邊あゆみ、井上あさひ	○	○	○			○	
会：青龍(声：松方弘樹)、白虎(声：ゴルゴ松本)／N：小林志、大江麻理子ほか／リポーター：繁田美貴、大江麻理子	○	○	○			○	
会：平泉成、小郷知子ほか	○	△	△				
会：石澤典夫／出演：五百旗頭真、加藤陽子、御厨貴、佐々克、三谷博、磯田道史、小和田哲男、本郷和人、朧谷寿、仁敦史ほか	○	○					
会：片岡鶴太郎、草野満代／出演：大石学、竹内誠、山本博ほか／監修：竹内誠	○	○				○	
会：井上二郎、近田雄一／出演：高橋英樹、大石学、山本博、ビビる大木ほか	○	○	○			○	
会：寺脇康文／出演：宮崎美子、相内優香／監修：池上彰	○	○	○			○	
会：磯田道史、渡邉佐和子／N：松重豊／出演：宮崎哲弥、野稔人、中野信子、植木理恵、加来耕三、笠谷和比古、小谷ほか	○	○	○			○	

表　歴史教養番組一覧

類型	No.	番組名	放送局	放送開始	放送日時
司	1	日本史探訪	NHK総合	1970. 4. 8	水曜 22:10-22:4
	2	スポットライト	NHK総合	1972. 4. 6	木曜 19:30-20:
	3	新日本史探訪	NHK総合	1976. 4.27	火曜 22:15-23:
	4	歴史への招待	NHK総合	1978. 4. 6	木曜 22:00-22:
	5	歴史誕生	NHK総合	1989	金曜 22:00-22:4 月曜 16:05-16:4
	6	知ってるつもり?!	日本テレビ	1989.10. 8	日曜 21:00-21:
	7	歴史発見	NHK総合	1992. 4.10	金曜 22:00-22:4
	8	驚きももの木20世紀	テレビ朝日	1993. 4.16	金曜 21:00-21:
	9	ライバル日本史	NHK総合	1994. 4. 7	木曜 22:00-22:
	10	堂々日本史	NHK総合	1996. 3.26	火曜 22:00-22:
	11	ニッポンときめき歴史館	NHK総合	1999. 3.26	金曜 22:00-22:
	12	その時歴史が動いた	NHK総合	2000. 3.29	水曜 21:15-21:
	13	学問の秋スペシャル　日本の歴史	フジテレビ	2005. 9.17	土曜 19:57-23:
	14	年末歴史ミステリー	テレビ東京	2005.12.23	金曜 21:00-22:
	15	新説!?みのもんたの歴史ミステリー スペシャル	テレビ東京	2006.12. 6	水曜 21:00-22:
	16	古代文明ミステリー たけしの新・世界七不思議	テレビ東京	2007. 1. 3	水曜 20:54-23:
	17	新説!?日本ミステリー	テレビ東京	2008. 4.22	火曜 19:56-20:
	18	歴史秘話ヒストリア	NHK総合	2009. 4. 1	水曜 22:00-22:
	19	決着！歴史ミステリー	テレビ東京	2009. 4.16	木曜 21:00-21:
	20	世界史発掘!時空タイムス編集部	NHK-BShi	2009. 6. 2	火曜 20:00-21:
	21	さかのぼり日本史	NHK教育	2011. 3.29	火曜 22:00-22:
	22	謎解き！江戸のススメ	BS-TBS	2012. 4. 5	月曜 22:00-22:
	23	先人たちの底力　知恵泉	NHK総合	2013. 4. 2	火曜 22:00-22:
	24	137億年の物語	テレビ東京	2013. 4.14	日曜 18:30-19:
	25	英雄たちの選択	NHK-BS プレミアム	2013. 5.30	木曜 20:00-20:

主な司会・出演など	ト	現	再	証	ア	CG	ク
会：六平直政、佐藤渚／N：池水通洋／出演：浦沢直樹、加 耕三、井沢元彦、童門冬二、大石学ほか	○	○	○			○	
会：磯田道史／出演：加藤陽子、井上寿一、小谷賢、宮崎哲 ほか	○	○	○			○	
会：田辺誠一／N：鈴木順／総合監修：竹内誠	○	○	○			○	
会：片岡愛之助	○	○	○			○	
会：三遊亭円楽	○	○					
：和田篤／出演：佐藤友美	○	○					
案内：道上洋三／出演：柴田博　乾麻梨子	○	○					
：永井一郎／出演：伊集院光ほか	○	○					
葛西聖司／出演：夢枕獏ほか	○	○					
：緒形直人、寺尾聰ほか		○					
堀勝之祐／出演：星野知子							
：林隆三		○					
読：田村高廣		○					
：加藤登紀子		○					
読：古屋和雄／語り：岸本多万重		○					
会：Dr. ロマン／N：三宅民夫／リポーター		○					
：広瀬修子／朗読：長谷川勝彦		○					
：市村正親、常盤貴子、深津絵里、藤原竜也ほか		○					
演：タモリ、近江友里恵、久保田祐佳、首藤奈知子、桑子真 ／N：草彅剛、池田昌子、戸田恵子、加賀美幸子	○	○	○			○	
：真矢みき、腹筋善之介、石澤典夫		○					
松たか子ほか		○					
：向井理／メインN：青山祐子・武内陶子		○					
内：ピエール瀧／N：柳沢三千代	○	○				○	
		○					
石丸謙二郎		○					
演：江藤愛、佐藤渚、田中みな実ほか／N：佐々木正洋、向 政生	○	○					
：室井滋ほか	○	○					
内：高島礼子	○	○					
内：尾上松也	○	○				○	
内：篠井英介	○	○				○	
内：杏		○				○	
内：いとうせいこう／出演：美甘子、小栗さくら、小日向え ／N：里見康之	○	○					

類型	No.	番組名	放送局	放送開始	放送日時
	26	THE歴史列伝　そして傑作が生まれた	BS-TBS	2014. 4.11	金曜 22:00-22:5
	27	昭和の選択	NHK-BS プレミアム	2014.12. 3	木曜 20:00-21:0
	28	にっぽん!歴史鑑定	BS-TBS	2015. 4. 6	月曜 22:00-22:5
	29	片岡愛之助の解明！歴史捜査	BS日テレ	2015. 4. 9	木曜 21:00-22:0
	30	円楽の大江戸なんでも番付	BS朝日	2015. 4.30	木曜 22:00-22:5
史	1	未来への遺産	NHK総合	1974. 3.	毎回60分
	2	歴史街道～ロマンへの扉～	朝日放送	1994. 4.	月～金曜 21:55-22:1
	3	歴史たんけん	NHK教育	1995. 4.10	月曜 11:15-11:3
	4	平成古寺巡礼	NHK-BS2	1996	
	5	世界遺産	TBS	1996. 4.14	日曜 23:30-24:0
	6	世界謎紀行・神々のいたずら	TBS	1996.10.13	日曜 20:00-20:5
	7	神々の詩	TBS	1997.10.12	日曜 20:00-20:5
	8	街道を行く(第1・2シリーズ)	NHK総合	1997.10.12	日曜 21:00-21:5
	9	四国八十八か所	NHK総合	1998. 4. 5	日曜 6:30- 7:00
	10	街道を行く(第3シリーズ)	NHK教育	1999. 4.	
	11	探検ロマン世界遺産	NHK総合	2005. 4. 7	木曜 20:00-20:4
	12	司馬遼太郎と城を歩く	NHK-BS (BShi、BS2) ほか	2007. 9. 2	日曜 7:45- 8:00
	13	THE世界遺産	TBS	2008. 4. 6	日曜 18:00-18:3
	14	ブラタモリ	NHK総合	2008.12.14	日曜 0:20- 1:03
	15	世界遺産への招待状	NHK総合	2009. 3.30	月曜 22:00-22:4
	16	新日本風土記	NHK総合	2011. 4.11	金曜 21:00-21:5
	17	世界遺産 時を刻む	NHK-BS プレミアム	2011.10. 7	金曜 21:00-21:5
	18	歴史発見　城下町へ行こう！	BS朝日	2012. 4.11	水曜 22:00-22:5
	19	ちば見聞録	千葉テレビ	2013. 4. 5	土曜 20:00-20:2
	20	とことん歴史紀行	BS11	2013.10.11	金曜 20:00-21:0
	21	TBS女子アナ　日本歴史探訪	TBS	2013.11.24	毎月最終日曜 23:00-23:30
	22	京都・国宝浪漫	BS11ほか	2015. 1. 5	木曜 22:00-22:5
	23	高島礼子・日本の古都　その絶景に歴史あり	BS-TBS	2015. 4. 8	金曜 22:00-22:5
	24	尾上松也の古地図で謎解き！にっぽん探究	BS11	2015.10. 6	火曜 20:00-20:5
	25	歴史ミステリー　日本の城見聞録	BS朝日	2015.10. 8	木曜 21:00-22:5
	26	アジア巨大遺跡	NHK総合	2015.10.17	土曜 19:30-20:4
	27	せいこうの歴史再考	BS12	2016. 1.11	月曜 21:00-21:5

主な司会・出演など	ト	現	再	証	ア	CG	ク
演：奥田瑛二、原田三枝子、坂東寛十胤／N：奥田瑛二、山 未翼／監修：斎宮歴史博物館ほか	○	○	○				
：白石小百合／旅人：渡辺正行ほか		○					
江守徹／声：大滝秀治／出演：佐分利信 、嵐寛寿郎ほか	○		○	○			
		○		○			
：郷里大輔、来宮良子／出演：高橋英樹、中井美穂	○	○	○				
：郷里大輔、来宮良子／出演：高橋英樹、中井美穂	○	○	○				
：郷里大輔、来宮良子／出演：高橋英樹、中井美穂	○	○	○				
：郷里大輔、来宮良子／出演：高橋英樹、中井美穂	○	○	○				
演：仲村トオル、原田泰造ほか	○	○	○	○			
会：山口智充	○	○	○				
会：鳥越俊太郎、保阪正康、安住紳一郎／N:松嶋菜々子／出 ：ビートたけし、阿部寛、西田敏行ほか	○	○	○	○			
会：石澤典夫／案内：笛木優子	○	○				○	
内：知花くらら／N、レポーター：佐野史郎		○				○	
演：吉岡秀隆　山本太郎ほか	○	○	○	○			
：小山茉美、立木文彦			○			○	
演：三上博史、津川雅彦ほか	○	○	○	○			
会：関口宏、松嶋尚美／出演：加来耕三、小泉孝太郎ほか	○	○	○		○	○	○
由紀さおり／出演：緒方直人、的場浩司ほか	○	○	○	○			
演：津賀有子、うつみ宮土理、岡まゆみ、吉村光夫	○		○		○		
会：小林克也／出演：桃井かおり	○		○				
演：長島雄一、小林紀子		○	○				
会：西田ひかる	○		○		○		
会：ラサール石井、岩井小百合	○		○		○		
演：茂森あゆみ、津賀有子			○		○		
会：いっこく堂／N：濱田マリ			○				
：緒方拳、ベッキー、水田わさび、津川雅彦ほか／N：濱中 久			○			○	
演：要潤、杏ほか			○			○	
演：中村獅童／N：江崎史恵			○			○	
会：飯窪長彦		○		○			
		○		○			
		○		○			

類型	No.	番組名	放送局	放送開始	放送日時
	28	斎王　幻の宮の皇女	三重テレビ放送ほか	2016. 3.26	土曜 21:00-21:5
	29	歴史の道　歩き旅	テレビ東京	2016. 4. 4	月～金曜 7:35-8:00
複	1	日本の戦後	NHK総合	1977. 4.28	水曜 19:30-20:3
	2	NHK教養セミナー　ふるさと歴史紀行	NHK教育	1982. 4. 5	月曜 20:00-20:4 火曜 16:00-16:4
	3	超歴史ミステリーロマン　大奥Ⅰ	テレビ東京	2005.12.23	金曜 21:00-22:4
	4	超歴史ミステリーロマン2　戦国	テレビ東京	2006. 6.30	金曜 21:00-22:4
	5	超歴史ミステリーロマン　大奥Ⅱ	テレビ東京	2006.12.26	火曜 20:54-22:4
	6	超歴史ミステリーロマン4 大奥Ⅲ	テレビ東京	2007. 6.29	金曜 21:00-22:4
	7	シリーズ激動の昭和　3月10日・東京大空襲　語られなかった33枚の真実	TBS	2008. 3.10	月曜 21:00-23:0
	8	今夜完全決着!日本史7大ミステリー　歴史を作った女たちSP	テレビ東京	2008.12.23	水曜 18:30-20:5
	9	シリーズ激動の昭和 あの戦争は何だったのか　日米開戦と東條英機	TBS	2008.12.24	水曜 18:55-23:3
	10	日本と朝鮮半島2千年	NHK教育	2009. 4.26	日曜 22:00-23:2
	11	古代ロマン歴史の源流・出雲	山陰放送ほか	2009. 7.19	日曜
	12	最後の赤紙配達人　悲劇の召集令状64年目の真実	TBS	2009. 8.10	月曜 21:00-23:0
	13	超歴史ロマン完全決着SP	テレビ東京	2010.12.19	水曜 18:30-21:5
	14	シリーズ激動の昭和　総理の密使　核密約42年目の真実～	TBS	2011. 2.21	月曜 21:00-23:0
	15	世紀のワイドショー!ザ・今夜はヒストリー	TBS	2011. 4.18	月曜 19:00-19:5
	16	報道ドラマ　生きろ　戦場に残した伝言	TBS	2013. 8. 7	水曜 21:00-23:0
芝	1	まんがはじめて物語	TBS	1978. 5. 6	土曜 17:30-18:0
	2	おしゃべり人物伝	NHK総合	1984. 4. 6	金曜 19:00-20:0
	3	歴史みつけた	NHK教育	1988. 4. 6	水曜 14:15-14:3
	4	西田ひかるの痛快人間伝　Dashing life story	NHK総合	1991.10. 6	日曜 10:00-10:4
	5	まんが日本史	NHK教育	1992. 4. 6	月曜 18:00-18:3
	6	21世紀まんがはじめて物語	TBS	2001. 3.30	金曜 10:30-11:2
	7	にんげん日本史	NHK教育	2001. 4. 9	月曜 11:15-11:3
	8	見える歴史	NHK教育	2008. 3.31	月曜 14:00-14:1
	9	タイムスクープハンター	NHK総合	2009. 4. 1	水曜 0:10- 0:4
	10	歴史にドキリ	NHK教育	2012. 4. 4	水曜 9:40- 9:5
ド	1	昭和回顧録	NHK教育	1978. 4. 5	水曜 19:30-20:
	2	NHK教養セミナー　20世紀の群像	NHK教育	1982. 4. 6	月曜 20:00-20: 火曜 16:00-16:
	3	NHK教養セミナー　証言現代史	NHK教育	1982. 4. 6	水曜 20:00-20: 木曜 16:00-16:

主な司会・出演など	ト	現	再	証	ア	CG	ク
		○		○			
会：佐々木敦／出演：永原慶二、黒田日出男、網野善彦ほか	○	○	○	○			
会：山室英男／N：石坂浩二	○	○		○			
：山根基世		○		○			
		○		○			
		○					
		○	○	○			
		○		○			
：田中邦衛／朗読：竹下景子、長塚京三、藤田弓子／出演：本加世子、蛭子能収	○	○		○			
		○		○			
会：今田耕司、三輪秀香(2016年4月から)	○	○					
		○		○			
：國村隼	○	○		○			
内：杉本哲太、永島敏行、萩原聖人、高橋和也、柳家花緑／：堀越将伸	○	○	○				
会：三宅民夫、首藤奈知子	○	○		○			
演：佐藤浩市、久米宏、綾瀬はるかほか	○	○		○			
演：有村架純、小栗旬、広瀬すず、福士蒼汰、松坂桃李ほか	○	○		○			
：山田孝之、伊東敏恵		○					
：山根基世、山田孝之		○					
会：鈴木健二	○		○				○
会：高田純次、松金よね子／出演：佐藤B作、レオナルド熊か	○		○				○
会：原田大二郎、榊原郁恵、長野智子ほか	○		○				○

類型	No.	番組名	放送局	放送開始	放送日時
	4	海外ドキュメンタリー	NHK教育	1982.10.16	土曜 20:00-20:4
	5	歴史ドキュメント	NHK総合	1984. 9.24	月曜 21:10-22:0
	6	戦後50年・その時日本は	NHK総合	1995. 1. 2	木曜 19:30-20:2
	7	映像の世紀	NHK総合	1995. 3.25	土曜 19:30-20:4
	8	50年戦争 イスラエルとアラブ	NHK衛星第1	1998.10.	
	9	日本 映像の20世紀	NHK教育	1999. 4.10	土曜 21:45-22:2
	10	プロジェクトX—挑戦者たち—	NHK総合	2000. 3.28	火曜 21:15-21:5
	11	あの日　昭和20年の記憶	NHK-BS2	2005. 8.15	月曜 18:50-19:0
	12	あなたと作る時代の記録　映像の戦後60年	NHK-BS2	2005. 9.17	月～土曜 6:50-7:00 日曜 7:50-8:00
	13	特集 あの日　昭和20年の記憶　8月15日	NHK-BS2	2005.12.25	日曜 21:00-22:5
	14	ファミリーヒストリー	NHK総合	2008.10.11	日曜　0:10- 0:5
	15	テレビが映したスポーツ60年	NHK-BS1	2013. 1.20	日曜 20:00-20:4
	16	昭和偉人伝	BS朝日	2013.10. 2	水曜 21:00-21:5
	17	時代をプロデュースした者たち	NHK-BS1	2014.12.20	土曜 19:00-20:5
	18	戦後70年　ニッポンの肖像	NHK総合	2015. 1. 1	木曜 21:00-22:1
	19	戦後70年千の証言スペシャル　私の街も戦場だった	TBS	2015. 3. 9	月曜 21:00-23:0
	20	私たちに戦争を教えてください	フジテレビ	2015. 8.15	土曜 19:00-23:1
	21	新・映像の世紀	NHK総合	2015.10.25	日曜 21:00-22:1
	22	映像の世紀プレミアム	NHK-BSプレミアム	2016. 5.28	土曜 19:30-21:0
ク	1	クイズ面白ゼミナール	NHK総合	1981. 4. 9	木曜 20:00-20:4
	2	クイズとっても偉人伝	テレビ東京	1984. 4.18	水曜 19:30-20:0
	3	クイズなっとく歴史館	フジテレビ	1988. 4. 7	木曜 19:00-19:3

注）Nはナレーターを示す。
表の内容は2016年11月作成時点の情報による。

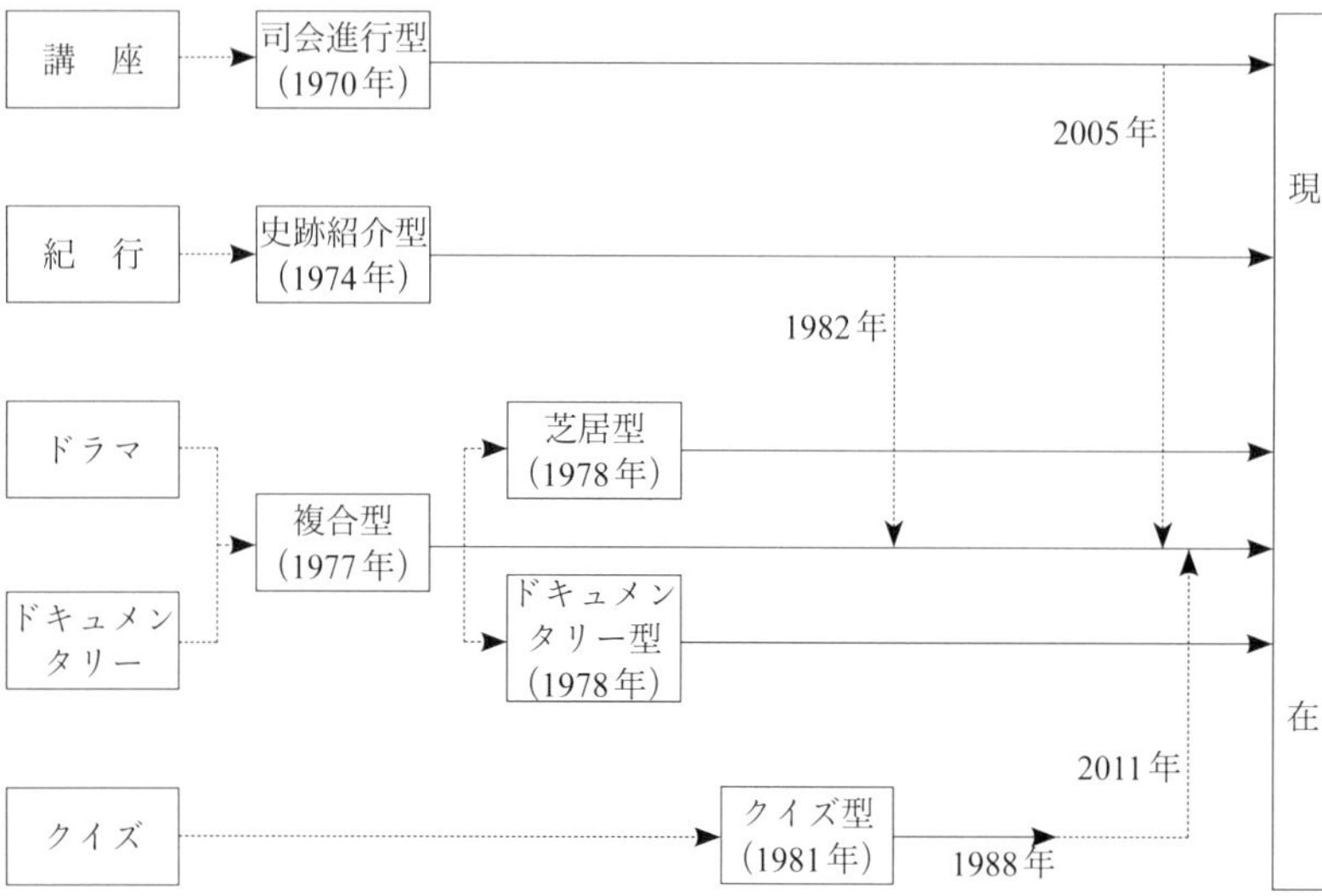

注）点線の矢印は派生・融合を示す。

図3　歴史教養番組の変遷

型、複合型、芝居型、ドキュメンタリー型、クイズ型の六類型に分類しています。テレビの普及以前、歴史に関する教養は主にラジオを通じて受容されていました。テレビ放送が始まったことで、歴史教養番組の原型が作られていきます。例えばＮＨＫでは教養特集とか文化講座といった番組を設けて、そこで研究者をゲストとして招き、司会者と一対一でトークを展開、その様子を放映するというものです。今回除外したのですが、そのような講座番組から派生して成立したのが、司会進行型の歴史教養番組ということになります。

この司会進行型は、司会による進行とゲストの解説を軸に、再現ＶＴＲなどで情報を補足しながら歴史を紹介するという構成です。詳しくはこの後、落合さんや谷口さんからご報告があろうかと思いますが、歴史上の人物や事件をテーマとして現地取材、ゲストの解説などを通じて検証していくというスタイルを基本としています。『日本史探訪』（ＮＨＫ）が一九七〇年四月八日に放送されたことに始まります。そして、司会進行型を王道として、現在に至るまで歴史教養番組は放映され続けているということになるわけです。

また、史跡紹介型が一九七四年に作られていくようになります。『未来への遺産』（ＮＨＫ、一九七四年）がその嚆矢です。これが先駆的な番組になります。史跡などを巡る中で、その歴史的背景を紹介するという形態ですね。これはもともと紀行番組の中から歴史に特化したものが派生して成立した形態だと考えられます。

一九七七年にはドラマとドキュメンタリーの二つの要素が合わさった複合型が登場してきます。この複合型の特徴は後述することにしますが、この類型から芝居型とドキュメンタリー型が生まれてきます。

芝居型というのは、再現ＶＴＲ、特にアニメやドラマを軸に歴史を紹介する形態です。いくつかある類型の中で、最も多様な表現形態をもち、俳優の関与する度合いが強いことに特徴があります。

ドキュメンタリー型というのは、人々の証言を主軸に構成するドキュメンタリーの形態。戦争や戦後を題材にした番組が非常に多いという特徴があります。

それからクイズ型。これはクイズ形式で歴史の人物、事象を紹介していくという形態です。歴史上の出来事を再現する主題ですとか、実験などを通じて問題を出題するという共通点があります。そういう意味では、色々な類型が混在している複合型でもあるのですが、番組名にクイズと冠して一九八〇年代に集中的に制作されているという特徴があることから、クイズ型という独立の類型として位置付けました。

以上が六類型の特徴ですが、実際にはさまざまな要素が融合していて、分類が難しいものもあります。複合型を設定したのはそうした実態を踏まえてのことです。再現ドラマの証言などから戦後の出来事を紹介した、『日本の戦後』（ＮＨＫ、一九七七年）が複合型の嚆矢です。前述の通り、芝居型、ドキュメンタリー型に先行して成立していています。もともとテレビ番組の中でドラマやドキュメンタリーが作られていて、そうした要素を組み合わせて構成されたものです。ノンフィクションのドキュメンタリードラマ、あるいは映画からの派生と位置付けられるかと思います。ドキュメンタリー、芝居の要素がそれぞれ特化する形で複合型を作り、そこから芝居型、ドキュメンタリー型へとさらに分化していくわけですが、分化した後も複合型は複合型として存続していくわけです。一九八二年には、紀行形式で歴史を紹介する『NHK教養セミナーふるさと歴史紀行』（複・No.2）によって史跡紹介型と融合し、二〇〇〇年代には司会進行型と融合した番組が多く登場するようになります。とりわけ二〇一一年の『世紀のワイドショー　ザ・今夜はヒストリー』（TBS、複・No.15）に至っては司会進行型、芝居型、クイズ型などの要素を合わせもった、バラエティー豊かな内容になっています。

おわりに

時代考証の役割が歴史教養番組の中で非常に見えにくいものになっていることを最後に述べておきたいと思います。現在へと続く歴史教養番組の類型は一九八〇年代までに出揃っていきました。そのことは表から読み取れたと思います。構成要素は多様ではあるのですけれども、大枠は固定化されていると言えると思います。歴史教養番組は、教養、教育的観点から、歴史をテーマとして制作された番組です。そうである以上、資料、歴史的事実に基づくものでなければならない。ノンフィクションが基本に置かれるという制約、縛り、前提があるわけです。

そうした中にあって、時代考証は重要な役割を果たしているはずなのですけれども、その役割となると、研究に携わっている私としましてもよく分からない部分が多いということですね。そのような役割の不透明感といういものをクリアにしたいというのが、今回のシンポジウムの趣旨であります。

このような問題を考えていくことが、視聴者のメディアリテラシーですとか、歴史認識の問題などを考える上で重要な課題になるだろうと思います。視聴者（受容者）ですとか、制作者、研究者の間で、こうした課題を明確化、共有化しておく機会があってしかるべきではないでしょうか。しかし、そのような議論を行う機会が実は今までほとんど無かった。少なくとも私の知る限りではありませんでした。視聴者に伝えられる歴史叙述の問題点がどこにあるのか。それを掘り下げていくことも時代考証が担うべき役割とするならば、ノンフィクション作品、歴史教養番組も含めて考察していくことが必要ではないでしょうか。

私の報告は以上で終わらせていただきたいと思います。ご清聴ありがとうございました。

2　シナリオ論証を通じて

◉落合弘樹

はじめに――素材としてのノンフィクション

私は歴史教養番組の考証について、決して代表的な立場というわけではないと思いますけれども、複数の番組で時代考証を担当した経験を踏まえ、お話をさせていただきます。

ノンフィクションについて、研究者の立場としては、本を執筆する場合に二通りあって、一つは純然たる学術書です。これは歴史事象に基づいて、全て結論は明確な一次史料によるエビデンスがないと簡単に論破される。ただ一般向けの本や記事となると、分かりやすい説明、場合によっては大胆な推理といったものも、時に含まれることもあり得ます。研究書で、いわゆるノンフィクションを素材に使うことは非常に難しいです。ただ一般誌の記事だと、私もノンフィクションを使ったことがあります。たとえば西南戦争の場合、ノンフィクションとして有名なのが、一つは橋本昌樹さんという方が書いた『田原坂』（中央公論社、一九七二年）です。この本は、橋本氏の祖父が記した一次史料が存在し、それをもとにしていると思います。研究者としては、その一次史料をぜひ読みたいという気持ちがわくのですけれども、恐らく個人蔵という形で、公開できていないのでしょう。したがって、ノンフィクションとしての『田原坂』を使うわけですね。あと石光真清の『城下の人』（二松堂、一九四三年）は非常に名作だと思うのですけれども、ただ息子の石光真人さんによって、内容がかなり小説仕立てに編集されています。話のネタとしては非常に面白いけれども、これを学術書で引用するのは、ほかの傍証がないかぎり相当難しい。同じ人がリライトした『ある明治人の記録――会津人柴五郎の遺書』（中央公論社、一九七一年）も同様です。そういう差異があるのは、つね日頃感じております。

一、歴史番組への出演と取材対応

さて、私も基本は研究者ですけれども、たまたまの縁で歴史番組の考証、あるいは協力者としてテレビに出させていただいたことが何度かあります。最初のきっかけは、実は次に報告される谷口さんが制作に関わった『堂々日本史』（ＮＨＫ、一九九六～一九九九年）です。一九九九年一二月に放送された番組ですけれども、この時は番組の中心的なコメンテーターというよりは、史料の解説者として部分的に画面に登場させていただきました。この当時の私にとって、恩師といってもいい存在は佐々木克先生でした。残念ながら二〇一六年七月にお亡くなりましたけれども、京都大学人文科学研究所に助手として勤めていた当時、研究班の班長をされていた佐々木先生は、いろいろな教養番組に出ていました。とりわけＮＨＫ教育テレビで高校生向けの講座番組を長く担当していました。そういった関係で、金禄公債証書について説明してくださいという依頼に対し、佐々木先生が落合に喋らせろという形で、僕を推薦したのではないかと推測しています。

私はそれまでテレビに映ったことが一度もなかったので、気恥ずかしいし、どうしようかなと思ったものです。

ただこの時は、日本銀行の資料館に金禄公債証書の現物があるというお話でした。たとえば神田神保町辺りに行くと、戦時国債などがけっこう売られていますけれども、あれは結局のところ戦争に負けて紙切れになったから残っているわけで、公債は最終的には全部換金されて証書は手元に残らないのが普通なのです。金禄公債については、高校の教科書にも写真が載っていますけれども、あれは見本です。しかし、どういう経緯なのか、現物が残っているということでした。金禄公債証書は五年間据え置きで、約三〇年かけて最終的には政府が買い上げるという形になっており、証書には番号と額面が入った券がついていて、抽選に当たると必要な数だけ切り取って銀行で現金に換えるという形です。ただ、日本銀行が保管したものは使い切らずに、券が半分ぐらい残っていました。紛失物なのか、どういう経緯で残ったのかは分かりませんが、私が金禄公債証書の現物を見たのはこの時が最初で最後です。ぜひ見たいというのも、取材に応じた動機です。

ちょうどこの時期、『秩禄処分』（中央公論新社、一九九九年）という拙著が中公新書から出版されました。一度絶版となりましたが、二〇一五年に講談社学術文庫に含めていただきました。実は撮影当日、風邪で声が全然出せなくて非常に困ったのですが、音声の技術は凄いです。やっとの思いで声を出したというのが実情だったのですけれども、テレビで見ていた知り合いの方から、「かなり落ち着いて話していましたね」と言われました。実は普段はこのように早口の方ですが、声が出しにくいので、ゆっくり話をしただけです。

爆笑問題『爆笑問題が読む龍馬からの手紙』（情報センター出版局、二〇〇五年）という本の考証も担当したので、参考のために加えておきました。太田光さん、田中裕二さんはかなり勉強されていましたが、坂本龍馬の書翰をそのままで読めるかどうかというと、細かくは理解しにくいだろうということで、あらかじめ編集者が龍馬の手紙を口語訳しておき、それをチェックするのが私の一つの役割でした。あとは太田さんと田中さんが、それをもとに色々と面白いことを話すわけです。テレビに出てくるのと同じような口調で、「でもさ」とか、実際もあのような感じです。「龍馬がまた負けてるよ」。「でも負けてもいいじゃん」などとやりとりしながら、「それも人生なんだよ」。こういう調子で話すわけです。ただ、ちょっと脱線して、これはそういう読み方ではないですよという所だけ、私がチェックを入れるという形で、阿佐ヶ谷のタイタン事務所での毎回二時間ぐらいの取材に、十回ぐらいは立ち会ったと記憶しています。最後のほうになると、太田さんの奥さんで社長の太田光代さんまで顔を出されました。ただ一次史料を研究者のように、くそ真面目に事項を解釈するというより、そこから広げて何が見えてくるかを展開するという意味で、かなり面白い経験で、勉強にもなりました。

初めてスタジオでの収録に加わったのは、二〇〇九年のBSイレブン放映の『歴史のもしも』（日本BS放送）でした。この番組は、『歴史読本』の編集などを長くされていた安田清人さんが中心になり、麻木久仁子さんが進行を務め、二人の出演者を交えて、たとえば桶狭間の戦いで今川義元がもしも勝ったら、その後の歴史はどうなったかなど、別の展開を推論する企画でした。私が出演した際の相方は桐野作人さんでした。鹿児島に関しては、もちろん桐野さんが一番詳しい方なので、私はどちらかというと中央も含めた全体的な所から、「もしも」を推測するという役回りでした。

そうしたなかで、西南戦争はかなり偶発的に発生し、西郷隆盛が、私学校の生徒が弾薬庫を襲ったと聞いた時に、「しまった」と絶句した、と言ったら、桐野さんが「ちょーしもた」と薩摩弁で少々悔しそうに応じました。鹿児島の人には西郷さんの「ちょーしもた」は有名な話なので、どこかで喋ってやろうと思ったら、落合が先に標準語で言ってしまったというわけです。それはともかく、関門海峡を薩軍が突破したらどうなったかというので、それを前提に色々考えるというテーマでした。しょせん薩軍には海軍がないから、結局は根拠地の鹿児島を占拠されただろうとか、前方には広島や大阪鎮台が控えているとか、細かい内容は覚えていませんが、ここで勉強になったのは、歴史の流れというのは一つの決まりきった法則に基づくわけではなく、あるいは当時の人々が常に最善の選択をするわけではない。まさか、という結果の連鎖によって歴史は動く。ひょっとしたらこういう判断もあり得たのではないか、ということを考えることの重要性に気がつきました。

歴史で「たら・れば」を言ってはいけないとされますけれども、私はそうは考えません。ただ、勝ち負けでは、「たら・れば」は卑怯なわけです。あの時に1球はずしておけばホームランは打たれなかったなどと言っても、後の祭りです。しかし、歴史の重要な局面において、なぜそのような判断をしたのか、こういう方法はなかったのか。後追いにはなるけれども、色々な可能性の中で、なぜ当事者が一つの決断をしたのか。それにはそれなりの背景があるということで、事前にシナリオを貰って、その上で色々と考えました。ただ相手が桐野さんだったので、鹿児島の細かい所は全部桐野さんにお任せできたので、かなり楽だったわけですが、西郷が決起に追い込まれた事情など、色々と学ぶことができました。

この番組出演の話が回ってきたのは、『西郷隆盛と士族』（吉川弘文館、二〇〇五年）という本を書いたのが一つのきっかけだったはずです。『秩禄処分』にかんしては、取材を受けたのは今のところ最初の一回だけでしたが、西郷関連では便利な取材先になったのでしょう。その後、西郷がらみの新史料についてコメントを求められたり、それからシナリオを提示されて意見を求められたりということが増えてきました。どのようなことを喋ったのかは、一々は覚えてはいませんが、テレビ番組の場合は、事前にかっちりしたシナリオを制作者が用意しています。その上で、かなり細かい問い合わせをするわけです。

勝海舟と西郷の江戸開城だけで、僕は三つぐらいの番組の考証担当、あるいはインタビューを受けたことがあります。質問にすべて明確な答えができていれば、それだけで一冊の本ができるのではないかというくらい、相当に細かな所まで問い合わせがあるわけです。例えば勝海舟については、この会場の中にも僕よりずっと詳しい方が何人もおられますが、どうかあちらにといっても、急いでいるから早く先生が答えてください。大体そのようなパターンになるわけです。勝海舟は外国とどう付き合っていくべきと考えていたのかとか、幕府は海舟のどのような能力に期待して新政府との対応を任せたのか、これを他の幕臣たちはどう見ていたのかとか。それから、万が一の場合の作戦内容とか軍事史的なことも聞かれます。その他、非常に多岐にわたる質問をされるわけです。それを数日以内に答えてくださいと。これは、はっきり言ってかなりきつい作業です。さらに、それを論証する一次史料はあるのかということも聞かれるわけです。そういうものに限って、なかなかそれに合致する史料が見つかりません。ただ、一応の考え方というのを制作者の方がきっちりと用意していて、これで良いのかと尋ねてこられます。

あと、どの番組の時だったか忘れてしまいましたが、勝海舟の日記はすでに活字化されているのですけれども、原本を講談社が（ひょっとしたら秘密なのかもしれないのですけれども）保管していて、講談社本社の会議室に番組スタッフと一緒にうかがい、撮影に立ち会った際、何を書いているかと尋ねてくるわけです。活字になっているから聞く必要ないじゃないかと思いつつも、一応解読しました。ひょっとしたら、ちゃんと崩し字が読めるのかテストされているのではないか、という印象すらありました。ただ、金禄公債証書といい、なかなか閲覧できない史料を見る機会を作っていただくという役得も、このような仕事をやっていると、時にはあるわけです。

『英雄たちの選択』（NHK、二〇一三年～）は今でも続いている番組ですけれども、この番組の初期の段階で、シナリオのチェックの他に、例えば番組で使う色々な地図だとか、あるいは図表だとか、そのようなものも見てくださいといわれました。別にＮＨＫの悪口を言うつもりは毛頭ないのですが、かなり頻繁にメールが来てそれに対応します。二〇一四年の『英雄たちの選択』の時、家の近くまで取材に行くからそこで答えてくれということになり、確か一時間半ぐらい、色々な細かい点を喫茶店のなかで質問されましたこともありました。

二、推理する力

二〇一四年を最後に、なぜかＮＨＫとはあまり縁がなくなって、ずっと今まで付き合っているのが、ＢＳ日テレ『片岡愛之助の解明！歴史捜査』（二〇一五〜二〇一八年、以下『愛之助』）です。この番組をどう評価するのかは皆さんにお任せしますけれども、きっかけは、西郷南洲顕彰館の高柳（毅）前館長が神保町の古書店から連絡があって買い取った史料の判定です。これは、政府が鹿児島に送り込んだ密偵たちをもう一回取り調べ、戦争を一旦は中断させるべきだという鹿児島裁判所の裁判官たちの建白書で、これをどう史料的に評価するのかとの質問を受けました。ただ困ったのは、古書店から出てきたが、そこから先の由来が全く分からないわけです。これを僕が大胆に推理し、「これは密書でしょう」ということにしました。普通の建白書にしては、ペラペラの紙です。ただ、字は非常に丁寧に書いている。おそらく和服の襟のところに隠せるような形で作られたのだろうと。ただ、この書類がどこからどこに届けられたのか、あるいは届けようとして途中で回収されてしまったのかとか、その辺りは全然わからないわけです。番組では高柳前館長がキーマンになっていたので、密偵たちが西南戦争の種を蒔いたというような描き方をしていました。その結論に関しては、私はクエスチョンな所が実際にはあったわけですが、黙っていました。

これがきっかけで、時には専門と全然関係ない時代でも、時間があればチェックを入れてくれという依頼をいただくようになりました。例えば、伯耆国が島根県になっているのを、これは鳥取県ですよといった初歩的なチェックもあれば、たとえば秀吉の中国大返しを描いた回は、二時間後に返事を出してくださいというので、慌てて全部チェックしたとか、そういうことも時々あるわけです。

制作は、『英雄たちの選択』はトップシーンという会社で、愛之助の『歴史捜査』はユニオン映画ですけれども、結構面白かったのが厨子王という会社の『巨大建築』という番組で、帝国ホテルがどのような形で成立したかを教えてくれという依頼がありました。他に建築史の先生も色々いるから、そちらを回ってはどうかと伝えたのですけれども、いや先生にインタビューしたいと。私は帝国ホテルなど行ったことがないので、ぜひ帝国ホテルでインタビューを受けたいと言ったのですが、僕のごちゃごちゃした研究室でロケをされました。恐らく、そのほうが専門家に聞きに行ったという臨場感があるのでしょう。ただ、今はテレビ映像が非常に細かい所まで映るので、変なものが置いてないかとかなり気を遣うので、なるべく研究室にカメラを入れたくはないのですけれども。それはさておき、帝国ホテルについてはあまり考えたことはなかったのですが、なぜ井上馨・渋沢栄一・大倉喜八郎が近代的で国際水準のホテルを、しかも民間という形で造ったのかというのが課題でした。鹿鳴館はあくまでも社交場でした。また外国から来た賓客を宿泊させる施設に延遼館というものがあり、これは舛添要一前東京都知事が復活させようとしていましたけれども、小池百合子さんはやめるようです。それはともかく、延遼館もかなり老朽化した。一方、欧米の主要都市には必ず一流のホテルがあり、宿泊、食事、さらには色々な会議だとか、そのような多様な機能を持っている。というので、近代国家の顔というべきインフラとして、帝国ホテルが創設されたわけです。ただ、初代の建築は火災で焼失し、二代目が有名なライト館。これは大国日本の象徴という形ですね。今あるのは三代目で、造られたのは高度経済成長期です。外観に凝った二代目だと収容力が低くて営業がうまくいかないというので、高度経済成長期以降の実情に合わせた。そういうまとめ方をしましたけれども、番組の中では、建設に携わった色々な立場の人たちの子孫の話など、例えば二代目の帝国ホテルのレンガは横に刻みが入っているが、それがどういう意図と工程でつくられたのかとか、かなり細かい部分が分かって、非常に印象に残った番組でした。

あとは『愛之助』ばかりで他はやらないのかというと、そういうわけではありません。問い合わせは大体電話によることが多く、新聞社などは電話だけの取材もよくあります。ただ立ち消えになるというか、結局その後に音沙汰なし。もちろん報酬もなく、忙しいのに色々と調べて「こんちくしょう」というようなことが、だいたい一年に一回はあります。他の研究者でそういう不快な経験をし、面倒臭いからあらゆる取材を拒否するという方もいます。あと、僕は関西出身で割合に柔らかいから抵抗感がないのかもしれませんが、そもそも一般向け番組に出ること自体が学者の恥だ。学問とかけ離れている番組に出て名前を売り、一体どうするのだといった批判もあり、そのような目を気にして教養番組に関わるのを遠慮する人もいるでしょう。

三、研究レベルの水準と視聴者の期待との間

考証は台本をチェックするのが基本的で、さらに細かい部分について問い合わせが加わる。これは専門家が裏付けをしているという、いわば演出を手伝うという点も多分にあると思うのです。他には、史料をどのように読むのかと。例えば、小栗上野介がなぜ殺されたのかというのを扱った番組が、二〇一六年六月に放映されました

（『愛之助』の「＃45　幕末史から消された男　日本近代化の立役者　小栗上野介の死の謎を追え！」）。江戸から移った領地権田村の周辺に無宿者たちが集まってきて、それを村民と武力で排除した。これが、小栗が処刑される理由になっていくわけですが、その前後の様子を記した小栗の日記を現代語訳にしてほしいとか。そのほか、甲州街道の駄賃の規程を書いた書類があって、完全に崩し字でしたが、これを分かりやすく解説してほしいといった依頼もありました。あと金十両は今の金額に換算するといくらぐらいになるのか、この種の質問はしょっちゅう来るわけです。そういう裏方を務めたものの、たとえば小栗の日記の文面は、番組では全然使われませんでした。無宿者がやってきて、それを排除するという一カットだけ。再現というかドラマ的な形で扱われていたような気がします。ただ番組を作る上では、そういう史料の読解という作業も必要だろうと考えるわけです。

あと、インタビューを求められたものの、臆測で語るしかない部分もあるわけです。それについては、制作している方はある程度期待した回答を待っている。それにもとづいて話していただけませんかと言われると、あまり好き勝手な批判を言うと番組をぶち壊しにしかねないので、結局は筋書きに従って話すわけです。例えば、徳川慶喜が鳥羽伏見の戦いで劣勢に立っている。錦の御旗が揚がった途端、戦意を喪失して、結局品川まで遁走するわけですけれども、なぜ慶喜が態度を豹変させたのか。これは有栖川宮家の血が母親から入っているからというのが番組のシナリオでした。「それは全く関係ありません」というような形で否定できるか。一つは父親が徳川斉昭ですから、尊王論というのが彼の基本的なトーンだった。しかし、有栖川の血筋というのを意識したのか、しなかったのか。関係ないでしょうとも言い切れないので、シナリオに従ってコメントをしたわけです。学術的に考えた場合、それを証明するに足る史料は一つもないわけです。したがって、その点ではいい加減なことを言っているかもしれません。研究者は多分見ていないだろうと思って喋っているのですけれども、意外にみんな見ているのです。その辺りが怖い所でもあるわけです。

これは番組ではないですけれども、例えば『西南戦争と西郷隆盛』（吉川弘文館、二〇一三年）という本で、少しだけ冒頭で触れた橋本昌樹『田原坂』を使わせてもらいました。会津出身の山川浩少佐が薩軍の包囲を突破し、熊本城まで到達した。ただ別働第二旅団司令長官だった山田顕義は、事前の作戦打ち合わせに違反した行為だと山川を叱り飛ばし、勲功を認めなかったという話があるわけです。二次史料的にはそれは追いかけられる。ただ、僕の本を読んだ人が、熊本で軍事史学会が開かれた際に山田顕義の専門家による報告があり、こうした話があるがどうなのかと質問したところ、それはどういう一次史料に基づいているのですかと逆に聞かれ、私の本を挙げたそうです。ただ一般向けの本で細かい脚注は出ていないので、一次史料の有無に関しては自分もコメントできないということになったそうです。ある程度推測を交えたことを言うと、場合によっては迷惑になるのかと反省させられた次第です。山田少将が山川少佐にかなりきつい注意を行ったという『田原坂』の記述は、全くいい加減な論拠に基づいているわけでありません。ただ、学術的なレベルになると、そういうエビデンスがない推測、臆測というのは、いたずらに面白くしようなどと思っていなくとも、一人歩きすることがあるということは、少し踏まえておかなければいけないと考えております。

もう少しお話しすると、先にも提示したように非常に難しい質問が制作から来ることがあります。それがわかったら論文が一本書けると言いたいぐらい難しい質問が来ることもあるわけです。制作の人もさんざん勉強して、それでもよく分からないという所を聞いてくる。なおかつ私の専門ではないような所もあったりして、これからちょっと勉強しなければいけないというケースもあったりするわけです。ただ、それを機会にいろんな発見があって、直接的には自分の研究に繋がるわけではないけれども、非常に参考になったというケースも珍しくはなかったです。ただ、どうしてもわからないことは、わかりませんと正直に答えることにしています。

つづいて、先の話とも重なりますけれども、研究者レベルだと、どこにそのような史料があるのかとか、そう言い切れる根拠を示せというようなことをつい言ってみたくなるわけです。しかしながら、臆測とか論証できない部分を外してばかりの番組を作ると、非常につまらなくなる。まるで専門の学術論文をそのまま垂れ流したような形になる。そうすると、歴史に熱心に興味を持っているという人でもついて来られないだろうと思うのです。恐らく制作に当たっている人は、かなり最新の学術成果も相当調べていると思いますが、その上で何か明確な印象を視聴者に与えるようなコメントも求めてきます。

テレビを見ている人たちが興味を持ちやすいように、どういう形に色付けをしていくか。私は学生に対しては、入り口は大河ドラマであっても、漫画であっても、歴史に興味を持つ機会の入り口はどこでも構わない。ただ、大学で歴史を勉強しようとする場合は、きちんと専門的な本を読んで、史料を読まなければいけないと指導しています。まず歴史に興味を持つというのが非常に大事な入り口で、その辺りでは、今日テーマになっているような番組は非常に大きなメリットがあるのではないかと思います。

四、他分野の専門家との協同――新しい視角の獲得

あと、『愛之助』の台本のチェックについて言うと、別の専門家のコメントが既に入っていることもあります。例えば、西南戦争だと田原坂の地元の研究者が、この辺りで戦があって、あちらの方から政府軍が撃ってきたとか、その辺りはこちらが手を加えようがない。間違ってはいないのですけれども。もしそこに間違いがあった場

合、どうやって修正するか。それはお互いを信用するしかないわけです。

ただ、東京にいる人間だけではなく、地方で地道に研究している方とか、違った分野の専門家の意見を知る機会があり、それは非常に勉強になるわけです。例えば、私が専門と全然違う時代なのに考証を担当したのが、秀吉の中国大返しでした。俗に一日で五〇キロ突破したというようにも言われていますが、最近の研究をもとにすると（これは大石先生のほうがずっと詳しいから立ち入るのはやめておきます）、実は一泊二日だったのではないかと番組では推定していました。そして、陸上自衛隊出身の軍事専門家が、一日二五キロ以上は無理だとコメントしていました。なぜかというと、完全武装の兵士を五〇キロ歩行させようとしたらできなくはないが、みんなバテて野営の設定など次の行動が取れない。目的地に到着後、ただちに次の作戦行動をとれる体力を残そうとしたら、二五キロが限度という説明で、なるほどなあと思いました。これは歴史学の研究者ではなかなかできない現場の発想なので、非常に参考になります。その種の、自分とは違った角度で研究している人の見方を学び取るという機会も多く、その意味でこのような仕事をして色々勉強になることはあります。新しい視角が獲得できる機会にもなります。

おわりに——制作のレベルと時代考証

最後に、僕は未公開史料というのは二回しか見たことがないのですけれども、ＮＨＫだと例えばモスクワのアーカイブズを取材したとか、地球の反対側まで行って現地撮影してきたというような番組づくりをします。場合によっては、そこに研究者も立ち会ってという形で、テレビには映らなくとも金庫の鍵を開けさせるとか。これは個人が行ってもなかなか開けてはくれないけれども、ＮＨＫが行くと開かない扉が開くということがある。その意味では、番組作りを通じて研究に新しい素材を与える機会というのは、これからもまだまだあるのではないのかなと思います。

昨日（二〇一六年一一月一八日）の『歴史秘話ヒストリア』（ＮＨＫ、二〇〇九～二〇二一年）の「戦国一のワル？山形・最上兄妹の素顔」で、最上義光の娘である駒姫の遺書が残っているというのは、私は初めて知りました。自分の遠い先祖は最上の家臣だったので、また豊臣が嫌いになってしまいました（笑）。いずれにせよ、一次史料を読んで、それを単に現代語訳し解釈すれば研究になるのかというと、やはり自分なりの想像力とか、あるいは推理する力というのが必要ではないのか。そういう要素は、歴史番組の制作に協力することによって、かなり鍛えられたという思いはあります。

制作の側が非常に高いレベルでよく調べているなと、時代考証の立場で感じることは、それにともなって質問の内容もそれに応じてもの凄く細かくなってきているわけです。研究者たちが誰も知らない発見があり、それについてコメントを求められることもある。あるいは、秀吉なんて全然研究したことないけれども、「ここはどう思いますか」と聞かれても困るわけです。つまり裏付けが確認できない場合もあったりするわけです。そのような場合、制作者の期待に応えられないということも時にはあるわけです。

このような、番組の制作に協力する立場としては一体何ができるのか。基本は専門家の目で見て単純なミスがないかどうか、この程度ならば他の時代の番組が回ってきても、基本的な点はチェックできます。あるいはここが分かりにくいとか、もう少しこういう説明ができないのか、ぐらいの注文はできるわけです。ただ、やはり研究者の目が入ると、ごちゃごちゃした研究室にカメラが入って、もっともらしい顔つきで、下手な言葉づかいで解説をたれる。ただ、電波に乗る側として責任は負うべきなので、コメントを出すにしても、あるいは台本にチェックを入れるにしても、その番組に対する品質保証に関わっているわけです。そのような立場というのは、番組を作る一員として自覚しなければならないと思います。

ここには研究者の方もたくさんおられますけども、このような番組に携わるというのは、自分の学術的な知識を分かりやすい形で社会に広めるという意味では、単に研究室に閉じ籠もっている、あるいは学会だけでのみ報告するというのではなくて、研究者以外の人々にも歴史学の最新の知識や魅力を伝えることになる。これは研究者としての一つの責任ある役割だと思っています。その意味で言うと、このような番組に携われたというのは非常にありがたいし、また色々勉強もさせていただいています。こういう形で、今後も愛之助さん以外の番組も機会があれば協力していきたいと思います。

3 歴史番組の〝歴史〟

——制作者の視点から

◉谷口雅一

はじめに

私は一九九二年にＮＨＫに入局いたしまして、ＮＨＫで歴史番組をずっと作ってきた男で、非常に珍しい人種です。ＮＨＫのディレクターは色々な番組を経験する人間がほとんどで、私自身は、もちろん他の番組もいろいろやっているのですけど、これほど長い間歴史番組に携わってきた者はそういないと思います。

それだけ長いということは、まさに演題のタイトルにあるように「歴史番組の歴史」というものを語る資格も少しはあるのかなと思っています。また、私がまだ入局した頃は、かつてのＮＨＫ歴史番組、『日本史探訪』（一九七〇～一九七八年）や『歴史への招待』（一九七八～一九八四年）などを制作していた人たちが私の大先輩や上司にいまして、諸先輩方から色々な薫陶も受けてきているということもあります。

一、『日本史探訪』と『歴史への招待』――語りの面白さ

ＮＨＫで歴史番組が定時番組として始まったのは、一九七〇年に始まった『日本史探訪』からだと思うのですが、それ以降、四六年ぐらいになりますか。「ＮＨＫアーカイブス」というウェブサイトに、『日本史探訪』は、こう紹介されています。

ねらいは〝茶の間の日本史〟。歴史上の人物や出来事をテーマにして、松本清張、司馬遼太郎、海音寺潮五郎ら、著名な作家や評論家の自由な視点を軸に、日本史を見直そうというもので、折からの歴史ブームに乗ってファンを集めた。

この『日本史探訪』の次に、一九七八年から『歴史への招待』という番組が始まりました。

教科書には載っていないようなユニークな話題、歴史の片隅で忘れられていた事件などを取り上げた歴史番組。鈴木健二アナウンサーの名調子とスタジオにセットを組むなど多彩な演出によって、歴史を身近に引き寄せた。

この二つの番組、『日本史探訪』は一九七〇年から一九七八年、『歴史への招待』はその後一九七八年から一九八四年、合わせて一四年間ですね。この二つの番組がずっとＮＨＫの総合テレビで夜流れていて、二つともすご

い人気番組でした。特に『歴史への招待』は視聴率二〇パーセント超えもたびたび出るぐらいの大人気番組だったようです。もちろんこれらの番組の放映時は、私はまだ子どもだったので、『歴史への招待』はちらちら見たことがありましたが、ほとんど記憶はないです。むしろ、入局してから先輩たちに勧められて多くの作品を見ました。

この時代の歴史番組の特色は、制作者の側から見ると、「語りの面白さ」だと思っています。『日本史探訪』では司馬遼太郎さんとか、とにかく大物のゲストがいっぱい出演し、大いに語りました。本当に綺羅星のごとく大先生たちが出演されています。『歴史への招待』もそのような方々がご出演されたのですが、鈴木講談と言われた鈴木アナウンサーの名司会ぶりも番組の魅力でした。これも語りのうまさです。

歴史というものを面白く語り聞かせる。これほど「語り」が楽しい番組を、私はいまだ実現できていないし、もちろん当時のように歴史を語る国民作家が現在は不在であるという事情もあるのでしょうが、実は今、このような語り主体の番組をもう一回、リバイバルしたいというのが、原点に返るじゃないですが、私の思いです。今はここまで行けない。それくらい語りが非常に豊かだった時代でした。

ただし、いわゆる映像表現という観点からは、今はＣＧだとか、再現ドラマだとか、お金を掛けた色々な手法がありますが、その頃は非常に原始的といいますか、パネルとかジオラマとかをスタジオに飾って、それを名調子で解説していくシンプルなものでした。

そもそも歴史の素材というのは、本当はあまり残っていないのです。資料、文字史料であるとか、遺物とか、遺跡とか、あるいは絵画もありますけど、基本的には動かないものですから、テレビの素材としては非常にスタティックな素材なのですけど、それをどう見せていくかという工夫がどうしても必要になってくる。今はいろんな手法があるのですけど、この時代はもう非常に禁欲的で、そういう素材をどうやったら面白く見せられるかというのは凄く工夫した時代でした。今はもう歴史番組の主流になっている再現ドラマ――俳優が歴史上の人物を演じ、歴史のシーンを再現するという手法――はほとんどやっていなくて、ロケーションにおけるカメラワークで勝負したり、あるいは講談で面白く見せたりするとか、そういうことに集中していました。

余談ですけど、例えば籠城戦をテーマにした番組が『歴史への招待』にあったのですが、今だったらそれこそ再現ドラマを作ったりとか、あるいはCGでお城の構造を再現しながら、そこにコマとして人間を配置したものを作ったりとか、色々な手法があります。当時は籠城戦を、こんな映像表現をしていたと記憶しています。石垣をただもうずうっと二分ぐらい見せるだけなのです。ゆっくりしたパンあり、クイックズームあり、手持ちによる揺らぎの映像あり、カメラマンは色々と撮り方を工夫し、気分を盛り立てながらナレーションで籠城戦の様子を描いていく。カメラの動きだけで勝負していこうという気迫といいますか、今思うとよくこんなことやったなと思うのですけど、そういう時代でした。

二、『歴史ドキュメント』――歴史系ドキュメンタリーの原点

ＮＨＫの歴史番組を大きく転回させる番組が始まりました。『歴史ドキュメント』（一九八四～一九八八年）という番組です。

一九八四年からの、ちょうど『歴史への招待』が終わった後のＮＨＫ総合の定時番組でした。ＮＨＫの今に至る歴史の定時番組の中で、スタジオ部分がないＶＴＲ構成の番組は、これが唯一でした。ゲストや司会者の語り

で見せるということから全く方向を変えて、歴史をドキュメンタリーとして見せようというのがこのシリーズの狙いでした。

第一回目の放送が、「追跡・謎の黒髪〜秘められた北条政子の素顔〜」という番組でした。伊豆・修禅寺の本尊・大日如来座像の胎内から黒髪が発見されたのがきっかけで、一体、誰が収めたものなのだろうという謎を設定して、当時の科学警察の協力などを得ながら、黒髪を分析して、最終的には息子の頼家の供養のために北条政子が収めたのではないかという結論になっていく番組です。

こういう新しい史料だとか、新しい事態に対して謎を設定し、それに対して仮説を立てて真相を追跡していくというスタイル。追跡とか謎とかいう言葉がつくタイトルが、この『歴史ドキュメント』にはたくさんありました。これはその後、ＮＨＫの歴史系のドキュメンタリーの原点を担っていまして、今もたとえばＮＨＫスペシャルで歴史もの、特に現代史ものはよくやっていますし、他のＶＴＲ構成の特集番組が色々ありますが、基本的にドキュメンタリーの作りっていうのはこういうスタイルなのです。非常に世間の注目を集める興味深い史料の発見があり、さまざまな専門家の協力を得ながら、その謎を解いていくという手法です。これを定時番組としてやろうとした、すごいシリーズでした。

志が高かった分、見応えがある番組も多かったのですけど、取材期間も長期にわたったらしく、またロケの期間も長く、なかなか与えられたマンパワーや番組の予算では消化し切れなかったという話を聞いております。また、それ以上に新発見とか、新史料とか、あるいは謎解きの対象というものがそんなにふんだんにあるわけではなかったということです。そういうこともあり、ほどなくして、番組は終了しました。

そしてまた時代はうつり、一九九二年に『歴史発見』（一九九二〜一九九四年）という番組が登場しました。ここからは私が現役になる時代です。

三、『歴史発見』――歴史に新しい発見を

二年で終わった番組でしたが、歴史上の色々な事件や人物について、通説とは全く異なる奇抜な説、新説、異説、時には珍説もありましたが、そのような考えをお持ちのゲストをスタジオに「論者」としてご登場いただき、VTRを交えながら、自説を展開していただくという番組でした。

私自身、入社した年に初めて歴史番組を手がけたのがこの時でした。「水戸黄門・幻のクーデター計画」というタイトルでしたが、この番組は、四代将軍・徳川家綱が亡くなったときに、水戸光圀が宮将軍として京都から新しい将軍を迎えようということを裏で画策していたのではないかという新説を、作家の小林久三先生を論者として、紹介しました。時に先生と一緒に状況証拠を掻き集めながら、論を組み立てていったという記憶がありま す。他にも、学会では全然認められてない説を取り上げることも多く、扱う史料も二次史料、時に稗史も動員して筋書きを考えていく、なかなか大胆不敵な番組でした。特に初期は、奇抜な論を展開する番組だったので、週刊誌に叩かれたり色々な批判を浴びたりしました。制作者にとっては、歴史に新しい発見をもたらそうという意気込みが強かったのですが。今回のシンポジウムのテーマ、時代考証的な観点から考えると、挑戦的すぎる番組だったかもしれません。

私の考えでは、歴史番組の基本は「面白さ」と「正確さ」だと思っておりまして、面白くあることも大事だけれど、正確であることも大事であると。それを振り子のように行き来しながら作っていくのが、どの番組制作で

も共通して心がけることなのですが、この『歴史発見』は正確さ以上に面白くという方向に寄り過ぎたのかという感じでしょうか。結局、半年ぐらいでもうネタも尽きてしまって、それ以降はほとんど「発見」感が少ない番組になったという印象でした。

私はこの『歴史発見』自体、ディレクターとして五本ぐらい制作しているのですが、確か滝沢馬琴の「南総里見八犬伝」をテーマにとりあげた時は、当初の新説の検証というスタイルではなくなっていました。フォーマット、あるいはギミックという言い方もしていますが、このようにフォーマットがうまくいかない状況になると、なかなか継続して制作し続けることが難しくなってくるという典型例でした。これ以前の『歴史ドキュメント』や『歴史への招待』は、そうしたフォーマットの縛りがほとんどなく、やはり自由度は大切だということを、改めて感じさせてくれる番組ではありました。

四、『ライバル日本史』――フォーマットの問題

ちなみに、この次に登場する番組も、実はフォーマットの縛りが後々あだになってしまう番組でした。二年で終わった『歴史発見』の後継番組として始まった『ライバル日本史』（一九九四～一九九六年）です。

歴史上のライバルを取り上げるというのが第一のフォーマットです。西郷と大久保、信長と光秀、義経と頼朝などなど、対照的な人物をとりあげました。もう一つ、第二の仕掛けがありまして、スタジオにそれぞれのライバルのいわば応援団として二人のゲストをお迎えするのですが、それが歴史の専門家だけでなく、むしろ様々な分野で活躍するスポーツ選手であったり、実業家であったり、そういう方々にも歴史を語ってもらおうというも

のでした。その語り方は、当然歴史の専門家ではないですから、ご自分の仕事だったり、スポーツの話に結び付けたり、組織論だったりとか、そのような話に置き換えて語っていく、そのようにして現代性を持たせるというのが第二のフォーマットでした。二つの大きな縛りがあるのは、なかなか大変でしたが、とにかくそのような形で始まった番組です。

今までそれほど歴史番組に登場していただかなかったゲストが、多く出演されるようになりました。それはそれで、様々な発見がありました。意外な方がこんなに歴史に詳しく、こんな見方をされているんだ、といったようなことがありました。

しかし、歴史の物語を現代の話に置き換えるというのは、その後も様々な歴史番組で行われていることですが、本当に説得力をもって置き換えることができる話は実は多くない。牽強付会なところがどうしても生じてしまう。それは、どのテーマを扱った時にも感じたことでした。

あともう一つ、ライバルといっても無限にライバルがいそうですが、本当の意味でのライバル、実際にその生前において、例えば信長と光秀とか、あるいは西郷と大久保とか、そういう分かりやすいライバルというのは、それほど多くないということが徐々に分かってきました。最終的にはこの番組、二年目になると、歴史人物くらべてみれば…、みたいな番組になったかと。先の『歴史発見』もそうですが、フォーマットの縛りが強いと、実際に個々に制作していく過程で自由度がきかなくなるといいますか、しんどくなってくる。色々な反省が『歴史発見』、『ライバル日本史』にありました。私も当事者でしたので、今はそう記憶しています。

五、『堂々日本史』――演出の幅を広げる

一九九六年に『堂々日本史』（一九九六～一九九九年）という番組が立ち上がりました。なぜ「堂々」なのかというと、読んで字のごとく堂々とやろうよということなのです。歴史を何らかのフォーマットで縛るのではなくて、堂々とやる番組。『堂々日本史』は、確かに自由な枠でした。自由枠であったが故に、いろんなことにチャレンジしました。

たとえば、「実況中継・関ケ原」と題して、番組リポーターが、ドラマで再現した関ケ原の戦場を訪れ、戦国武将や兵士たちにインタビューするなど、「現場中継」を交えてお伝えした回がありました。最近、『タイムスクープハンター』（二〇〇九～二〇一五年）という番組がありましたが、その原型になることをやっています。

また、龍馬暗殺をテーマにした回では、暗殺現場となった近江屋がどういう構造をしていたのか、そこから事件の真相を深掘りしていくという内容でした。京都の町家建築の第一人者に監修をいただき、残された数少ない近江屋の写真、あるいは当時の近江屋の風情を記す記事とか、それらを取材して集めて、綿密に原寸大で復元したセットをスタジオにおきました。その上で、刺客の刀の長さも分かっていますので、どのような立ち回りにあって龍馬は倒されたのかを検証しました。スタジオで歴史番組を全面展開するにはどうしたらいいかという実験的な番組でした。

二つの例を挙げましたが、基本的に『堂々日本史』は、スタジオのゲストに歴史の専門家をお招きして、きちんとした根拠に基づいた歴史の解説をしていただく番組ではありました。演出的な枠はとにかく自由、縛りが何もないということで、さまざまな手法を試みた時代だったのです。先の『ライバル日本史』のフォーマットの制

約の時代から一回解放されて、羽ばたいた時代だったと私は思っています。もちろん、ＶＴＲで話題を提供し、専門家のお話をスタジオで聞くという、通常演出の番組も多くありましたが、演出の幅を広げたというのが、この『堂々日本史』の時代だったと思っております。

ただ、演出に奇をてらいすぎると、演出至上主義と私たちは言うのですが、そういうことで歴史の本質が本当に視聴者に伝わっているのか、本当に知りたいことなのか、あるいは歴史番組として本当にこのようなことをやることが一番良いのだろうかと、色々な葛藤は当時からありました。

『堂々日本史』が三年で終わり、それを受け継いだのが、『日本ときめき歴史館』（一九九九～二〇〇〇年）でした。スタジオに鹿鳴館のセットを再現したり、大岡裁きのお白州の現場を復元したりして、スタジオショーを売りにした番組でしたが、どうもこの発想は視聴者にあまり届かず、一年で終わってしまいました。

六、『その時歴史が動いた』――「人間のドラマ」を描く

そして、こうした様々な試行錯誤を経て、二〇〇〇年に生まれたのが、長寿番組『その時歴史が動いた』（二〇〇〇～二〇〇九年）でした。キャスター松平定知さんの冒頭のセリフ、「人間のドラマ、それが歴史だという人がいます。そのさまざまな人間ドラマの決定的な瞬間。決断のとき、決行のとき、人は何を考え、どう動いたのか。これは、その歴史上の瞬間々々を取り上げて、その時が後の日本にどういう関わりを持つのかということをお伝えしていく番組です」から明らかなように、「人間のドラマ」を描くというのがコンセプトでした。

『その時歴史が動いた』は、二〇〇〇年から二〇〇九年まで九年間続きました。三百何本ぐらい放送しました。

ＮＨＫ歴史番組の歴史の中でも、おそらく『歴史への招待』に匹敵するくらい広く受け入れられた番組だったと思います。

実は、この『その時歴史が動いた』ですが、『堂々日本史』まで基本的に受け継いできた伝統というのを、一度かなぐり捨てた番組です。伝統というのはどういうことかと言いますと、ディレクターなり制作者の映像の設計の仕方が、これまでは、一次史料や遺跡遺物のような現場の映像を切り取ってくること、あるいは先に述べた実験とか、何かを復元するとか、そういった取材成果の紹介を最も重んじる傾向が強かったのです。しかし、『その時歴史が動いた』では、まさに「人間のドラマ」を描くと。そのために最適な手法としては、やはり再現ドラマではないかということで、再現ドラマというのを徹底的に使う番組として始まり、その方法論はずっと続きました。

再現ドラマという手法は、できるなら使わないでいきたいという古い考えがありました。というのは、再現ドラマは、本当に歴史を再現しているのか、という疑いがあって、特に『歴史への招待』や『日本史探訪』時代を担った先輩たちから、そのような議論をよく吹っ掛けられたものです。再現ドラマは、歴史上の人物を俳優さんが演じるのですが、その人物に俳優の色がどうしても付いてしまう。だから、むしろ人物は、例えば肖像画があるなら肖像画だけで紹介すべきだ、と。あえて禁欲的な演出にこだわったのです。

最初のオーディションのときの光景を憶えています。山崎の戦いがテーマでしたが、とにかく豊臣秀吉や明智光秀などを演じる役者さんたちは、いわゆる名が知られた俳優ではないのですが、その人たちが、例えば光秀が悔しがる時は手をぎゅっと握り締めて「くっ」と言うのですけど、その手のアップが編集されたりしていました。再現ドラマに見慣れている今の目からみれば、当たり前の映像表現ですが、オーディションで見た時、こうやったら歴史は台無しじゃないかと思いました。光秀がこう震えているなんてどこに証拠があるのだと。『その時歴史が動いた』が始まったときは、私は別のセクションにいたのですが、ある種、懐疑的に見ていた記憶があります。

しかし、視聴者は違いました。この番組だけでなく、『その時歴史が動いた』はどの回でも、この再現ドラマ主体の映像構成に徹し、高視聴率をはじき出しました。全体三〇〇本もの中で、最高視聴率も、『歴史への招待』まではいかないまでも一七パーセントぐらい行ったのもあったのではないでしょうか。芝居によって人間のドラマを見ていく分かり易さがとにかく視聴者に受けたというのが大きい。もう一つは、松平さんのナビゲートのうまさ、これも大きかったと思います。これも多分、鈴木健二さん以来の伝統をちゃんと松平さんなりに受け継いでおられて、松平色でまた番組を作り上げていったということです。

私自身も、歴史番組の中で、この『歴史が動いた』で、今の視聴者に受けいれられる番組というものがどういうものか、再認識しました。この『歴史が動いた』は二〇〇九年に終わりまして、後継番組が『歴史秘話ヒストリア』（二〇〇九〜二〇二二年）という番組で、歴史上の秘話をオムニバス形式で語る、今も続いている番組があります。あと、その頃からBSでも歴史番組を多くやるようになって、『BS歴史館』（二〇一一〜二〇一四年）や、今もその後を受けている『英雄たちの選択』（二〇一三年〜）などがあります。教育テレビでは、『先人たちの底力知恵泉』（二〇一三年〜）という番組があります。いずれの歴史番組も、再現ドラマを中心に、今までの演出手法をも駆使して、豊かに映像を構成しています。

『その歴史が動いた』までは、基本的にはNHK総合テレビの歴史番組だけを多くの歴史ファンは見ていたと思うのですが、最近は、非常に多極分散化していると言えます。私たち作り手もそれぞれが放送波を意識しています。たとえば、総合テレビの『ヒストリア』は大勢の人が楽しめるように、敷居を低くして見せ方を工夫しています。『知恵泉』という教育テレビの番組は、歴史上の人物に生き方を学ぶというコンセプトです。

ＢＳの『英雄たちの選択』は、前の『ＢＳ歴史館』もそうでしたが、コアな歴史ファンが主なターゲットです。ですから、スタジオにお招きする専門家も本格派が多く、非常に中身の濃いお話をいただいています。

今は、視聴者それぞれが、それぞれの興味に従って歴史番組を見ているのではないかと思います。視聴者の関心に応じて歴史番組も多極化の時代を迎えているということです。

おわりに

歴史番組の歴史ということで、ＮＨＫで放送されてきた番組に基づいてお話してきました。今日、私が取り上げた中には、歴史クイズ番組や歴史紀行番組は含まれていませんが、もちろん今でもよく放送される歴史番組のジャンルです。

ただ、いずれのジャンルなり手法を見ても、ほとんどやり尽くしているなというのが正直なところで、どのような新しい歴史番組があり得るかというのを日々感じ、考えているところではあります。そのときに、最初にも申しましたけど、『日本史探訪』とか『歴史への招待』の時代、今となっては古き良き時代に築かれた、歴史を語ることの楽しさというところの原点だけは、恐らくはどんなスタイルの番組でも失わってはならないことと思っています。生き生きとした語りの面白さ、それは出演者であれ、ナレーションであれ、司会者であれ、あるいはＶＴＲで証言する証言者であれ、「語り」に説得力がある番組はどれも成功しています。そんな語りの魅力を存分にお見せする番組を新しくできないかなと夢想しています。これからまたどうなるかなのですが、微力を尽くしていきたいと思っております。

Symposium

シンポジウム「時代考証学とノンフィクション」趣旨説明

◉神谷大介

時代考証が必要とされるものは、映画やドラマ、演劇ばかりではありません。テレビで放映されている歴史教養番組にも時代考証が重要な役割を果たしていることを皆さんはご存知でしょうか。ノンフィクションである歴史教養番組に時代考証が関わる。そのことに違和感をおぼえる方がいるかも知れません。今回のシンポジウムでは、そうした違和感に正面から向き合ってみたいと思います。

これまで時代考証学会では、「歴史作品、学問、市民社会に寄与する総合学」を目指して、「時代考証学」を「物語がなぜそのようなかたちで存在するのか」、「史実がどのような現実を作りあげているのか」を問う学問と位置づけ、フィクションとノンフィクション、リアリズムをめぐる問題、戦国時代から昭和期に至るまで各時代固有の考証実務の実態などについて議論を重ね、さまざまな時代劇メディア（映画・テレビドラマ・小説・マンガ・ゲームなど、各種メディア媒体を通じて社会に発信される歴史作品）を取り上げてきました。前回のシンポジウムでは明治・大正・昭和という近現代の時代劇メディアを制作する際に生じる問題を取り上げ、新聞・ラジオ・映像を含む膨大な資料の中から、制作者と考証担当者がどのように協力して情報を取捨選択、作品化しているのかを議論することで時代考証学の射程を広げました。一方で、時代劇メディアという形で歴史を表現することに研究者が関わることのリスク、責任の大きさについても議論が深められました。時代劇メディアは、時代考証を担当する研究者の考えを越えて、人びとの歴史認識の形成に大きな影響を及ぼすことがあるのです。とりわけ「価値観の多様化」が叫ばれる昨今、時代小説にとどまらず、マンガを原作としたファンタジー風の映像作品やメディアミックスによるゲーム化など、時代劇に親しみのない世代を中心に時代劇メディアの内容は広がりをみせています。もとより、物語には作り手の主観が反映されるものですが、時代劇メディアが多様化していく中で「教養」をうたったもの、時代考証を経たもの、あるいは歴史の当事者による証言や研究者のコメントを通じて人びとの前に作品が示されることの問題について、今後とも議論を積み重ねていくことが大切でしょう。

そこで今回のシンポジウムでは「時代考証学とノンフィクション」をテーマに掲げ、これまで取り上げてこなかったノンフィクション作品を通じて、人びとに提示される歴史とは何かについて議論を深めていきたいと考えます。一般的にノンフィクション（nonfiction）とは、「虚構（フィクション）を用いないで事実をもとにして書いた散文。伝記、紀行、ルポルタージュなど。」（『日本国語大事典』）とされ、「作りごと」や「虚構」「創作」などを示すフィクション（fiction）と対置されます。それではフィクションとノンフィクション、それぞれの作品において時代考証が果たす役割にはどのような共通点・相違点があるのでしょうか。ひとくちにノンフィクションといっても作品の形態はさまざまで、フィクションとの違いが不明確なものもあります。それらのすべてを今回のシンポジウムで取り上げることは困難ですから、日常的に人びとが目にする機会の多いテレビの歴史教養番組に焦点をしぼってみたいと思います。ここで言うところの歴史教養番組とは、歴史に関する知識を広く人びとに伝え、教養を深めることを主眼として制作されたもので、基本的に司会・案内人などが番組を進行、研究者や作家、評論家などがゲストとして歴史を解説し、古文書や絵画といった歴史資料をはじめ、歴史の現場を再現したドラマ・CG・アニメーション、現地を取材したVTRなどで情報を補足するという表現方法をとって放送されるものを想定しています。歴史教養番組と他のテレビ番組とは、しっかりと区分できるということを前提としていますが、実際には線引きがあいまいなものが数多く作られています。その不確かな境界をできる限り整理し、歴史的事実を扱う番組の制作過程、そこで時代考証が果たす役割と課題について明らかにしていきたいと考えます。

そうした課題に迫るべく、本シンポジウムでは次のとおり報告を行います。まず神谷大介報告では、歴史教養番組の仕組みやその変化の過程について確認し、時代考証学におけるノンフィクションの議論の方向性を提示します。落合弘樹報告では、歴史研究者と歴史教養番組制作との関わりについて論じます。歴史学研究の成果は、歴史教養番組にどの程度反映されているのでしょうか。史実と演出の狭間でどのような葛藤が生じ、研究者がどのように向き合っているのかについてお話いただきます。谷口雅一報告では、歴史教養番組の制作過程について、長く現場に携わったご自身の経験に基づいてお話いただきます。映像化にあたってのフィクション・ノンフィクション作品の共通点と相違点、時代の変化に応じた番組制作の在り方、時代考証に求めるものなどを浮き彫りにします。

以上三名の報告に加え、パネルディスカッションを行うことで歴史教養番組の制作過程、ノンフィクション作品として提示される歴史叙述の性質、時代考証をめぐる諸問題などが明らかになり、時代考証学の新たな地平が拓けることでしょう。

Symposium

シンポジウム「時代考証学とノンフィクション」パネルディスカッション

◉神谷大介（時代考証学会）
◉落合弘樹（明治大学文学部教授）
◉谷口雅一（NHK大型企画開発センター　チーフ・プロデューサー）
◉司会　鈴木一史（時代考証学会）
＊所属はいずれもシンポジウム開催当時

鈴木　それでは、パネルディスカッションを始めます。まず本日の報告を簡単に振り返ったうえで、報告者からコメントをいただき、それぞれのテーマについてフロアからも意見を伺う形で進められればと思います。

第一報告の神谷大介「歴史教養番組の構造と展開」では、テレビのメディア自体の変遷を追いながら、どういう役職の人間が携わり、そしてどのような制作の過程があるかを説明するとともに、歴史教養番組を講座や紀行、ドキュメンタリーという要素から分類しました。第二報告の落合弘樹「シナリオの論証を通じて」では、ご自身の研究や監修されてきた番組、楽屋話を基にしながら、実際に直面した課題、研究者の水準と視聴者の期待の両立が求められること、研究者として得られること、研究者であるからこそ難しいことをご紹介いただきました。第三報告の谷口雅一「歴史番組の〝歴史〟～制作者の視点から～」では、NHKの歴史番組の変遷を制作者の視点からたどり、実際に歴史を面白く伝えることのできる番組にするには、どのような方法があるか、「語り」という方法に注目されながら、それぞれの番組の特徴と視聴者との関係で整理されたご報告をいただきました。

これまで時代考証学会は、主にNHK大河ドラマをはじめとしたフィクションを対象として、制作の際に時代考証がどう関わるかに注目して議論を進めてきました。今回の報告の新しい要素として、フィクションではない歴史教養番組を作るうえで、時代考証が深く関わることが挙げられます。

最初に考えたいのは、歴史教養番組で取り上げられている歴史とはどういうものか、という論点です。神谷報告であればそこにどのような傾向が見いだせるのか、落合報告であればご自身が監修してきたなかでの要素の変化、谷口報告であればどういうふうな歴史を伝えたいのか。人間ドラマなのか、謎を追うものなのか。といったことになります。その確認をするところから、神谷さん、落合さん、谷口さんの順にお話しいただければと思います。

神谷　まず歴史教養番組という形で視聴者の前に提示される歴史がどういう構造をもっているかが、問題関心の出発点としてありました。そこで歴史教養番組の大枠を設け、該当するであろう番組をリストアップしました。今日示した表（第2部第1章に掲載）にはまだまだ足りない情報、精査していかなければいけない点が多々ありますが、見て、調べていくなかで本当に多種多様な要素をもった番組が作られていることがわかりました。努力をアピールするわけではないですけれどかなり大変で、それだけ色々な見せ方があるということです。そう考えると歴史教養番組も歴史叙述の一つの形態なのだろうと感じました。その特徴は具体的にどういうところで、そこに時代考証がどう関わるかを議論したかったということです。

歴史教養番組とはいえ――谷口さんからもお話がありましたけれども――再現ドラマや、そういった内容を組み込んでいる部分では、ノンフィクションのなかにあってもフィクション的な要素がどうしても含み込まれるということになります。ですから線引きが正直なところなかなか難しいですけれど、フィクション、ノンフィクションという区分けに意味がないのかというと、そういうことではないと思うのです。この後、パネルディスカッションでも一つの大きな議題になると思うのですけれど、正確さと面白さのバランスをどう取るか、フィクション的要素とノンフィクション的要素をどのように捉えていくかということで、色々な見せ方があると感じた次第です。

◉神谷大介氏

各類型の特徴を示しましたけれど、こういった類型のあり方に作り手のこう歴史を見せたいという思いが反映されていると私は想定しています。実際、どういう思いで作られているのかは現場には関わっていないので分かりませんが、そういった思いがこういう類型に表れているのだろうと思っています。

報告で述べた以外のことを補足すると、司会進行型は最も基本的な形ですが、歴史研究者が直接語るということもできますし、再現ドラマが放映されてフィクション的な要素がある程度加味される番組が作られていきます。表から読み取れるのは、一九九九年以降技術の進歩や低コスト化などが実現して谷口報告のように

CGによる表現が増加し、二〇一二年以降は特にBS放送を中心に番組数が増加する傾向が見られます。史跡紹介型ですと、一九九六年以降はTBSが世界遺産を取り上げるようになります。こうした番組が放映された後、観光が促進されるといったように、視聴が人々に与える影響が非常に大きい。そういう側面がある番組も増える。そして二〇一五年以降、デジタル放送で番組が増加傾向になるという特徴があります。面白さを追求する、どういう形で興味を持ってもらいながら史実を分かりやすく伝えるかというのは——例えば大学などで学生に話をするときにも気を遣うところでもありますけれど——そういった面白さを追求して歴史を紹介するのが、芝居型の特徴だと思います。芝居型と名付けたのですけれど、芝居のあり方は色々でアニメとかドラマ等も組み込んでいます。アニメとしては、身近な人物の誕生の歴史について一部実写を交えて紹介する番組が『まんがはじめて物語』（【表】芝1）がTBSで放映されたりですとか、吉田戦車や中川いさみといった漫画家が原案を担当したりするなど、親しみやすく日本史の出来事を紹介する『まんが日本史』（【表】芝5）、それから人形劇とかCGとしては、「見える歴史」（【表】芝8）とか、そういうものがあります。ドラマ仕立てのものとしては、『おしゃべり人物伝』（【表】芝2）ですとか。これは歴史上の人物をドラマで紹介するのですけれど、部分的にトークも展開していくというものです。芝居の要素が強いので芝居型に区分しています。それから時空ジャーナリストの調査を通じて、日本史上の庶民生活の様子をドラマ仕立てで紹介する『タイムスクープハンター』（【表】芝9）や、最近だと歌舞伎役者の中村獅童が歴史上の人物を演じて、歌って踊る『歴史にドキリ』（【表】芝10）とか色々な形態があるのです。

一方で史実性、正確さを反映したのがドキュメンタリー型です。芝居型とドキュメンタリー型は根が同じです。たとえば、『日本の戦後』（【表】複1）は一九七七年に放映されたものですけれど、ドキュメンタリーと芝居の二本立てです。史実を十分に踏まえて番組が構成されているけれど、見せ方として再現ドラマが使われています。もともとそういう形の番組で歴史を伝えたものが、芝居の要素や面白さ、伝えやすさ、インパクトを追及した芝居型に分かれ、一方で史実、正確さを追求したドキュメンタリー型に分かれるという流れがあるかと読み取っています。それからクイズ型です。これも形を変えて多様な見せ方が現代で行われているということだろうと思います。

どの番組も色々な要素が複合されている点で共通していると思うのですけれど、ドキュメンタリー的要素と、ドラマ的要素、芝居的要素が融合するのが基本で、それ以外にクイズや司会進行型、史跡紹介型。本当に色々な要素が複合された形で提示される。番組が多様化してきているのが、近年の傾向というお話がありましたけれど、そういったことを反映して複合型の番組が近年増えていると思っています。

こういった見せ方の違い、傾向が出てくるということは、作り手のどういう形で歴史を作りたいか、見せたいのかという考えが反映されているということだと思います。史実をどう視聴者に提示したいのかという意図が、こういった要素に分かれる要因だと思いますので、歴史教養番組の制作に関わった報告者の落合さん、それから谷口さんが、どう歴史を捉え、見せようとしているかをぜひお聞きしたい。私自身が聞きたいところでもありますので、よろしくお願いします。

落合　私に課せられたのは、どのような歴史物が増えているかということですけれど――これは他の方々が詳しいかなと思いますけれども――私の感触だと制作されている方、各時代満遍なく平成の入口辺りまで作られているのですけれど、大河ドラマと同様に変革期のほうが人々の注目を集める。宣伝ではないですが、明日開かれる、明治大学リバティアカデミーの福井県との連携するオープン講座を四年やっていて、二〇一八年は間

◉落合弘樹氏

違いなく幕末ものだろうと。主人公が女性の『八重の桜』（二〇一三年）、『花燃ゆ』（二〇一五年）ときて、舞台が会津、長州ときたから、次は中立の福井県でドラマを作るのも脈があるみたいな感じで、見事に期待が外れましたけども。幕末ものの『西郷どん』（二〇一八年）というのは当たっていて、あとは今の『真田丸』（二〇一六年）のような戦国ものと、ときどき源平や他の時代を混ぜて、ネタが尽きたら忠臣蔵が出てくる。大体、そういうパターンが多いのかなと思うのです。

ただ最近の傾向としては、幕末に関しては『八重の桜』、『花燃ゆ』とも主人公が女性だったので、次は間違いなく男だろうと。それだけは当たりましたね。取り上げられる人物の中に、かなり女性を扱うものが増えていて、一つの傾向ではないかと思います。その意味で人物像が非常にクローズアップされるのですけれど、女性の場合はかなり特殊な人でないとなかなか手掛かりがないようなケースがあります。ただ、そういったものにもチャレンジしていくべきかなと思うのです。

例えば大河ドラマだとあまり人気がなくても後から見ると結構、面白かったりします。平清盛が出てくるようなあまり知らない時代だと、放映当時は逆に視聴率が取れない。息子は演劇部に入っていて、芝居的にはすごく面白くネタがいくつも取れると言っているのですけれど、平氏の某ばかり出てきて清盛との関係が分からないと、何回か見逃したらさっぱり誰か分からないということになるので、ある程度イメージができるところに人々の注目が集中しているのでしょう。そういう意味では、僕のところによく問い合わせが来るのは、偉すぎず、適当に使いやすい、四十代後半から五十代ぐらいの、しかも幕末維新を研究している教授という肩書きの人間が、今は増えてきましたけれども、以前はそんなにいないから、色々な取材やインタビューなんかが来たのかなと。ただ、そうするとワンパターンになってくる。

先ほど龍馬暗殺のシーンが出ていましたけれど、『片岡愛之助の解明！歴史捜査』（BS日テレ、二〇一五～二〇一八年）でも同じことやっています。再現のためもう一人入ってきて、その後、中岡慎太郎と二人を相手にみたいな感じです。これでかかった時間が一分何十秒とかでやっていて、同じネタでやっているのだなと思うのですけれど。ただ、知っているけれど、しかし自分が知っている話が全部、本当に全てなのだろうかと感じます。どこか新しい発見を常に研究者も求めているし、毎回こういう歴史ドキュメント的な番組を観る人も、何か新しいものがないのかを常に期待していると思うのです。知っている話を観たい、ただ知っている話のなかから、知らない事実をぜひえぐり出してほしいという。そういう視聴者の願望にどう応えていくかが一つの課題になると思います。

あとＮＨＫは全国放送で、私も把握はしてないのだけれど、ＮＨＫで扱う場合は全国的なネタを扱わざるを得ない。ただ地域だとその地方の人しか知らないような素材で番組を作っているケースも、ひょっとしたらあるのではないか、そういうのを集めてコンセプトみたいなものをやっているという話も聞いたことがあるので、こういったものにも注目していく必要もあるのかなと感じました。

あとは、こういった歴史教養番組を授業でどう使うかということも重要です。使ったこともあるのですけれど、クイズ型はちょっと使いにくいです。あと適当な時間で切らないと授業時間をオーバーするし、午後の授業で教室を暗くすると眠る学生が必ずいます。そういう意味で、一番素材として使いやすいのはドキュメンタリー型かなという感じがします。例えば外国だとＢＢＣやディスカバリー、ヒストリーチャンネルなんかがあって、日本ほどジャンルの多様性はひょっとしたらないのかもしれないですけれど、大体四十五分ぐらいにまとめたドキュメンタリー型の番組にはかなりしっかりした内容のものもあります。教材専用で作ったものは、絶対学生たちが――会場にも関係している人もいるかもしれないですけど――面白がらない。ビデオを借りて家で観た方がいいやという感じになってしまうので、教室でいかにこういう素材を使うか、それを制作の方に教材に使えるようになどと要求するつもりは毛頭ありませんけれども、教育に携わる者としては考えていきたいと思います。

谷口　報告の中では時間がないので言わなかったのですけれど、歴史の研究と歴史番組、果たしてこれらは両立し得るのか、あるいはどういう関係性があるべきかというのは永遠のテーマなのです。それに関して私が思うことをお伝えしたいと思います。その前に歴史の研究はさておき、歴史というテレビ番組を作るときにはどうしても三つの要素が欠かせないっていう持論があります。

一つは、歴史番組は基本的に、新しいこと、今まで言われていたこととは違う何か新しいことをやらない限り同じことを繰り返すしかないです。例えば信長が光秀に討たれるという歴史的事実は誰でも知っています。ただし、どうやってやられたか、そのとき光秀は何を考えたかには色々な説があって、実はこんなことも言える、こんなことがあったと議論ができます。歴史番組がこれだけ何十年もずっと続いているのは多分、どの制作者も何が新しいのか、何を新しい視点として提示できるかを常に考えているからだと思います。けれど、新資料なり、新発見の解釈なり、いろいろな新しい事実に基づいて制作できればいいけれど、そうでない場合も

◉谷口雅一氏

あります。それならば演出面で何か復元したりとか、実況中継風にしたりしてみる。こういうこともある種の新しいやり方なのです。新しさをどこに求めるかが第一ですね。

それともう一つは、落合先生の話と重なるのですけれど、ネタの取り上げ方が偏らざるをえないということがあります。その原因として、日本人がある程度知っている事件や人物を取り上げなければならないという宿命がどうしてもあります。マイナーな人物はなかなか取り上げにくい。なぜならば大勢の人に観てもらいたいからです。一部の地域の何々村の村長さんの話とかはいくらいい人だとしても、番組としてはなかなか取り上げにくい。そういう人が素晴らしいこともわかるし、そういうことを取り上げる番組も当然あるのですが、全国放送の歴史番組ではなかなか取り上げにくいです。日本人が一般的に国民の常識として好きな事件、人物を取り上げるというのが二つ目です。

そして三つ目。実はこれが一番大事なのですけれど、映像化をしなければならないというのが絶対にあります。テレビは映像で表現しなければならないので、そのためにどうしても費やされなければならない労力というものがあります。もっと言うと、絵にならない素材はとりあげにくい。制作者の視点として絵にならない素材に対して興味を失うという宿命があります。先ほども言いましたけれど、基本的に歴史というのは遺跡や遺物、あるいは文字資料や現代史なら証言者、これらの「素材」が必要です。私たちは、これ以外のものをうまく交えながら見せていくのですが、もしそれだ

◉パネルディスカッションの様子

けに特化したら視聴者は退屈してしまいます。やはり専門の先生方のお話――例えば中世とか戦国の話をするときは、その先生方のいろいろな解釈を盛り込んでいったり、スタジオでさまざまな復元をしてみたりします。先ほど中国大返しの話がありましたけれど、かつて『歴史への招待』（NHK、一九七八～一九八四年）でも中国大返しを実際に追体験してみようということはやっているのですけれど、歴史学的な検証をやるとか、新しく実験的な方法をとるなど色々な見せ方をしていく。

先ほどの「新しさ」の話にも関わるのですが、ここまでの話をまとめますと、歴史番組は新しさが大事ということが一つ目。二つ目は日本人の受けそうな国民の常識にどれだけ近いネタかということ。三つ目は映像化の苦労ということになります。

一方で、歴史研究という研究者の立場になって考えると、実は歴史研究と相反することも多い話なのです。「新しさ」の話で、歴史において新しさが大事だと言ってしまうと、歴史の研究者はそんなことはないと絶対に言うと思うのです。歴史研究はむしろ過去の様々な研究の批判的蓄積のなかで築かれていくもので、むしろ過去の研究をとても大事にしますし、過去の研究をどう乗り越えるかを常に意識されています。もちろん論文は新しい形態で、視角で書かれるとは思うのですけれど、常に新しさばかりを求めるのではなく、過去の蓄積をどれだけ昇華するかという作業が基本にあると思いますから、そういう意味で新しさばかり求めるのはどうかということもあります。

二つ目は、国民の常識と先ほど言いましたけれど、それだけを追求していたら歴史研究の裾野は狭くなるばかりです。もっと地域史や庶民史、あるいは経済史なども大事ですし、社会史とか歴史研究のジャンルが様々あります。しかし、そういうところは歴史のテレビ番組ではほとんど取り上げることができていない。英雄たちというか、魅力ある過去の人物が多くなってしまう。それは何十年も変わっていないと思います。ただ、こうした方針が本当に大切なことなのか、忸怩たる思いはあります。そういう意味では批判を受けることも多いし、何とか歴史研究に基づく番組ができないかと考えることもあります。網野善彦さんの研究、たとえば天皇の問題とか、あるいは稲作社会だという日本を疑ってみるとか。こうした内容を番組として取り上げられないかと常々思うのですけれど、なかなか実現できていない。そういう意味で研究との対立点があります。

三つ目は映像化に関してで、研究者が大事だと言う資料であっても、例えば昔の古文書でも写本であったりすると、映像化においては魅力が落ちます。つまり、本人の直筆とかが大事だったりするのです。例えば、写本すらなくて明治以降の活字しか残っていない資料があります。もちろん原本から活字化しているのであれば元の資料はあったはずだけれど、その原本がない。そういう場合、活字の資料を接写しても真実性に何となく欠けるのではないか思ったりしてしまう。文字資料でも古いものがいい、かつ一目で見ていかにもというものを撮りたがる傾向にあります。そういうクセみたいなものがどうしてもあります。

最近でこそCG技術が進歩して、映像化できない世界をどんどん映像化していく時代になっていますので、そういう意味ではハードルが低くなってきています。ただしCGの復元でも――必ず協力いただく先生に監修をお願いすることが多いのですけれど――考証の先生が考えていることと、テレビでこういうことを見せたいということは違うところがあります。そこまでやるとほとんど創作に近くなるのではという議論はしょっちゅうあります。けれど、こうしないと見栄えしない、見栄えがよくないということもあって、その辺のやり取りは、どんな現場でもあるのではないかと思います。

同じような例として、再現ドラマの撮影で先生に所作や立ち振る舞いを指導していただく際、制作スタッフから、こうやらなければ分かりやすくない、視聴者が分からないですと言うと、先生方からは「仕方ないな」という場合もあります。そこで先ほど言ったフィクション性の話があって、歴史番組でも映像化がどうしても必要であるが故に、ある種ノンフィクションであるところから離脱していかなければならない宿命がどうしてもあります。この問題が研究や時代考証の立場からいかがなものかという意見につながることがあると思います。

この辺のせめぎ合いというか、相克というか、歴史番組は一応ノンフィクションとジャンル分けされているにもかかわらず、この問題が常につきまとう現状です。たぶん、この点は制作者も、あるいは時代考証の担当の先生や協力していただける研究者の方も常に感じつつ、これからも一緒に作り上げていくのかなという思いです。

鈴木　ありがとうございました。神谷さんからはジャンル分けのなかでの歴史の捉え方の違い、落合さんからは題材や事件の取り上げ方の傾向、そして谷口さんからは、制作の方法論として新しいこと、国民の常識であること、映像化において絵になるかということの重要性をお話いただきました。ここでフロアから、こういう事件を取り上げたほうが視聴者として好ましいといった意見や報告者への質問があれば受けたいと思います。

参加者A　今回お話を伺っていて、テレビでの時代考証学やテレビの教養番組の流れをお教えいただいたのですけれど、テレビの特徴としてまず色々な方が観ることが前提としてあると思います。歴史に興味のある方、興味のない方、そういう方を番組に釘付けにするために様々な努力や工夫が行われていたということが、今回非常によく分かりました。私は時代ものの漫画を描いていて編集の方によく言われるのが、時代ものを描いていると見た目で読者が選んでしまうから、多くの人に見てもらいたいのであれば現代劇の方がいいとか、とっつきやすい内容、見た目でもとっつきやすい状態にしておいた方がいいといったことです。

現代のテレビは多チャンネル化、多様化していることもあり、観る側、受容する側が選択する流れになっているかなと思います。受け手が観るものを取捨選択できるということは、発信する側がターゲットを明確化しなければいけない。そして明確化されたターゲットのなかには専門性の高い方がたくさんいますので、彼らが所属する団体などでの共有化ものすごく早くなっている。SNSなどを見ていると強くそう思います。そこで専門性のない人たちを巻き込むための話題性をどう作ったらいいかということを色々悩みながらも、自分で漫画を描いています。そういった点で制作される方、また教養番組などを観る方などはどう考えているかが分かればと思い、質問しました。

谷口　ものすごいターゲット論で、とても難しいです。歴史の番組は何が魅力かということをそもそも考えると、おそらく色々あると思うのです。例えば現代史を見れば歴史の凄惨な時代、教訓をそこから見つけ出そうとする。あるいは報告の中で『その時歴史が動いた』（NHK、二〇〇〇～二〇〇六年）の話をした際に言いましたように人間ドラマとしての感動、それ自体が面白いということもありますし、クイズの歴史物だとすると純然たるエンターテインメントみたいなものもあり、楽しむという要素もあります。ある種のハウツーを歴史に求める人もいるかもしれません。あるいは過去の歴史番組に多かった追跡や謎、そうしたドキュメンタリーとして楽しむ人もいる。大物の作家先生の豪快な語りを聞きたい人もいる。いろいろな興味がさまざまな形であるというのがまずあります。同じ歴史番組でも多様な見方がある。そういう形といいますか傾向に全ての視聴者がどれもこれも興味があるとは思えない。そういうことを意識しはじめたのが、二〇〇〇年代に入って多チャンネル化が進んでからです。

それがいいか悪いかはわかりませんが、昔みたいに『歴史への招待』（一九七八〜一九八四年）のような視聴率二〇パーセントのお化け番組は、今はもうないですよね。あり得ないし、それを目指したらかえってこけると思います。だから、そういう時代ではないことをまず受け入れたうえで、興味が分散化しているので、その興味をどうやってすくい取るかを目指すのが理にかなっているというのが、現場で感じることです。

参加者B　今日は面白い話をありがとうございました。谷口先生と落合先生に一つずつ質問があります。

まず落合先生から。開催趣旨に書かれていることですけれど、時代劇メディアは時代考証を担当する研究者の考えを超えて人々の歴史認識の決定に大きな影響を及ぼすと書かれていて、私も一般視聴者なのでそういうところに関心があります。時代考証がどうしても、この地図は正しいかとかこのセットは正しいかといった方に話がいってしまいがちで、そのこと自体は別に重要だと思うのですけれど、視聴者はそういう番組全体を通して歴史観みたいなものを形成していくと思うのです。よくあるのは最近でいうと、テレビでプロ野球の大谷翔平選手が坂本龍馬に会いたいと言っているのを見かけたのですけれど、彼の頭には坂本龍馬がフィクションとごちゃ混ぜになっているイメージがあると思うのです。世の中の坂本龍馬が好きと言っている人は多分そうだとは思うのですけれど。そうやってフィクションとごちゃ混ぜになって、番組を通して歴史や人物のイメージが作られることについて、時代考証で番組制作者から相談があったときに細部は別に、この番組のコンセプトにはちょっと違和感があるとか、コンセプトや番組全体のイメージに関することで時代考証の立場からお話をされたことはあるのでしょうか。

それから谷口先生に質問です。今日のお話で一番面白かったのは『その時歴史が動いた』についてで、NHKの歴史番組としては一つ大きい転換点があって、ある程度物語性やドラマ性を入れていくというのは非常に面白く思いました。私、実はあの番組を観ていて、常々何となく感動的過ぎるといつも思っていました。特に番組の後半に泣けるようなエピソードをもってきて感動的に終わらせる。別に悪口を言っているのではないです。あれはいい番組だと僕も思うのですけれど、ただ毎回それを見ていると、こんなに感動していたら――たまにもらい泣きをしてしまうことはあるのですけれど――本当にこんなに泣いてしまっていいのかとたまに思ってしまったりするところがあったのです。

実は、これと同じようなことを感じた番組が『プロジェクトX～挑戦者たち～』（NHK、二〇〇〇～二〇〇五年）です。神谷先生の資料を見たら始まった日が一日違いですよね。『その時歴史が動いた』が二〇〇〇年の三月二九日で、『プロジェクトX』はその前日から始まっています。『プロジェクトX』も前半は苦労しましたという話が続いて、最後に苦労が報われましたという話が出てきて感動するという構成だったと思うのです。ノンフィクション番組が感動を伴う形で作られるのが二〇〇〇年代以降の一つのトレンドとしてあるのではないかと、常々感じています。これはいけないかというと微妙なのですけれど、ノンフィクションとフィクションの境界線が曖昧になってしまっているというのは、そういう番組があってもいいとは思うのですが、違和感も最近感じています。そういうことについてＮＨＫの制作者の皆さんで議論になるのかは気になっているので、ご意見をお聞かせいただければと思います。

鈴木　落合先生の方からコメントをお願いします。

落合　番組を通じて歴史を素材にしていますから、そこに何かしらの歴史観が含まれているものの、それがどういうインパクトを与えるかをあまり気にして制作している人は多分いないように思います。ドキュメンタリー的な番組で特に現代史だと相当なインパクトがあるケースはあって、あまりこんなこと言ってはいけないけれど、ＮＨＫに好意的な意見や感想ばかりが届くなんていうことも恐らくはあるのだろうなという感じはするのです。これは神谷さんが作ったような、色々なジャンルによってインパクトは違うと思います。

特にインタビューなんかは、なんであいつらにばかり集中的にインタビューしてこちらの意見を聞かないのかとか、そういう生々しい場合、実は公平に扱っていても片方はあちらばかりえこひいきしているような印象を残すような可能性もあるかもしれないとは思います。コンセプトで違和感を感じたことがないかという質問でした。私は今ＮＨＫの番組に携わっていないですけれど、どの番組とは言わないけどバレバレですけれど、キーマンとなる方、スタジオで実際色々語りをする人がどうしても中心になる。そうすると、それに違和感を感じても「違います」とはなかなか言えないので、それに合わせざるを得ないところはありますし、それがどうしてもメインになります。例えば最初は高柳さんという西郷南洲顕彰館の前の館長の人は、露骨に大久保利通は人格がおかしいとか、鹿児島では普通のパターンの物語を前提に、いかに陰険な形で西郷を追い詰めていったかという話になります。そうすると全体像として番組がそういう方針であれば、それにあえて逆らうことはなかなか難しい。それからひょっとしたら『ライバル日本史』（ＮＨＫ、一九九四〜一九九六年）だったかもしれないですけれど、大久保と西郷を対比させる内容で——僕はどちらに回ったか覚えてないないですけれど、多分大久保だったかな——大久保もきちんと士族の立場のことを考えていたのだと強調しようとすると、どちらかに肩入れしないといけない。そうなると、いつの間にか自分の立場が変わってしまっているということもあります。

ただドキュメント的というかこういう歴史教養番組を通じて、今までの常識がかなり異なった形で多少歴史に興味がある人の間で変わるというインパクトは、普通の研究者が出している仕事よりも相当あるのではないかと思います。例えば小早川秀秋といえばドラマでは愚鈍で病弱、しかも最後には裏切って酒乱で死んだという非常に惨めな描き方をされていますけれど、最近の研究では、小早川はあの時点で徳川家康に鉄砲を撃たれかけたから裏切ったのではなく、もっと奥深いものがあるということがかなり知れ渡ってきつつあるように感じます。それから白虎隊を扱った番組で、白虎隊の実像も昔の国定教科書の素材になったような形とは相当違うという話がありました。全滅したわけではなく生き残った人もたくさんいたという話で、歴史に対する固定化された解釈が番組を通じて置き換えられていく。これは、研究者の間で常識的になっていたことがようやく一般にも流布する場合もあるし、コツコツと一つのことを調べた人の成果が番組を通じて広くオープンにされて結果、研究者にも影響を与えるという二つのパターンがあるかもしれないですけれど。

歴史観や歴史認識といえば、特にアジアの問題を含めるとかなり複雑なところがありますけれど、勉強すると歴史に対する理解の深さは蓄積されていく。歴史番組を通じると、新しい知識は一番分かりやすく入ってくるので、そういった意味で今日取り上げられたような番組はいずれも歴史観の形成に大きく関わっていると感じました。

谷口　『プロジェクトX』とは常にライバルとして視聴率競争をしていた時代を思い出します。まさにおっしゃるとおりで、僕らの言葉でよく「感動の押し売り」という言い方をしたのです。感動の押し売りはいかがなものかという議論は、当然僕ら制作者の間でもしていました。とはいえ、そのことへの罪悪感なり距離の取り方は個々の制作者のスタンスによりけりかなという感じがしています。あるいは、個々の制作者がそのテーマに対する思い入れをどれだけもっているかによりかかっている感じもあります。何が言いたいかというと、『その時歴史が動いた』で取り組んだことはそのときの最新の研究でもあるし、あるいは最新の見方でもあったと思うのですけれど、一つの番組、とくに『その時歴史が動いた』のように人間のドラマを描くに際して――僕らの言葉で「一筆書き」と言うのですが――「一筆書き」はある人間の人生のドラマを一筆で解決していかなければならないという思いがあります。『プロジェクトX』もそうかもしれません。本当は歴史というのは様々な異説や異なる意見があるし、もちろんそういうことを叙述しながら一つひとつのエピソードを語りかけていかなければならないと思っていますが、テレビの宿命でどうしてもそういう異説やただし書きがしにくい。その結果でてくる物語が感動的だと、ますますそれで影響を与えてしまうということです。ノンフィクションと時代考証というテーマに対して思うのは、ある種の危険性をはらみつつ、感動の押し売りとまでは言わないまでも、感動というものを色々な要素を省いていることを分かったうえで作っていかなければならないっていうのはあります。

今の歴史番組は、『その時歴史が動いた』のような感動を与える場面が意外と少なくなってきている感じがしています。それはそれでもしかしたら視聴者側のリテラシーが高まっているのかもしれないですし、制作者側でも感動のある種の危険性みたいなもの、あるいは功罪相半ばするようなことを感じているのかもしれません。僕らなんかが実はそういうことをディレクターたちに言っていて、あまりできすぎた話は信用しないようになど教え導いたりしているということもあります。歴史は「一筆書き」にしてしまうと、それはそれで誤った印象を与えてしまう。そういうことを常に考えつつ、綱渡りでやっているのが正直なところです。功罪相半ばするけど、問題だなって思うことは常にあります。

鈴木　それでは次の方、お願いします。

参加者C　ＮＨＫの『英雄たちの選択』から『知恵泉』、それともう一つ、全部観ています。それと片岡愛之助の番組も観ています。歴史番組は飲み会があったり出張でいなかったりするとき以外はほとんど観ています。なぜ観るかというと、今まで学校で習ってきたこと、本を読んだり、見たり、聞いたりしたものが本当かと、そういうことが出てくると、またそこからインターネットを使ったりとか、あるいは本を探したりしてみようとか、どんどん引き込まれるのです。だから非常に興味があって楽しめます。

一点目は、ペリー来航の際に大砲がドカンドカン撃たれたというのが本当にそうなのか、時代考証は史実にどこまで正確かということが今日の話にも出てきていますが、あの当時はまだそこまで至っていなかったというような思いで観ればいいかなという気がします。

二点目は、歴史について書かれた一次資料は勝者の歴史で、敗者の歴史がどこまで描けるかというようなことを聞きます。時代考証において、例えば『徳川実紀』であるとかに基づきながら、そういう勝者の側と敗者の側とのバランスはどう考えて番組を作られているのかを知りたいです。ディレクターやプロデューサーの方は色々な種類の資料を読み込まれて、落合先生も困るような細かい質問とか詳しい話が出ていますけれど、その点はいかがでしょう。どちらの方がということではないのですけれど。

谷口　当然、資料はできるだけ満遍なく読まなければならないし、読まないと正確性が担保できないので、それは実際に作業としてやりますし、やらせています。ですが番組を作るときには、どうしても勝者の歴史と敗者の歴史で全く正反対のことが書かれている場合もあるのです。そのときに、その二つをそのまま平等に紹介してどちらでしょうという筋書きにはならない。

先ほど「一筆書き」と言いました。一筆書きでなくてもいいのですが、番組の視点で描くストーリーがあります。そこでどうしても敗者の資料は使わないこともあるし、逆もあります。敗者の人間、例えば明智光秀が主人公であればどちらかといえば光秀の側の資料を重んじて――『信長公記』はさすがに軽んじませんが――資料の取捨選択は番組の視点によってどうしても使い分けていく感じがあります。ただそのうえで、一面的な都合のいい資料だけを使って番組を描くことは避けたいので、そのために落合先生のような専門家の先生を頼りにしています。私たちは各時代の専門家ではないから、こういう資料、視点で描こうとしていて、その一方で実はそれと正反対なこんな資料もあるけれど、今回は紹介しないでこう描くつもりなのだけれどいかがでしょうかという感じです。「それはバランスに欠いているよ」と厳しく言われるときもあります。その辺は専門家の先生のお知恵を結構いただきながら作っています。僕らの独断と偏見で、こちらの資料が都合いいからこれを使おうなどというのはむしろやらないし、やれないと思っているのです。なぜならばわれわれは、専門家じゃないですから。先ほどの落合先生の話にもありましたけれど、こちらは描きたいストーリーがあってそれをお伝えしたいという立場ですから、聞かれた先生は悩ましいところだと思うのですけれど、そこは落合先生にちょっとお話をお願いしたいです。

落合　学術研究の場合だと、例えば勝ち負けがあって勝った側の史料ばかり使おうとなるとかなり偏りが出るので、なるべくたくさんの、第三者も含めた色々な立場の一次史料を使います。一次史料とは後から編纂したというか第三者が作成したものではなく、別に崩し字とかで書かれていなくても活字になっていても、例えば、大久保利通が書いた日記なんかは活字であっても一次史料で、崩し字で書かれていないと駄目ということはないのです。ビジュアル的には直筆の方が絵になるけれど、学生にはそれを見に行けとは言わずに、活字になっているものは、特におかしくなければそれを使っても構わないと言っています。

ただ番組となると、テーマに合わせてどういった一次史料がメインになるかというところはあります。あまりあれもこれもというわけにはいかない。例えば僕が関わったテーマで小栗忠順だと、小栗を中心に掘り下げると東山道鎮撫総督とかなぜ小栗を殺そうとしたかという話を掘り下げれば色々あるのですが、それをやると番組のテーマとずれます。他のテーマに合わせてどうしても一次史料の比重はそのテーマに関するものが高くなるのは致し方ないです。そうやって示された一次史料をどう解釈するのかが、考証を任された専門家の立場だと考えています。

鈴木　ありがとうございます。それでは次の方お願いします。

参加者D　落合先生と谷口さんお訊きしたいです。江戸時代初期の保科正之について、NHKで数年前に正月にやっていたのですけれど、これは長野とかを含めて大河ドラマにならないかということで、NHKさんに陳情を出されていて、この時代に保科正之の存在の価値は、日本の国民に知ってもらうには非常に素晴らしいテーマではないかと私個人も思うのです。ただ、今までお聞きしたなかでドラマ化にはちょっと地味かなという感じがしますけれど、その辺のご見解をお二方に分かる範囲で結構ですのでお願いします。

谷口　おっしゃっていた去年の正月にやった番組は私が関与していまして、明暦の大火をテーマにした二時間の番組だと思います。ちなみにその企画を立ち上げたときに最初に相談したのが時代考証学会会長の大石学先生でした。ですから保科正之は、私は大好きですし、あれほど落ち度のない江戸時代の人物はいないですよね。立派な人で素晴らしいと思います。

大河ドラマにどうかということに関しては、私は大河ドラマのプロデューサーでもないですので分からないというのが正直なところなのですけれど、どうですかね。僕は大河ドラマに耐え得る人物だと思います。人生の遍歴もすごいし、そういう意味ではいいのではないでしょうか。しかも色々な事件、特に明暦の大火がピークになるかもしれないですけれど。明暦の大火後の敏腕な処理の仕方とか、町作りだとか、今につながる江戸の礎を作りましたし、それがそのまま東京に引き継がれているので素晴らしいとは思うのですが、ただ私は選べる立場ではございませんけれど大賛成ではあります。

落合　きょうのテーマは歴史ドキュメントで、ドラマではなかったので、別の立場で考えると大河ドラマは一年間もたせないといけない。ただドラマだから、全然史実と違った内容が挟まっていても、われわれは何とも思わないのです。あれも嘘、これも違っているみたいなことを言いだすと、例えば最近だと『花燃ゆ』を観ていても、これは違うだろうとか嘘だとか兄弟が一人足りないではないかとか、様々な思いが山のようにあるのです。例えば一年前に、博報堂さんが来年の大河ドラマはあれなのですかと言われて――ＮＨＫの人が横にいて申し訳ないですが――あんな人物で書けと言ったら、四〇〇字詰め原稿用紙で二〇〇枚しか書けないと。それぐらい何も分かっていない人物でどうやって一年もたすのか。そうすると嘘ばかり入れると。保科正之ならしっかりした伝記もあるので、面白いかどうかは分からないですけれど、大河ドラマになり得るドラマ性のある人物ではないかな。あとはどんな作家さんがどんな立派な小説を書くかによりけりではないかと思うのです。

鈴木　ありがとうございます。今の落合さんと谷口さんの発言をヒントに次の論点に進みたいと思います。今日の報告で特に注目したいのは、谷口さんの報告にあった面白さと正確さを両立させるというところです。落合さんの報告でも、研究者レベルの水準と視聴者の主体の両立ということに言及されています。歴史教養番組に時代考証が関わるときの重要な論点がここです。

ただ、谷口さんのおっしゃっていた面白さと正確さの間の振れ幅ということについて、その中身を検討する必要があります。落合さんと谷口さんにご自身の関わった番組で、例えば落合さんであれば、これは違うのではないかと思ったけれどそのまま通したとか葛藤したといったことを、谷口さんには先ほどのご報告と関連して振れ幅に向き合うのか、向き合わないのか。向き合うのであればどう向き合うかについて、制作の経験を交えて教えていただければと思います。

落合　もちろん正確を期すというのが考証をやる立場です。シナリオを見ていると、結局どうやってまとめるかということになります。先ほど感動をわざわざ演出させる結論の持っていき方について、これでいいのかということを感じるところはあるのですけれど、別に嘘ではないので。虚偽であればさすがにそういう事実ではないという形で修正を求めますが、番組の流れをどうもっていくかというところは制作に携わっている人の手法なので、そこは譲るかなと思います。

人物を中心に扱うときはその人物のキーワードが決まっていて、それに関しては多少違っていても譲れないところがあります。例えば小栗上野介だと、実は住んでいたのはすぐ向かい側のＹＷＣＡのあるところなのですけれど、罪なくして斬られるという、地元でもそういう碑が建っています。したがって小栗は罪がないと。それから制作者が最初は徳川埋蔵金ですか、あれでもっていこうとして、あんなものはあるわけがないと私がばっさり切り捨てて方向が変わりました。ひょっとしたらそちらの方が面白かったのかもしれないけれど、面白さをある程度修正するということは最低限はやっています。ただどうしても受け手の目線を意識すると、多少妥協することは、ときたまありますね。

谷口　どういう例を出せばいいかと思ってちょっと思い出したのは、一〇年前ぐらいですか、ＮＨＫスペシャルで蘇我入鹿の番組をやったのです。なぜやったかというと、奈良県高市郡明日香村で発掘調査が進んでいて、蘇我氏が築いた要塞が出てきたのです。それをきっかけに蘇我氏の見直しをテーマに番組を制作しました。蘇我氏は天皇家を滅ぼして自分が天皇になろうとした、だから滅ぼされたと一般的に言われているのですが、平たく言うとそうではなく、むしろ蘇我氏こそが天皇家を擁護しようとしていて、善玉は蘇我氏で、悪玉が藤原鎌足や中大兄皇子だったかもしれないという、ある種大胆な視点で番組を作りました。これをただ面白い視点だからというだけで何の根拠もなくやったらたたかれますし、そもそもＮＨＫスペシャルでとても放送ができません。今の評価はまた違ってきているのですけれど、当時は発掘調査がそういうことをにおわせる成果でした。それともう一つは、蘇我氏の見直しをずっと地道に進めていた大御所の先生がいらっしゃいました。もう亡くなりましたが、門脇禎二さんという方です。門脇さんとは長い間お付き合いがあって、取材のたびにいろいろ知恵をいただきつつ話を構築していきました。先ほど「平たく言うと」と言いましたが、新説を断言すると教科書を書き換えないと駄目なので、そんなことはとてもじゃないけれどできない。少なくともその可能性を提示し、中大兄皇子や藤原鎌足による大化の改新という教科書的な総意で見るのではない全く別の見方があるのだということを提示できた番組だったと思います。

この話を今思い出したのは、面白さと正確さというときにそれが微妙なのです。面白さでもいいのですけれど、面白さは正確さが担保されないと、仮説などにとどめるべきだと思うのです。面白さだけで突っ走ると結局は視聴者に裏切られ、そっぽを向かれるのです。やれるなら正確さのほうに寄りつつ、そのなかで面白さをどう見せていくか、仮説を提示する段階でもいいし、あるいはそんなようなことも考えられるというのを言うことで、何かを考えるきっかけにしてもらえればということですね。その辺の微妙なバランスが、実は先ほど言った「振り子のように動く」という意味はそこにあります、制作者としては。歴史は、明らかな事実という正確さだけに寄せても面白くないし、それだったらテレビでやる必要もないと思っています。

それから今お話しがありました徳川埋蔵金でいえば、面白さで勝負してそれだけでやっても多分底が知れている。それこそ落合先生なんかにもコテンパンに最初からやっつけられるでしょう。やはり面白さには、それをどれだけ補足する材料があり、かつそれに関して支援してくれる専門家の先生方が必要です。先ほど言った門脇さんではないですけれど、そういう先生方と取材を重ねて何とか提示していく、一つの方向性では言えない世界です。二つの世界というか、正確さと面白さをどちらかというのはなくて、本当にバランスですね。

鈴木　ありがとうございます。面白さと正確さの中身を垣間見られたところですけれど、パネルディスカッションの終了時間が迫ってきましたので、フロアから感想や疑問点があれば、手を挙げていただければと思います。

参加者E　神谷先生が非常に苦労されてお作りになられたリストですが、どうしても膨大な数ですので漏れてしまうものもあって、そのなかで一つ非常にエポックメイキングな番組があります。『天皇の世紀』といって、大佛次郎の遺作というか最後に執念を傾けた書物を基にした番組です。大阪の朝日放送の制作で一九七三年～一九七四年に作られました。第一部はドラマ、第二部がドキュメンタリーという構成で、ドラマのなかのドキュメンタリー的な要素が非常に強いのです。吉田松陰が黒船に乗り込もうとして本当に乗り込めたかを演じる役者が実験をしてみるといったドラマがあって、逆にドキュメンタリーはその役に扮した俳優が進行役で進むというのが非常にエポックメイキングでした。おそらくこの非常に影響が強かったかなと思うのです。

何が言いたいかというと、『天皇の世紀』が作られたのが一九七三年で、その数年前に明治一〇〇年を迎えて、それをきっかけに色々な番組がNHKでも作られて放送されたと思います。その明治一〇〇年からさらに五十年たって明治一五〇年で、近代、近現代史もののドラマやドキュメンタリーを作られる機会が増えると思うのです。大河ドラマも発表になり、明治一〇〇年の次の年にオリンピックを宮藤官九郎脚本で作られるので、実際にそういう企画が出てくると思うし、大変に期待しています。ただ近代ものになると、アジアとの関係もありますし、作られるなかで難しい、気を遣われる面も数多くあったと思うのです。谷口さんは今ある現代をどう意識していらっしゃるのかなと。観ている側が思っているほど意識されていないのかも分かりませんが、非常に期待をしているのでご説明をいただければと思います。よろしくお願いします。

谷口　明治一五〇年に関してはもう三年前ぐらいから注目しています。もちろん色々企画を考えております。ただその中身はまだ申し上げられないので、申し訳ございません。いろんなアイデアを出し合っていますけれど、まだ確実にこうしようと決まっているものはなくて、ただすごく気にはしているし、意識はしております。

参加者E　ありがとうございます。

鈴木　それはでは次の方、お願いします。

参加者F　谷口さんへということで、宮城県の場合ですと大久保利通のイメージというと、野蒜築港が西郷さんの叔父と甥が宮城の石巻の方に流されたときに、東北の天皇巡行の折に抜け出してそちらへ顔出ししたりとか、東日本大震災で幻になってしまいましたけれど、野蒜築港を東松島の基地の所で造り――北米に二日間早く行けるのですね――それで疲弊してしまった地域を活性化しようとしたりといったものかと思います。それから斗南藩です。青森に行った斗南藩の所で、そちらの会津の家老の方に新政府に入って説得に、天皇巡行の折に説得に行くのです。斗南藩の記念館へ行くと、福島県のＪＡの帽子かぶったおじいさんたちがみんな泣いてくるのです。先ほどお話しがありましたけれども、大久保さんが良かったねとか、悪人のイメージがあっても実際はこんないいこともあったということをこの先たくさんやっていただけたらうれしいと思っているのですが、そういう企画とかは考えていらっしゃいますでしょうか。

もう一点は学校教育で、私は一九七〇年生まれで世界史必修で日本史を取れなかった世代なのです。日本史は全然ベースがなく、長宗我部を「ながそかべ」と言って主人に怒られてしまったりですね。日本史のベースを分からない世代に対して歴史は楽しいということをどう心がけて制作されているかを教えていただけたらなと思います。

谷口　実は、私は大久保と西郷を比較したら大久保のほうが好きなのです。かつて私自身がディレクターとして大久保利通の東北巡礼の話や安積疏水を開発した話を取り上げて、福島県郡山市の大久保神社を取材しました。いかに大久保が親しまれているかとか、どれだけ殖産興業政策に命を懸けていて、それがある種日本の近代化を大きく変えて、最後は西南戦争後に暗殺されて、もしかしたら大久保が生きていればもっと違った明治国家になっていたのではないかということを、『ニッポンときめき歴史館』（ＮＨＫ、一九九九〜二〇〇〇年）という一年で終わった番組で取り上げました。大久保を主人公にして大久保見直し論というような内容を自分自身がやったことはあるのです。その後大久保再評価はあんまり見かけないかな。

落合　私が金禄公債について説明したのは、大久保絡みの番組でした。

谷口　そうですよね、この番組でしたでしょうか、いずれにせよこの頃ですね。それ以降はたしかに西郷と比べたら全く数は少ないですし、大久保は取り上げにくいというか、興味関心を抱く制作者が少ないのかもしれません。ただ、決して取り上げていないわけではない。私自身は、今いわゆる歴史の定時番組からは離れて大型企画の部署にいますので。そこで大久保を取り上げるとしたら、大きな資料の発見とか、それこそ落合先生が見つけて教えてくれればすぐ飛び付きます。大久保の新しい日記が見つかったとか。何か新しい資料を見せてくれたりしたら、それはそれですぐ飛び付きます。ただ今の段階では分からないですよね。

鈴木　それでは時間の関係もございますので、ここでパネルディスカッションを閉じたいと思います。歴史教養番組でどのような内容を伝えるか、そして時代考証学と歴史教養番組との関係性の一端が見えてきたと思います。非常に興味深いお話をいただきましたお三方に、あらためて拍手をお願いいたします。

COLUMN

記憶をめぐる時代考証
――時代考証学会第七回シンポジウムのアンケート回答から

神谷大介

はじめに

二〇一五年一一月一四日（土）、時代考証学会第七回シンポジウムは明治大学駿河台校舎一〇一二教室（リバティタワー一階）にて開催されました。時代考証学会ではこれまで歴史作品、学問、市民社会に寄与する総合学としての、時代考証学の体系化に取り組んできましたが、考察の対象としてきた時代劇メディアは前近代を中心とするものでした。そのため時代劇メディアとして近現代を描く場合の考証実務の在り方、問題点などについては不明な点が多く、検討の余地を残していました。本シンポジウムは、近現代を描いた時代劇メディアを取り上げることで、より多角的な見地から時代考証を考察するという、時代考証学会としては初めての試みでした。

近現代を舞台とする時代劇メディアの制作にあたっては、戦国時代や江戸時代の場合と異なり、直接的な体験、記憶をよりどころにすることが可能です。ゆえに近現代を舞台とする時代劇メディアは考証の対象外と位置付けられてきましたが、近年では考証が施され、その手法も多様化してきています。

では、近現代を描いた時代劇メディアを考証するに際し、他の時代とは異なる固有の難しさとは、どのようなところにあるのでしょうか。本稿では参加者（五八名）からのアンケート結果（二二名分）を分析し、

「記憶」をてがかりとして、本シンポジウムの成果と課題を示したいと思います。まず時代劇メディアに対して受容者が捉えるリアリティの問題について整理し、その上で制作・時代考証における資料の取捨選択の難しさについて考察することにします。

アンケートの回答率は約三八％ですから、参加者全体の意見を反映しているわけではありません。しかしながら、おおよその傾向を読み取ることはできますし、今後の時代考証学が進むべき方向性を探るための貴重な意見が提示されています。

アンケートの設問や集計結果は本稿の末尾に掲載していますが、本稿の趣旨と直接関わらない内容、文意不明の箇所などは適宜割愛し、句読点の加除、一部表記の統一を行ったことを予めご承知置きください。また、シンポジウムでの報告の詳細は、本書各論をご確認ください。

一、求められるリアリティ

本シンポジウムで取り上げた検討課題は、近現代を舞台とする時代劇メディアにおいて、どのような根拠で資料を選択し、どのような立場から考証を行うのかということでした。制作者の視点から安達もじり氏に報告していただきましたが、江戸時代の時代劇メディアと明治以降のそれとでは感情表現の仕方が違うということでした。作品を受容する人々の感情移入を促し、歴史の追体験を違和感なく促す仕掛けが感情表現ということになります。近現代の事象については、当事者が存命であったり、当該期の記憶が色濃く残っています。近現代を舞台とする時代劇メディアは、作品を受容する人々の記憶との結び付きが強く、ドラマ作りの柱となる感情描写の仕方が江戸時代とは異なってくるというわけです。時代劇メディアとしてのリアリティを損なわないため、時代差を踏まえおく必要性が生じてきます。

表1　興味のある時代劇メディア

	映画	テレビ	舞台演劇	小説	漫画	アニメ	ゲーム	その他
20代	3	3	1	2	2	2	1	0
30代	1	1	1	0	0	0	0	0
40代	4	3	4	3	3	2	1	2
50代	6	7	2	2	3	3	2	2
60代	2	2	1	2	0	0	0	0
不明	1	2	0	1	1	0	0	0
小計	17	18	9	10	9	7	4	4
	77%	82%	41%	45%	41%	32%	18%	18%

＊百分率の数値は参加者全体に占める割合を示します。小数点以下は四捨五入しています。

表2　時代劇メディアや時代考証に関心のある時代

	旧石器	縄文	弥生	大和	飛鳥	奈良	平安	鎌倉	室町	戦国	安土桃山	江戸	明治	大正	昭和
20代	0	0	0	0	0	0	0	0	0	1	1	2	3	2	2
30代	0	0	0	1	1	1	0	0	0	0	0	1	1	0	0
40代	1	2	1	1	1	1	2	1	1	3	3	4	4	3	2
50代	0	1	0	1	1	1	2	3	4	5	3	5	4	4	2
60代	1	2	0	1	1	1	1	1	1	2	2	2	3	2	1
不明	1	1	1	1	1	1	1	0	0	1	1	2	2	2	1
小計	3	6	2	5	5	5	6	5	6	12	10	16	17	13	8
	17%	27%	9%	23%	23%	23%	27%	23%	27%	55%	46%	73%	77%	59%	36%

「どのような時代劇メディアに興味がありますか？」（設問一）、「どの時代を取り上げた時代劇メディアや時代考証に関心がありますか？」（設問二）に対する各年代ごとの回答は表1・2に示しました。アンケート回答者の年代は二〇代から六〇代と幅広く、時代劇メディアの受容体験もそれぞれ異なると考えられますが、五〇代が七名（約三二％）と最も多く、中核を占めています。近現代の出来事を体験として語ることができる人々との関係性が濃密であっ

た年代と位置付けることができるでしょう。

「時代考証メディアには時代考証が必要だと思いますか?」(設問三)に対しては、「はい」との回答が二二人中二〇人を占めました(「いいえ」の回答はなし)。「リアリティ」「広がり」「説得力」「真実味」など、表現はさまざまですが、違和感なく感情移入するためには時代考証が不可欠であるということは、研究者・制作者・受容者共通の認識といえます。言うまでもありませんが、史実を映像化することが時代劇メディアの目的そのものではありませんから、史実の行間を創作で埋め合わせることになります。ここで重要なことは、創作が史実の行間に位置付けられているかどうかということです。「すべて空想だと説得力がなくなります」「背景をリアルにすることでお話の部の創作された部分が本当らしくみえると思います」「「らしさ」を無視しては、視る側が「その時代」を認知できない。」というアンケートの回答からも、受容者による時代考証への期待感が読み取れます。

「時代劇メディアのどの点に着目しますか?」(設問四)に対する回答をみますと、作品の舞台となる時代や登場人物とともに、時代考証(の方法論)や史実性といった点にも注目が集まっていることがわかります。また、「明治・大正・昭和を舞台とした時代劇メディアを制作するにあたって、それに携わる研究者・制作者・演じ手はどのような点に留意するべきだと思いますか?」(設問六)においても、「その時代の感覚について、視聴時に納得しやすいようにしていただけると、ストーリーが入りやすくなる」「「面白さ」というのは、人が求める「それっぽさ」であり、本当のことというのは、面白くない場合もあるという点に留意するべき」「(実際にあった)空襲がなかったように描かれることなどに憤りを感じます」「時代考証・伝承に基づいて当たり前のことを認識することに留意するべきだと思う。考証などをないがしろにする制作者・演じ手のために時代劇が崩れて、それがますます人の興味を失わせていると感じる」といった回答がありました。

固有の時代感覚に留意することでストーリーを受け入れやすくなったり、史実を無視することで受容者に憤りを感じさせてしまったり、興味を失わせてしまうことがあることが指摘されており、記憶と作品とのつながり方はリアリティを保つための不可欠な要素であることが読み取れます。時代劇メディアとしてのリアリティは史実とイコールではありませんが、それを受容する人々にとって、感情移入できるかどうかを大きく左右する要素だと考えられます。

二、取捨選択の専門性

他の時代と比べて近現代は史実の根拠となる資料も膨大です。さまざまな立場の人々が映像や音声を含むさまざまな資料を残しているわけですから、どのように資料を取捨選択して、どのような歴史像を作品として提示するのかという判断が時代考証の実務担当者、制作者には求められることになります。時代劇メディアの制作者には、単一の歴史観に物語を回収しないような配慮が求められるわけです。時代劇メディアそれ自体が歴史叙述としての要素を含んでいるので、立脚する資料、歴史の捉え方の取捨選択という問題は避けて通ることのできない課題として時代考証の実務担当者・制作者の前に立ちはだかります。そうした課題にどのように向き合うべきなのでしょうか。

映画・テレビ・舞台演劇・漫画・アニメーション・ゲームといった時代劇メディアは、映像・視覚という手段でその歴史像を受容者の内面へと鮮烈に印象付け、浸透させていきます。設問一をみても映画・テレビといった映像作品に最も高い関心が寄せられていることがわかります（表1）。近年ではスマートフォンの普及によって、いつでも、どこでも、手軽に時代劇メディアを映像として楽しめる環境が整ってきました。映像が人々の歴史認識に及ぼす影響力は今後、一層強まっていくことでしょう。

二〇〇〇年以降、近現代を舞台とする時代劇メディアは多様化し、近現代史を専門とする歴史学研究者と制作者との接点は増えていきます（花岡敬太郎報告）。アンケートの設問二をみても、三八人が近現代（明治・大正・昭和）の時代劇メディアや時代考証に興味を持っていると回答しています（表2）。時代区分ごとにみると、先史（旧石器〜弥生）11、古代（大和〜平安）21、中世（鎌倉〜戦国）23、近世（安土桃山・江戸）26となっていますので、近現代への関心の高さが窺い知れます。

しかしながら、研究者の関与の度合いが深まっているかというと、必ずしもそうではありません。花岡敬太郎報告で示されたように、『蒼き狼』論争や司馬遼太郎の史観をめぐる論争などにおいても学問上の反応は薄く、時代考証に対する研究者の関心は依然高いとはいえないのが現状ではないでしょうか。

ここ十数年、戦争体験者の高齢化に伴い、聞取りや文字起こしが各地で進められ、貴重な証言が集積されています。体験は時の流れとともに記憶となりますが、その過程で再解釈・再定義がほどこされることになりますから、史実を記録するための資料としてオーラル・ヒストリーを利用するには、過去と現在をつなぐための専門性が必要になってきます。時代劇メディアの制作において、歴史の専門性を作品に担保するのが時代考証ということになります。時代劇メディアの中に新たな学問上の発見の種が内包されている場合があり、一方で史実の中にもすでにドラマ性が内包されている場合があります。「時代考証はアイデアの宝庫」（安達もじり報告）というのは制作者に限らず、研究者においても当てはまることでしょう。しかし、研究者の時代考証への関与の仕方が自身の研究スタンスの評価にもつながるという側面があることには留意しなければなりません。小田部雄次氏の報告では、近現代を舞台とする時代劇メディアを考証する場合、歴史の当事者が生存していることの難しさがあるとの指摘がなされました。学問上の見解を否定される可能性、緊張感がある中で考証していかなければならないわけですが、このことは研究者が時代考証と距離を置く要因になっているのかも知れません。

受容者の体験・記憶は多様ですから、時代劇メディアとして歴史上の物語を創造するためには、史実との照合はもちろん、過去の意識を踏まえつつ、現代の社会的な価値観に対するしかるべき配慮も求められるわけです。ゆえに、時代考証に関わる者には、現代という立ち位置から幅広く時代を捉え、資料を取捨選択する力量が求められることになるわけです。時代考証学が市民社会の発展に寄与するものである以上、この問題を等閑視することはできません。

「今回のシンポジウムを通じて、明治・大正・昭和を舞台とした時代劇メディアに対する認識は変わりましたか？」（設問五）に対して「はい」と回答したのは一一人と、半数に達していませんが、「その時代のことを知っている人がいることの難しさ（を感じました）」「作品の舞台となった時代を生きた人が視聴者になることで生じる制作上の難しさ、また、そうした人の記憶と一次史料とのズレの重要性がわかりました」「現実の表現と大きく離れている部分を、やはり問題として作り手も認識しておられると感じました」といった回答を得ています。また、前述の設問六では「「現在」に近いほど資史料が多く遺り、関係者も生存していて大変だと思いますが、それらを可能な限り把握し、従うのが宿命なのでしょうね」「現代あるいは世相など、表現上差し障る、あるいはもっと大きく見せる表現をどう記録するかについて、よく考えないといけないのかなと思いました」との回答がありました。

研究者が時代考証に携わるリスクやその専門的知識の必要性は本シンポジウムを通じて一定程度共有されたといえます。

おわりに

近現代を舞台とする時代劇メディアを取り上げた本シンポジウムにおいても時代考証の必要性が改めて確認されました。近現代作品の場合、取り上げる事象について、過去を自身の体験として記憶している受容者の存在を前提に制作されることになります。戦争や災害などセンシティブな記憶も含まれますし、時に個々人の体験や記憶がしばしば史実と衝突することがあります。過去の事象に対する各人の評価は立場により多様で、人の数だけリアリティがあるということでしょう。そこに制作・時代考証の難しさがあるわけです。特に大正、昭和に関してはイデオロギーや感情の問題も深く関わってくるため、それを考証する研究者にはやりがいとともにリスクが付きまといます。これはまさに「宿命」なのですが、必ずしも一個人が担いきれるものではありませんので、学際的な協業、指導・協力体制の構築が不可欠となります。

アンケート（設問七）では「とても有意義で自分の研究領域にも生かせそうです」「木曜時代劇のスタジオで殺陣の林邦史朗先生の案を生かして作品を作っていたことに驚きと安心を感じたことを思い出しました」との回答があり、本シンポジウムが専門分野の枠を超えた情報共有の場になっていたことが窺い知れます。

歴史認識の形成に対する時代劇メディアの影響というものは大変大きく、現在制作されている時代劇メディアは将来的に諸学問分野における分析対象にもなっていくことでしょう。そう考えると、研究者には研究上の見地から時代劇メディアについて積極的に発言していくことが求められるのではないでしょうか。自身の考証経験、根拠とした歴史資料をアーカイブズとして共有していくことは、研究者の活動領域を市民社会へと広げていく上での重要な課題となるでしょう。また、歴史学の分野ではオーラル・ヒストリーや戦争体験論に関する研究、出征兵士や郷土部隊の記録といった地域資料の掘り起こし、要塞・軍需工場・軍港・防空壕・墓地などの遺跡に関する調査が進んでいます。それらの研究成果を時代劇メディア制作に活用していくための方法論については、多様な可能性が残されているだけに、本シンポジウムにおいて十分な議論を尽くすことができませんでした。さらなる考察を積み重ねていかなければなりません。

最後に参加者が今後の時代考証学会に期待するところをまとめておきましょう。まずシンポジウムについては、考証担当者などの研究者、プロデューサー・ディレクターなどの制作者の話を聞きたいという要望が多く寄せられました（設問八）。普段はなかなか表に出る機会の少ない制作過程について、興味関心が高いようです。次に「時代考証学会が今後取り組むことを期待するテーマなどはありますか？」（設問九）では、平安時代や近現代、教育関係資料、博物館展示（とくに児童向け展示）を取り上げたもの、諸外国の時代考証の現状との関わり、作品における時代考証の有無の比較、再現ドキュメンタリーの手法とドラマの手法の比較など、時代考証学の懐の深さを反映して多様な意見が出されました。こうした期待のすべてに応えることは簡単ではありませんが、時代考証学の総合化を模索し、市民社会に還元していくことが肝要でしょう。

時代劇メディアによる創作（「らしさ」）と史実との境界は、現代社会の変化（体験者の生存や記憶の変化を含みます）に伴い流動していきます。その複雑さ、不明瞭さと絶え間のない対話を重ねていくことが時代考証学の体系化には不可欠なのではないでしょうか。

以上、筆者の力量不足により、歴史学的な観点からの総括になってしまい、報告者・参加者の意図を十分に汲み取れていない点も多々あろうかと思いますが、何卒ご容赦ください。

アンケート集計結果

0．回答者の属性

（1）年代
20代：3／30代：1／40代：5／50代：7／60代：4／無回答：2
（2）性別
男性：10／女性：10／無回答：2
（3）職業
会社員：9／自営業：4／教員：2／主婦：1／学生：3／その他：2／無回答：1

1．どのような時代劇メディアに興味がありますか？（複数回答可）
映画：17／テレビ：17／舞台演劇：9／小説：12／漫画：9／アニメーション：7／ゲーム：4／その他：4（落語／ラジオドラマ／講談）／無回答：1

＊印象に残っている作品はありますか？（複数回答可）
カーネーション／鬼平犯科帳／年末時代劇／るろうに剣心

2．どの時代を取り上げた時代劇メディアや時代考証に関心がありますか？（複数回答可）
旧石器：3／縄文：6／弥生：3／大和：5／飛鳥：5／奈良：5／平安：6／鎌倉：5／室町：6／戦国：12／安土桃山：11／江戸：17／明治：17／大正：13／昭和：9

3．時代劇メディアには時代考証が必要だと思いますか？
はい：20／いいえ：0／無回答：2

・作品にリアリティが出るので。
・作品に広がりが出るから。
・説得力を持たせるため。
・真実味のある舞台ができるから。架空の話だと楽しめますが、すべて空想だと説得力がなくなります。
・背景をリアルにすることでお話の部の創作された部分が本当らしくみえると思います。そうであってほしい。
・NHK大河ドラマやノンフィクション番組を中心に、一般人がそれを見て「史実」と受け止めてしまうメディアの影響力が非常に大きいので。
・不正確な描写では、やはり「マズイ」と思うので。
・間違えた歴史を史実だと思われている人が多いので。
・制作者が作りたいものに近づけるための作業であるから。
・「らしさ」を無視しては、視る側が「その時代」を認知できない。
・表現手段の基礎として押さえておくところかと思います。また、創作の上でのヒントになる実際も今回よくわかりました。

4．時代劇メディアのどの点に着目しますか？（複数回答可）
作者：6／登場人物：11／舞台となる時代：16／舞台となる場所：7／ストーリー：13
史実に忠実か否か：10／エンターテイメント性：6／時代考証：11／その他：1（企画・オープニングデザイン）

5．今回のシンポジウムを通じて、明治・大正・昭和を舞台とした時代劇メディアに対する認識は変わりましたか？

はい：10／いいえ：3／無回答：7／その他：2

＊理由（はい）

・江戸時代以前と比べて簡単に考証できると思っていたので、色々な実際の話が面白かったです。簡単ではない。その時代のことを知っている人がいることの難しさ（を感じました）。

・時代考証の研究そのものが最近のものであること、時代考証を利用したドラマのつくり方など、なるほどと思いました。

・作品の舞台となった時代を生きた人が視聴者になることで生じる制作上の難しさ、また、そうした人の記憶と一次史料とのズレの重要性がわかりました。

・改めて近現代を過去の「時代」なのだと思いました。

・認識が変わるというよりも、専門外でほとんど知識がありませんでしたので、新鮮で勉強になりました。

・現実の表現と大きく離れている部分を、やはり問題として作り手も認識しておられると感じました。

＊理由（いいえ）

・あまりインパクトを感じなかったです。

＊理由（その他）

・「はい」「いいえ」ではなく、裏話が聴けて面白かったという認識です。
・この時代のドラマは、まだメディア的「決まり事」がないと知りました。安達氏の取り組みが今後の「決まり事」の一つとなる気がします。

6．明治・大正・昭和を舞台とした時代劇メディアを制作するにあたって、それに携わる研究者・制作者・演じ手はどのような点に留意するべきだと思いますか？

・昭和初年までは、地域や階級によって、考証に違いがあると思います。
・目先にとらわれないようにしないといけないなと感じました。
・その時代の感覚について、視聴時に納得しやすいようにしていただけると、ストーリーが入りやすくなる。
・戦後の現代史について、リアリズムを追及するなら、その中心にいた政治家が一番信頼をもっており、活用するべき。
・「面白さ」というのは、人が求める「それっぽさ」であり、本当のことというのは、面白くない場合もあるという点に留意するべき。ただし、その「人が求める」というのは、今までの時代劇作品から形づくられたものであるかも知れないので、今後、考証がなされた作品をみることで新たな「求めるもの」がうまれて、はぐくまれるかも知れないです。
・謙虚に史料に向き合ってほしいということに尽きます。
・「現在」に近いほど資史料が多く遺り、関係者も生存していて大変だと思いますが、それらを可能な限り把握し、従うのが宿命なのでしょうね。

・なるべく正確に描写する点です。（実際にあった）空襲がなかったように描かれることなどに憤りを感じます。
・視ている人には「史実」ではなく「事実」を知っている人がいます。家庭内の状態は一律ではありません。経済状態というよりも先祖の出身で違いが生じるという点に留意するべきです。
・現代あるいは世相など、表現上差し障る、あるいはもっと大きく見せる表現をどう記録するかについて、よく考えないといけないのかなと思いました。
・時代考証・伝承に基づいて当たり前のことを認識することに留意するべきだと思う。考証などをないがしろにする制作者・演じ手のために時代劇が崩れて、それがますます人の興味を失わせていると感じる。

7．今回のシンポジウムのご意見・ご感想を、ご自由にお書きください。
・花岡先生のレジュメはわかりやすかったです。専門的な、わからない内容であってもこのレジュメがあれば後で調べられるので、勉強してみようと思います。
・小田部先生の制作者側との闘いの話、裏話を知ることができ、勉強になりました。
・今回初参加でした。今日はとても興味深く拝聴させていただきました。NHKの制作プロデューサーの安達もじりさん（クレジットで拝見していた方）のお話が聴ける機会があると思っていなかったので、貴重な機会に来ることができてよかったです。
・最後の大石学先生の「演出と考証のずれ」のお話がとても面白かったです。
・それぞれ異なる立場からの話を聞くことができました。
・考証関係者の皆様のご努力に心より敬意を表します。

・初めて参加させていただきましたが、大変興味深かったです。次の機会があれば最後まで聴講したいと思います。皆さんテンポよく話されたので聴きやすかったです。
・映像と組み合わせて報告を聴くのはわかりやすくてよかった。しかし、照明はすべて消してほしいです（見にくいので）。
・明治以降の時代考証について考えたこと、その視点でドラマなどを見たことがなかったので、今後見るのが楽しみです。
・物語とは何か。浅野事件（赤穂事件）を当時点ではなく、室町初期にもってきたこと（忠臣蔵）、三国志演義は実は明建国を描きたかった点からすると、過去をもって現代を指摘することにあるのではないか。そこで「過去」という史実を曲げることになる。
・日本の歴史と現代での表現問題や視聴者層との中で、人間として、深く考えるべきことも内包しているように思いました。
・時代劇が崩れているので、制作プロデューサーは時代考証をないがしろにしているイメージでしたが、安達もじりさんが時代考証に携わる人たちに恐縮していたのがとても印象的でした。木曜時代劇のスタジオで殺陣の林邦史朗先生の案を生かして作品を作っていたことに驚きと安心を感じたことを思い出しました。
・今回は途中参加でしたが、とても有意義で自分の研究領域にも生かせそうです。また出席したいです。

8．今後のシンポジウムではどのような人の話を聞きたいですか？（複数回答可）
研究者（考証担当者など）：16／制作者（プロデューサー、ディレクターなど）19／演じ手（俳優）：9

その他：5（脚本家と「らしさ」の生成／おもてなし武将〈企画含めて〉／歴史物の画家・イラストレーター／脚本家・小説家／殺陣の指導者など）

9．時代考証学会が今後取り組むことを期待するテーマなどはありますか？

・平安時代を舞台とする時の問題。
・「大正」が好きで、明治三四～大正九年くらいまでを調べています。あまり取り上げられることがないので、お願いします。
・今回に引き続き日本近現代史を扱ってほしいです。また、教科書の叙述（教育における歴史叙述）との関係についても聴いてみたいです。
・教科書・参考書・資料集という「教育用文書／メディア」における時代考証の役割。
・難しいでしょうが、諸外国（ハリウッド、英・仏・中・韓など）における考証の現状について。
・博物館の展示における時代考証の役割（とくに児童向け展示の在り方）。
・時代考証をしていないものと、しているものと、具体的に作品を挙げて比較できたら面白いかと思いました。時代劇から何を伝えられているのか。わかりやすいかと思いました。
・再現ドキュメンタリーの手法とドラマの手法を比較したものをテーマとして取り上げてほしいです。NHK番組だと『ファミリーヒストリー』『タイムスクープハンター』などの作品スタッフの方法論などと考証との関わりなど。
・NHKの時代考証担当経験者のお話が面白いかも知れません。
・今回は初めて近代を取り上げるということで期待して参加しました。これまではほとんどが近世だったと存じます。様々な時代（それぞれの史料事情があり難しい）を取り上げてくださると嬉しいです。時代が古いほど考証は難しいはず。

・史家の論持、作り手の所持。そこへのアプローチとしての表現手段と現在の記録をやるべきではないでしょうか。

COLUMN

ノンフィクション・歴史教養番組はどのような時代劇メディアか
――時代考証学会第八回シンポジウムのアンケート回答から

中野　良

はじめに

このコラムは、二〇一六年一一月一九日（土）に開催された、時代考証学会第八回シンポジウム「時代考証学とノンフィクション」の参加者アンケートから、市民のノンフィクション・歴史教養番組に対する認識を検討したものです。なお、言うまでもないことですが、ここでいうノンフィクションは歴史的な題材を扱ったものに限定した意味で使用しています。

今回のシンポジウムでは、ノンフィクション・歴史教養番組を時代劇メディアの一種ととらえ、それらの作品での時代考証の役割について考察しました。これ以前に行われた学会のシンポジウム等では、主に映像作品を中心としたフィクションでの時代考証を検討対象としていたこともあり、当会に関心を持つ方々のあいだでもノンフィクション・歴史教養番組を時代劇メディアとしてとらえるという感覚は一般的ではなかっただろうと想像されます。そうした方々が、ノンフィクション・歴史教養番組を時代劇メディアと位置付けた今回のシンポジウムを通じてどのような認識を形成したのか、その一端をアンケートからご紹介するとともに、それらを通じてノンフィクション・歴史教養番組とは時代劇メディアとしてどのような特性を有するのか考えてみたいと思います。

第1表

	男性	女性	無回答	小計
20代	0	1	0	1
30代	0	2	0	2
40代	1	6	0	7
50代	5	3	0	8
60代	1	2	0	3
70代	1	0	0	1
無回答	0	0	3	3
小計	8	14	3	25

会社員8、学生1、教員1、主婦2、自営業4、公務員3、その他4、無回答3。ただし重複回答1あり。

なお、今回のシンポジウムの参加者は五〇名、アンケート回答は二五名、回答率は五〇％でした。また、回答者の性別や世代などの属性を第1表にまとめましたが、女性が若干多く、男性は四〇～五〇代に固まっているなど、サンプルとしての偏りが大きくなっています。そのため統計的な分析をすることは難しく、あくまで限られた回答のなかからピックアップした印象論にとどまることを、あらかじめお断りいたします。

アンケートの集計結果はコラム後半に掲載しました。掲載にあたって、自由記述の回答については、読みやすさを考えて誤字や趣旨の取りにくい表現を一部修正しました。また、コラム本文で個別の回答を引用する際は、回答者の属性の目安として年齢を付記しました。

一、時代劇メディアのなかのノンフィクション・歴史教養番組の位置づけ

筆者がシンポジウム当日のまとめでも指摘したように、ノンフィクション・歴史教養番組は、NHK大河ドラマなどの時代劇とならんで、日本の市民社会が歴史に関する知識に触れる有力な映像メディアの一つです。また、これらの番組では歴史的事件が起きた現場を実際に取材した映像や歴史資料の映像、専門家によるコメントやスタジオ解説が使われるなど、構成や演出がフィクションと大きく異なります。専門家が画面に登場して解説する姿は、「歴史学者」という存在を社会的に認知させる上でも重要な場となっており、筆

第2表

	映画	テレビ	舞台演劇	小説	漫画	アニメ	ゲーム	ノンフィクション・歴史教養	その他
20代	1	1	1	1	1	0	0	1	1
30代	1	1	1	1	1	1	0	2	0
40代	5	7	3	5	2	2	2	7	0
50代	6	7	4	4	2	2	2	6	0
60代	1	0	0	2	0	0	0	3	0
70代	0	1	0	0	0	0	0	0	0
無回答	2	3	1	2	1	1	0	3	0
小計	16	20	10	15	7	6	4	23	1
	64%	80%	40%	60%	28%	24%	16%	92%	4%

者自身も中高生のころ、NHKスペシャルなどのドキュメンタリーや歴史教養番組を通じて、多くの歴史学者の存在を初めて認識し、「歴史学者」にあこがれた記憶があります。

こうしたノンフィクション・歴史教養番組の特性は、視聴者のそれらに対するイメージを強く規定することが予想されます。フィクションとして制作された他の時代劇メディアとは異なる印象が形成されているのではないかと考えられるのです。

では、実際のアンケートでそのあたりを確かめていきましょう。問1で関心のある時代劇メディアの種類を尋ねた結果を世代別にまとめたのが第2表です。今回のアンケートではテーマに即して「ノンフィクション・歴史教養番組」という選択肢を追加しました。これまではこの選択肢がなかったので、過去のアンケートとの変化を追うことはできませんが、これ以降は恒常的に設問に加えているので、時代考証への関心とノンフィクション・歴史教養番組への関心の相関を考える上での材料になればと思います。なお、従来からある選択肢のなかにテレビドラマを想定して「テレビ」という名称の選択肢がありますが、ノンフィクション・歴史教養番組の選択肢が別にあるため「テレビ＝テレビドラマ」の意味で理解していただいたものという前提で分析します。

さて分析の結果ですが、当然ながら今回のテーマであるノンフィクション・歴史教養番組への関心は高く、全体の九割が関心があると回答しました。そうした傾向をもつ回答者がノンフィクション・歴史教養番組とともにどのようなジャンルに関心をもっているかを見ると、テレビ（ドラマ）が最も高く、映画と小説がこれに次ぐ高さとなりました。いずれも時代劇メディアとして伝統的なジャンルと言えるでしょう。それに次ぐのが舞台、相対的に新しいジャンルである漫画、アニメ、ゲームについては、今回の回答者の間での関心は相対的に低いという結果になりました。回答者がノンフィクション・歴史教養番組とその他の時代劇メディアを比較して考えるにあたって、どのような時代劇メディアを念頭に置いているか、おおよその傾向がつかめるのではないかと思います。

なお、第2表は各世代でのメディア環境の違いを考慮して世代別の傾向がわかるようにまとめていますが、母数が少なく正確な判断が難しいものの、各世代ともおおむね全体と似たような傾向で、世代による違いは読み取れませんでした。

続いて、回答者が関心をもっている時代劇メディアや時代考証の時代について質問した問2です。なお、今回のアンケート用紙作成時の手違いにより、問2で「幕末」の選択肢が欠落しています。そのため、幕末に関心がある回答者は「江戸」か「明治」と回答されたと思われます。その点をあらかじめご了解ください。

問2への回答を世代別にまとめたのが第3表です。問1で今回のアンケート回答者はノンフィクション・歴史教養番組に関心のある方が多いという結果になりましたが、ノンフィクション・歴史教養番組、特に歴史教養番組というメディアは、戦国時代や江戸時代の作例が多いフィクションに比べて様々な時代を幅広く取り上げる傾向にあると思います。しかし、意外にもアンケート結果は特定の時代（戦国、江戸、明治）に関

第3表

	旧石器	縄文	弥生	大和	飛鳥	奈良	平安	鎌倉	室町	戦国	安土桃山	江戸	明治	大正	昭和
20代	0	0	0	0	0	0	0	0	0	0	0	1	1	0	0
30代	1	1	1	1	1	1	2	2	1	2	1	2	2	1	1
40代	1	1	1	1	2	5	4	3	3	5	1	6	4	3	3
50代	0	0	0	1	1	2	3	2	3	4	3	6	6	4	4
60代	0	0	0	0	0	0	0	0	0	1	1	2	2	0	0
70代	0	0	0	0	0	0	0	1	0	1	0	1	1	0	0
無回答	0	0	0	0	0	0	0	0	0	3	0	3	2	0	0
小計	2	2	2	3	4	8	9	8	7	16	6	21	18	8	8

心が集中しました。この設問は複数回答が可能なので、特に好きな時代とそれほど好きではないが関心のある時代を両方答えることができる設定になっているにもかかわらずです。

サンプルが少なく、また他のシンポジウムでは一定の票を集める平安時代なども伸びていないため、今回の参加者の関心が特に偏っていた可能性も否定できません。とはいえ、今回の回答結果は、ノンフィクション・歴史教養番組が多種多様な時代を取り上げることが、どれほど視聴者の各時代への関心に影響を与えるか、あらためて検証する必要を感じさせます。もちろん、視聴者の関心の偏りに左右されず、様々な時代とテーマを取り上げることで幅広い歴史知識を伝えていくことに、ノンフィクション・歴史教養番組の役割があると考えることもできるでしょう。

なお、この表でも世代で分けた数値をあげました。若干全体傾向と異なるところもありますが、母数がかなり少ないので意味のある偏りなのか判断が難しいところです。

次に、時代考証の必要性について質問した問3ですが、今回は「はい」と答えた回答者が一〇〇パーセントでした。質問文で特に限定をつけていませんので、「時代考証」と言われて具体的にどのようなものを念頭に置いて回答されているのかつまびらかではありませんが、シンポジウム後のアンケートなのでノンフィクション・歴史教養番組を含めて時代考証をとらえているとは思います。時代考証学会のシンポジウムでは、時代考証を重視する参加者が多くなる傾向は常にありますが、回によっては「必要かどうかは作品によって異なる」といった回答が一定数現れることもありますので、一〇〇％とは驚きです。後の質問への回答傾向も踏まえると、もしかするとノンフィクション・歴史教養番組のあり方がこの質問への回答にも影響しているのかもしれません。

続いて、時代考証が必要だと答えた理由に関する自由回答について、ポイント別にいくつか見ていきましょう。

最も多かったのが、史実を正しく反映すべきというものです。後で紹介するフィクションと史実のバランスをとるという回答に比べ、史実を重視するトーンが強い印象を受けるものです。たとえば、「時代考証がないと、歴史が歪曲して伝承され、それがいつか歴史としてすりかわってしまうから」（四一歳）、「一般人にとってメディアの歴史情報＝真実と受け取る。フィクションは構わないが、背景となる史実は確実に区別できるように考えて制作してほしい」（五七歳）「歴史好きの地元の住民など、実証にもとづく真実を知りたがるから」（四六歳）などです。

なお、史実重視の回答が多かった要因として、今回のテーマがノンフィクション・歴史教養番組であるため、フィクションを取り上げたときより史実重視の傾向に結びついている可能性も考慮する必要があるでしょう。たとえば、「面白いだけではダメ、歴史を正しく学ぶことが大切」（六五歳）という回答は、時代劇メディアに歴史を学ぶという役割を期待していることがうかがえるものです。大河ドラマなど一部の時代劇メディアに歴史学習の役割が期待されていることは、これまでの当会での議論やアンケート分析でもたびたび確認されているところですが、今回のテーマがより歴史学習の側面を強く引き出した可能性は考えられるでしょう。これ以上踏み込んだ分析のためには他のシンポジウムのアンケートとのクロス分析が必要ですので、ここでは可能性の指摘に留めます。

次に、史実と時代劇メディアとの間には一定の違いや距離があることを前提にしつつ、時代考証が重要だとするものです。「現代の視点から面白く、わかりやすく、都合よいように演出したいのは理解できるが、時代考証して基本的な歴史的事実はおさえたほうがよいのではないかと思う。」（四一歳）などは、こうした立場の回答を典型的に示すものでしょう。「内容に根拠をもたせ、信頼度を高めるため」（四八歳）も、フィクション作品としての「信頼度」を問題にしているので、同じ観点に思えます。

似たような観点からの回答として、フィクションとしての時代劇メディアに没入して鑑賞するためには、時代考証が正しくなければならないという回答も見られました。「平安時代の公家が着流しで正座していたらドラマに入り込めない。」（五四歳）、「間違っていると思うと入り込めなくなるから」（二〇歳）などです。前者はある程度歴史的知識が備わっている方のようですが、後者の「間違っていると思うと入り込めない」という回答は、知識の有無にかかわらず時代考証を経ているという安心感が時代劇メディアへの印象を左右するとするものと読めます。さきにあげた「信頼度」を重視する回答と通じるところがあるように思います。

その他、時代考証の役割への期待を具体的に記述した回答も見られました。『人を描く』ということを考えた際、人間の行動（感情）に変化はなくとも、その時点での風俗やモノのとらえ方というのは、その時代でしか描けないと思う」（四〇歳）、「現代の常識・習慣とは異なっていたこと、その時代背景をふまえた時代劇メディアを見たいから」（五四歳）など、描かれる時代の特性を作品に反映させる手段として時代考証に期待するものです。

少し変わった回答として、「考証が歴史番組をふくらませていると思う。できれば経過のおもしろさがメディアに付属（ママ）すればいいと思う。」（五二歳）と、制作過程に注目したものもありました。制作過程への着目については、別な設問への回答について詳しく紹介しますが、この回答者は時代考証全般について考証過程自体に面白さを感じており、それがオープンになることを期待しています。もしかすると、今回のシンポジウムにおいて制作過程についての言及が比較的多かったことが影響しているのかもしれません。

二、ノンフィクション・歴史教養番組への人々の期待

続いて、ノンフィクション・歴史教養番組のどこに注目するかを質問した問4を見てみましょう。ここでは、このジャンルに対する特徴的な関心傾向が読み取れます。フィクションを取り上げたシンポジウム等でのアンケートでは、登場人物や舞台となる時代、ストーリーやエンターテインメント性などが重視され、時代考証がそれに次ぐという傾向が強いように思われます。これに対して史実に忠実か否かについては、回によって違いがあるものの、重視すると答える回答が必ずしも多いというわけではなく、フィクションと史実とを区別して捉える人が一定数いることが推察されます。それに対し今回のアンケートでは、「史実に忠実か否か」（二五名）が「テーマとなる人物や事件」（二〇名）に次いで多く、逆にフィクションでいう「ストーリー」に相当する「人物や事件の描かれ方」や「わかりやすさ、エンターテインメント性」を選択した回答は相対的に少ないという結果になりました。ノンフィクション・歴史教養番組は「史実」を伝えるためのものであって、フィクションのようにエンターテインメント性の強いメディアと区別して受容している回答者が多かったのではないか、という可能性が考えられます。

また、今回のシンポジウムがノンフィクション・歴史教養番組を時代劇メディアととらえる一つのきっかけとなった再現映像に対する時代考証については、着目するという回答が六名にとどまり、番組視聴にあたって必ずしも着目されていないという結果になりました。着目されていないから時代考証が必要ない、と

いうことにはなりませんが、視聴者が再現映像をどのように受け止めているのかを考える上で注目に値する結果ではあると思います。

次に、シンポジウムを経て印象が変わったかという問5では、「はい」の回答が六八％でした。回答者のなかでは、印象が変わったという声が多数派だったわけですが、理由の自由記述を求めた設問では、回答の大部分が「はい」と回答した人たちによるものであったことから、シンポジウムの内容が自由記述をうながす強いインパクトになったようです。

具体的な回答をいくつかの切り口から見ていきましょう。特に記したもの以外は、いずれも問5に「はい」と答えた方々です。

まず、ノンフィクション・歴史教養番組の制作プロセスへの認識が深まった、というものです。「歴史教養番組の歴史の奥の深さと、時代考証番組を作っていく、番組ができるまでがわかった。とても興味深い話だった。」（四一歳）「考えていた以上に放映されている内容は少ないのだなと思った。取材余話などネットなどで見る機会があればよいのに。」（四〇歳）「番組作りの裏側がよくわかった」（五七歳）「予想以上の番組がある。きちんと制作されている。」（五四歳）「制作側・制作協力者（考証・資料提供）の立場から裏話のようなものが聞けた」（四八歳）。

次に、特に谷口報告の内容にかかわって、ノンフィクション・歴史教養番組の歴史がわかってよかった、という趣旨の回答です。「歴史教養番組が時代ごとに手法を模索し、今に至っていることがわかり、そういう視点で今後番組を見ると面白いと思った。」（三七歳）、「谷口氏の報告が興味深かった。「その時～」という番組の位置づけがよくわかった。」（五二歳）、「子供のころから見ていた番組のフォーマットがおもしろかった」（四六歳）。

また、谷口報告の内容に触発されたのか、これまでの歴史を踏まえて、ノンフィクション・歴史教養番組の今後あるべき姿についても考えるような内容が少なくありません。「その時代にあったある対象にむけてつくるとその場合によって正確さを優先すべきか、華やかさを優先して想像上のことを取り入れるかを考えるべきなのかなと思ったから」（二〇歳）、「玉石混交なジャンルだ。司会がポイントになる。これまでの番組の歴史としては、いろいろトライしたのだな。ドラマよりも時代考証が有用とされたが故にシビアだ。」（五四歳、問5に無回答）、「市民に受け入れられないといけない」（七三歳）、「今回は触れられていないが、ドラマとの相互影響があると思った」（五二歳）などが該当すると思います。

少し変わった切り口として、「時代考証がどのレベルまでなされているのかを考えながら番組を見たい。」（六七歳）、「どの局も形が似てきているが、自分で調べるきっかけにはなった」（六〇歳）と、ノンフィクション・歴史教養番組を視聴するにあたっての姿勢について気付きを得たという趣旨の回答もありました。

なお、問5で「いいえ」と答えた回答者のうち自由記述への唯一の回答は「時代考証が大切という認識は以前から持っていた」というものでした。この回答者にとって元々ノンフィクション・歴史教養番組は時代考証が必要なジャンルだという認識されていて、シンポジウムによってそのことが改めて裏付けられたということでしょう。

最後に、ノンフィクション・歴史教養番組の制作にかかわる制作者や研究者が留意すべき点を尋ねた問6です。さきの問4では史実に忠実か否かを重視する傾向がみられましたが、シンポジウムの内容を踏まえて、回答者がノンフィクション・歴史教養番組のどこが制作上ならびに時代考証上のポイントだと考えるに至ったか、改めて確認してみましょう。

まず、史実・事実に忠実であるべき、というものです。「史実として証明されているものがある場合は、忠実にしてほしい。」（四一歳）、「史実に忠実か否か。歴史の本質は。」（六七歳）、「時間的制約も多いとは思いますが、やはり史料的裏付け等をきちんと示すことが必要に思います。」（四八歳）、「通俗的に広く流布している話であっても、事実でないことはきっぱり否定すべき。」（五一歳）などが該当すると思いますが、特に最後の回答は、必ずしも通俗的な解釈や説話を排除しないフィクションとは異なる考証水準であり、史実に対する姿勢がより厳しい印象を受けます。こうした傾向は、「フィクションよりも真実として受け止めるので、嘘は言わないでほしい。再現ドラマの製作費が安いのは分かるが、間違った衣装や所作はやめてほしい。」（五四歳）と、再現映像の考証水準について言及した回答にもうかがえます。

その一方で、正確さとわかりやすさ、おもしろさとのバランス感覚を重視する回答もありました。事実性や正確さを尊重しつつも、多くの人に届けるマスメディアコンテンツとしてのエンタメ的・啓蒙的性格にも配慮した感想と言えるでしょう。「観る人にわかりやすい表現にすること。まったく同じ再現はできるはずもないから。」（六五歳）、「素材、視点、切り口に多様性とバランスを。啓蒙しつつミスリードにならないよう。」（五三歳）、「おもしろさと時代考証の正確さの兼ね合い」（五四歳）などが該当します。

次に、制作者と時代考証者との関係について具体的に要望する内容です。「互いへの経緯と仕事内容への理解が必要なのだと感じた。事後報告などあればよいのでは。」（四〇歳）、「制作者はある時間内でこれだ！ということをいう必要があり、反対に、研究者は取り上げたものに関して大きなずれがないかぎり制作者の意図にそうような形で協力するのがよいと思った。ただし、むずかしいのが、制作者がそのテーマ性を強調するために、なんらかの設定を操作し変更することが、視聴者にとってどうなのかわからないので難しい点ではあると思う。」（二〇歳）、「経験談ですが、研究者はマスコミの方々の勢いにおされすぎないように、正確な情報提供（これができない場合は断る勇気も必要だと感じた経験がある）を心がけたほうが良い。制作者は面白い番組を作りたいのはわかるが、少しでもいいので研究者の意見に歩み寄ってほしい。」（四一歳）など、双方の立場に配慮しつつ相互に歩み寄るべき、という声が多い印象です。

この他の回答として、番組の内容にかかわって「ビッグネームだけでなく、脇役としてしか登場しない人物たちをもっと紹介してほしい」（五七歳）、「おなじみのゲストより、地元の博物館や資料館の学芸員が出演したほうが良い」（六〇歳）といったものもありました。興味深いところでは、「参考資料の明記、ホームページ上でもいいので、NHKはやっているが他局は？」（四六歳）という回答がありました。ここで言及されているNHKの番組というのは、シンポジウムが開催された当時放送されていた「歴史秘話ヒストリア」のことと思われます。たしかに同番組はHPで番組制作の根拠となった参考文献を明記しており、番組で取り上げた内容をさらに掘り下げて調べる上で非常に参考になる作り方をしていました。（https://www.nhk.or.jp/historia/backnumber/index.html、二〇二二年一一月一〇日閲覧）こうした手法に他のノンフィクション・歴史教養番組も追随したほうがよい、ということでしょう。問5の自由記述でも、別の回答者が「取材余話をネットで見る機会」を要望しており、同じ観点と言えるでしょう。テレビ番組には尺や文字制限などがあり、取材した成果をすべて提示できるわけではありません、そうした限界を踏まえて、インターネット時代にどのような情報発信ができるのか、さらなる模索が必要だと感じさせる回答です。

まとめ

以上見てきたように、今回のシンポジウムを通じて、多くの参加者が「ノンフィクション・歴史教養番組はいかにあるべきか」「時代考証や歴史の専門家はどのように関わったらよいか」ということについて真剣に考え、示唆に富む回答を寄せてくださったことには感謝するほかありません。回答から浮かび上がってきたのは、時代考証や史実の反映がフィクション作品以上に重視されたり、番組を通じた多くの学びが求められたりするという、時代劇メディアとしてノンフィクション・歴史教養番組が期待される独特の役割・特性でした。今後のこのジャンルのあり方について真剣に考える回答が多かったのも印象に残ります。また、これまで時代劇メディアであるという認識の希薄だったジャンルを取り上げることで、時代劇メディアというものの内実を豊富化するとともに、それぞれのジャンルの特性をより一層明確にすることができる、その可能性を示唆しているのではないでしょうか。

ノンフィクション・歴史教養番組を時代劇メディアととらえ、時代考証という切り口から分析することが、時代劇メディアや時代考証についてもノンフィクション・歴史教養番組についても新たな考察・検討の視座をもたらすことが明らかになったことは、今後の学会での議論をより深めることにつながるはずです。

アンケート集計結果

0．回答者の属性

第1表参照

1．どのような時代劇メディアに興味がありますか？（複数回答可）

第2表参照

＊印象に残っている作品はありますか？（複数回答可）

真田丸／ちかえもん／トットてれび／タイムスクープハンター／カノッサの屈辱／その時歴史が動いた

／篤姫／大江戸炎上／龍馬伝／カーネーション／殿、利息でござる／歴史秘話ヒストリア／樅ノ木は残った

2．どの時代を取り上げた時代劇メディアに関心がありますか？（複数回答可）

第3表参照

3．時代劇メディアには時代考証が必要だと思いますか？

はい：25（100％）／いいえ：0（0％）

＊理由

・時代考証がないと、歴史が歪曲して伝承され、それがいつか歴史としてすりかわってしまうから。
・考証が歴史番組をふくらませていると思う。できれば経過のおもしろさがメディアに付属すればいいと思う。
・「人を描く」ということを考えた際、人間の行動（感情）に変化はなくとも、その時点での風俗やモノのとらえ方というのは、その時代でしか描けないと思う。
・平安時代の公家が着流しで正座していたらドラマに入り込めない。
・一般人にとってメディアの歴史情報＝真実と受け取る。フィクションは構わないが、背景となる史実は確実に区別できるように考えて制作してほしい。
・どこまでが正しく表現されているか。

・歴史はぬりかえられることが多々出てくるから。
・現代の常識・習慣とは異なっていたこと、その時代背景をふまえた時代劇メディアを見たいから。
・間違った事実を流布しないために必要。
・面白いだけではダメ、歴史を正しく学ぶことが大切。
・その時代を舞台にするなら、ある程度必要。
・内容に根拠をもたせ、信頼度を高めるため。
・間違っていると思うと入り込めなくなるから。
・歴史好きの地元の住民など、実証にもとづく真実を知りたがるから。
・現代の視点から面白く、わかりやすく、都合よいよいに演出したいのは理解できるが、時代考証して基本的な歴史的事実はおさえたほうがよいのではないかと思う。

4．ノンフィクション・歴史教養番組のどの点に注目しますか？（複数回答可）
テーマとなる人物や事件：20／取り上げられる時代：11／取り上げられる場所：3／人物や事件の描かれ方：11／史実に忠実か否か：15／わかりやすさ、エンターテインメント性：7／専門家の解説やコメント：12／再現映像などの時代考証：6／その他：難易度（初心者向けか少し知っている人向けか）

5．今回のシンポジウムを通じて、ノンフィクション・歴史教養番組に対する認識は変わりましたか？
はい：17（68％）／いいえ：2（8％）／無回答：6（24％）

＊理由（はい）

・歴史教養番組の歴史の奥の深さと、時代考証番組を作っていく、番組ができるまでがわかった。とても興味深い話だった。
・今回は触れられていないが、ドラマとの相互影響があると思った。
・考えていた以上に放映されている内容は少ないのだなと思った。取材余話などネットなどで見る機会があればよいのに。
・番組作りの裏側がよくわかった。
・時代考証がどのレベルまでなされているのかを考えながら番組を見たい。
・どの局も形が似てきているが、自分で調べるきっかけにはなった。
・予想以上の番組がある。きちんと制作されている。
・歴史教養番組が時代ごとに手法を模索し、今に至っていることがわかり、そういう視点で今後番組を見ると面白いと思った。
・制作側・制作協力者（考証・資料提供）の立場から裏話のようなものが聞けた。
・市民に受け入れられないといけない。
・その時代にあったある対象にむけてつくるとその場合によって正確さを優先すべきか、華やかさを優先して想像上のことを取り入れるかを考えるべきなのかなと思ったから。
・谷口氏の報告が興味深かった。「その時〜」という番組の位置づけがよくわかった。
・子供のころから見ていた番組のフォーマットがおもしろかった。

＊理由（いいえ）
・時代考証が大切という認識は以前から持っていた。

＊理由（選択なし）
・玉石混交なジャンルだ。司会がポイントになる。これまでの番組の歴史としては、いろいろトライしたのだな。ドラマよりも時代考証が有用とされたが故にシビアだ。

6．ノンフィクション・歴史教養番組を制作するにあたって、それに携わる研究者・制作者はどのような点に留意すべきだと思いますか？

・史実として証明されているものがある場合は、忠実にしてほしい。
・制作的立場では、つい面白さを追求しがちではあるが、もっと基礎問題として広く知られるべきか？
・互いへの敬意と仕事内容への理解が必要なのだと感じた。事後報告などあればよいのでは。
・フィクションよりも真実として受け止めるので、嘘は言わないでほしい。再現ドラマの製作費が安いのは分かるが、間違った衣装や所作はやめてほしい。
・ビッグネームだけでなく、脇役としてしか登場しない人物たちをもっと紹介してほしい。
・史実に忠実か否か。歴史の本質は。
・おなじみのゲストより、地元の博物館や資料館の学芸員が出演したほうが良い。
・おもしろさと時代考証の正確さの兼ね合い。
・通俗的に広く流布している話であっても、事実でないことはきっぱり否定すべき。

・観る人にわかりやすい表現にすること。まったく同じ再現はできるはずもないから。
・遺族、場所の保護に関する情報。
・素材、視点、切り口に多様性とバランスを。啓蒙しつつミスリードにならないよう。
・参考資料の明記、ホームページ上でもいいので、ＮＨＫはやっているが他局は？
・時間的制約も多いとは思いますが、やはり史料的裏付け等をきちんと示すことが必要に思います。
・制作者はある時間内でこれだ！ ということをいう必要があり、反対に、研究者は取り上げたものに関して大きなずれがないかぎり制作者の意図にそうような形で協力するのがよいと思った。ただし、むずかしいのが、制作者がそのテーマ性を強調するために、なんらかの設定を操作し変更することが、視聴者にとってどうなのかわからないので難しい点ではあると思う。
・ディテールも重要ですが、視聴者に与えるマクロなイメージも重要ではないか。
・地域住民の学びなど、地元の郷土学習と一般の他地域の違いについて、地元での常識が他地域では知られていない。
・経験談ですが、研究者はマスコミの方々の勢いにおされすぎないように、正確な情報提供（これができない場合は断る勇気も必要だと感じた経験がある）を心がけたほうが良い。制作者は面白い番組を作りたいのはわかるが、少しでもいいので研究者の意見に歩み寄ってほしい。

第3部

考証の枠を拡げる

「陸軍観兵式（『東京風景』小川一真出版部、一九一一年）」
（国立国会図書館デジタルコレクション）

1　時代劇の枠を広げる
——近現代を描いた時代劇メディア

◉三野行徳

はじめに——時代劇とはなにか

「時代劇」とはなんだろうか？一般的には、江戸時代以前を対象とした（丁髷・刀・サムライで代表されるような）ドラマや映画などの映像作品を指すと考えられる。『三省堂国語辞典　第八版』では「江戸時代や、それ以前の（武家の）時代を演出した〈劇／映画〉」[1]、『日本国語大辞典』では「時代物の劇。近代以前の人物・事件などを題材とした劇や映画。特に、江戸時代またはそれ以前の武家時代を描いたものをいうことが多い。まげもの。時代物」と説明する。[2]総じて、江戸時代以前を対象とした、現代劇と対置する作品を指すと説明されている。時代劇研究家の春日太一は『時代劇入門』において、「この本で扱う」時代劇と断ったうえで、「西南戦争終結以前の日本、および日本らしき場所を舞台にした映像作品」と定義する。[3]明治以前を前近代とし、その境界を西南戦争に置くとしている。映像化された作品の「見え方」を前提にすれば、各種辞典類と概ね同様の説明となるだろう。一方で同書では、時代劇と歴史劇との峻別を求める風潮に対して、「時代劇には「こんな表現の幅があるんだ」という方向で考えてほしい」」と述べ、そもそも厳密に時代を分けること自体を否定している点も重要である。

以上の説明は一般的な時代劇イメージとして妥当なものだと考えられるが、「時代考証」という営為を前提とすると、意味合いは少し変わってくる。時代考証学会では二〇一三年に、第三回フォーラム「時代劇文化の発信地・京都」を、東映株式会社京都撮影所および京都文化博物館を会場に開催した(4)。時代劇のメッカ京都を舞台に、時代劇の過去を見つめ、未来を構想することを目的に、これまで時代劇制作や時代劇研究に関わってきたさまざまな方々にご報告いただき、非常に充実した内容となった。同フォーラムでは、時代劇の定義をめぐって重要な議論があった。ＮＨＫで多くの時代劇制作に携わった小林千洋は「時代劇の範囲は、江戸時代までじゃなくて戦後まで伸びてきている」としたうえで、「時代考証を付けなきゃ行けない作品は、全部時代劇だと思っています」「時代劇はチャンバラ、ちょんまげと考えずに、もう少し範囲を広げればダイナミックに動くドラマがきっとあるはずです」と述べる。制作現場の実感に即した指摘と言えるだろう。また、東映京都撮影所で数々の時代劇制作に携わった高橋剣は、狭義の時代劇を「勧善懲悪の定型化した物語を持つ江戸時代を舞台にした大量の連続ドラマや映画」と定義したうえで、数量が担保されなくなった時点でジャンルとしての時代劇は終わったと指摘する。しかし、「実際の歴史はフィクションを作るのに充分な世界観を有している」ため、歴史を舞台にしたコンテンツ＝歴史という世界観を使ったコンテンツを調べ、時代劇が持つ可能性を探ったという。ドラマや映画だけでなくマンガやゲームなどの多様なメディアで、また世界中で多種多様な歴史を題材にした作品が作られており、歴史映画を取り巻く変化と可能性を形にするべく、「京都ヒストリカ国際映画祭」を開催し、その五年間の歩みを振り返っている。現代から時代劇を再定義する、非常に示唆的な指摘だろう(5)。

時代考証学会では、二〇〇九年の設立以来、基本的には江戸時代（以前）を対象とした作品を前提に議論を組み立ててきた。しかし、さまざまに議論を重ねるなかで、時代考証を軸に議論の幅を広げ、多様なメディアのなかで描かれる歴史表象を議論の俎上に載せる必要性が浮上したことから、従来の時代劇像と一線を画すために「時代劇メディア」という用語を採用してきた。そして、フォーラムでの議論からも学んだうえで、近現代から近過去までも含めた時代考証や、そこで表現される歴史イメージの問題を検討するべく、サロン「近代・現代を描いた時代劇と時代考証」を開催することとなった。

前置きが長くなったが、本稿は、近現代の時代劇メディアを題材にして開催した三回のサロンについて、それぞれの狙いを紹介するものである。時代考証学会では二〇一二年より、シンポジウムより小規模で、より濃密に報告・議論をする場としてサロンを開催していた。筆者はサロン担当として、先述の問題関心から「近代・現代を描いた時代劇と時代考証」を企画し、合計三回のサロンを開催することができた。以下、その内容を振り返っておきたい。

近現代企画サロンの意図と成果

第1回　NHK連続テレビ小説の時代考証をめぐって――軍事史・戦争史研究の視点から

サロンではじめて近現代の作品を取り扱ったのは、二〇一四年二月二七日に開催した第四回サロンでのことである。報告者の中野良氏は、日本近代史、なかでも軍隊と地域社会との関わりを専門に研究を発表する一方、歴史を題材にした作品についても積極的に発言をしていたことから、打ち合わせを重ねて報告を依頼した。以下、趣旨説明を転記しておく。

【趣旨説明】

時代考証学会第四回サロンでは、近代や現代の社会を描いた時代劇と時代考証に焦点をあてたいと思います。「時代劇」というと、通常は、江戸時代以前の社会を舞台とした作品を連想します。しかし、近現代をテーマにした作品も、ある時代の社会や人物を描いているという点において、時代劇としてとらえるべき側面があります。また、その製作にあたっては、いわゆる「時代劇」同様に、歴史を描くがゆえの多様な知識や技術と、その継承が必要とされるはずです。また、そこでどのような叙述をするのか、時代をどう描くのかということも、作品の根幹と関わる重要な問題であるはずです。

こうした近現代を描いた時代劇のなかでも、ＮＨＫ連続テレビ小説（朝ドラ）は、一九六一年の第一作『娘と私』以来、女性（ヒロイン）を主人公に近代～現代社会を描き続け、一作あたり半年間という放映期間と高視聴率とが相まって、「国民的物語」としての強い影響力を持つことが指摘されています。二〇〇〇年以降の朝ドラの概要を振り返ると、朝ドラが、視聴者の【女性イメージ】【地域イメージ】【近現代歴史イメージ】に強い影響力をもっていることが見て取れます。朝ドラの影響については、とくに（模範的）女性の描き方を分析の俎上にのせたり、沖縄など地域イメージに与える影響とその問題性が、社会学の分野で分析されています。しかし、「歴史」を描いたドラマとして、歴史叙述の方法や作品が提示する歴史像、時代考証のありかたなどが分析されることはあまりありませんでした。

そこで、今回のサロンでは、日本近代史・軍事史・戦争史がご専門で、映画やドラマにおける近現代史の描写にも強い関心を持たれている中野良さんに、主に戦争の描き方の視点から朝ドラの歴史叙述と、その背景にある時代考証についてご報告いただき、近代現代を舞台とする時代劇の歴史叙述について考える機会としたいと思います。

いわゆる朝ドラを歴史学の視点で分析することは、僅かではあるが先例があった。(6) 朝ドラでは多くの場合、近現代の女性のライフヒストリーを誕生から死までを描く。否応なしに近現代の女性のジェンダーを描く一方で、それを描き（視聴し）共感する現代人のジェンダー観が、各作品には色濃く反映されることとなる。朝ドラはそうしたジェンダー批評的な視点で分析（批判）の俎上に載ることがあった。中野氏の報告は、朝ドラ第七四作『純情きらり』および第八五作『カーネーション』を題材に、近代日本の女性のライフコースに加えて、兵士と銃後の戦争体験をどう描くか（描かないか）に視点を据えて分析した点に、歴史学と時代劇との接点および、時代考証の役割を浮かび上がらせることとなった。

第2回　近代を考証する――「足尾から来た女」での経験から

「近代・現代を描いた時代劇と時代考証II」は、日本近代を舞台とした作品の時代考証の実際に迫ることを目指し、二〇一五年二月二一日に開催した。対象とした作品は、二〇一四年一月にＮＨＫで放映された『足尾から来た女』である。報告者の石居人也氏は、ハンセン病を主たる対象に近代の日本社会を研究する一方、『足尾から来た女』の時代考証を担当していた。近代史研究者が時代考証にどう携わるのか、考証の実際はどのようなものかについて、報告を依頼した。以下、趣旨説明を転記しておく。

【趣旨説明】

時代考証学会第五回サロンでは、前回のサロンに引き続き、近現代の社会を描いた時代劇と時代考証に焦点をあてたいと思います。「時代劇」というと、通常は、江戸時代以前の社会を舞台とした作品を連想します。しかし、近現代をテーマにした作品も、ある時代の社会や人物を描いているという点において、時代劇としてとらえるべき側面があります。また、その制作にあたっては、いわゆる「時代劇」同様に、歴史を描くがゆえの多様な知識や技術と、その継承が必要とされるはずです。また、そこでどのような叙述をするのか、時代をどう描くのかということも、作品の根幹と関わる重要な問題であるはずです。

当会のこれまでの取り組みのなかでも、主に東映やＮＨＫなどの制作者の側から、近現代を対象とした作品も時代劇としてとらえるべきだとの発言が多く見られます。また、そのような視点をさらに広げ、時代劇を、「歴史」を題材とした作品群ととらえ、世界共通の時代劇の様相を検討したり、楽しんだりする取り組みも始まっています（京都ヒストリカ国際映画祭や、韓流ブーム・華流ブーム・英流ブームなど一連の歴史ドラマブームなど）。また、試みに二〇一〇年代のＮＨＫ制作のドラマから、近現代を対象にしたものを挙げると、実に多くの作品が制作されていることがわかります。戦時中を描いた作品は毎年多く作成されてきましたが（アジア・太平洋戦争と時代劇との関係については、前回のサロンで中野良さんに論じていただきました）、戦争だけでなく、近現代の社会のさまざまな出来事が描かれていることがわかります。幕末を描いた大河ドラマでも、『八重の桜』『花燃ゆ』と、二作続けて、幕末から明治までを描いていることは、いわゆる「時代劇」のその先の時代にまで（視聴者・制作者の）関心が広がっていることを示していると思われます。

時代劇の枠を近現代を描いた作品にまで広げたうえで、あらためて、その制作の仕組みや制作者の問題意識、歴史学をはじめとする諸研究の関わり方とその特徴、作品が社会に与える影響などを考えてみたい、というのが、「近代・現代を描いた時代劇と時代考証」の目的となります。

今回取り上げるのは、二〇一四年一月一八日・二五日の二回にわたって、NHK総合土曜ドラマで放送された『足尾から来た女』です。『足尾から来た女』は、明治末期に栃木県の足尾で起こった足尾銅山事件を題材に、鉱毒被害に遭った女性の視点から、地域社会やそこに生きる人々と公害や政治との関係を描いた作品です。開発と公害・地域社会、ジェンダー、民主主義など、現代社会を生きる私たちにとってたいへん重大なテーマであると同時に、その実証的な描き方は、歴史叙述の在り方をめぐっても評価が高く、また、議論を読んだ作品です。

そこで、今回のサロンでは、日本近代史・社会史がご専門で、『足尾から来た女』で時代考証を担当された石居人也さんにご報告をお願いしました。時代考証の実務については、当会でもこれまで度々取り上げてきましたが、近現代を描いた作品の時代考証について考えるのははじめての試みになります。また、時代考証のご経験を通じて、歴史学・近代史と時代劇・歴史作品との関係についても、ご検討いただく予定です。

石居氏の報告は、近代を描いた作品における、近代史研究者の時代考証実務の紹介、という点で、この時点では類例のないものだった。日本近代を描いた作品の歴史表象を近代史研究者が議論することはある程度あったが[(7)]、作品制作への研究者の関与、という点が紹介されることはなかった。詳細は本書掲載の石居人也「近代を考証する――『足尾から来た女』での経験から」に記されている通りである。議論の中で印象的だったのは、近代を描いた作品においては、制作者の歴史認識、考証者の歴史認識、それぞれの現代社会に対する問題関心がより明瞭に反映されるという点である。二〇一四年に足尾鉱毒事件を描くことは、とうぜん現代の原発と地域社会との関係を想起させる。森鷗外が乃木希典夫妻の殉死に影響を受け、江戸初期の大名細川家での殉死を題材とした作品を描いた上で、「歴史其儘と歴史離れ」と吐露した問題は[(8)]、現代においては、近現代を描くさいにクリアに問題として浮かび上がる。前近代を描いた作品においては、より抽象化された形で現代の問題が投影されることがあるが、それがクリアに見える点に、近現代を描いた作品を検討するうえでの論点があるといえるだろう。

第3回　戦争を考証する

「近代・現代を描いた時代劇と時代考証Ⅲ」は、ドラマに限らないより広いメディアで近現代の日本を描いた作品を議論するべく、二〇一六年三月一九日に開催した。報告者の加藤聖文氏は、日本の満州支配を中心に東アジアの国際関係を研究する一方、旧植民地関係のアーカイブズの収集・整理に従事している。加藤氏はアジア・太平洋戦争を題材とした複数のドラマの時代考証に加え、ＮＨＫ等の教養・ドキュメンタリーの監修にも従事するなど、近現代を描いたメディアでの歴史表象に深く関与した経験があり、さまざまなメディアでの考証・監修についてご報告をお願いした。当日の開催趣旨は以下の通りである。

【趣旨説明】

時代考証学会第7回サロンでは、近現代の社会を描いた（時代劇）メディアと歴史学・時代考証について、「戦争」に焦点をあてて考えたいと思います。

「時代劇」というと、通常は、江戸時代以前の社会を舞台とした作品を連想します。しかし、近現代をテーマにした作品も、ある時代の社会や人物を描いているという点において、「時代劇」ないし、「歴史作品」としてとらえるべき側面があります。また、その制作にあたっては、いわゆる「時代劇」同様に、歴史を描くがゆえの多様な知識や技術と、その継承が必要とされるはずです。また、そこでどのような叙述をするのか、時代をどう描くのかということも、作品の根幹と関わる重要な問題であるはずです。

時代劇の枠を近現代を描いた作品にまで広げたうえで、あらためて、その制作の仕組みや制作者の問題意識、歴史学をはじめとする諸研究の関わり方とその特徴、作品が社会に与える影響などを考えたい、というのが、「近代・現代を描いた時代劇と時代考証」の目的となります。

当会サロンではこれまで、以上のような問題意識のもと、第四回サロンでは中野良さんに「朝ドラ」の戦争描写を分析していただき、第五回サロンでは石居人也さんに、『足尾から来た女』の時代考証の経験から、近代史研究と時代劇制作との関係について、ご報告いただきました。また、昨年開催した第七回シンポジウムでは、「明治・大正・昭和を考証する――時代考証の現場から」とテーマを設定し、時代考証学、歴史学、演出家のそれぞれの立場や経験から、近現代を研究することと描くこととの関係に迫りました。

近現代を描いた作品も、当然視聴者の歴史観や歴史認識に大きな影響を与えます。いわゆる時代劇よりも現代を生きる我々に近い時代―近現代を描いた作品は、視聴者にも、制作者にも、各種考証や監修に携わる専門家にも、より繊細で複雑な課題をつきつけると思われますが、なかでも「戦争」をめぐる問題はその中心といえます。

今回ご報告いただく加藤聖文さんは、近代以降の東アジアと日本との関係を、満州鉄道や引き揚げなどを対象に、戦争とそれをとりまく状況から研究に取り組まれています。また、研究と同時に、これまで、『レッドクロス～女たちの赤紙～』（TBSテレビ六〇周年特別企画）や『遠い約束～星になったこどもたち～』（TBSテレビ未来遺産〝終戦六九年〟ドラマ特別企画）などのドラマの時代考証をご担当され、『その時歴史は動いた』などNHKの教養・ドキュメンタリー番組の監修も勤められています。

今回のサロンでは、上記の課題を考えるために、加藤さんのこれまでのご経験から、近現代日本の「戦争」を描くメディアに、歴史学研究者が考証や監修として関わることについて、ご報告いただきます。

対象とする時代が現代に近づくにつれて、その時代を検証し議論する主体は歴史学の専売ではなくなる。とくにアジア太平洋戦争以降の社会をめぐっては、人文社会系の諸学問に加えて、ジャーナリズムもその検証の担い手となる。ドラマや教養番組を作成するにあたっても、制作と考証（監修）という関係性よりも、より協業としての側面が強くなる。詳細は本書収録の加藤聖文「戦争を考証する」に明らかなとおりだが、加藤氏の報告では、三一もの現場における多様な関わりの実態が明らかにされた。加藤氏が指摘するとおり、戦争体験者の減少とともに、戦争を伝えるメディアはドキュメンタリーから（フィクションを含む）ドラマへと移行することになる。映像制作に寄与する考証の役割は、より重い物となるはずであり、考証の実態の蓄積が重要な課題となる。

おわりにかえて

三回にわたって開催したサロン「近代・現代を描いた時代劇と時代考証」の概要は以上の通りである。時代劇の枠を近現代・近過去を描いた作品にまで広げたうえで、近現代を描く上での論点、考証の実態、課題を考える、という目標は概ね達成されたように思う。この間、第七回シンポジウムでは「明治・大正・昭和を考証する――時代考証の現場から」をテーマとして近現代を描いた作品をシンポジウムの俎上に載せ、第八回シンポジウムでは「時代考証学とノンフィクション」をテーマとして、ドラマに限らない多様なメディアの制作と表象を議論することができた。これらの一連の取り組みにより、時代考証学会においては、時代劇を歴史を題材とした作品全般を対象とし、あらゆる局面での時代考証を議論するという立場を内外に表明できたのではないだろうか。とはいえ、未だ近現代を描いた作品の制作現場や、時代考証の実態、歴史表象をめぐる問題など、課題は無限に広がっている。海外の作品における近現代の表象を含めて、意識的に議論していきたい。

注

（1）三省堂『三省堂国語辞典　第八版』（三省堂、二〇二二年）。
（2）小学館『日本国語大辞典　第二版』（小学館、二〇〇三年）。
（3）春日太一『時代劇入門』（角川新書、二〇二〇年）。
（4）大石学・時代考証学会編『時代劇文化の発信地・京都』（サンライズ出版、二〇一四年）。
（5）時代考証学会会長大石学は、江戸時代を描いた時代劇そのものの描き方の変化のなかに、時代劇と現代社会との新たな切り結びかたを見いだしており（大石学『時代劇の見方・楽しみ方』吉川弘文館、二〇一三年）、この点も近現代の時代劇メディアを検討する上での前提となっている。
（6）戸邉秀明「ＮＨＫ「連続テレビ小説」が創り出す歴史意識――「国民的ドラマ」という装置への批判的覚書」（歴史科学協議会『歴史評論　七五三号』校倉書房、二〇一三年）など。
（7）『歴史評論　七〇三号』（歴史科学協議会、二〇〇九年）では特集「歴史小説と日本近代史研究のあいだ」を企画し、五名の日本近代史研究者が日本近代を対象とした歴史小説を論評している。
（8）鈴木斌『歴史認識と文芸評論の基軸』（菁柿堂、二〇〇四年）。

2 近代を考証する
——『足尾から来た女』での経験から

◉石居人也

はじめに

わたしが時代考証を担当した作品は、土曜ドラマ『足尾から来た女』（二〇一四年一月一八・二五日、NHK総合、二一時〜二二時一三分、全二回）である。この作品は一九世紀末から二〇世紀初頭にフォーカスしたものであり、考証の対象時期は近代だった。また、それと同じかそれ以上に、大河ドラマなどではなく、現代劇が多くを占める「土曜ドラマ」の枠で扱われた作品だったという点に留意が必要だろう。つまり、歴史を扱いつつも、今日的な意味やメッセージ性が、はっきりと意識された作品だったのである。

『足尾から来た女』は、明治後期に生じた足尾銅山鉱毒事件を題材に、鉱毒被害に見舞われた谷中村出身の女性（新田サチ）の視点から、谷中村や東京に生きる人びと（その多くは上京者）と、公害ないし政治との関係を描いた作品であり、事件は過去のものである一方で、それが投げかける問いは、現在を生きるわたしたちにも、あるいはわたしたちにこそ、突きつけられていると想定されていたといえよう。脚本は、今村昌平のもとから出発して、一九七〇年代以降、多くのテレビドラマを手がけてきた、池端俊策が務めた。池端は、この作品以前には

『太平記』（NHK、一九九一年）、以降にも『麒麟がくる』（同、二〇二〇年）といった大河ドラマの脚本を務めているほか、『聖徳太子』（同、二〇〇一年）、『大化改新』（同、二〇〇五年）、『大仏開眼』（同、二〇一〇年）など歴史に題材を求めた全二回のスペシャルドラマ、『海峡を渡るバイオリン』（フジテレビ、二〇〇四年）、『あの戦争は何だったのか』（TBS、二〇〇八年）など近代を対象としたドラマないしドキュメンタリー&ドラマをつぎつぎと発表していた。また演出を担当した田中正も、当時すでに大河ドラマ『江』（NHK、二〇一一年）の演出経験を有し、その後も『真田丸』（同、二〇一六年）などを担当している。歴史を題材として扱うことに長けた脚本家と演出家によってつくられた作品だと、まずは評することができよう。

作品は、足尾銅山鉱毒事件のハイライトを谷中村の廃村問題にみいだし、かかる事態を前に、人びとが迫られた究極の選択が、谷中村を犠牲にして富国強兵に邁進するのか、谷中村の人びとの生活と権利を守るために足尾銅山の操業を停止するのかだった、との構図を設定する。そのうえで、谷中村に移住して廃村に抗した田中正造に乞われ、福田英子のもとで家事手伝いとなった谷中村出身の女性（新田サチ）をモデルに、彼女が正造や在京の知識人・運動家たちと交わるなかで成長し、廃村によって帰る場所を失ってなお、力強く生き抜くその姿をとおして、人間としての尊厳を描く、喪失と再生の物語と位置づけられている。

キャストとあらすじは、つぎのとおりである。一九〇六年（明治三九）、谷中村の農家出身の新田サチ（尾野真千子）は、田中正造（柄本明）の依頼をうけて、東京の運動家、福田英子（鈴木保奈美）のもとで家事手伝いとなった。そのころ、足尾銅山の操業維持を最優先する政府は、渡良瀬川下流の谷中村を水没させ、鉱毒の沈殿池とすることで、鉱毒問題を「解決」しようとしていた。それゆえ、正造と彼を支持する、福田宅に集まる平民社の面々は政府にとって不都合な存在であり、政府（警察）はサチをスパイとして利用することで、かれらの動向を監視する。ほどなく起こった一九〇七年二月の足尾銅山暴動に、平民社が関与したとして逮捕者がでると、サチは罪悪感に苛まれる。正造に詫びようと帰郷した谷中村で、サチは強制執行を目撃し、政府の理不尽さに気づいて警察関係者と決別する。福田宅に戻ったサチは、自分の進むべき道を模索するなかで石川啄木（渡辺大）と出会い、強く惹かれてゆく。しかし、啄木がみせるいくつもの貌に翻弄されて消耗し、再び福田宅を後にする。英子の母、景山楳子（藤村志保）が入院する病院で、患者に寄り添い、支え、苦しい状況でも前をむく看護婦の姿を目の当たりにして、サチには、ひとりの人間として強く生きたいとのおもいが芽生える。ふたたび帰郷し、谷中村のために働きたいと申しでたものの、正造から、村に戻るのはいつでもできると返されたサチは、新しい人生を切りひらくため、みたび東京をめざす。

本章では、以上のような特徴と内容をもった作品の時代考証に携わった者として、一連の過程のなかで経験し、考えたことを披露することをもって、与えられた役割を果たしたい。

一、どうして携わることになったのか

時代考証という作業が、どのようなプロセスで進められているのかについて想像をめぐらせる機会は、正直なところ、当時はほとんどなかった。そんなわたしのもとに、二〇一三年一月、前職時代に仕事をとおして知己を得た方から、一通のメールが届いた。前職とは、博物館の学芸員である。学芸員時代にできたつながりが、以下に述べるような経験をもたらすきっかけになったのだった。

メールには、ＮＨＫで時代考証を担当する局員（以下、「考証担当局員」と記す）から近代史の時代考証者に関す

る相談があったことが記されていた。求められる条件は、①東京近郊に勤務し、NHKでの会議に大きな負担なく出席できる、②時代考証は考証、ドラマはドラマ、と割りきることができ、ドラマの設定に理解を示すことができる、③ビジュアルな史料に詳しく、適宜、錦絵・写真・展示・博物館などを紹介できる、といった内容で、学芸員としてのキャリアをもつ大学教員は、その条件に合致しやすいだろうことがうかがえた。さし支えがなければ、一度面会して話を聞いて欲しいということだった。

この時点での心境は、迷いと興味が同居している状態だったようにおもう。田中正造を扱う作品だということは聞いたが、わたし自身の研究テーマは、正造や足尾銅山鉱毒事件ではなく、それらを専門とする研究者の顔や名前はつぎつぎに浮かんでくる。また、漠然としたイメージは浮かぶものの、具体的にどのような作業をするのかは、どうにもみえてこない。一方で、上記の研究者のなかに、①〜③の条件を満たす方がいるかというと心許なく、その意味では、あらかじめ外濠は埋まっているようにもおもえた。加えて、作業内容がみえてこないがゆえに、かえって興味が募るという側面もあった。

このような状態で、考証担当局員と当該番組の制作統括（プロデューサー）の両氏と面会した。このときにうかがった話は、強く印象に残っている。以下は当時のメモと記憶に頼るため、わたしの解釈が入りこんだ印象になるが、第一に、テレビというメディア、さらにいえばNHKのドラマがもつ社会的な影響力に対する強い自覚や自負がうかがえた。つまり、テレビが視聴者に及ぼす影響は非常に大きく、なかでもNHKのドラマに対する視聴者の眼は鋭敏で繊細、かつ非常に厳格であり、フィクションとはいえ、無自覚に史実と異なることや間違ったことを伝えるわけにはゆかない。そのような意味で、時代考証がもつ役割は重要であり、欠かせない作業だというのである。しかしその一方で、第二に、ドラマはあくまでもドラマであって、フィクションとして成立していることを理解して欲しいともいう。そうした、厳密な考証の追求と、ドラマとしての割りきりという二律背反のうえに立って、バランスをとる感覚が求められるというわけである。

最終的に時代考証をひきうける決め手になったのは、学芸員時代に染みついた行動規範だったようにおもう。日々、さまざまな人や史料やレファレンスと出会う環境のなかで、学芸員は直面した「相手」と、ともかくもむきあうことが求められる。その際、「相手」が自らの専門領域に属するものであるか否かは、基本的には問わない。つまり、どのような「相手」であれ、その入口において、拒絶したり、断ったりすることはしていなかった。というより、そうするわけにはゆかなかった。もちろん、それが手に負えない「相手」であるとわかったり、より相応しい受け手がみつかれば、しかるべくひき継ぐわけだが、そう結論するにしても、まずはむきあうことが求められる。そうした感覚から自由ではいられなかった当時のわたしには、時代考証という「相手」とも、まずはとり組んでみるというのが、自然な流れであった。

また、自らが誰にむけて歴史研究の成果を発信しているのかをイメージしやすかった、博物館という職場を離れて間もなかったこともあって、目の前にいる学生や大学院生のその先、どのような相手を念頭において、どのような研究成果を発信するのか、焦点が定まりきらない時期でもあった。人びとの歴史認識や歴史観にテレビドラマが一定の影響を及ぼすのだとすれば、たとえそれがフィクションであれ、いやむしろそれがフィクションであるからこそ、その作品がどのように歴史を描きだし、人びとに提示するのかは重要な意味をもつ。それを左右する可能性をもつのが時代考証という作業なのではないか。そのように考えて、当時のわたしは時代考証に携わることにした。歴史研究の成果を社会に還元する、新たな「現場」に立つことになるのではないか――そのような予感をいだいていたのだと、いまはおもう。

二、どのように作品づくりに携わったのか

のちに知ったことだが、二〇一一年度に企画を立ちあげたというこの作品には、演出を担った田中正が長きにわたっていだいてきた、田中正造への関心にひとつの源流が、そして、東日本大震災と原発事故にいまひとつの源流があった。そこには、足尾銅山鉱毒事件と東日本大震災／原発事故を、谷中と福島を、二重写しにする視線があるといえよう。そこを結節点として、池端俊策と田中正が二人三脚で紡ぎあげたのが、『足尾から来た女』という作品である。

その世界にはじめて触れたのは、台本の初稿を手にした二〇一三年一月末のことだった。ほどなく、軍事や戦争、言葉に造詣の深い考証担当局員によるチェックの結果とコメントが配信され、わたしは、ダブルチェックとして、考証担当局員のチェック・コメント箇所の確認、当該箇所への対応（修正）方針の検討をおこなうとともに、自身の観点からのコメントを加えていった。それをもって、二月一五日にＮＨＫへ赴き、考証担当局員・プロデューサーと打ちあわせをおこなった。そこは、考証担当局員とわたし（以下、適宜「考証チーム」と記す）が、それぞれ気になるポイントについてコメントを述べて意見を交わし、それをプロデューサーが記録するとともに、適宜意見交換に加わって議論をかさね、その結果が脚本家に伝えられて、脚本がブラッシュアップされてゆく――そうしたリレーの起点となる場所だった。この作品では以降、この作業が三回くり返されることとなった。

台本の改稿（内容決定稿）が手許に届いたのは四月上旬のことで、初稿に対する考証チームからのコメント・提案をふまえた加筆・修正に加えて、谷中村が所在した栃木県の方言へと台詞のトーンが修正されていた。中旬には、初稿時と同じように考証担当局員のチェック・コメントが配信され、ダブルチェックと追加コメントのプロ

セスに入った。この段階では、初稿時以上にディテールにまでふみこんだコメントが求められ、「内容決定稿」の名のとおり、すでに大筋は動かさない前提で作業が進められていたといえよう。NHKでの打ちあわせは、すこし間があいて七月下旬となり、その間にメールで先にコメントを届けることとなった。打ちあわせも、細部を詰めることが念頭におかれ、作品の完成度をあげるための作業という位置づけだったようにおもう。

台本の三稿（撮影決定稿）は九月初旬に届き、今度はほどなく、九月五日に打ちあわせがおこなわれた。このときは、風俗全般に造詣が深く、NHKの数々のドラマで風俗考証を担当してきた、天野隆子もまじえての意見交換となった。この段にいたって、考証の焦点は、物語の設定や大枠（初稿）、台詞やディテール（改稿）など、言語化されうる情報から、映像化するうえで必要な、視覚的情報をめぐるものへと移った。そして、この打ちあわせをふまえてまとめられた台本の四稿が、決定稿となった。

決定稿の完成をうけて、一〇月一七日に出演者およびスタッフの顔あわせがあり、このときには早くも、出演者による台詞の読みあわせがおこなわれた。この読みあわせによって、出演者が台詞、ひいては作品と自らの役どころをどのように解釈しているのかを垣間みることができ、台本に生命が吹きこまれるとはこうしたことをいうのかと納得するとともに、とても贅沢な場に居あわせているのだと感じたのを、よく覚えている。とりわけ、田中正造（柄本明）の台詞まわしは、深く印象に残った。

一〇月一八日にクランクインした撮影には、一一月二六日のクランクアップまで、一か月半ほどが費やされた。その間、わたしはプロデューサーから撮影やロケハンの様子をうかがったり、小道具のビジュアルをめぐる照会をうけたりした。また、撮影終盤の一一月一七日には、スタジオでの撮影に立ち会い、読みあわせのときとはまた異なる、作品が自立してゆくかのような感覚を、肌で感じることができた。

クランクアップの翌日には、撮影終了を祝う会が開かれ、一二月に入ると、モノトーンのベースに赤字で「生きぬく。」とのキャッチコピーが記されたデザインの、告知用ポスターと絵はがきが届いた。年があけ、二〇一四年一月八日には、記者むけの試写がおこなわれ、一八日と二五日の二週にわたって、本放送がおこなわれた。打診の連絡をうけてからおよそ一年、多くの時間を費やしてきた作品は、二回あわせておよそ二時間半という、携わった者としては一瞬にも感じるほど短い放送時間をもって完結した。幸い、当時の土曜ドラマのなかでも、比較的高い視聴率を記録したという。

これですべてが終わったはずだったが、この作品には、たくさんの「おまけ」がつくこととなった。第五一回ギャラクシー賞奨励賞（テレビ部門）、二〇一四年東京ドラマアウォード優秀賞（作品賞─単発ドラマ部門）、第六九回文化庁芸術祭賞優秀賞（テレビ・ドラマ部門）、第六五回芸術選奨新人賞（放送部門、田中正）、第一三回放送人グランプリ優秀賞（制作スタッフ）、などを相次いで受賞したのである。これらの受賞、とりわけ文化庁芸術祭での優秀賞受賞を記念して、二〇一五年二月九日にパーティーが開かれ、関係者と再会することになった。スピーチで池端俊策は、放送一年を経てもなお、仕事場にポスターを貼っていると述べ、おもいいれの強さを口にした。そうしたおもいが、受賞というかたちでも評価を得たわけで、そんな作品に携わる機会を得られたことは、幸せなことだったとおもう。

三、作品の背景とその世界

この作品の重要なモチーフは、一九世紀末から二〇世紀初頭にかけて、富国強兵や資本主義化の過程における一大社会問題となり、日本における公害の原点ともいわれる、足尾銅山鉱毒事件である。一八七七年に古河市兵衛の経営に移って以降、急成長を遂げ、生産量全国一の銅山となった足尾銅山は、生産第一主義的な経営の代償として、煙害、乱伐による山林の荒廃、洪水の頻発、有害重金属を含んだ酸性廃水の放出による水質・土壌の汚染などを周辺地域にもたらした。とりわけ渡良瀬川流域では、一八八五年ころから魚の大量死や漁獲量の激減などの漁業被害が顕在化し、ついで農地と農作物に被害が発生するようになった。

追い討ちをかけるように、一八九〇年におこった洪水によって鉱毒による被害が深刻化したことで、反対運動が本格化し、栃木県選出の衆議院議員だった田中正造は、九一年の第二議会で、政府の鉱山監督行政の怠慢を批判する。その後、政府や古河が進めた示談交渉と日清戦争のため、反対運動は一時中断を余儀なくされるが、一八九六年の大洪水による被害をうけて、正造の指導のもと、政府に対して足尾銅山の操業停止を求める運動として再組織された。一八九七年には数千の被害農民が大挙して上京する「押出し」が実行され、足尾銅山の鉱毒問題がひろく認知され、社会問題として顕在化する。これをうけて政府は、第一次鉱毒調査会を設置し、古河に対して鉱毒予防工事を命令し、一年遅れで被害農民の地租を免除した。しかし、このことは、鉱毒予防工事の不完全、地租の免除にともなう当該農民の選挙権・公民権の喪失、地租の付加税である町村税の減少にともなう町村財政の悪化などをまねき、被害地域に壊滅的な打撃を与えた。被害農民たちは、一九〇〇年二月、銅山の操業停止、地租免除期間の延長、憲法にもとづく生命保護、河川の改修、町村費の国庫補助などを要求して、四度目の「押出し」を決行するが、この際、有力者の多くが兇徒聚衆罪などで逮捕、起訴される川俣事件がおこり、運動は大きく退潮する。

運動の行き詰まりを打開するべく、一九〇一年一二月、田中正造は天皇への直訴を敢行し、それが引き金となって世論は沸騰、鉱毒被害は政治問題化して、反対運動はみたび活性化した。各地の鉱毒・煙害反対運動への波及を恐れた政府は、最終的な「鉱毒処分」をおこなうために、第二次鉱毒調査会を設置し、日露戦争を背景に鉱毒問題を治水問題（谷中村の遊水池化）へとすりかえて、被害民や世論の分断をはかってゆく。

作品の設定時期は、こうした足尾銅山鉱毒事件におけるいくつものヤマ場を経たのちの、一九〇六年から二年に満たない期間である。事件の経緯は、出演者（新田サチ）の目線でナレーションをおこなう尾野真千子によって、必要最小限の範囲で説明される。作品の対象期間においた、足尾銅山鉱毒事件に関わる事象のうち、よく知られているのは、一九〇七年の①銅山の労働争議（足尾銅山争議）と、②谷中村を遊水池にするための強制執行であろう。両者は、事件を考えるうえでは、いずれも欠かすことのできない重要な事象だが、物語として考えたとき、②が足尾銅山鉱毒事件を「悲劇」として描き、谷中村を明治政府が推進した富国強兵・殖産興業政策の「犠牲」として描くにはうってつけである一方、①はプロットを揺るがしかねない「厄介」な存在ともいえる。もちろん、フィクションであるのだから、「厄介」な事象を捨象して作品をつくることも可能だが、この作品では、①がむしろ前編の骨格をかたちづくり、②が前編と後編のつなぎと、全体にわたる通奏低音としての役割を果たしている。設定の紹介もかねて、以下、必要な範囲で作品の構成に言及する。

作品の冒頭、日露戦争の戦場と戦勝に沸く人びとの記録映像（モノクロ）にナレーションをかさねつつ、祝賀ムードとは対照的な空気に支配された世界として、谷中村にフォーカスしてゆく前編は、一九〇六年冬、鉱毒におかされた谷中村を舞台にはじまる。鉱毒被害が東京のジャーナリスト・運動家・研究者・学生などの注目を集める一方で、行政当局の切りくずし策に揺れる被害農民たちの姿が描かれ、主人公の新田サチと兄の信吉も、その渦中に巻きこまれてゆく。サチは、田中正造からは家事手伝いとしての、行政当局からは密偵としての、役割を期待されて、東京の福田英子宅に住みこみで働くことになる。福田宅には、「社会主義者」と目される多くの運動家が出入りしている。そこに起こったのが、②の足尾銅山争議（一九〇七年二月）で、鉱夫の待遇改善要求運動への協力を求める運動家たちに対して、正造は鉱毒被害農民の利益に添わないとの理由で協力をことわる。是々非々で進められる正造の運動姿勢を象徴する場面であり、正造や谷中村が孤立してゆくことになる重要な岐路でもある。この点において、本作品は事象を丁寧にトレースすることを手放さず、そこから正造の

「百軒の家のために一軒の家を壊すのは野蛮国だ」
「町のために村を潰すのも野蛮国だ」
「一軒を殺す都は己の首を絞めるようなものだ」
「そんなことをする野蛮国は、かならず亡びる」
「この国が野蛮国だとおもうか」
「わしはそうはおもわん」
「だからたたかう、一六軒で」

という重要な台詞をひきだす。一方で、争議の鎮圧にともなって、運動家たちは、争議を煽動した嫌疑で、つぎつぎと逮捕されてゆく。逮捕の原因が自らの密告であると認識し、罪の意識に苛まれたサチは、福田宅を辞して帰郷する。そこで②谷中村の強制執行に遭遇し、県の役人としてその場に立ちあう兄の信吉と再会する。廃村ではなく、銅山の操業停止こそが必要だと迫るサチに対して信吉は、ポケットから銃弾をとりだし、日露戦争で自らを救ったのは足尾銅山の銅からつくられたこの銃弾だと告げ、自らの考えの変化の原点にある経験を語る。そして、エンディングテーマの「麦打唄」が響き、足尾の銅山・鉱夫の古写真（モノクロ）と現在の足尾の写真（カ

ラー、一部は古写真と同一カット）、谷中村の古写真（モノクロ）と現在の写真（カラー）をバックに、エンドロールが流れる。

強制執行（一九〇七年六～七月）の場面の再現からはじまる後編は、前編の最後に、この土地にこだわる必要はなかったのだと強弁した新田信吉に対して、生まれたこの村でみんな暮らしたいのだとサチが抗弁する場面からはじまる。そこにあらわれた田中正造はサチに、

「これが、いまの日本だ」

「家というものは、人間がつくった文明そのものだ」

「村もそうだ」

「それを自分たちの手で壊している」

「銅を手に入れるために」

「川を汚し、村を潰し、そこに住む者たちを殺しているんだ」

「わしは、あいつらと一六年たたかってきて、まだ勝てない」

「悔しいなぁ」

と語りかける。

福田英子の求めに応じて東京に戻った新田サチは、英子の母、景山楳子が入院している病院に出入りしながら福田宅の用事をこなす日々のなかで、一編の詩とひとりの青年に惹かれてゆく。詩と青年は、やがて石川啄木という焦点を結ぶ。サチは、啄木がつらいことを理解してくれる人だと認識して心をひらき、自らを救いだしてくれる、やっと出会えた「わたしの神様」だと信じるが、当の啄木は自分の夢（石川啄木）と本当の自分（石川一）

のあいだで揺れうごき、苦悩し、自分を支えることで精一杯だった。そして、啄木はサチに「あなたの神様にはなれない」と告げる。ふたたび福田宅を離れる決心をしたサチは、帰郷して、田中正造とともに村のために働きたいと申しでるが、正造に、いまはまだ、もっと世の中を学び、知るように諭され、楳子のいる病院で働くべく、みたび東京を目指す。その後ろ姿を俯瞰的に映しながら、物語は幕をおろす。

この作品は、さまざまなコントラストによって成りたっている。文字を読めない新田サチと言葉を自在に操る信吉や運動家や詩人たち、農村の女性（サチ）と都市の女性（福田英子・景山楳子・看護婦）、農民の生活を破壊する銅（鉱毒）と戦争で戦友の生命を護った銅（銃弾）、谷中の石を持ちつづけるサチと銃弾を持ちつづける信吉、ふたりの石川（三四郎と啄木）、石川の二面性（詩人としての啄木と人間としての一）などである。そして、それらのいずれについても、一方にふりきってしまうことをよしとしない。両義的な要素のいずれをも手放さず、対象をいたずらに単純化することなく、描きだそうとしている。そのような意味でいえば、作品全体の構成も、叙事的な性格が強い前編と叙情的な性格が強い後編とが、相互に他方を捨象することなく併存するかたちになっているといえよう。考証の観点でいえば、前編はどこまでの厳密さを追求するのか、後編は何をどの程度容認するのか、というスタンスが基本になるようにおもわれた。

四、考証の実際

この作品、とりわけ叙事的な要素が強いパートの事実関係については、当初から脚本の精度が高かったようにおもう。それゆえ、考証は細部、より具体的にいえば、映像化する際のリアル（史実との整合性＝間違いのなさ）やリアリティ（たしからしさ）の追求に関わる部分の比重が大きくなった。以下、実際に考証作業をすすめるなかでポイントとなったところ、印象に残っていることをいくつかとりあげて、考証の実際について考えてみたい。

多くの時間を費やした作業のひとつは、おもに前編に登場した、強制執行前の谷中村の様子を、美術やVFXを含めて、映像で再現するための資料や情報の収集だった。谷中村の家並みや家のつくりに関わる資料として、まずは谷中村に関する写真を求めたが、強制執行後の村の様子や村民が暮らす仮小屋の写真は比較的多くみつかるものの、それ以前のものはほとんどみいだせなかった。このことは、鉱毒事件や強制執行をきっかけにして谷中村が注目を集めるようになったこと、裏を返せば、鉱毒問題が生じる以前の谷中村が、ごく「普通」の村であったことを物語っていよう。そこで、対象を縦横にひろげて、明治・大正期の渡良瀬川流域の村に関する、風景写真や住居の図面、地形と土地利用のあり方を確認できる資料などを集めて提供した。谷中村周辺がたびたび洪水に見舞われ、遊水池化の候補地になったのには、地理的な条件が関わっており、それは村の風景ともわかちがたく結びついているため、さまざまな視角からの資料をつきあわせることができるように留意した。それらをもとに、どのような家が、どのように建っていたのかを、制作チームにイメージしてもらえるように努めたつもりである。

いまひとつ、映像作品の考証ならではの資料収集だと感じたのが、鉱毒被害をうけた土地の「惨状」を表現するためのビジュアル資料だった。たとえば、鉱業廃水が混入すると水や土はどのような色・状態になるのか、また鉱毒におかされた土地で生産された作物（芋）は、どのような具合になるのか、といった照会への対応である。それらは、従来、足尾銅山鉱毒事件について書いたり、話したりする際、あまり意識したことがなかったし、歴史研究の成果のなかにはほとんど含まれていない事柄だった。そこで、それらについては自然科学系の研究成果にあたり、とくに調査や実験にもとづく写真が含まれた参考資料を集めて提供するとともに、科学的な裏づけをとることもできるように、土壌汚染に詳しい研究者をさがして、紹介した。

また、くり返し登場する演説や集会の場面についても、細かな設定の確認をくり返した。とりわけ、演壇に立つ弁士の背後の壁面に掲げる貼り紙や飾りなどに関しては、さまざまな写真・イラストなどを提供した。たとえば、石川三四郎の演説シーンでは、壇上の三四郎の背後に、弁士として設定した幸徳秋水・堺利彦・大杉栄・石川三四郎の四名それぞれの演題を垂れ幕形式で掲げることになった。演題の選定に際しては、当時実際に用いられた演題を史料で確認し、それを参考にしながら、簡潔で明瞭、なおかつタイトルだけで「治安警察法」に抵触しそうにないものにするべく（最低限、演説会を成立させるべく）、留意した。また、演壇上とは別に、会場の両横および後方の壁面にも、運動家たちが掲げていた要求事項を、垂れ幕としてなるべく多く掲げることになった。それらをとおして、運動家たちの問題意識の在処を示すことをねらったためである。文言の選定にあたっては、やはり同時代の史料を参照して、直接あるいは間接的に、運動家たちが求めていたことを表現できるフレーズを練りあげた。また、横断幕に記す集会名をめぐっても、制作チームとわたしの双方が候補をあげ、意見交換をしながら絞りこんだ。

このほか、田中正造のいでたちや持ちものについては、写真・絵画や遺品などが現存し、それらを直接参考にできるため、イメージをかためやすかったようにおもう。そのうえで、正造が掲げる筵旗に記す文言については、前述の演題などと同様の方法で、「足尾銅山ハ即時閉鎖セヨ」「谷中村買収反對」「村民団結」「鑛毒除外」「瀦水池化反對」などの候補のなかから、慎重に選定した。ただ、歴史、とりわけ民衆史を扱った映像作品に、しばしばついてまわる課題だが、垂れ幕や筵旗などが、その文字も含めて、どうしてもきれいすぎてしまうという印象は拭えなかった。もちろん、ダメージ加工などはされており、視聴者にとっての違和感がどれほどのものだったかは定かでないが、同様の史料の現物を目にしたことがある者には、どうしても気になってしまうところではないだろうか。

ビジュアル以外で、映像作品ならではだと感じたのは、音にまつわる考証だった。後編の序盤で、収監されていた石川三四郎が出獄してくる際、仲間たちとともに革命歌を歌いながら列を組んで歩いてくるシーンがある。その際の革命歌の節まわしが問題になった。歌詞は文字史料を頼れば、知ることができるが、節まわしについては、簡単に音源がみつかるわけもなく、歌詞だけでは作品中に用いることができない。そこで、当該期に歌われた「聞け万国の労働者」「アムール川の流血や」「一高寮歌」などの音源を提供し、それらをもとに調子をととのえてもらった。また、前編のエンディングテーマになっている楽曲は、谷中村周辺で歌われていた農民歌のひとつである「麦打唄」（藤岡麦打唄）を、栃木県在住の民謡の歌い手、牛込勇峰に歌ってもらうことで、再生したものである。

ここまではおもに、映像づくり（画づくり）に関わる考証をとりあげた。それに対して、台本、とりわけ台詞に関わるところでは、前編の終盤で足尾銅山争議を煽動した嫌疑で石川三四郎に捜査の手が及ぼうとし、福田英子が出世したかつての仲間に電話をかけて助けを求めるシーンが、検討の対象となった。ここには当初、幸徳秋水と堺利彦が「身柄を拘束された」という台詞が準備されていたが、争議の直後にそのような事実があったことは確認できない。そこで、相談のうえ、この部分は正確を期すべきとの判断にいたり、台詞は「平民社の者はみな取り調べを受けています」へと変更されることになった。これは、史実の重視と、台詞の変更が物語の展開に及ぼす影響とを、慎重にみきわめたうえでの判断だった。

考証者の役目は、クランクアップをもって終了というわけにはゆかなかった。二〇一三年一二月末には、番組発表用の資料、とりわけ「足尾鉱毒事件」「谷中村問題」を解説した部分について、チェックをおこなった。これに関しては、判断基準は歴史研究で明らかになっていること（史実）に照らして正確か否かであり、考証というよりは実証の領域に属する作業だったが、わたしにとっては、締めくくりの大切な仕事となった。

おわりに

本章では、わたしの拙い時代考証経験をふり返りながら、近代を対象とした映像作品を考証するとはどのような作業であり、どのような意味や性格を帯びるのかを、あらためて考えてきた。最後にそれらを整理しなおすことで、結びとしたい。

近代の時代考証の特徴のひとつは、写真や映像など、映像化の直接的な参考になるビジュアルな素材が、史料として存在している可能性があるという点である。このことは、時代考証という作業をおこなううえで、あるいは歴史を題材としたフィクションをつくるうえで、二つの意味を帯びているようにおもう。

ひとつは、リアリティを追求するうえで、実際はどのような様子であったのかを知る手がかりがあるというメリットである。しかし、それらが決して万能でないことも、考証の作業は教えてくれた。この作品において、考証の素材となりうる一九世紀末から二〇世紀初頭をとらえた写真や映像は基本的にはモノクロだが、いうまでもなく、制作する映像はカラーである。つまり、モノクロの素材から、あるいはそのほかの素材を組みあわせることで、色を把握し、作品の世界に色をつけることが求められるのである。またそもそも、においや味や手触りは、文字史料はもとより、写真や映像からも、直接的な情報を得ることは難しい。つまり、文字史料でも、写真でも、映像でも、そのままを反映させたのでは考証としては不充分で、それらだけでは如何ともしがたい世界を、いかにたしからしく描きだせるかが問われるのである。

いまひとつは、上記の特徴から導きだされるアンビバレントである。時代考証という作業が、作品の実証性を高める（作品を間違いのないものにする）ためにおこなわれるわけではかならずしもないことは、さきにも述べたとおりである。一方で、フィクションであることに胡座をかかないために、時代考証をしていることもまた、たしかである。そのように考えるとき、写真や映像といったリアルを直観的に伝える素材があるなかで、フィクションをつくり、そのなかでリアリティをいわば演出してゆく性格が、近代を対象とした考証にはあり、それゆえの難しさがあるといえよう。とりわけ、今回のようにメッセージ性の強い作品を考証するには、リアル（間違いのなさ）とリアリティ（たしからしさ）を巧みに使いわける脚本・演出と、どのようなスタンスでむきあうのかが、考証者に問われることになる。それを定めるのは決して簡単なことではないし、最終的な判断が脚本家や演出家によっておこなわれる以上、スタンスを間違えると、考証が一向に実を結ばない事態にも陥りかねない。

歴史研究における実証とは何かをめぐって、歴史小説をひきあいにだしつつ、その違いが強調された時代から、歴史を描くという行為に関わる共通性に重きがおかれるようになって久しい。そのようななかで、考証という作業もまた、歴史をどのように描くのかという問いとわかちがたく結びついている。それゆえ、歴史に題材を求めるフィクションといえども、考証を避けてとおることはできず、リアルとリアリティに拘束された物語として、社会に問われることになる。近代を対象とした作品は、考証者はもちろん、視聴者にも、そのことを強く意識させずにはおかない。

3　戦争を考証する

◉加藤聖文

はじめに

今日の中心的な話は、「こういったドラマをやった、こういった監修をやった」という話ではなくて、メディアと研究者との関係が今までの間にどういう形で行われてきて、これから将来にわたってどうあるべきか、その一つの考えるきっかけ、そういったことになればと思っております。これからの私たち研究者が、どうメディアと向き合うべきかということにもつながってくるのではないかと思っております。

以下、メディアのなかでも主にドキュメンタリーを中心に話していきます。ドラマは二〇一五年度から二年続けて監修も行いましたが、メディアとの関わりの多くはドキュメンタリーになります（章末掲載「参考資料　これまで関わったメディア（二〇二一年度まで）」参照）。

一、研究者と番組制作

（1）番組制作の過程と研究者の関わり方

ドキュメンタリーとドラマは当然大きく違うのですが、そもそも制作サイドの意図も大きく異なります。したがいまして、これに対して研究者側がどうやって対応するかということもおのずから変わってきます。端的に言いますと、ドキュメンタリーはそれを制作・企画するプロデューサーにある程度の目的意識があるのです。「こういったことをやりたい、こういったことを伝えたい」というものがありますので、制作サイドにある程度主体的な意思があります。多くの場合、向こう側が「こういったものをやりたい、ついてはそれに協力してほしい」となります。どちらかというとこちらはアドバイスするという立場になります。

それに比べてドラマの方は、TBSで二本続けて制作に携わったことで言いますと、二〇一五年がちょうど戦後七〇年でしたので、「戦後七〇年だと社会的にもこういった関心が高い、だからやはり戦後七〇年に向けたドラマを考えたい」という形、もしくは「ちょうど八月が来るから、やっぱり戦争もので何かドラマをやりたい」という漠然とした意識です。「社会的ニーズが、多分そういうのが高いだろう、そういったものを求めているだろう、だからそれに合わせた特別企画、スペシャルなドラマを作りたい」という形でプロデューサーが考えるのです。何となく「社会的な関心が高いだろう。うまくいけば視聴率をいっぱい取れるんじゃないか」という感じです。

そこがまず、ドキュメンタリーとドラマとのあいだの大きな違いです。初発の段階で大きく違ってきます。ドラマは「戦争ものについてやりたい、ちょうど満洲なんかいいんじゃないの」となれば「満洲ものでこのような話をやる」という話になります。ですから予備知識が全くない状態から始まっていきます。こちら側としてはかなり最初の段階から付き合いますので、ほとんど講義に近いような話まで全部やらないといけないことになります。「満洲事変とは何ぞや」といったことから全部話していかないといけない。

ドキュメンタリーは特にＮＨＫの場合、プロデューサーとその下で実働として動くディレクターの方々は割と優秀ですので、きちんとした勉強をして私のところにやってきます。「満洲事変は何だったのか」とか、「満洲国とは何ですか」という部分の話からはいかないです。最初から本題になります。

それらを含めて「参考資料」にあったようなことに関わってきました。ほとんどが夏場、八月です。八月にどこのメディアも毎年のように必ず戦争企画をやります。夏になると――夏というか、大体、三月頃から――ちょっと忙しくなるのです。一二月もアメリカと開戦した月で戦争ものの企画が多いので、大体八月、一二月辺りに話が出る。特に去年の場合は戦後七〇年でかなり前から色々なところで言われていましたから、メディアも八月に向けて大きな企画が動いていたわけです。

私も研究者として戦争を専門としてきましたので、「こんなことをやっているより、論文書いたり、何かしていたりした方がいいんじゃないの」「(研究をしている方が) より生産的であるし、学者としての本分である」という考え方もわかります。同業者のなかでも「メディアの取材は一切お断り」という人もいますし、「自分の論文を書くことが本分で、それ以外は関わりたくない」という人もいます。

それは一理あるのですが、私の立場としては研究成果の社会還元の一つとして非常に重要だと位置づけしていますので、メディアの要請に応えています。基本的には断らないようにしていますので、一般紙への原稿執筆でも何でも、頼まれ仕事は全部引き受けようという立場で行っております。ですからメディアに対しても、どんな内容でも一応引き受けています。社会に対する還元の一つだと考えているわけです。

近年、特に私の職場（国文学研究資料館）もそうなのですが、国立大学なども社会還元とか社会貢献というものが非常に強く求められるようになっております。「象牙の塔に閉じこもって、自分の研究だけしていればいいや」というのは昔の話です。特に人文系の学問は即効性なんてありませんし、別にこれを知ったからといって人間の寿命が何十年も延びるとか、宇宙の起源が分かったといった話などあり得ません。人文系はどんなに実証性があっても仮説であって、本当かどうか分からない話ですので、社会に対してすぐに役立つなどということはあり得ない。ただやはり社会のなかでは――二〇一五年、文部科学省が口を滑らせて色々と叩かれましたけれども――「人文学は要らない」とかそういった発言は確かにあるのです。

なぜあるのかというと、社会の人々から「一体学者たちが何やっているのかっていうのが見えない」という批判がここ数年非常に強くなっているように、社会とのつながりが欠けてしまったのではないかと思います。したがって、社会とのつながりとか社会に対しての自分の研究成果を還元することは、多少無理してでもやっていかなければいけないのではないかと思っております。そういった意味でテレビは重要な手段でもあるわけです。テレビに出ているか出ていないかというだけで、一般の社会の見方が随分変わってくる。

学問の世界では研究成果とか研究業績が評価されていきますが、「学界のなかで、あの人はすごくいい研究者なのですよ」といっても、社会の人に「誰ですか、それ」といわれてしまうとそれで終わってしまうのです。一本でも「あれに出ていましたよ」というだけで、随分評価が変わってしまう。実際の中身がどうかは問われません。そういった部分においても、テレビという媒体は非常に重要な意味をもっていると思います。そういうなかで、色々積極的に関わる必要があるのではないかと思っていまして、テレビなどとの関わりを続けているわけです。ただ、そのようなことは単に社会還元だけではなくて、自分にも得るものがあるからという理由もあります。これは後で触れていきます。

ここで、どういう形でドキュメンタリーとかドラマが作られているかということを少しおさらいしていきたいと思います。

ちなみに、私は近現代史のなかでも特に現代史専攻ですので、これは時代考証学会がとりあげてきたような戦国時代や江戸時代といったテーマとは全然性格が違うのです。戦国時代とか江戸時代は客対視できる対象です。遠い過去の出来事ですので、戦国時代で何があったとか、武田信玄がどうだったとか、そういったことをあれこれ言っても、大きな社会問題にはならない。ただ現代史は歴史だけれども歴史でない生々しいところもありますので、「あくまでもこれはフィクションなんですよ」と言っても通じない部分があります。

完全に時代劇であれば、「これはフィクションだ」と突き放すことができます。『水戸黄門』は歴史的にはあり得ないけれども、あれは『『水戸黄門』だ」とみんながそう思っているからそれで成立するのですが、同じようなパターンで現代史をやってしまうと視聴者が単純なドラマとは見てくれないわけです。特に戦争に関わるようなものになりますと、いっぺんに視聴者も観るハードルが高くなってしまう。感情移入する部分も出てくるし、「そこは違うんじゃないか」「テレビ局に抗議しなくっちゃ」とかインターネットで意見を載せる、という話になってしまうわけです。

そういった意味で現代史についての作品は非常に作りづらいし、視聴者からの反響をかなり意識しなくてはいけない。視聴率はともかくとして、それ以上に「どんな視聴者からの反響がくるか」をテレビ局は非常に神経質になります。特に現代史でも戦争ものについては、随分前だと割と一本調子でやれたところが、近年になると右からも左からも批判されてしまう部分があるので、両方から批判されないような作りにしないといけないという傾向が強くなっています。

過去であれば、クレームがあってもそのままにしておけばいいというような雰囲気もあったのですが、近年は右からの批判に対してもそれなりに応えないといけない。当然、左からの批判もある。またインターネットのSNSなどで意見が言われますので、それなりに対応しないといけない。そういった前提条件のなかで現代史を扱うのは意外と難しい。例えば明治時代とかだと、「まあまあ」という感じでよく分からないからあれこれ言われませんが、日中戦争以降の戦争ものになってしまうと思想も絡んで色々なことを言われる、という流れがあります。

そういうなかで、基本的な番組の作られ方はドキュメンタリーもドラマもバラエティーも同じですので、研究者側からの関わり方の大きな枠組みはほとんど変わりません。ただ、それぞれ細かく見ていくと大きな相違がでてきています。

まずドキュメンタリーの場合ですが、この場合は制作側から「こういうものを企画することになったので協力してください」という企画の相談が持ちかけられます。もっと以前の話から来ることがあります。プロデューサーとかディレクターと全く私的な関係で会って「面白そうじゃないの」となれば、「じゃあ、やりましょうか」という話になる。

ですから本当の企画の前段階から関わることもあります。基本は企画それぞれの、NHKの場合はプロデューサーを中心とした一つのチームが作られて、そのなかでこういった企画が練られて、特に戦争ものであれば八月に向けて、年末の一二月ぐらいに局内から大体「こういった企画をやりたい」という色々な応募があるわけです。

そのなかで選別されて、残った企画の担当するプロデューサーを中心として予算が付きますので、それに合わせて動き出すのが大体二〜三月ぐらいからという流れになります。企画が進んだ段階で私の方にアポイントメントが入る。そういった過程があって話が具体的に進められていくわけです。基本は「こんなことをやりたい、こういったテーマでやりたいのだけれども、関係する資料はどこにあるのでしょうか？」という話がそこから始まっていきます。

現代史の場合は資料の所蔵先が日本国内だけではないので、中国とか韓国のどこという話になります。研究者としてそれに対応できないと話ができませんので「中国だったらここだろう」「档案館だったら、ここはちょっと使いづらいよ」というアドバイスをしたり、「今の日中関係から見ると、ここの部分はちょっと難しいんじゃないの」というところまで含んだ打ち合わせをしたりします。

そういうなかで取材が始まり、資料の収集が進められるのですが、民放とＮＨＫとではここから大きく違いが出てきます。ＮＨＫの方が取材能力は非常に高い。資料の集め方、リサーチャーといわれる人たちの能力が非常に高い。しかも日本だけではなくそれぞれの現地にもいますので、かなり色々なものを集めてきます。

集められてきてプロデューサーのなかで構成ができて、「番組をこう組み立ててやっていこう」という話になります。その段階でも色々な形で質問やなどがメールで来ますので、それに対して答えていく。

最終的に収録が行われます。台本作成と収録はほとんど同じですが、その収録が終わった後にまた台本の修正なんかもあります。とにかく台本が作られて、編集が行われて放映、という流れになっていきます。研究者側としては放映の段階までほとんど付き合うことになります。放映が明日とか前日というときでも映像チェックに関わることもあります。実際にＮＨＫの放送センターに行って、そこで見てチェックするということもやります。

る。現代史もの、戦争ものは特に厳密にやられますので、どこか間違ったところがないかを最後まで全部チェックする。ですからかなり専門家の関与は高いということです。

また一人だけの専門家が関わるわけではなく、必ず複数の専門家に向こう側も訊くわけです。一人だと当然、一人だけの主観が入ってしまいますので、複数の研究者に問い合わせていくのですが、この問題点は最後にまとめます。

放映が終わったら、プロジェクトを進めたメンバーのチームが解散になります。放映終了後には残務整理になるのですが、視聴者からの反応があります。これが割とマニアックな質問が来る。現場対応で答えられるものもあるのですが、どうしても現場対応で答えられないものもあって、たまに「あの場所で会った」など自分の肉親探しのお話にまでつながってしまうとか、そういったこともあるのです。そういう場合は、私のところにも連絡が来て答えることもあります。

（2）制作費と制作方法

流れとしてはそういったところですが、NHKと民放は予算の違いが大きいです。民放の場合はほとんど手弁当でやっているチームが多い。特に地方局は取材能力という部分において限界があります。そういう意味でNHKは大きいです。ただし、全部にすごい予算があるかというと違います。

『NHKスペシャル』といわれる一番有名な番組、これが圧倒的に大きな予算をもちます。『ETV特集』とかBSは限られた予算になります。NHKスペシャルの場合は天井知らずなぐらいの予算規模で動いていきますから、予算が付くか付かないかによって大きく違ってきます。ですからプロデューサーもなるべく『NHKスペシャル』に乗せたいのですが、それが駄目で『ETV特集』とかになると小さくなってしまう。そういう部分もありますが、リサーチ能力という部分ではＮＨＫの方が特段に優れています。

ドラマの場合はまず基礎知識は全くゼロで、自分が本当にやりたいというよりも「何となくやらなくちゃいけないから、やろうか」ということから始まっていきますので、かなり細かい話が必要になります。特に戦争もので私が関わったような満洲とか植民地に関わるようなものは予備知識が膨大ですので、それをある程度共有しないといけない。ですから勉強会を開くのです。「満洲というものはこういうものですよ」「満洲国とはこういうものので、関東軍というのは、関東地方の部隊じゃないんです」というところから始まって、「そうなんですか、関東軍、関東地方の人たち、東京の人たちじゃないんですね」とか話しながら、中身を詰めていきます。そして台本ができあがって、台本のチェックをして撮影、編集と流れていきますが、それぞれの節々でチェックを行います。

ドラマの場合は歴史的な事実の確認だけではなくて、大道具・小道具の話が出てくるのが特徴です。これは私もまいってしまうところがありまして、どう考えても文献にはあらわれてこないようなものだって出てくる。ドキュメンタリーの場合、知識と認識の共有は図られていますので、相手方が訊いてくることは想定できます。それに対してドラマの場合は、想定外の質問が舞い込んできたりします。そういう場合は慌てて自分で文献を探したり、勉強したりしないといけない。

さらにドラマの場合は大きな違いが二つあります。一つはドラマのもととなる話がノンフィクションなり体験記なり元の話があるケースと、もう一つは完全にフィクションで作られるケースです。

元の話があるほうが楽といえば当然ですが、体験した人が「自分がこうだった」という話を書いてそれをベースにドラマにしていきます。一方、ありそうな話なのだけれど全くのフィクションをゼロから作らなければいけないとなると、対応が異なってきます。

　ただ、元の話があるケースの方がやりやすいかというとこれは違っています。元の話を作った人は体験者ですが、書いていることが全部本当だという前提で組み立ててしまう。こちらが見ているとそれは明らかにおかしいという部分がある。これは当然で、体験した人も全てを覚えているわけではなく、聞きかじったことや自分の思い違い、記憶違いとか、戦後、大人になったときに他の人から話を聞いたことと自分の記憶とが合体してしまい、自分の記憶のような自分の体験のような話になってしまっているケースもあるわけです。こういう場合は余計ややこしい。テレビの『遠い約束～星になったこどもたち～』（TBS、二〇一四年、以下『遠い約束』）という作品ですね。これは元の話があるパターンです。そして『レッドクロス　～女たちの赤紙～』（TBS、二〇一五年、以下『レッドクロス』）というのが元の話がないパターンですが、元の話がある方も、重要な難民収容所のところでこの人が書いてある内容は実際と違うのです。一番端的なのは、例えば満洲では小学校、病院、公共施設が収容所になっていて、「木造で、こんなので、ぼろぼろになっていて」という話を書いているのですが、満洲で木造の校舎というのはあり得ない。全部鉄筋です。基本的な部分が、記憶が、どこかで入れ替わってしまっているのです。そういったものを修正していかないといけません。

　もう一つは完全なフィクションの場合です。これはゼロから作らないといけなくて、しかもドラマとしての面白さを強調しないといけない。リアルな話ばかりをしていて、ただ単に再現フィルムみたいになってしまうと面白くない。どうしても面白くしないといけないというのがドラマはあるわけです。そうすると最初の段階でかなり荒唐無稽な話が出てきてしまう。つじつまが合わないのが出てきてしまい、それをどう現実に合わせるかということが重要になります。そうなるとドラマの中身にかなり関与することになります。歴史的な事実としては存在していないのですけれど、こちら側としては歴史的な事実として「観る立場からはおかしい」ということに対して、制作側は「どうしてもドラマとしての面白さを強調したいんだから、こうしたい」というところがあって、どうやって両者が妥協するか、そういった問題が当然出てきます。これは学術研究とは全くかけ離れた部分になってしまいます。

さらに制作費の制限も出てきます。先ほど比較した『遠い約束』と『レッドクロス』は、制作費が『レッドクロス』のほうが圧倒的に多いです。これはＴＢＳが七〇年企画ということでかなり本腰を入れてやろうとしてお金を投入したドラマですが、『遠い約束』の場合は、その前の年にやって制作費がなかったものです。ただ場面としては同じ満洲です。当然どこかを削らないといけないことになります。

一番お金がかかるのは戦闘シーンです。戦車が来てバンバンやるというところがかなりお金がかかります。そういった部分をいかに削るかということになりますので、戦闘シーンがかなりちゃちであっという間に終えてしまうか、もう少し長くやるか、また爆薬をどれだけ使うか、という話が出てきます。

あとセットの撮影ですが、大規模なセットの場合、特に現代史の場合は日本でそういうセットはない。中国の上海にセットがありまして、そこを借りてやります。ただこれも制作費に応じてですから、非常に短い時間、三日ぐらいでバッとやってしまう。お金があればもうちょっと長いロケを、しかも現地で黒竜江省かどこかに行って撮ってくるというようなこともやります。問題になってくるのは、中国でやりますので小道具類は日本から持っていかないのです。役者だけが向こうに行きますので、小道具、服やなんかは現地で借ります。そこで問題になるのは、中国の映画とかでよく使われている、日本兵とかが着ている服というものを日本兵の軍服だというので着るわけですが、考証の担当者が見ると、「違うぞ」というものが結構ある。軍服の着方とか、細かいところですが色とかが違ったりするのですが、現地に同行するわけではないのでそこまでは関与しません。しかし出来上がったものを見ると、「ええ、違うじゃないの」という話が出てきます。

バラエティーも似たような話なのですが、この場合は完全に他のドキュメンタリーなんかに比べるとはるかに雲泥の差で、雑です。進行表に近い台本なのですが、バラエティーの場合はその場の雰囲気で流れが変わりますので、MCの判断である部分がカットされたり、そこを飛び越えてしまって別のところにいってしまったりというようなシーンがある。その場その場でどうなるか分からない。それと進行役として大体、それぞれの局のアナウンサーが付いております。ただ、進行役はある程度、前提条件を知っていないとまずいので、そのアナウンサーに基本的な知識を教えないといけない。出張講義みたいなことをやることがあります。

さらにバラエティーの場合は、多くはテレビ局側が作っているのではなく、下請けの制作会社がやっているわけです。色々なことを掛け持ちしていますから、連絡とかがかなりぐちゃぐちゃです。指示したことが直っていないということもよくあります。バラエティーの場合はかなり問題点が多い。

（3）台本チェックの事例から

以上のようなことについて事例を挙げていきます。これはドラマ『レッドクロス』の場合なのですが、基本的に何を修正するかというのは大体メールでやりとりをしまして、「問題がないか、チェックしてほしい」という話が出てくるわけです。

このドラマは一夜と二夜で分かれていましたので、二夜目の台本の初稿が出来上がりましたので、それでちょっと訊きたいことがあるという次のようなメールが来ました。

①終戦時、ソ連が侵攻してきたとき、病院関係者でロシア語を話す日本人はいましたか？
②当時ロシア語を話せるのはどんな人が考えられますか？
③一九五三年に中国に留用されている日本人が帰国しますが、このときは強制的に帰らなければならない状況だったのですか？

というような質問が来ました。
それに対する私の答えです。

①満洲国時代、ロシア語を話せる日本人がいました。
②対ソ諜報活動に関わっていた軍人、白系ロシア人と接点のあった満洲国の役人の他にもビジネスで使う人もいますし、身近なロシア人からロシア語を習った人も考えられます。
③留用者は中国にとって面倒な存在になってきたので、ほとんど帰国させられました。ただし、中国人と結婚していたり、思想的な問題から中国にとどまることを選択したりした人も少数ですがいました。

というようなやり取りをします。
それを受けたうえで、テレビ局から五月雨式に質問が来ます。

・満洲の陸軍病院の院長になっているような人は陸軍の一般軍人ですか、それとも軍医でないとなれないのでしょうか？

・その場合は、院長の階級はどの辺なのでしょうか？

とかなり細かい質問が来ます。

これに対して、「陸軍の病院というのは軍医であることと——正確には「軍医正」——細かい規程があり、病院のクラスによってそれぞれの階級が異なる。その病院のクラスは何で決まるのかというと、置かれている都市の大きさによって決まる。田舎の場合は一等軍医正が院長になるが小さな病院は三等軍医正が院長になる、ただし陸軍の階級制度は非常に複雑で、軍医の場合も日中戦争の直前の一九三七年二月に改正されているので階級名が変わってくる。よって、満洲事変後から太平洋戦争の敗戦まで扱うこのドラマでは、軍医の階級が途中で変わる」と、その点に気をつけてほしいと回答するわけです。

その後また質問があり、

・開拓団の人たち、避難していた人たちなど、満洲にいた人たちは、どうやって日本の敗戦を知ったのでしょうか？

・玉音放送は聞けたのでしょうか？　ソ連軍が空中からビラをまいたのでしょうか、中国の壁新聞の貼り出しがあったのでしょうか？　その可能性をご教示いただけますでしょうか？

という話になります。

これについては歴史的な事実で言いますと、統一的にみんなが一斉に知ったということではなく、地域によって全く違う。「玉音放送をみんなで聞いて日本の敗戦を知ったという設定は無理だ」となります。また「ソ連軍がビラをまいたこともないし、壁新聞で知るという設定も無理だ」という話をします。かなり無理な状況があるなかでどうやってこの敗戦を知ったかという、これは脚本の方の問題になりますので、これ以上については私の手から離れます。

それ以外にも、ドラマが一代記に近いものになりますと時代設定が長くなります。

『遠い約束』の場合は、敗戦、そして引き揚げるまでという期間が限定されています。半年の間の出来事ですのでその間の話ですんだのですが、『レッドクロス』の場合は、二夜連続という大型企画で、主人公が女学生だった頃から、戦後、さらに朝鮮戦争が終わってという話まで続けないといけない。かなり長期にわたるのです。大正から昭和へという話ですので、向こう側は色々なことを訊いてきます。満洲とか戦争だけではなくて、あれもこれも話を訊いてきます。ここで見ておきたいのは、最初の初稿段階での台本のゲラです。印刷段階の前です。こういったもののチェックを受けた後に最初の印刷物が作られるのですが、それが完全版ではなく修正がかかってきます。最後の本当の台本ができるまでは何稿かあります。

これがファーストエディションです。そこでは「こういったものでやっていきたいのだけど、問題はないか」というようなポイントが出されてきます。例えば今の人は、当時は満洲にある鉄道を「満洲鉄道」と呼んでいただろうと考えます。しかし当時は南満洲鉄道の略称である「満鉄」と言われていました。最初の台本にあった「満洲鉄道東安駅」という表記はない。現在の「ＪＲ神田駅」のような表記は違うわけです。

また主人公が子どもの頃の話だと、大正時代の佐賀県が場面設定になります。大正時代の佐賀県の状況についても教えてほしいという話になります。脚本を書いている人たちは今の人ですので、当たり前のように「誰だ、あいつ、中国人部落のチャンコロだよ」というようなセリフが出てきます。当然ですがこの当時、日本の地方に朝鮮人の部落はあったのですが、中国人部落といわれるようなものは存在していません。時代設定が違うわけです。さらにその当時「中国人」という言い方はしません。「支那人」と言います。

それと、もっと細かい部分で「組合長」という用語が出てきます。主人公の家は小作人で、何かがあったときに上から地主がやってきて文句を言うというシーンです。ここで「村長と組合長がやってきた」という描かれ方をしています。ですがこの当時の日本の農村社会の構造からいうと、組合長というものは存在しないです。今の農協の組合長とかその感覚で付けてしまっているのでしょうけれど、「組合長」というのはいません。そういう細かいところまで全部指摘していかないといけないわけです。

要するに、戦争だけの監修ではなく当時の日本の歴史全てに関して監修が必要になってきて、相当細かい部分での間違いを指摘していかないといけない。

またよくあるのが「大日本帝国軍」、当時の日本軍の呼称です。「大日本帝国軍」という呼称というのは当時なくて、「帝国陸軍」もしくは、満洲であれば「関東軍」といった呼称であって、「大日本帝国軍」と当時の日本人は言いませんでした。ただ、歴史の知識が何もない人が作るとこのような表記が自然に出てきます。「日本軍では変だろう」「じゃあ、日本は当時何だったんだ？　大日本帝国と言われていました。そうか、じゃあ大日本帝国軍だろう」と単純に考えてしまうわけです。こういったものも「違うよ」と主張していかないといけない。あと、赤紙の問題だとか満洲の呼称の問題などもあります。とにかく台本が出来てくるたび「ここが違う」ということを指摘していくわけです。

この主人公は看護婦になりたいと言ったものの、学校で婦長さんか誰かが「私はこの日露戦争のときに（看護婦として戦地へ）行って、大連で敵の中国兵の看護をしたわ」というような思い出話をすると、それに感銘したという話になっていました。これはどう考えても、日露戦争のときに戦っているのはロシア兵なので、ここでは中国兵というのは存在しません。戦場は中国の大連ですから「そこに住んでいて、それを看護したという相手は当然、中国人だろう」と想定してしまうわけです。このような何も知らない人に対して一から付き合わなければいけないということです。

難しいのは、研究者の場合「これはドラマだからいいだろう」とは言えません。最初から荒唐無稽なフィクションとかパロディとしてしまえば何をやってもいいのですが、ノンフィクションっぽいフィクションという設定になりますと、どうしても細かい部分を直していかないといけなくなります。

特にこの『レッドクロス』の場合、なかなか大変だったのは、最後、朝鮮戦争までいってしまいますのでかなり難しかったです。主人公の子どもが満洲で敗戦を迎えて混乱のなかで家族と生き別れてしまって、結果的にこの子どもは中華人民共和国の八路軍（人民解放軍）に入って中国人になる。主人公は留用されていたのですが、日本に帰ってきて最後に息子と再会するという話になるのです。そこがドラマとして一番のクライマックスで泣かせどころです。これはありそうな、でも実はありえない話で、そこに歴史研究者として関わるのはなかなか難しいです。

残留孤児になった日本人が八路軍に入って中国人として育てられる。それは可能性があります。途中、中国人になって中国の兵隊になっているというのも、これもあります。そしてその彼が朝鮮戦争に参加するということ、これもあり得ます。朝鮮戦争というのはご承知のように、北朝鮮（朝鮮民主主義人民共和国）と韓国（大韓民国）とが戦い、そこで韓国をバックアップしたのはアメリカで、北朝鮮をバックアップしたのはソ連。米ソ代理戦争といわれていますが、戦争の中盤以降に中国が北朝鮮に義勇兵を派遣して中国軍が参戦します。中国の兵士のなかに日本人だった子が紛れて入っているということも、設定としてはあり得るわけです。

ですが難しいのは、その子どもの母親は日本人ですので、その母親と再会するという設定が当時としてはあり得ないわけです。なぜかというと、朝鮮半島は日本ではありませんのでそこに日本人が行くことはない。しかも朝鮮戦争の最中、日本はアメリカの占領下ですので、日本人は行きたくても行けないわけです。日本が実質的に朝鮮戦争に関わったのは、掃海艇の機雷除去とか米軍の下請けのような形です。ですから朝鮮近海まで日本人がいたということは事実ですが、朝鮮半島内に日本人がいたということはあり得ない。しかもこの主人公の場合は看護婦ですので、看護婦としてもう一回戦地に行くというような話も、これまた無理なわけです。日本赤十字社が朝鮮戦争のときに朝鮮半島に看護婦を派遣したということは、事実としてはないわけです。

そうなると、この子どもと主人公は結局会えないわけです。この会えないという設定をどうやって会わせるか。これはすごく難しくて、結果的に色々なバージョンが組み合わされてストーリーが完成するのです。歴史的事実を踏まえて「これはあり得ない、それはあり得ない」と否定してしまうと、何も成り立ちません。最終的な話としては、この息子が国連軍の捕虜になるという設定にするわけです。国連軍の捕虜になってそこで会うといっても、そこがまた難しい。国連軍の捕虜になっているのは朝鮮半島での捕虜ですから、韓国領内の収容所の中で捕虜になっているわけです。そこにこの主人公の女性は行けないから、そこでも会えないわけです。そこでかなり無理な話をここから色々と作りました。

ここからはフィクションの話になってきますが、捕虜になったのだけれど、ものすごい重傷を負って、その場合、福岡の病院に送られてくるというのは事実としてあるのです。北側の兵士で重傷患者の場合、福岡の病院が後方基地になっていましたので、そちらに送られてくる。そこでないと会えないわけです、主人公と。その設定を作らないといけないのだけれど、ここで問題なのは、北朝鮮の兵士だったら送られてくるのは分かるのですが、中国の義勇軍として参加している人間ですから、そこでまた中国義勇軍が送られてくるということも実はない。そこで、北朝鮮軍に紛れ込んでいた中国義勇軍の少年という設定にして、とにかく重傷を負って、瀕死の重傷なので福岡まで運ばれてきてそこで会ったという、かなり難しい設定を作りました。

さらに難しいのは、この女性も敗戦後に留用されていて、日本に帰ってきたわけです。帰ってきたのですが、中華人民共和国が建国されたのは一九四九年の一〇月で、朝鮮戦争が始まるのが一九五〇年の六月ですから、およそ半年後です。しかもその女性は留用された後に帰ってくるという設定になると、帰ってくるのは一九四九年の一〇月以降でないといけない。一〇月から翌年五月の間―朝鮮戦争が始まってしまうと帰国できないので、その前に日本に帰ることにしないといけない。事実として、中国から留用者が朝鮮戦争前に帰還できたのは一九五〇年の四〜五月しかないのです。このわずか二カ月ちょっとの間しか帰ってこられないのです。そうすると、この主人公と会うまでの関係性が非常に短くて、かなり無理な話を詰めないといけない。事実となかなか合わないわけです。そういう意味で、歴史的事実との整合性というものが難しくなることがあります。

そういった話以外にも細かいところでは、この女性が満洲国時代には看護婦でしたが、病院のシーンがメインになりますので、傷病者や病人がいっぱいいるというシーンがないと困ってしまうわけです。

ですが満洲国の場合、満洲事変が勃発してしばらくの間はともかく、敗戦でソ連が攻めてくるまではある程度平穏だったわけです。ですから陸軍病院の中で傷病兵が苦しんでいる状況というのは実際はほとんどない。でもそれを作らないといけないということがあって、設定としてはかなり難しい。苦労したところです。

そういう流れで、ポイント、ポイントの間違いなどを全部指摘していかないといけない。さっき言った「組合長」の話、これは農会だから「農会長」とか、そういうふうにしないとおかしいとか。あとは一九三五年の満洲の状況として、この段階で負傷者がたくさんいたわけではないので、伝染病の患者が多く出たという話にしないと、敵と戦っていて傷ついたというのがほとんどないですからかなり難しい。そういった話を延々としていかないといけないということになります。

このように、時間のスパンが長い場合に加えて、満洲を舞台にすると登場してくる政治主体がいっぱいいてとても複雑になります。日本と中国という話だったら単純な構造ですが、そこにソ連が入ってくるとか、中国といってもその当時は内戦状態で国民党と共産党がありますので、その内戦の話がからんでくるとか、政治主体がいっぱい出てきてしまう。特に戦争直後にアメリカ軍も出てくるとか、色々な要素が入ってきますので、それぞれの状況のなかで構成していくのはかなり大変だったと思います。

またそれ以外の問題として、先ほど言った大道具、小道具の話ですが、例えば召集令状についても、召集令状に記す住所を作りたいのだけれど、どういう表記がいいのかとか、あとは軍の名称、召集部隊や到着地の部隊とかどのように作ったらいいかなど。これが難しい。あくまでも小道具で、主人公の旦那に渡す召集令状というシーンだけですから、ほんのちょっとしか見えないわけです。ですからあまり細かくやらなくてもいいのだけれど、正確過ぎても困るのだけれど、かといってアバウト過ぎても困るという非常に難しい部分になります。そういったものの画像が送られて、「これはちょっとおかしいんじゃないか」とか、そういった調整も行います。

あと意外と見落とされがちなのがいわゆる旧漢字です。今使っている漢字と当時使われている漢字は違う。よくいわれるのが、「満洲」の「洲」の字にさんずいが付いているか、付いていないか。簡単に変換してしまうと、さんずいなしの「満州」になってしまいますのでそのまま「満州」でやっていきますが、実際はさんずいが付いていないとおかしい。それからよくあるのが「聯隊」です。「何々聯隊」の「聯」の字が今の「連」ではないので、耳偏の「聯」という形にしないといけない。言葉もそうなのですが漢字も異なりますから、そういった部分の違いも考えないといけないということになります。

それ以外にも、例えばトイレの話です。地下壕に避難していて、そのときにトイレをどうするかと。色々な人の証言のなかで、「醤油樽を使った」という証言があったと。みんな避難していますのでトイレがないわけです。どこか隅っこにトイレを作らないといけない。そのときに、醤油樽を使ったと記述があるのですけれど、「醤油樽というのは一体どんなものですか？」とかいうような質問です。これは文献上にはないのです。特に戦争ものというのは記録がほとんどないです。体験した人が帰ってきた後に、「こんな体験をした」ということは書くのですけれど、当時のリアルな記録というのは戦争という混乱のなかですから、そんな記録自体が存在しないわけです。ですから、「醤油樽を使った」「トイレとして使った」という記述はあっても、その醤油樽が一体どういう形をしているのかは、記録が残っておりません。結果的に、「その醤油樽って一体何か？」ということで、これも訊かれて分かりませんというのもなんなので、色々と私も調べまして、その当時に流通していた醤油樽というのが、一体どういうものかを答えました。今の醤油のように瓶ではなく樽なのです。樽で流通している醤油の規格サイズがありまして、そのなかでトイレとして適合しそうなものはこんなものかなというものを探し出して、「大体こういうものではないか」というような回答をしました。そういった小道具まで関与しないといけないので大変です。

それ以外に実際には色々なことに対応していかないといけないので、考証する側も生半可な知識ではできないのです。しかも、「私は満洲の専門家ですから、満洲のことしかお答えできません」というわけにもいかなくて、結果的には色々なことに対応できることが必要になってきます。私の場合、フィールドとしては満洲をやっていますが元は近代史ですので、近代史の範囲内で答えるということになります。

（4）研究者にとってのメリット

最終的に、「それだけ一生懸命やって、大変なことをやっているのに何なんだ」というか、こちらとしては「全部みんな無料奉仕みたいな、ほとんどボランティアではないか」というような思われ方もするのですが、ドラマはともかくとして、ドキュメンタリーの場合はある意味でギブアンドテイクの関係というのがあります。NHKのドキュメンタリーの場合はかなり取材能力が高いので、こちら側が把握していないような資料とか色々なところを見つけてくるのです。それと遺族もかなり正確に見つけて出してきます。また一般社会のなかで、例えば「NHKさんが取材に来た」というだけで「どうぞどうぞ」と結構簡単に見せてくれます。こちらがどこの誰か分からないような者が「資料を見せてください」と言って門前払いを食らってしまうのとは違って、NHKを使うと案外簡単に間口が開いてしまうところが続々と出てくるのです。

そういったこともあって、私としても色々な打ち合わせのなかで、「この資料なんか、あるといいな」とか、「そういったものがあると、この人の遺族がいるといいですね」と話すわけです。そうすると「分かりました」ということで、行動は早いですからパッと探してきてしまう。番組のなかで使われるかどうかは別ですが情報として集まってきます。そうすると放映が終わった後に、プロデューサーやディレクターと「あの資料ってどうなりました」という話をするのです。そうすると「あの人の、この遺族が見つかりました」と教えてくれます。

「じゃあ、遺族の電話番号を教えてください」ということで、住所や電話番号をこちらが教えてもらって、終わった後にこちらが連絡します。そうすると、向こうも「NHKさんのあのときでしたね」「どうぞどうぞ」ということで見せてくれるという関係です。海外でいくつか集めてきたものを見せてもらうこともあります。

こういった番組の場合、一回作ると時限的なものですからチームは解散してしまう。解散してしまうと、そのときに集めた資料がお役御免になってしまうのです。プロデューサーにしても資料をいっぱい集めてくるわけです。終わった、解散といったときにこの資料は破棄・廃棄されてしまうのです。ですから私の場合は「だったら、それくださいい」と電話をします。そうするとダンボールにドーンと入れて送ってきてくれることもあるわけです。

そういう関係がありますので、こちらが何でもかんでも身を削って奉仕しているわけではなく、お互いのギブアンドテイクの関係でそういったものが成り立っているというのは事実です。

二、番組制作の課題

(1)　戦争ものへの慎重さ

以上のようなテレビとの関わり方を続けていますが、最後のまとめとして課題を挙げてみたいと思います。課題として考えなければいけないのは、戦争ものというのは、当たり前ですがどこのメディアも慎重です。やるときに、そのやり方とか放映の仕方、表現の仕方に対して非常に慎重にやります。ですから簡単なものをポンとやるというのと違っていて、どこから批判を浴びるか分かりませんので、予防措置というか防御姿勢を取りながら進めていくというのが現実です。特に近年その傾向が強くなっていて、私が最初に関わった二〇〇三年の

『届かなかった手紙　～関東軍は何を検閲していたか～』（ＮＨＫ）という関東軍の資料をやったとき――もう一〇年たっていますが――に比べてもかなり神経質になっているのではないかという気がします。

二〇〇〇年代初頭の頃までは、プロデューサーが「やるんだ」と言ったらやっていってしまうところがあったのですが、だんだんプロデューサーの個性というよりも、批判されないようにするにはどうしたらいいかという点に関心が向きがちになっていっている気がします。これは良い意味では公平性にこだわっているといえますが、逆にこだわり過ぎて安全運転をし過ぎている面もあるのではないかともいえます。特に満洲などを扱いますと――現在の日中関係、国際関係に規定されているところが非常に大きいので、どうしても考慮しないといけないことが多くなります。さらに国内からの色々な反発、特に中国ものだとなかなか難しいところがあります。

『レッドクロス』という作品は大変だったと思います。これはドラマ制作部門の作品ですが、最終段階でやはり色々な部門の意見が出てきました。ドラマの善し悪しだけ考えれば良いのではなくて、放映したときの反響を想定しないといけないのです。そうなると、やはり政治部とか国際部の意見も加味しないといけないということになります。問題になるのは主人公が中国軍に留用されることですが、留用する側――共産党軍――の評価の問題が絡んできます。一九九〇年代であれば、「日本は悪いことをしました」という話で全部済みましたが、近年になるとそれは自虐的と官邸辺りから言われてしまうとか、自民党の政治家から突き上げられるとか、そういった問題を想定してしまう。そうすると必ずしも「中国が良くて、日本がみんな悪かった」という話ではなくて、「中国も悪かっただろう」という話がどこかで出てくるわけです。ただ歴史家としてこういった問題に関わる部分では、やはり事実は事実というところがあります。悪い部分と悪くない部分ははっきりさせないといけなくて、何でもかんでも自虐だというので中和させてしまうということも良くないわけです。

共産党軍についても内部構造は複雑で、全体像と内実両方を知っておかないといけない。歴史の知識をしっかりと身につけていないと対応できないわけです。中国の全部が一枚岩ではなく、共産党軍のなかでも部隊の性格が全然違っていて、部隊によって軍紀がちゃんとしているところとそうではないところとかがあるのです。軍紀がないところだけを見て「全部が悪いんだ」とも言えないし、いいところだけ見て「全部がいいんだ」とも言えない。こういった複雑な構造も理解しないといけないわけです。もう一つは、満洲の場合はソ連が出てきますので評価がさらに難しいところがあります。単純には善悪で片付けられない部分もあるのです。歴史というのはなかなか複雑ですので、そういった複雑性というものを踏まえたうえできちんと指摘をしないと、その状況にどうしても流されてしまいます。

（2）　制作側の世代ギャップ

それともう一つ。こういったメディアと関わるなかで、今の日本の社会の雰囲気以上に根本的な大きな問題があることに気づきました。

今まで関わってきたなかで挙げられるのは、制作サイドの世代の問題があります。最初に私が関わってきた二〇〇〇年代初頭の頃のプロデューサーたちというのは、今はもう六〇代を越えてしまって七〇代ぐらいの人になります。当然退職しています。あの頃の人たちと今のプロデューサーというのは明らかに雰囲気も考え方も違っていて、戦争体験世代かどうかというところが大きく違ってきます。プロデューサーといっても僕と大体同じ世代（四〇代後半）なのです。チーフプロデューサーになると少し上になりますが、企画の中核を担っているのは僕らと同じぐらいの世代で、ディレクターになりますと二〇代の後半から三〇代の頭くらいです。そうすると、プロデューサーだとおじいさん、おばあさんが戦争に行っていたか、もしくは戦争、戦時中に生まれたかというぐらいです。一応おじいさん、おばあさんぐらいから戦争の話を聞いた世代です。これは僕もそうです。それとは違ってその下の世代になると、おじいさん、おばあさんというのが既に戦後生まれです。ですから戦争体験の話を直接、自分の体験したことを話すのではなく、「自分はこう聞いた」ということを話している世代です。戦争のリアリズムの感じ方がやはり幼少期から感覚的に随分違っている。

僕も大学で教えていて思うのが、身近な例として戦争だけではなく、例えばソ連――戦争ものに必ず出てくるソ連ですね――「ソ連というのはこうなんだよ」というのを私は前提として話しますが、今の学生さんにそう言っても分からないです。ソ連は存在しませんし、共産主義とは何ぞやと言われても分からない。そういったイデオロギーとか前提条件を話さないと分からない世代になってきてしまっています。「ソ連とはこうなんだよ」と言っても、今までは知っている前提で話が次に進んでいたのを、知らないということを前提から話さないといけないので、最初の入口が狭いのです。歴史認識というか、社会のなかでの歴史の共有というものも非常に難しくなっていると思います。このリアリズムが感覚的に分からない人が番組制作に関わるようになっていますので、当然「えっ」というようなことから始まるわけです。「そんなことは知っているんじゃないの」ということから、「それは実は知りません」ということが出てきてしまいます。

これも歴史の全体的な認識の問題なのですが、『レッドクロス』より前の『遠い約束』のときに特番『終戦69年林修 特別講義・戦争もう一つの悲劇～告白 私たちの満州』（TBS、二〇一四年）をやったことを例に取ります。番組『未来遺産』の特別編として「林修特別講義」を作って、事前学習のような一般向けにした番組のチェックです。

問題は、「侵略」と「侵攻」の違いは一体何かというところです。「ソ連軍は侵攻をした、日本は中国を侵略した」。日本は侵略したと言っているのに、ソ連はなんで侵攻なのだというところです。ソ連は満洲を侵略した、でいいのではないかと。日本も侵略したけれどソ連だって侵略したではないか、という話です。これはニュアンスの問題で、「侵略」と「侵攻」というのは違う。「侵攻」の場合、軍事作戦的な意味が強く、満洲に入ってきたソ連軍の場合は「侵略」ではなく「侵攻」だと。軍事的な目的から満洲に入って、長期的に支配する目的ではないので「侵攻」。いずれは兵を引くという形です。それに対して日本の場合、「満洲に侵攻した」とは言わない。「満洲を侵略した」、これは長期的に支配するために軍を入れたので、これは明らかに「侵略」。だから、ソ連と日本との軍事行動、同じ軍事行動であっても意味が違うのだという話です。

こういったものも伝えていかないといけないし、例えばイスラエル軍がガザに入ったのは、「ガザを侵略した」のではなくて、「ガザに侵攻した」のだと、ニュースで言われるでしょうと。「それと同じなんですよ、ソ連軍が満洲に入ってきたというのは」といいながら言葉の意味を伝えていかないといけない。そういった微妙なニュアンスも考えないと歴史認識そのものが間違ってしまうわけです。

例えばこれも同じところです。「ガダルカナルで敗戦」「マリアナ・パラオ諸島で敗戦」とか、これはナレーションの部分です。「敗戦」という意味が既にだいぶ分からなくなっています。「敗戦」というのは、戦争そのものが負けたことですから、例えば「ガダルカナルで敗戦」というのは用語として間違っていて、軍事作戦上の負けということですから「敗北」で、これは「敗戦」ではないという指摘です。こういった基本的な部分も案外分からないのです。

それと、「こういった軍事訓練もしたことない一般国民の成人うんぬん」というふうに書かれています。今の私たちは軍事訓練をしたことがありませんが、当時の日本人の成人男性は、徴兵制が敷かれていましたので、軍事訓練はやっているわけです。ですから「(軍事訓練を)したこともない一般男性」「一般人は軍事とは無関係だというような認識」とは今の私たちの世代の問題であって、過去の人たちはそうではないです。徴兵制があったこと自体がもう忘れられてしまっているということです。

こういった、前提となる歴史的事実がかなりあいまいというか分からなくなってしまっています。ですからこのような間違った認識で組み立てられた企画を全部チェックしていかないといけないと思います。やはり制作サイドの中核になる人たち――ドキュメンタリーであれば、いわゆるディレクターで、ドラマであれば脚本家とか演出する人たちとか――も、全部戦後世代になってきています。脚本を書く人も若い人になってくると分からないわけです。そういった部分で、まず「いろは」の「い」から始めていかないといけなくなっています。戦争というものをです。そもそも戦争の仕組みというもの自体の流れが、どうやって戦争になっていくのかというのも分からないわけですから、それも教えていかないといけないと思います。

（3）社会的需要と供給のギャップ

ドキュメンタリー、例えばNHKスペシャル『〝終戦〟知られざる7日間～〝戦後〟はこうして始まった』（二〇一五年）にも最初の段階から中身に関わっていました。これを担当したディレクターは、年齢的にいうと三〇歳前後になります。ここでもなかなか分かってもらえなかった部分が軍隊の仕組みです。軍隊というのは基本的に上意下達で、上からの命令があるとそれによって動いていく組織です。上の命令がどんなめちゃくちゃな話でもそれに従っていく、そういう仕組みになっているというのが軍隊です。一般社会の人たちが自由に判断する組織と全く違う世界です。

八月一五日に玉音放送が流れて天皇が戦争は負けたと言ったときに、あれほど頑強に抵抗していた軍隊が粛々と武装解除に応じたという話です。しかしやはり忸怩たるものがあって、命令に従わない人がいたというストーリーの方に焦点を当てたかったのです。要は「天皇の命令だろうが何だろうが、俺たちは戦うんだ」と言ってあくまでも徹底抗戦を主張した人たちという組み立てが最初にあって、それをドキュメンタリーの核にしようと考えたのですが、僕はそれに対して否定したのです。末端の部分で怒り狂って「俺はそんなの従わねえ」とかいうのはいたのかもしれないけれど、軍の組織として従わないということはあり得ない。それは反乱軍になるということですから。これは絶対にそういった話ではないのだと。回顧録だとか色々な状況のなかで、末端の兵士が「俺たちは、こんなのは納得できねえ」といって騒ぐ、例えば厚木飛行場で立てこもった将校がいたといった話は単発的にはあるのだけれど、やはり部隊という組織では、個人の意思と部隊の、組織の意思は絶対に違う。それは言ってもなかなか理解してもらえなかったです。今の人は自由意思で全部考えてしまうので、「組織にいたって、自分でやるだろう」と、「組織にいても「俺は会社辞めてやる」って思ったら辞めちゃう」というような発想と同じだろうと。そうではない。軍隊というのは私兵集団ではなく組織ですから、上が言ったことが必ず末端に伝わって動いている。末端の兵士がどんな意思を、自由な意思を持っていても、上の命令には全部従う。「人は殺したくない」と内心では思っていても、「殺せ」と言われれば殺す。それが軍隊なのだということを納得してもらうのは、すごく時間がかかったわけです。最終的には、ディレクターがどうしてもと色々と食い下がってくるのですが、「それは絶対あり得ない」というので、流れはそうなりました。そうなると番組としては一般の記録みたいな、話としてはいまいちドラマチックではない内容になってしまいましたけれど、事実は変えられません。このように感覚的にそういった部分を理解できるかが大きなポイントになります。

このようなケースもあると、伝える側である制作サイドが基本的な部分すら分からなくなってきている、という現実があります。「違うよ」というふうにアドバイスしたり教育したりするという立場の学者からすると、安穏としていられません。これは社会的な需要と供給のギャップというのが大きく影響しているように映ります。戦争ものはそんなに視聴率は取れないのですが、ある程度、社会的な関心は高い。戦争ものはある程度あった方がいいのではないかという意見もあるし、戦争のことを知りたいという人たちもいるわけです。これに対して、それを供給する側、学術的にどうだったかを解説し考証として正確かと検証する側がいっぱいいるかというと、実はいないわけです。私のように現代史をやっているもののなかでも昔はいたのですが、最近はほとんどいなくなってしまいました。学術的な関心は社会的ニーズとは違う方向にいってしまっています。

社会が求めている「歴史のこのことを知りたい」というものと、学者が「これを知りたい」と思っている部分が乖離していて、これが社会に対する発信力を弱めているということにもつながっていると思います。その面で学問、学界、学者の立場として反省すべき点は非常に大きいと思います。メディアが、「こういうこともどんどん伝えたい」と言っても、それに応えられる研究者が圧倒的に少ない。私が色々なメディアに関わっているのは、要は他にいないからです。ぐるぐる回っているうちに僕のところに来てしまう。そういう話が結構あります。「先週、同じ局の誰々さんが来たんですけど、これ違う企画なんですか」と訊いて、「いや違う企画です」と言われて、ということがあったりするわけです。同じ局から違う人が聞きに来てしまう。これはあまりいいことではなくて、私がこうだといっても、研究者が言ってもあくまで仮説ですので一つの視点でしかない。絶対ではないのです。ですから一人だけ伝えていると、そればかりになってしまう。放映しているものの分析視角とか問題意識とか、そういった内容の解釈、歴史の解釈が同じようなものになっていく恐れがあるということです。研究者側としても非常に問題があります。そういった現実的な需要と供給のギャップを引き起こしてしまっていることは、反省すべきところだと思います。

(4) 戦争ものの将来

それと同時に制作する内容も、ちょうど今、変わり目です。特にドキュメンタリーなどは表現の仕方が変わってきています。どういうことかというと、ドキュメンタリーは体験者が出てきて、「あのガダルカナルの戦いはこうだった」とか、インタビューに答えてくれるおじいさんが出てこないと、映像的なインパクトは欠けてしまうわけです。制作する側としてはそれを入れたいわけです。どうしても証言が必要になってくるのですが、これはもう探しても——仕方がないことなのですが——年々減っていきます。増えることは絶対ない。ガダルカナルの戦いの経験者が増えていくということはなく、確実に消滅するわけです。

ＮＨＫスペシャルのときも、支那派遣軍という中国に駐留していた日本軍の兵士をどうしても探したいということがありました。支那派遣軍は一〇〇万人いたのですが生存者はもうほとんどいないです。いてもせいぜい二等兵や一等兵という下級兵士レベルなのです。将校はほとんどいない。ですからこれは証言として出てきても——やっと一人見つけたのですが——証言の内容自体は非常に狭いのです。組織のなかで末端にいればいるほど、見ている範囲、関わっている範囲は狭くなりますから証言の幅が非常に狭い。自分たちの仲間で「そんな敗戦なんて信じられねえや」「俺たちはそんなことは信じられねえ」と言ったという、これは仲間内での話に終わってしまいますから、組織として「それは納得できない」とか、「あくまで徹底抗戦だ」というようなレベルにいかないわけです。中隊長や連隊長、場合によっては師団長クラスにいかない限りは、その発言の広がりとか重さは出てこない。ですがもうそういった人はいません。

そうなると、ドキュメンタリーの手法も考えないといけないということです。中身自体、伝えるものが減ってしまってコンテンツが変わってくるのです。新しい手法を考えないといけない。違うイメージを使わなければいけないです。かといって「この資料で、支那派遣軍からの電報によると、こうだった」と資料ばかり出されても、映像としての意味がない。やはり映像としては動きがないと困るわけです。それによって初めて視聴者が「あっ」と思う。そうでなければ本を読めばすむことですから。動くものが必要になってきます。

そうすると、ドキュメンタリーの手法として、ＮＨＫスペシャルでいうと——二〇一六年から五年ぐらい前——終戦の場面で作ったのが、当時の御前会議だとかそんな所にいた人なんて今はいませんので、それを再構成するといって作ったのがアニメーションです。それぞれの登場人物、東郷茂徳とかそういった人たちの絵を描いて、アニメーションで動かしてイメージを作るというやり方をしました。

もう一つは、やはり古典的なドラマです。再現ドラマを作ってしまう。その二つがあります。アニメのやり方というのも結構面白いのですが、ドラマというのが一番分かりやすい、ストレートな話です。ドラマでやったのがこれです。二〇一三年に放映したもので、『知られざる脱出劇〜北朝鮮・引き揚げの真実』（ＮＨＫ、二〇一三年）は再現ドラマです。この人たちは実写フィルムではなくて、北朝鮮から逃げてくる——三八度線をどうやって日本人は逃げてきたかというときの映像はありませんので——再現ドラマにしたわけです。当時の人々といっても今では子どもの証言者しかいませんから、こういったドラマスタイルで作るしかないということになります。これかアニメかのどちらかです。この場合なぜドラマになったのかは単純で、局内でアニメーションを最初にやったプロデューサーとこれを作ったプロデューサーの仲が悪くて、「俺は、絶対あんなやり方やりたくない」といってドラマになった。ドラマになったおかげで制作費が非常にかかってしまって。変な話なのですが、ここで出している二〇一三年のときの、『知られざる脱出劇』がそうなのですが、このときは、ドラマにするか、再現をどうやって表現するか、まだ決まっていなかった。ＥＴＶ特集で同じようなのをやったのですが、ＥＴＶ特集

『忘れられた引揚者〜終戦直後・北朝鮮の日本人』（ＮＨＫ、二〇一三年）は、実際は『知られざる脱出劇』を作ったときに撮ったフィルムなのです。それを再編集して『忘れられた引揚者』にしたというものです。

『忘れられた引揚者』は、引揚を日本サイドから見るだけではなくて、韓国―朝鮮側から見るとどうなるかと、韓国から研究者を呼んで私との間で対談したものです。日本から見るところで朝鮮から見るところだという話と、その当時の国際情勢、なぜ日本人があいう状況になったかということを日韓の研究者で語り合う。そういう場面を作って、これは六時間ぐらいかけて撮った。それだけ撮って、本当はこの『知られざる脱出劇』で流す予定だったのが、ドラマが入ってしまったので大幅にカットされてしまい、対談部分が放映されなくなってしまった。でも、せっかく韓国からお金を払って呼んだのだからもったいないということで再編集されたのがこの『忘れられた引揚者』になります。

ドキュメンタリーの場合も、全体の構成の関係で大きくカットされるというのはよくあることなので、そのことは許容されなくてはいけない。中身の充実度というより表現手法も重要なのですから、カットされるものも多いです。ドキュメンタリーでもドラマ風な映像というものが、これからもっと増えてくると思います。このドラマ風のもののいいところは、視聴者に分かりやすいことです。ただ逆に言うと、それで印象が固定してしまうのです。ドラマで見た雰囲気そのものだというふうに思ってしまいがちなのです、人というのは。ですから下手に作ってしまうと、これが引揚の実像だというふうに皆思ってしまうわけです。実際は作られたドラマでもきれいなほうで、現実はもっと悲惨な状況にあります。あまりにもリアル過ぎるのは当然、視聴者は引いてしまいますから、ちょっときれいにするわけです。ある程度整理されてしまう。ですが整理されてきれいになってしまったものを、逆に視聴者は真実だと受け取ってしまいがちです。ドラマ風にすることの問題点は、インパクトが強ければ強いほどそれが問題になりますし、そこに考証として研究者がどう関わるかという問題が新たに出てくると思います。

　ただこの場合、「もっと悲惨だったから、もっと服をぼろぼろにしないといけません」とか「顔を、もっと真っ黒にしないといけません」、「髪の毛はみんな坊主刈りにしないといけません、女性も」とかそういうことを言ってやっていても、実際にそれが成り立つのかというのはまた別になります。現実にはそういった問題が出てくると思います。

おわりに

　これから現代史を伝えていくために研究者のあるべき姿というものは、制作サイドの人たちが明らかに戦争を知らない世代になっているなかで、いかに「戦争というのはこういうものだ」ということをきちんと伝えないといけないかというところにあります。今まで知っていたことを前提にした対話が成り立たないということです。

　もう一つはやはり、ドキュメンタリーにしても映像表現の仕方が転換期を迎えていて、今までのような、証言者を出して証言させるということができなくなってしまったから、それに代わる新しい手法を作らなくてはいけなくなる。そういったなかで再現ドラマのようなものを作ることになりますが、そこに対してどうやってこちらが監修をしていくか。そういった細かいディテールにまで関わらざるを得なくなってくるというのが現状です。

　また一方では、そんなことに関わる研究者が圧倒的に少ないという現実もあります。このように課題だらけですが、今日はここまでにしたいと思います。

参考資料：これまで関わったメディア(2021年度まで)

【テレビ：ドラマ】

①TBSテレビ 未来遺産終戦69年ドラマ「遠い約束～星になったこどもたち」
　＊監修(2014年8月25日)
②TBSテレビ 60周年記念企画「レッドクロス～女たちの赤紙」
　＊監修(2015年8月1・2日)
③NHK 特集ドラマ「どこにもない国」
　＊助言指導(2018年3月24日/31日)
④関西テレビ カンテレ開局60周年特別ドラマ「僕が笑うと」
　＊助言指導(2019年3月26日)

【テレビ：ドキュメンタリー】

①NHK／NHKスペシャル「届かなかった手紙～関東軍は何を検閲していたのか」
　＊監修(2003年8月16日)
②NHK／NHKスペシャル「満蒙開拓団はこうして送られた～眠っていた関東軍将校の資料」
　＊取材協力／資料提供(2006年8月11日)
③NHK／NHKスペシャル「引き揚げはこうして実現した～旧満州・葫蘆島への道」
　＊出演(インタビュー)／取材協力(2008年12月8日)
④NHK／ハイビジョン特集「葫蘆島への道～旧満州引き揚げ・運命の岐路」
　＊取材協力(2008年12月27日)
⑤NHK／NHKスペシャル「プロジェクトJAPAN シリーズJAPANデビュー第2回 天皇と憲法」
　＊取材協力(2009年5月3日)
⑥NHK／NHKスペシャル「プロジェクトJAPAN シリーズ朝鮮半島と日本 第3回 戦争に動員された人々～皇民化政策の時代」
　＊取材協力(2010年6月20日)
⑦NHK／BSプレミアム「証言記録　兵士たちの戦争　満州国軍」
　＊取材協力(2012年3月31日)
⑧NHK／NHKスペシャル「日中外交はこうして始まった」
　＊取材協力(2012年9月30日)
⑨NHK／BS特集「67年目の慰霊～北朝鮮に眠る日本人の遺骨」
　＊出演(インタビュー)／取材協力(2013年7月14日)
⑩NHK／NHKスペシャル「知られざる脱出劇～北朝鮮・引き揚げの真実」
　＊出演(インタビュー)／資料提供(2013年8月17日)
⑪NHK／ETV特集「忘れられた引揚者～終戦直後・北朝鮮の日本人」
　＊出演(対談)／取材協力(2013年12月14日)
⑫FBS福岡放送／NNNドキュメント「極秘裏に中絶すべし～不法妊娠させられて」
　＊出演(インタビュー)／資料提供(2015年8月10日)
⑬NHK／NHKスペシャル「“終戦”知られざる7日間～“戦後”はこうして始まった」

＊出演（インタビュー）／取材協力（2015年8月16日）
⑭NHK札幌放送局／戦後70年「消えない記憶～満州“集団自決”の悲劇」
＊出演（インタビュー）／監修（2015年8月28日）
⑮NHK／ETV特集「忘れられた人々の肖像－画家・諏訪敦“満州難民”を描く」
＊助言指導（2016年4月2日）
⑯NHK／NHKスペシャル「村人は満州へ送られた－“国策”71年目の真実－」
＊助言指導（2016年8月14日）
⑰NHK／NHKスペシャル「樺太地上戦 終戦後7日間の悲劇」
＊取材協力（2017年8月14日）
⑱NHK／NHKスペシャル「ノモンハン 責任なき戦い」
＊取材協力／情報提供（2018年8月15日）
⑲NHK／ETV特集「わたしは誰 我是誰～中国残留邦人3世の問いかけ～」
＊取材協力（2018年9月22日）
⑳NHK／NHKドキュメンタリー「天皇 運命の物語 第3話」
＊取材協力（2019年3月23日）
㉑テレビ朝日／テレメンタリー「史実を刻む～語り継ぐ“戦争と性暴力”」
＊助言指導（2019年8月25日）
㉒NHK／NHKスペシャル「証言と映像でつづる原爆投下・全記録」
＊取材協力／情報提供（2020年8月6日）
㉓NHK／BS1スペシャル「満州 難民感染都市知られざる悲劇」
＊指導助言／情報提供（2021年3月28日）

【テレビ：教養／娯楽】
①NHK／その時歴史が動いた「戦後引き揚げ660万人故郷への道」
＊出演（スタジオゲスト）／制作協力（2007年12月5日）
②NHK／ファミリーヒストリー「小塚崇彦～五輪の夢 小塚家3代の挑戦」
＊取材協力（2012年11月12日）
③NHK／ファミリーヒストリー「藤原紀香～中国の大地に誓った父の覚悟」
＊取材協力（2013年10月11日）
④日本テレビ／ザ！世界仰天ニュース「千振開拓団」
＊出演（スタジオ解説）／監修（2014年5月21日）
⑤TBS／テレビ未来遺産「終戦69年 林修 特別講義・戦争もう一つの悲劇 ～告白 私たちの満州」
＊監修（2014年8月24日）
⑥日本テレビ／情報ライブミヤネ屋「北朝鮮からの引揚者」
＊出演（インタビュー）（2015年8月7日）
⑦NHK／ファミリーヒストリー「小林幸子～戦地に向かう父 吹き込んだレコードの謎」
＊取材協力（2017年1月5日）
⑧NHK／ファミリーヒストリー「友近～見つかった亡き父の書き置き 70年前の真実」
＊取材協力（2017年1月19日）

⑨NHK／ファミリーヒストリー「大和田伸也・健介～先祖は敦賀の豪商 故郷を背負って」
＊取材協力（2017年12月6日）
⑩NHK／ファミリーヒストリー「篠田麻里子～壮絶！祖母の歳月 亡き夫に誓う」
＊取材協力（2018年1月31日）

【テレビ：報道】
①NHK／おはよう日本「幻の松花部隊の資料発見」
＊出演（インタビュー）（2011年10月31日）
②NHK／朝のニュース「スウェーデンで敗戦直後の日ソ交渉文書発見」
＊出演（インタビュー）（2012年12月7日）
③フジテレビ／ニュースJAPAN「満蒙開拓団の悲劇」
＊出演（インタビュー）（2013年8月16日）
④読売テレビ／ニュース「遺骨のない墓」
＊出演（インタビュー）／取材協力（2014年8月15日）
⑤NHK／NEWS WEB「北朝鮮残留日本人名簿発見」
＊出演（スタジオ解説）（2015年5月1日）
⑥関西テレビ／ニュース「北朝鮮遺骨問題」
＊出演（インタビュー）（2015年7月8日）
⑦NHK福岡放送局／特報フロンティア「知られざる逆送～シベリア抑留 もう一つの悲劇」
＊出演（インタビュー）／取材協力（2015年10月30日）
⑧NHK／首都圏ネットワーク「「横浜事件」国の賠償責任認めない判決」
＊出演（インタビュー）／取材協力（2016年6月30日）
⑨NHK／おはよう日本「戦争の“負の歴史”後世にどう残す」
＊出演（パネル）／助言指導（2019年12月13日）
⑩NHK佐賀放送局／クローズアップ佐賀「幻の「兵事文書」で戦没の親族をたどる」
＊出演（インタビュー）／取材協力（2020年8月6日）
⑪NHK／首都圏ナビ「シベリア抑留“最後”の帰国 孫が記録からたどる祖父の11年間」
＊出演（インタビュー）・取材協力（2021年12月27日）
⑫NHK札幌放送局 ほっとニュース「北海道に戻れずに旧満州に眠る遺骨返還はなぜ進まないのか」
＊出演（インタビュー）（2022年1月7日）

【ラジオ】
①TBSラジオ／荻上チキSession22「今日は降伏文書調印の日」
＊出演（ゲスト解説）（2015年9月2日）
②TBSラジオ／荻上チキSession22「終戦後の引き揚げから70年。難民化した日本人はどのような体験したのか？」
＊出演（ゲスト解説）／情報提供（2016年11月7日）

③TBSラジオ／荻上チキSession22「特集・満蒙開拓団 〜現地の人たちの土地を奪い残留孤児を生んだ国策はなぜ進められたのか？」
＊出演（ゲスト解説）／情報提供（2017年8月14日）
④TBSラジオ／荻上チキSession22「特集 燃やされた公文書〜 74年前の敗戦時、公文書破棄はどのように行われたのか？」
＊出演（ゲスト解説）／情報提供（2019年8月13日）
⑤TBSラジオ／荻上チキSession22「地域文化喪失の危機？歴史資料管理の専門家『アーキビスト』の役割に迫る」
＊出演（ゲスト解説）／情報提供（2020年7月14日）
⑥KBS京都／笑福亭晃瓶のほっかほかラジオ「『アーキビスト』とは」
＊出演（解説）（2020年7月20日）
⑦TBSラジオ／荻上チキSession22「特集「戦後75年〜中国残留邦人の体験を戦後世代がどう伝えていくのか〜」」
＊出演（ゲスト解説）／情報提供（2020年8月14日）
⑧NHKラジオ／Nラジ「公文書管理の専門官“認証アーキビスト”機能させるためには」
＊出演（解説）（2021年5月13日）

【映画】
①記録映画 羽田澄子監督「嗚呼 満蒙開拓団」
＊出演（インタビュー）／制作協力（2008年）
②記録映画 小原浩靖監督「日本人の忘れもの フィリピンと中国の残留邦人」
＊出演（インタビュー）（2020年）

4 戦争を描いた時代劇メディアと歴史学
――『スペシャルドラマ 坂の上の雲』の検証

◉山田　朗

はじめに

歴史上の事件や人物を描いた映像コンテンツが、私たちの目を開かせたり、希薄化していた歴史上の記憶を蘇らせることがある。[1] だが、その反面、場合によっては特定の、あるいは一面的とも言える歴史認識を固定化させてしまうこともある。

例えば、一九五七年に公開された英米合作映画『戦場にかける橋』（デヴィッド・リーン監督）は、捕虜労働によって建設された泰緬鉄道というイメージを定着させたが、膨大な犠牲者を出した実際の建設労働者の大半は日本軍によって「ロームシャ」として動員された近隣諸国の人々であった。[2] また、日本のテレビドラマ史に残る名作、一九五八年に放映されたＫＲＴテレビ（現ＴＢＳ）『私は貝になりたい』（橋本忍脚本）は、多くの日本人にＢＣ級戦犯裁判を日本軍の実態（上官の命令を拒めない）を無視した理不尽な裁判とイメージさせたが、実際には、最下級の二等兵で死刑を執行された被告はいなかった。[3] これらの作品は、史実のある面を正しく描いている。実際に泰緬鉄道にイギリス軍捕虜は使われたし、ＢＣ級戦犯裁判では命令に従っただけの下級の者が死刑を宣告・

執行されたこともあった。しかし、作品が人々に訴えかける力があればあるほど、多くの人々の歴史認識を固定させてしまうことがあり、問題性に気がついた歴史研究者はその修正に多大な年月とエネルギーを割くこともしばしばである。それだけ映像メディアは歴史認識やイメージを社会に強く焼き付ける力を持っていると言える。

本稿においては、戦争を描いた時代劇メディアのコンテンツとして、テレビドラマとしては空前の規模のNHK制作『スペシャルドラマ 坂の上の雲』（初回放映二〇〇九～二〇一一年）(4)を検討対象にして、歴史小説と映像コンテンツの関係、映像コンテンツの特徴とその影響について検証してみたい。一〇年以上前の映像作品ではあるが、この作品を取り上げるのは、現在でも広く読み継がれている司馬遼太郎『坂の上の雲』を原作とし、従来はそのスケールの大きさから全体の映像化が困難と言われていたにもかかわらず、VFX（主として実写映像とCGの合成）の活用によって隘路を突破し、豪華で表現力に富む出演陣も相まって、今日に至るも高い人気を維持しており、近代日本国家や日清・日露戦争に対する現代人の認識にかなりの影響を与え続けている存在であると考えたからである。

一、『スペシャルドラマ 坂の上の雲』の特徴

司馬遼太郎『坂の上の雲』は、一九六八～一九七二年に新聞連載され、六九～七二年に単行本（文藝春秋）全六巻、七八年に文庫版全八巻（文春文庫）となり、現在でも読み継がれている。この作品は、明治初めから日露戦争にいたる時代状況を描き、かつ秋山兄弟――陸軍の騎兵部隊の育ての親である秋山好古（よしふる）、海軍の連合艦隊の作戦参謀であった秋山真之（さねゆき）――を軸に、同郷（愛媛県松山）の俳人・正岡子規を配して、さらに山県有朋・大山

巖・児玉源太郎・乃木希典・明石元二郎・東郷平八郎らの歴史上の人物をそのまま主要な登場人物とする、日露戦争がどのように戦われたのかを描いた一大歴史小説である。

ＮＨＫ内に『坂の上の雲』を原作としたドラマの制作チームが立ち上げられたのが二〇〇二年とされ、脚本の作成に多くの時間をかけ、実際の撮影にも〇七年から一〇年まで足掛け四年を要した空前の規模のテレビドラマである。そして、『スペシャルドラマ 坂の上の雲』はＮＨＫにおいて二〇〇九年から一一年にかけて三年にわたって放映された。毎回九〇分、全一三回の構成は以下の通りである。(5)

第一部　第1回　少年の国　　第2回　青雲　　第3回　国家鳴動
　　　　第4回　日清開戦　　第5回　留学生
第二部　第6回　日英同盟　　第7回　子規、逝く　　第8回　日露開戦
　　　　第9回　広瀬、死す
第三部　第10回　旅順総攻撃　　第11回　二〇三高地　　第12回　敵艦見ゆ
　　　　第13回　日本海海戦

司馬遼太郎（一九二三～一九九六年）自身は生前、『坂の上の雲』の映像化を許諾しなかったことが知られている。「なるべく映画とかテレビとか、そういう視覚的なものに翻訳されたくない」、「うかつに翻訳すると、ミリタリズムを鼓吹しているように誤解されたりする恐れがありますからね(6)」とその理由を説明している。ＮＨＫは、司馬の生前から『坂の上の雲』の映像化を求めていたが、司馬の没後、司馬記念財団と著作権継承者から映像化の

許諾を得た。おそらく、その際、司馬が憂慮していた部分をクリアすることを条件としたものと考えられる。原作の壮大なスケール感と臨場感を表現するとともに、ミリタリズム鼓吹と受け止められないようにするにはどうしたらよいのか。

原作と映像を比べてみると、まず、スケール感・臨場感という点では、ほぼ原寸大の戦艦三笠のオープンセットや膨大な労力をかけたＶＦＸを駆使した映像の作り込みによって、それまでの映画・テレビドラマにはないスケール感とリアリズムに徹した作品になったことは確かである。

それでは、ミリタリズム鼓吹とならないように、という点はどうか。『スペシャルドラマ 坂の上の雲』では、歴史学者・作家などからなる脚本諮問委員が設けられるとともに、脚本監修者が置かれて脚本家を支える態勢が取られている(7)。このような脚本段階での作業が反映した結果であるのか、映像作品をみる限り、おそらく、制作サイドが二つのことに配慮したことがうかがえる。第一は、原作よりも戦争を多面的に捉えようとしていること、第二は、女性登場人物の役割を強めて男性中心の戦争像に修正を加えようとしていることである。

第一の多面的な戦争把握は、原作が一九六〇年代末から七〇年代初頭に完成していることから、それ以降の司馬の所見、日清・日露戦争に関する諸研究の成果を盛り込んで、原作には存在していなかったり、弱い視点を補強することで、「文明対野蛮」の日清戦争論、単純な日露戦争＝自衛戦争論に陥らないようにしている。例えば、第４回「日清開戦」では、従軍記者となった正岡子規が、親を日本兵によって殺された中国人幼児の祖父と思われる人物が日本兵に激しく詰め寄る場面を目撃したが、通訳を務める日本軍下士官は子規の質問に「この人は日本軍に感謝の言葉を述べている」と説明したところ、子規が「嘘だ」と叫ぶ場面がある。これは「旅順の虐殺」を想起させるものであるが、原作にはないやり取りである。また、中国人に対する乱暴な物資徴発と思われるシーンも盛り込まれている。日清戦争を「朝鮮の改革」をめぐる日清間の衝突だけでなく、中国本土に侵攻するという戦争の性格の変化（エスカレート）を示唆するものだが、原作からこれ以上は離れることができなかったのであろう。そもそも原作でもドラマでも日清戦争開戦に至る陸奥宗光外相と川上操六参謀次長の主導性は描かれているが、ドラマでは、朝鮮半島を「利益線」（勢力圏）とみなす日本の膨張政策については事前に触れられていないので、なぜ日本がわざわざ朝鮮半島まで出ていって清国と戦争をしなければならないのかは一般視聴者には理解しにくいと思われる。

第二の男性中心の戦争像の修正は、ドラマ化に際してのかなり大きな特徴であろう。もちろん、メインの男性陣を女性が支える、戦争に行く男性たちの無事を祈る、あるいは家庭を守るというパターンではあるが、秋山兄弟の母・貞、好古の妻・多美、真之の妻・季子らにそれぞれ明確な個性を持たせ、また、原作にはほとんど登場しない正岡子規の妹・律には病身の子規を献身的に支えるだけでなく、秋山真之・季子を助ける大切な存在として重要な場面に登場させている。また、これも原作には登場しない広瀬武夫のロシア人の恋人アリアズナ（ロシア貴族・海軍軍人の娘）の存在も異彩を放っている。アリアズナを描くことで、「軍神」とは異なる広瀬武夫像が提示されている。

しかし、男性中心の戦争像の修正が図られているとは言っても、原作そのものが帝国主義時代の政治・外交・戦争・戦闘という場面を濃密に描いている関係で、超弩級の男性ドラマであることには変わりがない。また、司馬遼太郎が言うように、この時代の精神が「楽天主義」であったとしても、必ずしも登場人物の多くが明るいキャラクターであるわけではない。ドラマでは、原作よりも高橋是清が登場する頻度が高いのは、明るさを出すための演出なのかもしれない。第5回「留学生」で、イギリスがかつてネイティブアメリカンの「イロコア族」

に酒と武器を与えて、他の部族の「クリアランス」をしたという謀略的な話を、原作では小村寿太郎が秋山真之にしているのだが、ドラマでは高橋是清に語らせている。

二、旅順攻防戦の映像から読み取れること、読み取れないこと

一九〇四年七月から〇五年一月まで半年にわたる旅順をめぐる大攻防戦に小説『坂の上の雲』も『スペシャルドラマ 坂の上の雲』も大きなスペースを割いている。日露戦争前の一九〇二年に正岡子規は没し、秋山兄弟も旅順地上戦には参加していないので（真之は旅順港閉塞戦や旅順海域での作戦には従事している）、主役不在の戦場ではあるが、ここでは主役が、一時的に満州軍総参謀長＝児玉源太郎と第三軍司令官＝乃木希典となっている。そして、原作もドラマもこの戦いを、日露戦争を象徴するものとして、そして日露戦争全体の命運を決するものとして位置付けている。日露戦争を象徴するものとは、「近代」そのものの鉄とコンクリートの巨大要塞に肉弾で挑む日本軍ということだ。また、戦争全体の命運を決するものとは、旅順が陥落しないと旅順艦隊とバルチック艦隊が合流し、日本側は制海権を喪失し、大陸に派遣されて北進している陸軍部隊主力も立ち行かなくなる、ということである。

ドラマ第10回「旅順総攻撃」・第11回「二〇三高地」と原作を比較すると、児玉源太郎と乃木希典の描き方がかなり異なっているように思われる。原作では、どうしても乃木が無能で児玉が天才と読めてしまう。司馬遼太郎は、戦前以来の「軍神乃木」の神話を打ち砕いたが、新たに児玉神話を作ってしまったと言える。だが、ドラマでは、乃木が置かれた立場と苦悩が原作以上に描き込まれている。そもそも、日露戦争を始めてはみたものの、

旅順の強固な要塞を破壊できるだけの方法が大本営にも全く分かっていなかったし、満州軍総司令部も、遼陽決戦に気を取られたのと過早なバルチック艦隊来航予想から、準備不足の第三軍に作戦を急がせすぎたのである。十分な攻略手段を与えられず、結果を出す期限だけを切られた第三軍は、時間がないので準備の都合上、自由に攻撃地点を選ぶことができず、結果として旅順要塞における最も防備の堅固な中核堡塁（ほうるい）の正面突破を図らざるを得なくなり、案の定、膨大な犠牲を出して失敗を繰り返す。この経緯は、ドラマではよく描かれていた。

また、VFX技術を駆使した映像と出演者の奮闘によって、これまでに描かれて来なかったスケール感とリアリティーを持った要塞戦の場面を再現することができたと言えよう。ロシア側の機関銃による防御火力の凄まじさや兵士の突進を阻む鉄条網などは、これまでの映像作品でもしばしば描かれてきたが、空中で炸裂し、多数の小弾子を撒き散らすロシア側の使う榴散弾（りゅうさんだん）(8)を映像化したのは初めてではないだろうか。

なお、原作でも、ドラマでも二〇三高地を観測所として行われた日本軍の二八センチ榴弾砲の砲撃によって軍港内の旅順艦隊が全滅したように説明されているが、日露戦後の日本側の調査によれば、旅順艦隊の艦艇のほとんどが損傷はしてはいたが、艦底のキングストン弁を開いて自沈（水没擱座）した状態であったことが分かっている。(9)これは、砲撃による損傷を回避し、艦体を温存するため、あるいは旅順軍港が日本軍に占領され、軍艦を日本側が捕獲してもすぐには使用できないようにするためのロシア側の措置であったと考えられる。

ところでドラマでは描かれなかったことだが、二〇三高地の陥落（一九〇四年一二月五日）と旅順艦隊の壊滅（と見えたこと）で、旅順要塞攻防戦は終了したわけではなかった。第三軍はあくまでも、当初から攻撃を続けていた旅順要塞の中核堡塁（松樹山・二龍山・東鶏冠山）を突破しての旅順占領を図っていたのである。ようやく二〇三高地の占領の頃になって一〇月末の第二回総攻撃前から進められていた堡塁地下の坑道掘削が進展し、地中からの堡塁爆破の目算が立ってきた。各師団は、目標とする中核堡塁への地下坑道掘削を急ぎ、まず、一二月一八日に第一一師団が東鶏冠山北堡塁の地下からの大規模爆破に成功した。破壊された堡塁には歩兵部隊が突撃をかけて占領した。また、二八日には第九師団が二龍山堡塁への地下坑道を完成させ、爆破に成功、ロシア軍守備兵の抵抗を排除して完全に占領した。三一日には第一師団が松樹山堡塁の爆破に成功し、占領した。第二回総攻撃以来、三ヶ月におよぶ中核堡塁をめぐる攻防戦は、ようやく第三軍が松樹山・二龍山・東鶏冠山の三大拠点を破壊・占領するにおよんで終結した。(10) つまり、第三軍は、最初に十分に検討して早くから坑道掘削を進めていれば、実際よりも早期に、しかも犠牲もはるかに少なく旅順要塞を破壊し、占領することができたということで、いたずらに攻略を急がせた大本営と満州軍総司令部の責任は実に大きいといえよう。

三、日本海海戦の映像から読み取れること、読み取れないこと

原作のスケール感と戦闘などのリアリティーを出すためにこのドラマでは、当時としては非常に水準が高いVFX技術が駆使されている。DVDボックスに組み込まれているメイキング映像で確かめると、例えば、連合艦隊の旗艦である戦艦三笠が海上を航行するところを鳥瞰するシーンでは、実際の海上を航行する三笠と同じくらいのスケール（排水量）の海上自衛隊のヘリコプター搭載護衛艦「ひゅうが」(11) の映像の「ひゅうが」の艦体部分を、3DCGで作成した三笠のそれに置き換えるという方法をとっている。こうすることで、大型艦が海上を航行するリアリティーを出しているわけである。

この鳥瞰撮影のカメラアングルは、第13回「日本海海戦」において、海戦冒頭で日本艦隊が単縦陣で大回頭す

る際にも使用され、艦隊運動が非常によくわかる。のちに描かれた海図上の航跡でしか確認することができず、現実の世界では誰も見ることができなかった光景を私たちは目にすることができたわけである。日本海海戦はこれまでも日露戦争を描いた劇場映画でも必ずと言ってよいほど描かれてきたが、従来の模型を使った特撮では高速（主力艦の最大戦速）で航行する艦隊運動を表現するのは難しかった。この「敵前大回頭」は、北上するバルチック艦隊の進路前方を横切る形で日本艦隊が東進しつつロシア側先頭艦に砲弾を集中（「丁字戦法」＝T cross）、さらに両艦隊が並行して進む同航戦に持ち込む決め手になる艦隊運動であった(12)。

ドラマでは、秋山真之が計画していた艦隊運動を東郷平八郎が巧みな指揮で実現したように描かれていたが、なぜこれが成功したのかは説明されていない。視聴者には、秋山の作戦立案と東郷の決断と指揮の卓越が印象づけられたであろう。実は、東郷・秋山は前年八月一〇日の黄海海戦で、出撃してきた旅順艦隊に「丁字戦法」を試みて失敗し、逃げられている。

当時の海戦における主役は、一見すると最も大きな主砲（口径は戦艦三〇センチ、装甲巡洋艦二〇センチ、一艦に回転式二連装砲塔が前後に二基、合計四門を搭載）であるように思われがちであるが、当時の巨砲は弾道が直進的ではないのでなかなか命中しない。むしろ、舷側に多数（片舷に六〜七門）搭載されている口径一五センチ前後の副砲が弾道も直進的で、かつ発射間隔も短いので、短時間に多くの命中弾を敵側に浴びせることができる。当時は、敵艦を撃沈するよりも、それに乗り組む人員を殺傷することが重視されていた。それゆえ、向かってくる敵側（前方主砲しか使えない）に舷側を見せるような位置関係（主砲全部と副砲半分を使える）で戦うのが最も有利なのである。それゆえ、どちらも相手に対して「丁字」を形成したいわけで、相手にそうはさせまいと艦隊を運動させるので、そう簡単には「丁字」は実現しないのだ。黄海海戦の際には、東郷・秋山は「丁字」を実現させることの難しさを思い知った。

ここで注目すべきは、日本艦隊で最初に「丁字戦法」を成功させたのは、東郷も秋山もいない前年八月一四日の蔚山（うるさん）沖海戦であったということだ。黄海海戦の直後に勃発したこの海戦で、第二艦隊（司令長官＝上村（かみむら）彦之丞、参謀長＝加藤友三郎、装甲巡洋艦四隻が主力）は、海上における砲撃戦で初めて「丁字戦法」を成功させてロシア側主力艦（装甲巡洋艦リューリック）を撃沈、他の二隻も大破させて、神出鬼没のゲリラ戦を展開して日本軍を大いに悩ませていたウラジオストク艦隊（装甲巡洋艦三隻が主力）を壊滅させた。この上村艦隊の教訓を取り入れ、艦隊運動によっていかに「丁字」を作るか、そしてその後の同航戦に持ち込むか、そこが東郷と秋山の最大の課題であったわけで、秋山は日本海海戦の直前まで、ロシア艦隊の進路前方の海上に浮遊機雷を撒いて、ロシア艦隊の進路を妨害して「丁字」を作ろうというような案も構想していたが、これは「波高し」という状況で採用できず、艦隊運動だけで「丁字」を作らざるを得ず、ロシア艦隊がまんまと日本側の策に乗ってくれるかどうかが鍵であったのだ。ドラマではこの東郷・秋山の事前の失敗と教訓の組み込みが描かれていない。それは当然のことで、黄海海戦も蔚山沖海戦もドラマには全く登場しなかったからである。これは原作でも近接している両海戦が、日本海軍の失敗から成功への分岐点であることが示されていないので、司馬遼太郎『坂の上の雲』を下敷きとする限りは仕方がないことかもしれないが、作戦や戦闘というものが、常に直近の先例から何を学ぶか（学べないか）ということが、ドラマでは読み取れなかった。

ところで、第13回「日本海海戦」はドラマの最終回であるが、その中で軍人と文人の力関係が変化を遂げたように見えるシーンがある。海戦の終末期の映像の間に「子規庵」のエピソードが挿入されている。これは原作にはないドラマのオリジナルなシーンである。子規庵を訪れた夏目漱石が「大和魂に出会うと少し道をよけるようにしている」と世間における「大和魂」の横溢を揶揄する発言をしたとき、子規の妹・律がそれを遮り、「なんか、馬鹿にしているようで不愉快じゃ。淳（じゅん）〔秋山真之〕さんたちが今、命をかけて戦こうとるのは何のためじゃ」と言う。漱石は「これは妬（ねた）みだ。謝る」「文学士などといっても、いざとなれば軍人に頼るしか生きていけない。三文の価値すらない。それを思い知らされた。自分の無力が悔しいんです。正岡が生きていれば同じことを言うでしょう」と言うが、律や『ホトトギス』の同人たちに子規は「そうは言わんな」と言われて再び謝る。漱石は「吾輩はかつて文学を捨てて軍人になった秋山真之を軽蔑した。しかし、今は頼れるのはその秋山だ。それが悔しいんだ。しかし、確かに正岡は悔しがったりしないような気がする」と言って正座し、律に「謝ります。申し訳ない」と頭を下げる。この漱石が律に再三謝るシーンは、三人の主役の一人であるすでに亡き子規を改めて回顧し、あくまでも子規だったらそんな文学者を卑下するようなことはない、という意味合いで挿入されたものだと思われる。だが、最後には秋山を讃える漱石の言葉に、文人の軍人への敗北といった印象の方が強く残ってしまう。

四、『スペシャルドラマ 坂の上の雲』が歴史認識に与える影響

原作であれテレビドラマであれ、『坂の上の雲』は、それが小説であり、それをドラマ化したものである以上、作品の中にフィクションが交えられていることは当然のことであり、その点について「史実と異なる」ということだけで批判するつもりは毛頭ない。しかし、司馬遼太郎の作品が多くの人々に「史実」そのものと誤解されている傾向があることは確かで、『スペシャルドラマ 坂の上の雲』もドキュメンタリーの壮大な再現ドラマとして

観られてしまうとよろしくないだろう。

すでに述べたように、司馬遼太郎は「うかつに翻訳（映像化）すると、ミリタリズムを鼓吹しているように誤解されたりする恐れが」あるという理由で映像化を許諾しなかった。制作陣は、明らかに司馬のこの懸念に配慮してドラマ作りをしていることは伝わってくる。日露戦争賛美の作品でないことは確かであるし、戦争の残酷さ、悲惨さは映像で、テレビドラマの制約ギリギリのところまで描いていると言ってよいだろう。普通に鑑賞する限りこのドラマは、決して「ミリタリズムを鼓吹している」ようには見えない。

しかしながら、今日（制作当時であっても）から振り返って、これが「明治」という時代だったのだ、これが「日露戦争」だったのだとしてしまってよいのかと言われれば少々戸惑わざるを得ない。司馬遼太郎が原作を執筆した当時にはそれほど意識していなかったことで、今日から見ると私たちが目を向けなければならない事柄はいくつもある。小説であり、ドラマである限り、紙幅や放送時間の制約から全てを描くということは当然のことながら出来ない。

だが、例えば、日清・日露戦争の時期というのは、日本が植民地支配を始めた時期であり、二つの戦争の舞台は、朝鮮半島・台湾（日清講和後だが）・中国国内であったということを現代に生きる私たちはもっと意識しなければならないだろう。日清戦争における軍事行動は豊島沖海戦から始まるのではなく、日本軍による朝鮮王宮占領から始まったのであるし、日露戦争の最中も、朝鮮半島では日本軍の物資と労働力の徴発、軍隊の移動などで韓国の人々の生活を圧迫した。日露戦争最初の大規模な陸戦は、朝鮮半島を通って北上した第一軍による鴨緑江渡河戦であった。日本軍が敷設した電信線を勝手に切断したとして「露探」（ロシアのスパイ）容疑で処刑された韓国人も少なくなかった。これは、当時のイギリスなどの新聞では、写真や絵入りで報道されている事実である。(13)

前述したように、このドラマでも日清戦争を扱った際に、中国人住民への徴発・暴行などが描かれている部分はあるが、日露戦争の場面では、完全にアジアは脱色されていると言わざるを得ない。満州軍総司令部が使用している家屋は、明らかに中国人が使っていたものであるが、その周辺には中国人らしき人物は存在しない。他国（中国）の領土内における日露両軍の激しい戦闘は、そこの住民を巻き添えにしたり、難民にしたということがほとんど描かれていない。残念ながら、「脱亜入欧」の価値観は、現代に制作されたドラマにまで浸透しているのである。

おわりに

私たちが、歴史というものを振り返る時、その時代のどういった人物が、どのような思いで駆け抜けたのか、ということに思いを馳せることは大切なことだが、それと同時に、そのような人々が成したことが、次の時代にどのように引き継がれ、何をもたらしたのかを検証する必要がある。『坂の上の雲』執筆当時の司馬の発想の原点は、「明治」と「昭和」の対比にあった。成功と失敗、明と暗、登り坂と下り坂、オプティミズムとミリタリズムなどとあまりに単純に図式化してしまってはいけないが、それでも「明治」は先に何らかの希望に満ち、普通の人々が志と努力によって上昇し、場合によっては国家や軍隊を牽引しうる存在になりうる時代であったとみなされている。だが問題は、雲を見つめながら「坂」の上に辿り着いた（と思われた）、その先に、何を見て、どうしたかということである。「明治」の明るさと自由が、何を境に暗いミリタリズムに行き着くことになったのか。その分岐点は、皮肉なことに、日露戦争の勝利と日本の「大国」化（大陸経営の始まり）にあったと言わざるををえない。日露戦争の講和条約によって日本は、朝鮮半島を自由に処分することをロシアに認めさせ、さらに「満州」に権益を得た。戦後、日本はロシアと「満州」を事実上分割する日露協約を結び、一九一〇年には韓国を併合した。その同じ年に日本国内で起こったのが大逆事件である。秋山真之より三歳若い幸徳秋水は、日露戦争に際して非戦論を貫いたが、戦後において非業の最期を遂げることになった。戦争・植民地支配・弾圧は、不可分のものとして連鎖していく。そして、大いなる「成功事例」となった日清・日露戦争は、その後の日本人に大国意識を植え付け、「成功事例」の再現を追い求めさせることになるのである。文字媒体であれ、映像であれ、今日から日清・日露戦争を振り返る時、「勝利」によって得たものだけでなく、失ったものは何だったかを省察する必要があると思う。

注

（1）　希薄化しつつあった記憶を覚醒させた代表的な事例としては、米NBCテレビ『ホロコースト・戦争と家族』（一九七八年）が、アメリカだけでなくドイツでもホロコーストの記憶をあらためて復活させたことなどが挙げられる。

（2）　『戦場にかける橋』による捕虜労働による泰緬鉄道の建設というイメージが、実際の工事と犠牲者の実態とは異なる（日本軍による東南アジアにおける労働力の大規模な動員があり、彼らが犠牲者の中心であった）ことは、一九八〇年代から現代史研究者である高嶋伸欣氏らによって指摘され、永瀬隆『戦場にかける橋のウソと真実』（岩波書店、一九八六年）などの書籍も出され、その後の調査と研究の蓄積の結果、今日では中学校・高等学校の教科書にも記述されるようになった。

（3）　BC級戦犯裁判で処刑された階層については林博史『BC級戦犯裁判』（岩波新書、二〇〇六年）を参照のこと。

（4）『スペシャルドラマ坂の上の雲』全一三回の初回放送は、NHK総合テレビで第一部（第一回〜第五回）が二〇〇九年一一〜一二月、第二部（第六回〜第九回）が二〇一〇年一二月、第三部（第一〇回〜第一三回）が二〇一一年一二月で、DVDとブルーレイとして第一部が二〇一〇年三月、第二部が二〇一一年三月、第三部が二〇一二年三月に発売されている。本稿における映像の確認は、このDVD版・NHKビデオ『スペシャルドラマ坂の上の雲』（ポニーキャニオン）で行った。

（5）このドラマの主な配役と俳優陣は次の通りである。【秋山・正岡関係】秋山真之＝本木雅弘、秋山好古＝阿部寛、正岡子規＝香川照之、秋山久敬（秋山兄弟の父）＝伊東四郎、秋山貞（秋山兄弟の母）＝竹下景子、正岡八重（子規の母）＝原田美枝子、正岡律（子規の妹）＝菅野美穂、秋山（佐久間）多美（好古の妻）＝松たか子、秋山（稲生）季子（真之の妻）＝石原さとみ、【政府要人】明治天皇＝尾上菊之助、伊藤博文＝加藤剛、小村寿太郎＝竹中直人、陸奥宗光＝大杉漣、高橋是清＝西田敏行、【陸軍要人】山県有朋＝江守徹、大山巖＝米倉斉加年、児玉源太郎＝高橋英樹、乃木希典＝柄本明、明石元二郎＝塚本晋也、【海軍要人】山本権兵衛＝石坂浩二、東郷平八郎＝渡哲也、島村速雄＝舘ひろし、加藤友三郎＝草刈正雄、広瀬武夫＝藤本隆宏、【その他】夏目金之助（漱石）＝小澤征悦、森林太郎（鷗外）＝榎木孝明、陸羯南＝佐野史郎、アリアズナ＝マリーナ・アレクサンドロワ。

（6）司馬遼太郎『「昭和」という国家』（NHK出版、一九九八年）三四頁。

（7）メインの脚本家は、野沢尚であったが、野沢が二〇〇四年六月に死去したため、野沢の脚本初稿を元に諮問委員・監修者によって脚本の作り込みが行われた。

（8）陸上自衛隊富士学校特科隊『日本砲兵史』（原書房、一九八〇年）一〇四〜一〇五頁。榴散弾は発射後、一定時間（調整可能）を経て空中で炸裂し、口径七五ミリの野砲の場合、一弾で約三〇〇個の小弾子を高速で弾道方向に飛散させる。弾子は、正面幅二〇メートル・縦深二〇〇メートルにわたって地上に落下する。榴散弾は、掩蓋・装甲を施した目標には無力であるが、地表にいたり、掩体の後ろや浅い塹壕等に隠れている人馬を殺傷する能力を有した。日露戦争において日本軍も榴弾よりも榴散弾を多数使用した。

（9）旅順艦隊の自沈については、大江志乃夫『日露戦争の軍事史的研究』（岩波書店、一九七六年）一一二〜一一三頁。

（10）坑道掘削による堡塁の爆破については、拙著『世界史の中の日露戦争』（吉川弘文館、二〇〇九年）一四七頁。

（11）　三笠は排水量一万五一四〇トン、全長一二〇メートル、全幅二三・九メートルであるのに対して、ヘリコプター搭載護衛艦「ひゅうが」は、排水量一万三九五〇トン、全長一九七メートル、全幅三三メートルであって、若干、サイズは大きめだが、もし、三笠と同じくらいのサイズの掃海母艦「うらが」（全長一四〇メートル、全幅二二メートル）だと排水量は五六五〇トンしかなく、波を蹴立てる様子がだいぶ変わってしまうものと思われる。

（12）　日本海海戦における「丁字戦法」の計画と実際については、前掲『世界史の中の日露戦争』及び拙著『これだけは知っておきたい日露戦争の真実――日本陸海軍の〈成功〉と〈失敗〉』（高文研、二〇一〇年）を参照されたい。

（13）　前掲『これだけは知っておきたい日露戦争の真実』六四頁。

5　『西郷どん』の軍装・洋装考証

◉刑部芳則

はじめに

平成三〇年（二〇一八）は、明治元年（一八六八）から数えて一五〇年を迎えた。日本全国では「明治維新百五十周年記念」のイベントが開催され、博物館では明治維新の企画展が行われた。この明治維新ブームのなかで制作が進められたのが、NHK大河ドラマ『西郷どん』である。鹿児島県では放送前から大きく盛り上がった。令和元年（二〇一九）に放送が開始されると、前年からの明治維新ブームが再熱した。

『西郷どん』では、時代考証、建築考証、風俗考証に加えて、新たに軍装・洋装考証が設けられた。昭和三八年（一九六三）の『花の生涯』（舟橋聖一原作）から長い歴史を持つ大河ドラマで軍装・洋装考証というのは初の試みである。そして筆者に初代軍装・洋装考証の白羽の矢が立った。制作側に任命理由を聞くと、筆者は『洋服・散髪・脱刀――服制の明治維新』や『明治国家の服制と華族』などを書いてきたため、『西郷どん』の軍装・洋装考証の担当にふさわしいという。

これまでの大河ドラマでは、幕末から明治の作品が複数作られたが、その中心は幕末までであり、明治は最終回近くになって触れられるものがほとんどであった。明治期を迎えると、陸軍や海軍をはじめ警察官などの制服が登場するが、明治初期にはその制服が目まぐるしく変わっている。また政府官僚や官員たちの礼服や服装にも大きな変化が見られる。どの場面にどの制服のデザインがふさわしいか。それを見極めるのが、軍装・洋装考証の役割である。これは平成二年（一九九〇）の『翔ぶが如く』（司馬遼太郎原作）では設けられていない。したがって、『翔ぶが如く』の実写化をそのまま焼き直すのではなく、従来の明治維新期を題材にした大河ドラマとは一味違ったものを作ろうとしたのである。

それでは、軍装・洋装考証の成果はどのくらい実写化として反映されたか。この内容を記録として残すことは、今後の明治維新期の映画やドラマを作るときの参考になると思う。そうした意味で、史実にもとづく服装と、ドラマの演出による服装の違いなどについて書くこととする。

一、日本人が洋服を着始めた時期をめぐって――戊辰戦争後か廃藩置県後か

『西郷どん』では、明治二年（一八六九）五月の戊辰戦争の終結後に、公家の三条実美と岩倉具視を除く政府閣僚たちが「洋服・散髪・脱刀」に切り替わると設定している。戊辰戦争の戦場から皇城（新政府が接収した旧江戸城西の丸）内の太政官へと場面が変わると、大久保利通や木戸孝允はフロックコートを着るようになる。議論が行われる部屋には大きな長机が置かれ、議定や参与（明治二年七月八日から参議と改称）たちは椅子に腰をかけている。

演出としては、江戸時代（慶応）から明治時代へと、大きく時代が転換したことを視聴者にわからせる狙いがあった。その意味で「和服・結髪・帯刀」から「洋服・散髪・脱刀」への様変わりは打ってつけといえる。しか

し、これは歴史事実と大きく異なる。

明治新政府で洋服着用を許可する選択を取ることは容易ではなかった。明治新政府は慶応三年（一八六七）一二月九日の政変によって誕生するが、政府の構成員は公家、諸侯、藩士など、身分や出自の異なる寄り合いであった。新政府の議定職を務めた嵯峨実愛の日記を見ると、天皇に拝謁するときには衣冠を着用し、そうでない会合では狩衣や直垂を着ている。公家や諸侯たちは、このような服装で参内していたのである。ところが、実務を担う大久保利通や木戸孝允は普段着として羽織袴を着ていた。彼らは参内するときに衣冠などに着がえなければならなかった。これは大変手間と時間がかかるため、慶応四年（一八六八）閏四月一三日には火急の際に限り、特別に羽織袴での参内が許可された(1)。

こうした服装は、明治二年三月二八日に明治天皇が東京に再幸（二度目の東京行幸）し、京都から皇城に太政官が移されてからも変化がなかった。大久保や木戸も天皇面前の儀式では衣冠を着用し、通常政務を行うときは羽織袴を着ていた。明治二年から三年まで大久保や木戸の頭のなかに「洋服・散髪・脱刀」という構想はなかった。彼ら藩士にとって「和服・結髪・帯刀」は武士の身分を示すものであった。そうしたプライドは身分の高い公家や諸侯には一層強い。

そうしたことは明治二年から三年にかけてくり返された服制論議の内容からはっきりする。衣冠を最上の礼服、狩衣や直垂を略礼服とし、位階の上下を色や紋様の違いで示すものが求められた。なかには王政復古の政治変革を意識して、古代律令国家の服制をイメージした「筒袖細袴」の官服を再現しようとする意見も少なくなかった。公家と武家が着てきた礼服を折衷するような内容であり、「洋服・散髪・脱刀」は選択肢として上がっていない。唯一の例外として洋服を認めていたのは軍服である。また軍事調練で帽子を被るのに結髪では不都合なため、軍人に限っては散髪も黙許された。

こうした例外的措置を文官に取り入れたのが、明治三年（一八七〇）一一月五日に制定された「非常並旅行服」である。(2)火災や戦乱時など「非常」のときと、海外渡航という「旅行」のときに着用するための服であった。大蔵省、工部省、大学南校では、政府の許可を得て「非常並旅行服」を日常の制服として用いるようになる。大蔵省や工部省では工作機械に袖が絡んだりして、大きな事故につながる可能性があった。大学南校の化学の授業では薬剤を加熱させるため、袖の大きい着物では火が燃え移る危険性があった。そのため政府も特別に「非常並旅行服」の着用を許可した。それ以外の官員や各藩職員たちは、通常勤務で着ることができなかった。

「非常並旅行服」が公布されてから一月後の明治三年一二月には陸軍の服制が制定された。ただし、この段階では政府直轄軍ではなく、各藩兵の軍服について示したものであった。正衣の上着は紺地で九個釦、ドルマン型の略衣は七個釦である。歩兵は鼠霜降に黄色の側章、騎兵は赤に黄色の側章、砲兵は赤に黒の側章のズボンを穿いた。砲兵は深黄色、騎兵は赤の腹巻を締めた。(3)

明治四年（一八七一）二月一三日には政府直轄軍である御親兵が設置された。鹿児島藩、山口藩、高知藩の三藩が上京させた歩兵、騎兵、砲兵からなる。明治四年七月一四日の廃藩置県の断行を経て、二四日に「御親兵服制」が公布された。(4)前年制定の陸軍の服制と大差はない。明治四年四月に設置された東山道鎮台と西海道鎮台は、廃藩置県を経た八月二〇日に東京、大阪、鎮西、東北の四鎮台となった。これにより御親兵は天皇を警護する近衛兵となる。明治四年一一月に「御親兵並ニ鎮台兵軍帽服」が公布されたが、これも基本的に前年の陸軍の服制と大差はない。正衣の釦の数が九個から七個に減少し、ホック掛けの略服や白雲斎の夏服が加わった。(5)

『翔ぶが如く』で明治三年制および四年制の正衣を着ているのは陸軍大将西郷隆盛に限られ、それ以外は明治一九年制の軍服が用いられている（図1）。明治一九年制の軍服は、日清戦争や日露戦争などの映画やドラマで数多く使われてきたため、再利用しやすかった（図2）。それに対して「西郷どん」では、御親兵の上京の場面で羽織袴姿とした。明治十九年制の軍服ではおかしいが、そうかといって明治三年制および四年制の正衣を揃えることが難しかった。その妥協策として羽織袴姿が選ばれた。

なぜ、明治三年制と四年制の軍服が用意できないのかというと、明治六年（一八七三）に改正されるため短期間しか用いられなかったことと、予算の関係から経費を抑えなければならないからである。したがって、明治六年以前でも、陸軍大輔山県有朋や陸軍少将桐野利明をはじめ、陸軍将校たちは明治六年制の肋骨服を着ている。明治三年制および四年制の正衣は、『翔ぶが如く』のときにそれを特別に仕立てた陸軍大将西郷のものしかないのである。

廃藩置県の断行は、政府の直轄軍が増強されるだけでなく、文明開化政策を推進させた。明治四年八月三日には「散髪、制服、略服、脱刀共可為勝手事、但礼服ノ節ハ帯刀可致事」を許可した（公布は九日）[6]。参内や官省出

図1　明治4年制の陸軍大将正衣
（撮影衣装用の複製）

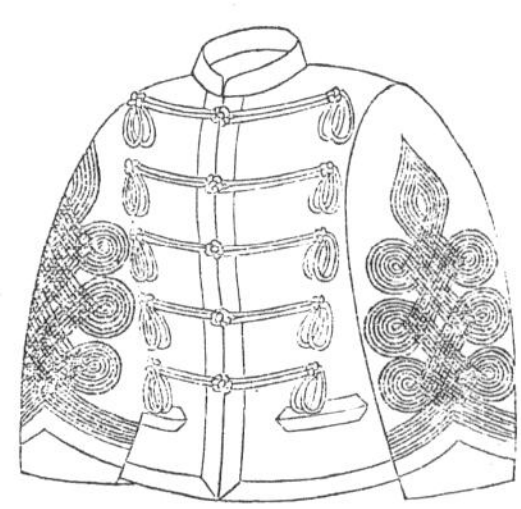

図2　明治19年制の陸軍大将軍衣
（『官報』明治19年勅令第48号）

仕に際して「洋服・散髪・脱刀」が許可されたのである。従来の衣冠や狩衣は、身分の高い公卿や諸侯と、身分の低い藩士との立場を示すものであった。廃藩置県を断行した大久保や木戸たちは、その弊害をなくすため四民平等にふさわしい「洋服・散髪・脱刀」を選択したのである。

大久保や木戸たちの政治的発言は、公卿や諸侯の反対意見によって斥けられるという弊害が少なくなかった。廃藩置県の断行によって旧藩士出身者が政府要職を占めたことは、従来のそうした弊害をなくすだけでなく、外見の服装からも身分の格差を払拭したのである。また「洋服・散髪・脱刀」は、西洋諸国に日本の近代化を示す意味でも好都合であった。

陸海軍の軍服と、官員の非常時における「非常並旅行服」を除けば、八月二日までに「洋服・散髪・脱刀」というでたちはあり得ない。実際に、木戸孝允が散髪を行ったのは、それが許可された八月三日である。それまでは髷を結った「惣髪」で、羽織袴に帯刀という姿で閣議に臨んでいた。これは木戸以外の旧藩士出身者も同じである。

したがって、『西郷どん』で実写化された明治二年や三年の「洋服・散髪・脱刀」姿というのは、史実とは違っている。『西郷どん』では、明治四年七月の廃藩置県以降に起こる文明開化を、明治二年六月一七日の版籍奉還頃に設定したため、史実よりも二年早く文明開化が到来しているのである。

二、岩倉使節団帰国後の服装の虚像と実像

廃藩置県後に政府官員であれば全員が散髪を実施し、洋服を着たわけではなかった。太政官の閣議に出席する

大臣や参議、各省の卿や大輔などの勅任官は散髪や洋服を実施していたが、下級の判任官たちのなかには羽織袴に結髪を続けていた。『西郷どん』では下級官員が登場しなかったため、そのような姿は登場しなかった。しかし、一般庶民には散髪に混じって結髪姿の男性が散見された。

政府官員の間で「洋服・散髪・脱刀」が当たり前になったとはいえ、国家の正式な礼服は定まっていなかった。したがって、西郷が天皇に、侍従たちと相撲を取ることや、天皇が外出することを進言する場面（第四一回「新しき国へ」）では、天皇が衣冠、公家が衣冠や直垂という姿で登場している。ただし、ここで気になるのは、天皇が臣下と同じ色や紋様の衣冠を着用していることである。実際に天皇は衣冠を着ることはなく、御引直衣や御小直衣を着ていた。軍装・洋装考証の場合、天皇や公家などの和装については聞かれることがない。つまり、実際に放映されるまでどのような和装を演者が着ているかはわからないのである。

岩倉や大久保は、明治四年一一月から岩倉使節団として欧米諸国を巡回する。そしてイギリスに滞在中に文官大礼服を調製し、明治五年（一八七二）一一月五日にヴィクトリア女王と謁見している。日本の国内では、一一月一二日に文官大礼服、非役有位大礼服、小礼服（燕尾服）が制定された。[7]これを受けて同日に衣冠、翌六年二月七日に狩衣・直垂・浄衣を祭服と定め、[8]祭祀奉仕者だけが着るものとした。明治六年九月一三日に岩倉使節団は帰国する。日本の礼服が外国の王室のそれと同じようなものに変わったことは、岩倉使節団が各国を巡回する過程でも周知された。

岩倉使節団の帰国後の服装は、ドラマと史実とで大きく違っていることが多い。そのことは明治六年一〇月一四日に起きた西郷隆盛の朝鮮大使派遣をめぐる論争の場面によくあわれている。この場面を映像化した古い作品として、昭和三九年（一九六四）に制作された『明治大帝御一代記』（大蔵映画）がある。岡譲二が演じる西郷隆盛は明治六年制の陸軍大将の略服（肋骨服）を着用し、太政大臣三条実美と右大臣岩倉具視は、烏帽子を被り、狩衣を着ている。その他の参議は江藤新平も含めてフロックコート姿である。

一体何を参考にしたのかははっきりしないが、これらとよく似た構図が昭和一一年（一九三六）に刊行された『戦役画帖御国之誉』に確認できる（図3）。机の左側に三条、右側に岩倉が烏帽子・狩衣姿で座り、その手前で明治六年制の陸軍大将の肋骨服を着た西郷が立ちながら意見をぶつけている。岩倉の隣には木戸、その斜め右に大久保が座り、副島種臣、大木喬任、大隈重信、板垣退助と思われる参議たちは画面の左側に二列になって座る。江藤新平は描かれていない。いずれも参議はフロックコート姿である(9)。

図3　『戦役画帖御国之誉』省文社、1936年

しかし、この絵は想像図であり、当時の原史料から考えると違っている。その答えを示す前に、この場面がその後のドラマでどう実写化されてきたかを確認する。昭和六二年（一九八七）一二月に放送された『田原坂』（日本テレビ）では、里見浩太朗が演じる西郷隆盛が明治六年制と八年制の陸軍大将の正装、参議は全員がフロックコートを着ている。三条と岩倉の烏帽子と狩衣も変化がない。この三年後の平成二年にはＮＨＫ大河ドラマで司馬遼太郎原作の『翔ぶが如く』が実写化された。これまでのドラマと違って、西郷には明治四年制の陸軍大将正装を着せて、江藤が羽織袴で登場している。この二点以外は『田

原坂』と同じである。

実際はどうであったかというと、西郷が着ていたのは明治四年制の陸軍大将正装であったと考えられる。明治四年一一月に制定されたフロック型の濃紺詰襟服で、中央に一行金釦八個がつき、両袖には山型の金線が大一条・小四条、ズボンには太い金の側線がつく。帽子の前章は丸の旭日章であり、軍帽の線は大一条・小四条の金線、頭頂部には金星が六個刺繍されている。この金線や金星の数によって、階級を示している。[10] 明治六年九月二四日に陸軍服制は改正され、陸軍正装のフロック型の濃紺詰襟服は二行九個釦となり、陸軍略服は肋骨服へと変更された。[11] 肋骨服とは、軍服の前面についた釦をとめる五本の飾り紐が人のあばら骨のように見えるため、そう呼ばれるようになった。しかし、明治六年制の正装や略服は、明治七年（一八七四）一月から着ることとしていたため、前年一〇月に下野した西郷が袖を通すことはなかった。

参議は全員がフロックコートを着ていたか、それとも江藤だけは羽織袴であったのか。管見の限り江藤の洋服姿の写真は確認できない。江藤が司法卿を務めていたときに撮影したと思われる写真でも羽織袴である。政府官員には散髪や洋服が奨励されたが、必ずしも強制力があったわけではない。こうした状況証拠から、江藤は羽織袴で閣議に出席していたと見ることができる。

朝鮮大使派遣をめぐる論争の場面で、一番史実と違う点は三条と岩倉の服装である。公家が皇城の太政官に出席するときには、烏帽子を被り、狩衣や直垂などを着ていたが、それは明治五年一一月に文官大礼服が制定される以前のことである。翌六年二月に狩衣や直垂などは祭服となり、祭祀奉仕者しか着ることができなくなった。その洋式礼服の採用に対しては、左大臣島津久光をはじめ、麝香間祗候など長老華族たちから不満が出ていた。そのようななかで、三条や岩倉が反対意見を支持するような姿で閣議に出席するわけがない。彼らは参議たちと同じようにフロックコートを着ていたのである。

それでは『西郷どん』ではどうであったかというと、『翔ぶが如く』の演出がそのまま踏襲された。その理由は、三条と岩倉にフロックコートを着せると、他の参議たちとの区別がつきづらくなるというものであった。烏帽子を被り、狩衣を着ていれば、すぐに三条と岩倉だとわかる。陸軍大将正装の西郷や羽織袴の江藤とともに目立たせようとした。そういう演出家の配慮から、実際とは違う閣議の景色が作られたのである。

三条と岩倉は、明治一〇年（一八七七）二月から九月までの西南戦争にどう対処するかを閣僚たちと議論する場面でも、烏帽子を被り、狩衣という姿をしている。これは出演者の「軍装・洋装考証」の時期設定で、三条と岩倉は最終回まで烏帽子に狩衣となっているからである。くり返しなるが、現実に両者はフロックコートを常用していた。むしろ三条と岩倉は、洋服を着ることに抵抗して儀礼の場で直垂を代用する長老華族たちに手を焼いていた。

明治天皇の外祖父中山忠能と、彼の親戚である嵯峨実愛は、病気を理由に非役有位大礼服の着用を拒んだ。明治六年一一月以降も直垂を着て儀礼に出席することが特別に認められていた。彼らは文明開化政策を批判する島津久光を応援した。だが、明治八年（一八七五）一〇月に久光の衣冠や狩衣などを礼服にするという意見は斥けられた。明治一〇年九月の西南戦争の終戦を経た一一月に岩倉は嵯峨と中山に大礼服を着るように説得している。

嵯峨と中山は、言論と武力を持ってしても、廃藩置県より前に時を戻すことはできないと感じたのだろう。岩倉は、説得に際して「維新以前儀式取調」の必要性を示し、その取調掛に嵯峨と中山を指名している。宮中儀礼に公家の慣習が生かせるかもしれない。そうした安堵感から抵抗してきた洋式の礼服に袖を通す気になったのだろう。嵯峨と中山は明治一一年（一八七八）から大礼服を着るようになる。

『西郷どん』では、明治一一年五月一四日に大久保が暗殺される直前の場面でも、岩倉は狩衣姿である。しかし、仮に物語がもっと続いたとすれば、西南戦争後に三条と岩倉はフロックコート姿に変更されたのかもしれない。

三、再現不可能な大礼服

映画やドラマで使用する文官の大礼服や陸海軍の正装は、日中戦争以前に着用されていた実物である。大礼服を仕立てるのは大変難しく、銀座の一流洋服店で十年間修業しても、十人中一人くらいしか縫製技術を身につけることはできなかった。大礼服に金モールを縫い付ける職人は縫泊師と呼ばれ、洋服仕立師とは分業で行われた。大礼服制は昭和一三年（一九三八）六月二九日に日中戦争が長期化したことを理由に停止され、同二〇年（一九四五）八月一五日の太平洋戦争の終戦を経て、同二九年（一九五四）七月一日に廃止となった。昭和一三年から大礼服を仕立てる技術は止まってしまった。仮に燕尾服を作る技術を生かして仕立てて、金モールの刺繡を行う職人に再現してもらえたとしても、長い時間と高額な費用がかかることを覚悟しなければならない。その二点を考慮すると、すぐに入手できる中古品を購入する方がよいのである。

貸衣装の専門店でも現存数の多い文官大礼服や陸海軍本科の正装は所持している。しかし、問題は特殊な大礼服が必要になったときである。『西郷どん』で苦労したのは、徳川慶喜の正帽と正剣である。慶喜が着る軍服は、ナポレオン三世から贈られたフランスのものであり、中古品を見つけることは容易ではない。上着の丈が長い軍服は現在でも仕立てることができる。両肩につける正肩章は、旧帝国海軍の正肩章を改造すればよい。しかし、独特の装飾のある舟形帽子と、正剣の代替えは難しい。結果的に慶喜の正帽は明治一九年（一八八六）制の勅任文官大礼服の正帽であり、正剣は同じく勅任官の正剣を用いた。

もう一つレプリカを作るのが難しい礼服が、明治天皇が着用した「御正服」である。天皇は明治五年五月から七月まで西国巡幸を行っている。東京から軍艦「龍驤」に乗船して大阪を経て京都に入り、その後に山陽道から九州に渡り鹿児島へと南下した。この西国巡幸で、天皇は直前に仕立てられた「御正服」、侍従など宮内省官員はフロックコート、陸軍大将西郷隆盛をはじめ、陸軍の将兵は明治四年制の軍服を着ていた。江戸時代の参勤交代などで見られた大名行列とは異なっていた。この和装から洋装への変化は、行列を沿道で見ている人々に、文明開化という新しい時代の到来を、視覚的に理解させる意味があった。

天皇が着た「御正服」は、詰襟のフロックコート型で、上着の前面の左右に三個の菊葉紋が金糸で刺繍された礼服である。頭には金モールで鳳凰が刺繍された舟形の正帽を被っている。このとき天皇はまだ結髪であり、文明開化とは矛盾していた。舟形正帽は外出先で結髪を隠す効果があった。

西国巡幸の最終目的地は、島津久光がいる鹿児島であった。旧藩知事島津忠義の父である久光は、幕末から隠然とした政治力を持っていた。久光は、臣下の大久保利通や西郷たちが政府内で廃藩置県を断行したことに怒りを隠せなかった。また廃藩置県後に政府が推進する文明開化政策にも反対していた。鹿児島には同じような不満を抱える不平士族たちが少なくなった。政府としての心配は、久光と不平士族とが結びつき、反乱を起こすことであった。久光を上京させれば、その不安は解消される。そこで天皇が久光を慰撫する意味で訪問し、上京を要請したのである。

天皇の行列が鹿児島城内旧島津邸に入る場面は、明治神宮外苑絵画館の壁画「中国西国巡幸鹿児島着御」（画家は山内多門）に描かれている。[12]『西郷どん』では、天皇と久光との対面場面の服装を、天皇が「御正服」、侍従たちを燕尾服、久光を衣冠、久光の重臣を直垂とした。これは文献史料にもとづいて再現しようとしたためだが、このなかで難しいのが天皇の「御正服」である。実物は明治神宮宝物館で所蔵しているが、その実物を使うわけにはいかない。

明治天皇の「御正服」と似た大礼服には、明治六年に制定して同九年に改正された皇族大礼服がある。しかし、管見の限り詰襟の明治六年制は、東京国立博物館所蔵の有栖川宮熾仁親王着用のものしか確認できず、開襟の同九年制も二着しか残っていない。こうした貴重な実物をドラマで使用することは難しい。「御正服」の上着の刺繡は金糸による和裁の技術で行えるため、復元ができないわけではない。しかし、復元には高額な費用と、最短でも数か月はかかる。ドラマの撮影と台本の進行状況からすると難しい。もし復元するのであれば、ドラマ撮影が始まる前に準備しておかない限り無理である。

そこで『西郷どん』では、従来の大河ドラマの服装ではなかったCG技術を取り入れて復元を試みた。明治一九年制の勅任官の文官大礼服を用意し、上着と両袖にある桐紋の刺繡と桐紋入りの釦とを、菊紋に合成した。これは上手くできている。ただし、明治一九年制の文官大礼服は開襟のため、白シャツが見えるという無理が生じた。また天皇は結髪ではなく、散髪姿という事実とは異なる演出が見られる。

このような残念な部分はあるが、限られた時間と予算のなかで最大限努力した結果と評価したい。『翔ぶが如く』が作られたときにはCGで上手く合成する技術ができなかったため、久光と天皇との対面場面は登場しない。CG技術が上がったことにより、再現可能な場面が増えたのである。

四、西南戦争と日露戦争とが混在する軍装

明治一〇年二月から九月まで西南戦争が起こった。軍装が登場する最大の見せ場である。『西郷どん』には海軍が登場しないため、明治八年一一月の「海軍武官及文官服制」で定められたデザインの軍服姿は見ることができない。西南戦争に登場するのは、明治八年制の陸軍服制による軍装姿と、警視局の別働第三旅団の警視隊の姿である。

陸軍の将校は略服である肋骨服を着ている。細かいこだわりとしては、参謀科の陸軍中将山県有朋の軍帽の鉢巻が白にしたことである。当時の陸軍の将官（大将・中将・少将）の軍帽は白鉢巻であったが、それをすべて用意することは難しいため、佐官や尉官も白鉢巻であった参謀科の将官山県だけを白にした。同じように実現できなかったのは将官のズボンの側章である。明治六年制や八年制の将官のズボンの側線には、白の太線二本の間に細い線を一本入れた。これが明治一九年制以降は色が緋色に変わる。『西郷どん』では白でなければおかしいが、『翔ぶが如く』や『坂の上の雲』などで用いた緋色の側線が入ったズボンを再利用した。

参謀科の登場人物は山県しかいない。赤鉢巻から白鉢巻へと軍帽を一つ交換するだけで済む。しかし、将官のズボンの側線の色を変えて縫製し直すとなると、何着分も時間と経費をかけて行う必要が生じる。その差が新たに変えたのと、従来のものを再利用することになったのである。あらためて、できることと、できないことが理解できる。

実写化できなかったのが陸軍将校の夏服である。西南戦争が明治一〇年六月に突入すると、陸軍では冬服から夏服へと衣替えをする。陸軍将校は白の肋骨服を着る。ところが、白では西郷軍から標的にされるため、染め

図4　西郷従道の明治8年制の陸軍中将軍衣（『維新回顧八十年史』）

て黒くして着た者もいた。明治天皇のように夏でも冬服の黒肋骨しか着なかった将校もいただろう。しかし、六月から西南戦争が終結に向かう場面では、白の肋骨服を着た将校もいたはずである。白の肋骨服をドラマで使ったことがないため、衣裳倉庫を探しても出てこない。撮影までの時間から逆算して大量に仕立てることが難しかった。

それができない代わりに一着だけ特別に用意してもらったのが西郷従道の略服である。肋骨服の襟回りから中央の合せ部分に沿って腰回りまでの縁の蛇腹と、階級を示す袖の線の下の袖口部分に毛縁をつけた。昭和一二年（一九三七）四月一日から五月二〇日まで日比谷の旧国会議事堂で開催された政治大博覧会の記念図録である『秘録維新七十年図鑑』には、展示された西郷従道の陸軍中将の肋骨服の写真が載っている(13)。この写真からは通常の蛇腹部分と袖口に毛縁がついているのが確認できる（図４）。

これは西郷従道だけが変わった軍服を着ていたわけではなかった。明治一三年に明治天皇の御下命に応じて奏任官以上の政府官員が肖像写真を提出しているが、毛縁のついた肋骨服を着た将校たちの姿が散見される。詰襟も立襟とは限らず折襟にしている者もいる。紐釦は紐の先端を丸くした形状がほとんどだが、なかには紐の先端にどんぐり型の木製釦を結びつけているものも見られる(14)。

明治六年制や八年制の肋骨服は、明治一九年制以降の画一化されたそれとは異なり、個性的なものが多い。西南戦争を実写化するのであれば、日露戦争のような画一化された軍服を将校が着ていてはおかしいのである。通常の立襟の肋骨服だけでなく、毛縁つき、折襟、木製つきの紐釦などを加えなければならない。しかし、この点を筆者がはじめて指摘したため、撮影までの準備期間には間に合わせることができなった。これは次の機会へと回され、西郷従道以外の肋骨服は『翔ぶが如く』や『坂の上の雲』のときと同じものが使われた。

『西郷どん』で従来と部分的に変えたのが、陸軍歩兵科の下士官兵の軍服である。兵隊の軍服は上下紺地で、襟とズボンの側章が、歩兵科は緋色、砲兵科は黄色、騎兵科は萌黄、工兵科は白、輜重兵科は紫と分かれている。下士官は両胸に五本の飾章と、襟から裾回りの縁に同色の線が入る。また鎮台兵の袖線が黄色で黒帽なのに対して、近衛兵は袖線が緋色で赤帽という違いがある。[15] 本来の戦争では、こうした下士官や兵隊が動き回っていた。しかし、それらを用意するには大変な時間と手間がかかる。

図5（右）　明治6年制の陸軍砲兵軍服（『維新回顧八十年史』）
図6（左）　明治8年制歩兵曹長正服（『維新回顧八十年史』）軍楽部の正服も同じデザインである。

そこで『西郷どん』では歩兵科だけを再現した。従来のドラマでは明治一九年制の軍服が用いられてきたため、明治六年制や八年制の軍服にしたことの意味は大きい。前掲『維新回顧八十年史』には、明治六年制の砲兵曹長軍服の写真が掲載されている。[16] それと見比べると、よく再現されていることがわかる（図5）。もう一つ大きな成果は、大変珍しい軍楽隊の軍服を実写化できたことである。どの場面に出てくるかといえば、西南戦争の激戦中に、東京上野で開催された第一回内国勧業博覧会の会場で、洋楽を演奏している場面である。一瞬だから気がつかない視聴者も多いだろう。しかし、その一瞬にこだわりの軍装考証の成果が

図7　明治7年制の警視長制服（『法令全書』明治7年太政官附録第15号）

出ている。

軍楽隊の正服は、襟とズボンの側章が藍色で、中央部に釦がなくホックかけである。ズボンは楽長が赤、楽次長・楽師・楽手および楽生が緋であり、ホック合わせの左右に藍色の帯状のワッペンが五本ついている。楽長の正帽は紺地に藍色の鉢巻であったが、楽次長以下は近衛か鎮台の下士兵卒と同じ帽子を被った[17]。洋楽を演奏する軍楽隊の正服は、非常に鮮やかである（図6）。

西南戦争では政府軍の戦力を補うため、警視局の別働第三旅団が出征している。初代大警視川路利良は、この旅団長を務めた。三月の田原坂の戦いで、警視隊から抜擢された抜刀隊が西郷軍を退ける場面が見せ場である。『西郷どん』で川路の制服は、戦争以前から登場している。明治七年二月の「警視庁服制表並図」を見ると、大警視から権少警部の制服はマンテル型の詰襟で二行八個釦、一等巡査から四等巡査の制服は一行八個釦のデザインである。ただし、釦の定数は制限がなく七個でも九個でもよかった[18]。この制服は、明治一〇年一月に東京警視庁が廃止され、内務省に警視局が設けられてからもすぐには改正されなかった。

『西郷どん』で川路は明治七年制の制服を着ている（図7）。二行八個釦は楕円を描くようにつけた。この釦のつけ方は、当時の特徴を出すためである。帽子の前章部分や金線をつけかえることもできた。しかし、明治七年制の一行釦の巡査の制服を用意することは難しかった。西南戦争の戦闘場面の警視隊を見ると、巡査は明治七年制の帽子（前章が銀の長方形）を被っているが、制服は権少警部以上の二行八個釦のものを着ている。すでにあるもので間に合わせたのである。

『西郷どん』の最大の見せ場である戦闘場面には、今回新たに登場したものと、従来のものを再利用したものとが混在した。そこには部分的に手を加えるだけなら変えられるが、一から作り直さなければならないものは用意ができないという違いがあらわれていた。

おわりに

ＮＨＫ大河ドラマは、民放の時代劇に比べると、はるかに時代感が表現されている。どの作品にも、時代考証や風俗考証が立てられ、史料にもとづいて作られる。『西郷どん』で軍装・洋装考証という前例のない考証が設けられたのも、視聴者に当時の時代感を伝えようとするこだわりによる。

『西郷どん』ではＣＧ技術が向上したことで、明治五年の明治天皇の「御正服」の再現が試みられた。西郷従道の肋骨服に毛縁がつけられ、山縣有朋の軍帽を白鉢巻にし、川路利良の大警視の釦の配列を楕円形にした。明治八年制の陸軍歩兵の略服を用意し、軍楽隊の正服を登場させた。よく見ないとわからないような細かい部分にも、考証は生かされている。

しかし、考証者の考証結果がすべて実写化されるわけではない。「洋服・散髪・脱刀」は廃藩置県後ではなく、二年早い版籍奉還後に行われた。三条実美と岩倉具視は最後まで狩衣を着ていた。ここには視聴者へわかりやすさを伝えたいという演出の意向が含まれている。大河ドラマはフィクションであり、再現ドキュメンタリーではないという制約がある。史実に忠実にこだわるか、フィクションとしてあり得ない状況を描くかは、歴史研究者と演出家との永遠の課題といえるかもしれない。

考証結果が実写化できないもう一つの理由は、予算と準備時間という問題である。帽子の鉢巻やズボンの側線などは、取り替えて縫い直せばよい。しかし、今までのドラマで使われたこともない制服や装飾品となると、一から作らなければならない。大礼服のように作る技術が絶えてしまったものもある。仮に作れたとしても、費用と撮影までの時間に間に合わない。こうしたものは企画段階から準備しない限り用意できない。

このような二つの大きな課題から考証結果を忠実に再現することが難しいのである。このことを視聴者には知ってもらいたい。大河ドラマに限らず、ＮＨＫの時代劇は考証者を立てるため、視聴者に大きな影響力を持っている。そのため視聴者のなかには、インターネット上で、ここが違っているなどを書き込む人が絶えない。一方で、フィクションであっても、ドラマを見て当時はそうであったと信じ、史実として知識を入れてしまう視聴者もいる。原作者、脚本家、演出家、考証者が一体となって作っているのであり、史実とフィクションのハーフとして捉えなければならない。

注

（1）『復古記』四、東京大学出版会、二〇〇七年覆刻版、三〇一頁。
（2）『法令全書』明治三年第八〇〇号。
（3）同右、明治三年第九五七号。
（4）同右、明治四年兵部省第五四号。
（5）同右、明治四年兵部省第一五四号。
（6）同右、明治四年太政官第三九九号。
（7）同右、明治五年太政官布告第三三九号。
（8）同右、明治六年太政官布告第四一号。

（9）『戦役画帖御国之誉』省文社、一九三六年。
（10）前掲注5。
（11）『法令全書』明治六年太政官布告第三二八号、明治八年太政官布告第一七四号。
（12）『明治神宮聖徳記念絵画館壁画』明治神宮外苑、一九九七年、五四〜五五頁。
（13）東京日日新聞・大阪毎日新聞編『秘録維新七十年図鑑　新装版』吉川弘文館、二〇一八年、一一二頁。この新装版は筆者が復刻し、「政治博覧会と『秘録維新七十年図鑑』」を執筆した。
（14）刑部芳則編『明治をつくった人びと――宮内庁三の丸尚蔵館所蔵写真』吉川弘文館、二〇一七年参照。
（15）『法令全書』明治八年太政官布告第一七四号、「改正陸軍服制図」（「公文録」第四六巻、明治八年十一月・陸軍省伺（附録）、国立公文書館所蔵、公一四二七）。
（16）前掲注13。
（17）前掲「改正陸軍服制図」。
（18）「警視庁服制図等上梓ニ付進呈」（前掲「公文録」明治七年・第四五巻、明治七年四月・内務省伺一、公一〇六一）、『法令全書』明治七年太政官附録第一五号。

参考文献
刑部芳則『洋服・散髪・脱刀――服制の明治維新』講談社選書メチエ、二〇一〇年。
刑部芳則『明治国家の服制と華族』吉川弘文館、二〇一二年。
刑部芳則『帝国日本の大礼服――国家権威の表象』法政大学出版局、二〇一六年。
刑部芳則『三条実美――孤独の宰相とその一族』吉川弘文館、二〇一六年。
刑部芳則『洋装の日本史』集英社インターナショナル新書、二〇二二年。

6　ビデオ機器、時間、世界観
——NHK大河ドラマ『花神』（一九七七年）と地域性

◉羽鳥隆英

一、本論の問題

本論はNHK大河ドラマ第一五作『花神』（一九七七年）を焦点に、国民国家・日本の建国神話に当る幕末維新劇の全国的な公共放送に対し、初期のビデオ機器を活用した録画の実践が如何に相関したかを議論する。二〇一四年、新潟県小千谷市教育委員会に現存が確認された『花神』録画テープ（ベータマックス）一点を主資料に、[1]テレビ史／ビデオ史を勘案しつつ議論する。後述の通り、時間の問題や歴史＝物語／データベースの問題を巡る先行研究を理論的な枠組に設定するが、本論が大河ドラマと地域性を巡る本会の問題機制に接続し得るのは無論である。[2]同時に、本論が拙著『日本映画の大衆的想像力——《幕末》と《股旅》の相関史』（雄山閣、二〇一六年）に提起しつつも、[3]議論を深化し得ぬままに時日が経過した、幕末維新劇と地域性の問題を巡る遅れ馳せの挑戦である点も付言する。

大河ドラマ『花神』の主人公は幕末維新期の防長藩系の学者・村田蔵六（＝大村益次郎／一八二五〜一八六九年）である。主演者は四代目・河原崎長十郎などと一九三一年に劇団『前進座』を結団した三代目・中村翫右衛門の長男であり、自身も後年、同座代表に就任する四代目・中村梅之助。司馬遼太郎の幕末維新小説『花神』（一九六九～一九七一年）を原作に仰ぎつつ、相関する司馬の幕末維新小説（『十一番目の志士』［一九六五～一九六六年］、『峠』［一九六六～一九六八年］、『世に棲む日日』［一九六九～一九七〇年］など）も縒り合せ、全五二回を大野靖子が脚本化した。(4) 大野が四年前、同様に相関する司馬の戦国小説（『梟の城』［一九五八～一九五九年］、『功名が辻』［一九六三～一九六五年］、『国盗り物語』［一九六三～一九六六年］、『新史太閤記』［一九六六～一九六八年］など）を大河ドラマ第一一作『国盗り物語』（一九七三年）に仕立て上げた過程の再現である。(5)

大河ドラマへの当時の期待値に照らせば、視聴率は第一回一六・五％、年間平均一九・〇％と苦戦したが、(6)「ロケ部分を多用した［…］迫真性」の評価、(7)「新劇、歌舞伎、映画、テレビ、各ジャンルから集まった人たちの異質の演技の他流試合」の期待など、(8) 肯定的な視聴者評も散見される上、全五二回の完結前、前進座が中村梅之助主演『花神』（東京・新橋演舞場／一九七七年一二月）を上演した際にも、司馬遼太郎が「梅之助氏はじつにみごとに演じきってくださった。蔵六がもし観れば梅之助氏こそ私です、とめったにおかしがらないこの男が、顔をゆるめてしまうにちがいない」と激賞を寄せるなど、(9) 大河ドラマ『花神』は十分な完成度を示した。とは言え、二〇二三年の我々は、この四六年前の大河ドラマの全容を知り得ない。一九八〇年以前のＮＨＫは二次活用に向け、放送した番組を適切に保存する制度を未整備であり、(10) 大半の放送回が現存しないのである。

とは言え、絶望するのは早計に過ぎよう。大河ドラマ『花神』が放送された一九七七年と言えば、数種のビデオ機器が市場に登場済である。後年、熾烈な競争を繰り広げる二大規格の原点、ソニー「ベータマックス」一号機（SL6300）登場は一九七五年、日本ビクター「ＶＨＳ」一号機（HR3300）登場は一九七六年である。(11) 換言すれば、一九七七年当時の視聴者は録画の実践を通じ、ＮＨＫとは無関係に『花神』複製物を保存し得たのである。無論、ビデオ機器が日本社会に根付いたのは一九八〇年代であり[12]、一九七七年当時は依然、大半の視聴者には高嶺の花（SL6300は二二万九八〇〇円、HR3300は二五万六〇〇〇円）の最新機器である[13]。とは言え、忘却の淵に沈んだまま、各地に残存すると想定される無数の録画テープの内に、ＮＨＫが未確認の『花神』放送回の再生可能な動画像が含まれる可能性自体は、何人にも否定し切れないはずである。

この可能性に期待し、大河ドラマ『花神』録画テープの収集、保存を図る事業がＮＨＫ『番組発掘プロジェクト』である。同事業は「番組発掘」を「一九七〇年代を中心としたＮＨＫに未保存の番組を、主に『家庭用ＶＴＲ』のビデオテープから探し出す」資料収集と定義する[14]。『花神』は「発掘重点番組」の一件であり[15]、実際に同事業を通じ、貴重な資料がＮＨＫに収集、保存された。第二四回『奇兵隊』と第三九回『周防の人々』は早稲田大学坪内博士記念演劇博物館提供[16]、第三四回『蔵六上海へ』は中華料理家・楊萬里家提供である[17]。前者は芸能資料を収集、保存、活用する研究教育機関、後者は当該回の出演者（中華料理人役）に媒介された「番組発掘」であり、広義の芸能界の内部に残存した録画テープが資料化された事例と言える。一方、芸能界とは無縁の機関に媒介された「番組発掘」の事例も確認し得る。前出の新潟県小千谷市教育委員会の事例である。

新潟県小千谷市教育委員会が提供した資料は「火神北越戦争総集編」と標題された録画テープ一点（以下「小千谷市版」／「火神」は誤記）である。ＮＨＫが公式的に編集し、現在も市販中の『総集編』（以下「ＮＨＫ総集編」）とは別物である。小千谷市版の「総集編」は大河ドラマ『花神』全五二回の大詰、第四八回『決戦前夜』（一一月二七日放送／一二月三日再放送）、第四九回『彰義隊』（一二月四日放送／一〇日再放送）、第五〇回『最後の武士』（一二月一一日放送／一七日再放送）の三回に登場する、小千谷市に由縁の北越戦争（一八六八年、越後・長岡藩が中心の奥羽越列藩同盟軍と新政府軍が北越地域に繰り広げた戊辰戦争の一環の戦争）の場面を選択的に収録した「総集編」の謂である。[18] 幕末維新劇、地域性、テレビ史／ビデオ史の相関性を探る格好の資料と期待される。早速『花神』第四八回〜第五〇回、小千谷市版、NHK総集編の各構成を見よう。

二、『花神』『峠』『十一番目の志士』を縫る／解く

大河ドラマ『花神』第四八回〜第五〇回の基本的な原作は司馬遼太郎の幕末維新小説、前出の村田蔵六を焦点化した『花神』と越後・長岡藩の武士・河井継之助（一八二七〜一八六八年）を焦点化した『峠』の二編である。村田指揮下の新政府軍が上野戦争（一八六八年、彰義隊が中心の旧幕府軍と新政府軍が江戸・上野地域に繰り広げた戊辰戦争の一環の戦争）に勝利する過程を描写した『花神』原作の場面と河井指揮下の長岡藩軍が北越戦争に敗北する過程を描写した『峠』原作の場面が並行編集的に登場する。[19] 不戦の可能性を追求する河井と新政府軍の軍事交渉、所謂「小千谷談判」が破裂、北越戦争が開幕したのが一八六八年五月二日、上野戦争の閉幕は同一五日であり、両戦争の並行編集は一見、自然であるが、この「自然」が実際は近代の国民国家的な感性の投影である点は後述する。

さらに大河ドラマ『花神』第四八回〜第五〇回には、司馬遼太郎『十一番目の志士』の主人公である防長藩系の虚構の刺客・天堂晋助も登場する。但し、原作は奇兵隊総督（第一代）であり、天堂の「操り師」とも形容される防長藩系の志士・高杉晋作（一八三九〜一八六七年）の病死を契機に閉幕するため、[20] 北越戦争に際し、天堂が高杉生前の奇兵隊同志である山県狂介（＝有朋）、時山直八などと新政府軍を指揮し、長岡藩軍と交戦するに至る第四八回〜第五〇回の物語は脚本家・大野靖子の独創と推定される。[21] 一九六八年、NETが同原作の連続テレ

ビドラマ『十一番目の志士』（主演・加藤剛）を放送したが、最終回「処刑者」粗筋は「晋助は時代の流れを悟り、大小を高杉に差出して村へ帰るが、途中、流れだまに当って死ぬ」であり[22]、主要な物語は高杉生前に閉幕すると推定されるため、第四八回〜第五〇回の大野脚本に直接的に霊感を提供した可能性は薄かろう。

大河ドラマ『花神』第四八回〜第五〇回の以上の構成を端的に表示するのが、各回脚本に付された香盤（登場人物名／出演者名と登場場面などの一覧）である。『花神』『峠』『十一番目の志士』各々の主人公（村田蔵六、河井継之助［出演・高橋英樹］、天堂晋助［出演・田中健］）に前出の山県狂介（出演・西田敏行）、時山直八（出演・松平健）を足した計五人分を抽出し、以下に香盤を再構成する。〇印を付されたのが各人の登場場面である（表1）[23]。表1を眺めれば、河井指揮下の長岡藩軍の描写と山県・時山・天堂指揮下の新政府軍の描写が交互に登場し、北越戦争の過程（以下「北越編」）を構成した上、さらに北越編と村田指揮下の新政府軍が上野戦争に勝利する過程（以下「江戸編」）が交互に登場し、第四八回〜第五〇回全体を構成する点が一目瞭然である。複数の原作を丁寧に縒り合せ、大河ドラマの枠組に落し込んだ大野靖子の職業的な脚本術の粋と言える。

とは言え、この粋は「番組発掘」された約六〇分尺の小千谷市版には見当らない。前述の通り、小千谷市版は大河ドラマ『花神』第四八回〜第五〇回に登場する北越編の場面を選択的に収録した「総集編」である。結果、第四八回〜第五〇回全体を貫く幕末維新小説の二筋の太糸『花神』と『峠』は職業的な縒合を解かれ、『花神』原作の江戸編は不在化する。太糸『峠』に大河ドラマ独創の細糸である『十一番目の志士』後日譚を絡み合せた北越編の物語に脚本術の痕跡が見えるに止まる。NHKの報道を参照すれば、小千谷市版は新潟県小千谷市教育委員会蔵のビデオ機器を活用し、日曜夜間に出勤した山岸明夫職員が第四八回〜第五〇回を実際に視聴しつつ、物語が北越編に移行する都度、逐次的に録画した所産と言う[24]。この証言自体に反証可能性は見当らない。とは言え、

表1

第48回	『決戦前夜』 （原題『小千谷談判』）	村田蔵六	河井継之助	天堂晋助	山県狂介	時山直八
場面01	横浜ホテル内のレストラン	○				
場面02	イネの医院・診察室	○				
場面03	江戸城内蔵六の部屋	○				
場面04	〃御用部屋	○				
場面05	〃持仏堂					
場面06	〃一室	○				
場面07	〃一室（板の間）	○				
場面08	長岡小山家の庭		○			
場面09	〃河井家縁座敷		○			
場面10	北越の地図及びフィルム写真					
場面11	摂田屋の本営の一室		○			
場面12	榎峠				○	○
場面13	小千谷への川沿いの街道・駕篭の中		○			
場面14	草むら（渋海川近く）					
場面15	小千谷の旅篭の一室		○			
場面16	慈眼寺・本堂脇座敷		○			
場面17	〃廊下		○			
場面18	政府軍本営・岩村の部屋					
場面19	柏崎・本営の山県の部屋				○	
場面20	小千谷本営の門前		○			
場面21	江戸城の中・廊下及び一室前	○				
場面22	〃一室の中	○				

第49回	『彰義隊』	村田蔵六	河井継之助	天堂晋助	山県狂介	時山直八
場面01	信濃川川面					
場面02	イメージ（A）		○			
場面03	信濃川川べり（現実）		○			
場面04	イメージ（B）		○			
場面05	信濃川川べり（現実）		○			
場面06	前島陣屋附近の大根畠		○			
場面07	長岡城中広間		○			
場面08	雨の野戦陣地					
場面09	河井家の縁側及び縁座敷					
場面10	摂田の本営の一室		○			
場面11	柏崎の官軍本営の一室			○	○	○
場面12	小千谷近くの山道			○	○	○
場面13	小千谷本営の座敷			○	○	○
場面14	百姓家の炉部屋及び土間			○	○	○
場面15	朝日山の山腹（濃霧）			○	○	

場面16	〃中腹会津の陣地				○	
場面17	〃頂上長岡軍陣地附近				○	
場面18	〃〃長岡軍陣地			○	○	
場面19	江戸の町並					
場面20	江戸城・蔵六の部屋	○				
場面21	〃広間	○				
場面22	〃別室					
場面23	〃広間	○				
場面24	〃西郷の部屋及び隣室	○				
場面25	御札場					
場面26	江戸城・蔵六の部屋	○				
場面27	新聞の作業場	○				
場面28	大下馬(二重橋外広場)	○				
場面29	上野寛永寺黒門附近					

第50回	『最後の武士』 (原題『継之助の死』)	村田蔵六	河井継之助	天堂晋助	山県狂介	時山直八
場面01	江戸城・縁廊下					
場面02	〃御用部屋	○				
場面03	上野・寛永寺附近絵図					
場面04	〃広小路あたりの家並					
場面05	三崎坂あたりの絵図					
場面06	三崎坂下あたり(雨)					
場面07	江戸城御用部屋	○				
場面08	〃	○				
場面09	本郷台加賀座敷・庭(雨)					
場面10	上野寛永寺(ミニチュア)					
場面11	江戸城富士見櫓 上野の森ミニチュア	○				
場面12	小雨の上野山内の一隅	○				
場面13	北越・摂田屋の本営の軒先					
場面14	〃一室		○			
場面15	小千谷・本営の門					
場面16	〃一室			○	○	
場面17	霧の信濃川・岸辺近く					
場面18	摂田屋本営の一室		○			
場面19	中島の河原A		○			
場面20	〃B					
場面21	〃A		○			
場面22	長岡城下・河井の住居縁座敷					
場面23	長岡城下・町辻		○			
場面24	今町の焼け跡					
場面25	刈谷田川の河原		○			

場面26	横浜・イネの診察所診察室	○				
場面27	見付本営の一室（縁座敷）		○			
場面28	長岡城内・一室			○	○	
場面29	八丁沖		○			
場面30	長岡城内・山県の部屋			○	○	
場面31	長岡城下の町辻A					
場面32	〃B					
場面33	長岡城下・新町あたり		○			
場面34	昌福寺の一室		○			
場面35	八十里趣えの実景及河井		○			
場面36	会津塩沢村・矢沢家の庭					
場面37	〃一室		○			
場面38	〃廊下					
場面39	〃一室		○			
場面40	〃〃		○			
場面41	〃〃		○			

証言のような実践に、少なくも一手間を足さなければ、現行の小千谷市版が成立し難いのも事実である。

この点を確認すべく、（1）前出の大河ドラマ『花神』第四八回～第五〇回脚本の香盤中の北越編を基準に、（2）小千谷市版、（3）NHK総集編の内、第四八回～第五〇回の北越編に当る部分の構成を比較しよう。○印は現存する場面、□印は第四八回～第五〇回をNHK総集編に仕立て直す際、初出とは別位置に挿入されたと推定される場面（河井継之助が新政府軍に機関銃を掃射する場面）を指す（表2）[25]。表2を眺めれば、奇妙な点に想到しよう。第四九回～第五〇回に当る部分はNHK総集編に不在の場面が小千谷市版に連続的に現存する一方、第四八回に当る部分は小千谷市版とNHK総集編の構成が一致する。小千谷市版を再生すれば、さらに奇妙な点に直面する。小千谷市版が第四八回場面12に当る部分に続き、場面13～場面15を省略、場面16に当る部分に移行する際、BGMは途切れない。NHK総集編と同様、場面12は場面16に滑らかに飛行する。

以上の諸点に鑑みれば、現行の小千谷市版を構成する、大河ドラマ『花神』第四八回に当る部分の出典はNHK総集編と見

表2

第48回	(1)香盤	(2)小千谷市版	(3)NHK総集編
場面08	長岡小山家の庭		
場面09	〃河井家縁座敷		
場面10	北越の地図及びフィルム写真	○	○
場面11	摂田屋の本営の一室		
場面12	榎峠	○	○
場面13	小千谷への川沿いの街道・駕篭の中		
場面14	草むら(渋海川近く)		
場面15	小千谷の旅篭の一室		
場面16	慈眼寺・本堂脇座敷	○	○
場面17	〃廊下		
場面18	政府軍本営・岩村の部屋		
場面19	柏崎・本営の山県の部屋	○	○
場面20	小千谷本営の門前	○	○

第49回	(1)香盤	(2)小千谷市版	(3)NHK総集編
場面01	信濃川川面		
場面02	イメージ(A)		
場面03	信濃川川べり(現実)		
場面04	イメージ(B)		
場面05	信濃川川べり(現実)	○	
場面06	前島陣屋附近の大根畠	○	
場面07	長岡城中広間	○	○
場面08	雨の野戦陣地	○	
場面09	河井家の縁側及び縁座敷	○	
場面10	摂田の本営の一室	○	
場面11	柏崎の官軍本営の一室	○	
場面12	小千谷近くの山道	○	
場面13	小千谷本営の座敷	○	
場面14	百姓家の炉部屋及び土間	○	○
場面15	朝日山の山腹(濃霧)	○	○
場面16	〃中腹会津の陣地	○	○
場面17	〃頂上長岡軍陣地附近	○	○
場面18	〃〃長岡軍陣地	○	○

第50回	(1)香盤	(2)小千谷市版	(3)NHK総集編
場面13	北越・摂田屋の本営の軒先	○	
場面14	〃一室	○	
場面15	小千谷・本営の門	○	
場面16	〃一室	○	
場面17	霧の信濃川・岸辺近く	○	
場面18	摂田屋本営の一室	○	

場面19	中島の河原A	○	□
場面20	〃B	○	□
場面21	〃A	○	□
場面22	長岡城下・河井の住居縁座敷	○	
場面23	長岡城下・町辻	○	
場面24	今町の焼け跡	○	
場面25	刈谷田川の河原	○	
場面27	見付本営の一室(縁座敷)	○	
場面28	長岡城内・一室	○	
場面29	八丁沖	○	○
場面30	長岡城内・山県の部屋	○	○
場面31	長岡城下の町辻A	○	
場面32	〃B	○	
場面33	長岡城下・新町あたり	○	○
場面34	昌福寺の一室	○	○
場面35	八十里越えの実景及河井	○	○
場面36	会津塩沢村・矢沢家の庭	○	
場面37	〃一室	○	
場面38	〃廊下	○	
場面39	〃一室	○	
場面40	〃〃	○	○
場面41	〃〃	○	○

表3

小千谷市版	出典	初出
(1)	第49回『彰義隊』	1977年12月4日
(2)	NHK総集編第5回『維新回天』	1978年4月1日
(3)	第49回『彰義隊』	1977年12月4日
(4)	第50回『最後の武士』	1977年12月11日

るのが自然である。NHK総集編の初出は無論、最終回『世に棲む日日』（一二月二五日放送／三一日再放送）完結後である。結果、小千谷市版の物語の時系列と録画の時系列は部分的に逆転しよう。（1）開幕部には題名と放送回の字幕が見当らないが、登場人物名や演出者名などの字幕に鑑みれば、出典は第四九回の開幕部と推定される。（2）の出典はNHK総集編、正確には第四八回〜第五〇回に当る部分を含む第五回『維新回天』と推定され、管見に確認し得た初出は一九七八年四月一日である。（3）（4）の出典は第四九回、第五〇回と推定される（表3）。小千谷市版は逐次的な録画の実践に、さらに録画した動画像を編集する実践を足した所産である。大野靖子の職業的な脚本術と小千谷市版の非職業的な編集術。対照的な技術の有様が浮び上る。

三、国民国家の時間

第二節は現行の小千谷市版の出典を推定しつつ、NHKが報道した逐次的な録画の過程後に非職業的な編集の過程が想定されると結論した。報道が録画の5W1H、1WHEN＝日曜夜間、2WHERE＝新潟県小千谷市教育委員会、3WHO＝職員、4WHAT＝大河ドラマ『花神』、5WHY＝地域史教育（報道は録画の動機を「地元の英雄の映像を残すべきだと考えた」と紹介）、6HOW＝委員会蔵ビデオ機器に光を投じた一方[26]、編集の5W1Hは現在、現存する録画テープ「L五〇〇」（ベータマックス）型がNHK総集編放送前の一九七八年二月ソニー商品案内に確認される点を除き（図1）[27]、五里霧中である。問題は山積するが、この点は今後の調査に期待したい。

本論は以下、二様の枠組に拠りつつ、小千谷市版を分析する。第一の枠組は時間、特に国民国家の時間である。大河ドラマ『花神』を巡る時間には番組間と番組内の二層の水準が想定される。前者は放送時間の枠組に係る。

吉見俊哉は「テレビは［…］番組の編成を通じて日々の生活時間を組織してきた。［…］テレビ最大の戦後的作用とは、家庭のなかにナショナルな広がりをもった時間割を挿入したことである。［…］テレビは多くのチャンネル、多数の番組の編成、視聴時間を新聞のテレビ欄にあるような『番組表』に統合することを通じて結果的に全国一律的な国民的時間割の役割を果たしてきた」と説く[28]。放送後のオンデマンド視聴などは夢物語の一九七七年当時、日曜二〇時〇〇分〜二〇時四五分の間、テレビ画面前に座し、ＮＨＫ総合を視聴する実践は、休日の様々な選択肢の内、幕末維新劇『花神』消費を選択する実践であると同時に、全国の相互に見知らぬ『花神』同時視聴者と共同しつつ、一週間の開幕を控えた日本人の「国民的時間割」に批准する無自覚的な実践である。

とは言え、大河ドラマ『花神』、特に第四八回〜第五〇回に国民国家の時間が発現するのは番組間の水準に止まらない。前述の上野戦争と北越戦争の並行編集的な描写の結果、物語の進行に係る番組内の水準にも国民国家の時間が発現する。ケン・Ｋ・イトウは徳冨蘆花の家庭小説『不如帰』（一八九八〜九九年）を巡り、ベネディクト・アンダーソン「SIMULTANEITY（同時性）」の議論を参照しつつ、「後説法が同一の日月の間に黄海、東京の川島家、逗子の別荘に起る出来事を編み合す［…］時空間は実際的な理由のために必要である。［…］同時性が日本の帝国的な野心の届きつつある海域や若年の女性が徐々に絶息しつつある海端の田舎町と主要都市・東京を纏め合す。［…］『不如帰』は読者が『帝国を心に抱く』のを可能化するテクストである。［…］『我々』を、宗主国・日本を想像し始めた世紀転換期の日本人を物語の受信者に仮定し

ビデオは経済的でなければ
……と考えて
●カセットは2時間用では最も小さく経済的
ソニーが世界で初めて実用化したガードバンドレス記録方式により誕生したのが、ベータマックス・ビデオカセットです。文庫本ほどの大きさですから、お好きな番組を次々と録画する時でも取扱いが簡単。しかも、収納スペースが僅かですみます。また1時間当りのテープの経済性も一段とアップしました。テープは、車でいえば燃費のようなもの。何巻もお持ちになると、その経済性に大きく差が出てきます。
ビデオカセット（時間は2時間ビデオデッキ使用時）
L-500（120分用）¥4,000
L-250（60分用）¥2,850
L-125（30分用）¥2,500
大きさ（幅156×高さ25×奥行95mm）
SONY

図1

たテクストである」と説く(29)。

この議論を応用すれば、大河ドラマ『花神』第四八回〜第五〇回の並行編集は上野戦争と北越戦争の同時性を前景化し、江戸＝東京と北越を統合した国民国家・日本を視聴者が「心に抱く」ように働き掛けるテクストと言える。実際、大野靖子が両戦争の並行編集に活用した脚本術は、ベネディクト・アンダーソンが近代の国民国家的な感性との相関性を説く、別々の空間に同時進行する複数の出来事を副詞「MEANWHILE（その頃）」を媒介に直列する近代小説術の変奏である(30)。第四八回場面二〇〜場面二一を事例に、江戸編と北越編の切り替えを全知の解説者（声演・小高昌文）が媒介する有様を見よう。北越編を閉幕する解説「山県の伝令はついに間に合わなかった……この瞬間から凄惨極まりない北越戦争の幕が切って落とされる……！」に続き、以下の解説が江戸編を開幕する。「その頃……蔵六を悩ませた軍費の問題を、一挙に解結する男が江戸へ飛び込んで来た！(31)」。

解説文を原作と照合すれば、前者は『峠』の一節「この瞬間からあの悽惨きわまりない北越戦争の幕が切っておとされようとは(32)」、後者は『花神』の一節「［村田蔵六］が彰義隊討伐を最終的に決定したのは軍費の問題が一挙に解決したためである。［／］意外な人物が、江戸へとびこんできた」が直接的な出典である(33)。逆に見れば、上野戦争と北越戦争を基本的に別々に語る原作の場合、大河ドラマ『花神』第四八回〜第五〇回と同程度には、国民国家の時間は前景化しなかろう。『花神』原作の上野戦争の場面と『峠』原作の北越戦争の場面を、同時性の指標「その頃」を媒介に直列する大野靖子の職業的な脚本術が、番組内の水準に国民国家の時間を本格的に導入する。全国の日本人の『花神』視聴の同時性に係る番組間の水準、並行編集が想像させる上野戦争と北越戦争の同時性に係る番組内の水準。事程左様に、第四八回〜第五〇回は二重に国民国家の時間を発現する。

以上の議論を経れば、小千谷市版の持つテレビ史／ビデオ史的な特性も整理されよう。第一に、録画の実践は番組と放送時間の枠組の絶対的な結び付きを脱臼し得る。一九七七年当時の大河ドラマ『花神』視聴が、事前にＮＨＫが設定した放送時間内の全国同時的な視聴と同義である一方、録画テープ視聴は現在のオンデマンド視聴などと同様、視聴する時間の設定は基本的に再生者の任意である。換言すれば、小千谷市版は「国民的時間割」外の『花神』視聴の可能性を提供する。第二に、北越編の場面の選択的な収録は、第四八回～第五〇回が視聴者に想像させる上野戦争と北越戦争の同時性を脱臼し、江戸＝東京と北越を統合した国民国家・日本の時間を後景化させる。換言すれば、河井継之助を焦点化した地域の時間、北越の時間が前景化される。ビデオ機器は番組間と番組内の二層の水準に亘り、第四八回～第五〇回と国民国家の時間の由縁を問い直す機能を持ち得たと言える。

四、司馬遼太郎と「幕末維新観」

第三節は時間、特に国民国家の時間の枠組に拠りつつ、小千谷市版の持つ二重の脱国民国家性を分析した。第四節～第五節は第二の枠組に拠りつつ、分析を立体化したい。導入するのは歴史＝物語／データベースの枠組である。この枠組は一九八〇年代に提唱された大塚英志「物語消費」に発端し[34]、東浩紀「データベース消費」[35]、東園子「相関図消費」など[36]、後続の様々な提唱にも彩られつつ現在に至るが、錯綜した理論史を体系化する余裕は、本論には見当らない。一旦、参照枠を「物語消費」に限定し、大河ドラマ『花神』が放送された一九七七年前後の状況、特に『機動戦士ガンダム』（一九七九～八〇年）などに牽引された「第二次アニメブーム」のテレビ史／ビデオ史的な状況も視界に収めつつ[37]、小千谷市版の特性を分析したい。早速「物語消費」の要点を整理しよう。

大塚英志は『機動戦士ガンダム』を事例に説く。「時代、場所、国家間の関係、歴史、生活風俗、登場人物それぞれの個人史［…］といった1話分のエピソードの中では直接的には描かれない［…］〈設定〉が積分された1つの全体を〈世界観〉とアニメーションの分野では呼びならわしている。とすると、具体的な1話なり1シリーズなりのアニメ番組［…］は、〈世界観〉という全体［…］の中で任意の一人の人間を主人公に選び、その彼の周囲に起きた一定期間内の出来事を切りとっただけのものにすぎなくなる。主人公を別の人間に置きかえるだけで、そこには無数のドラマが理論的には存在し得る」と。以上を前提に、「1話1話のドラマの中に含まれたドラマ以外の情報を手懸りに背後に隠された〈世界観〉を探り出そうとした」アニメ愛好家＝消費者の欲望の志向性を問題化した大塚は、マンガ愛好家＝消費者にも見られる、この消費の有様を「物語消費」と命名した。(38)

付言すべきは、大塚英志が「1話1話のドラマ」と「本来、不可視の存在で、消費者の目に」認識されないはずの「世界観」の関係性を、(39)人形浄瑠璃や歌舞伎の「趣向」と「世界」の関係性に擬えた事実である。(40)「趣向」は「作品に新味を与える作劇上の工夫の総称」(41)、「世界」は「作品の背景として設定される時代、歴史上の事件ないしは一定の人物群を定型化したもの。基本的なストーリーや人物の性格、人物相互の関係まで包摂する概念」を指す。(42)「日本の近世演劇は各作品が固有の世界を創出する演劇ではなく、既存の作品が形成してきた［…］世界に新たな趣向を盛り込んでいくことで新味を［…］競ってきた」。(43)マンガ愛好家＝消費者が「本来、不可視」な『キャプテン翼』（一九八一〜一九八八年）の「世界」を志向しつつ活用し、各々「趣向」を凝らした私家版「キャプテン翼」を非職業的に発表する有様に、大塚は「物語消費」の本格化を見た。(44)

以上の枠組を本論に応用しよう。実際、大河ドラマ『花神』が描く幕末維新期の時空間は、再三再四に亘る教育的、文芸的な表象の累積を経、すでに原作者・司馬遼太郎の登場以前、先行の人形浄瑠璃や歌舞伎が構築した『義経記』『太平記』などの「世界」同様の「コモンズ」性を獲得済である。(45)換言すれば、幕府＝雄藩＝欧米の

「国家間の関係、歴史」や志士のような「登場人物それぞれの個人史」などの「設定」が紡ぐ幕末維新期の「世界観」（以下「幕末維新観」）と『機動戦士ガンダム』などの「世界観」は、虚構性の強弱を除き、基本的に同質的である。結果、第一に以下の点を確認し得る。『花神』第四八回～第五〇回の原作『花神』『峠』『十一番目の志士』は各々、司馬が先行の「幕末維新観」を活用しつつ、虚実の狭間に造形した「任意の一人の［…］主人公」村田蔵六、河井継之助、天堂晋助の軌跡を辿る幕末維新小説の「具体的な［…］1シリーズ」である。

付言すれば、上記三編の原作中、『十一番目の志士』は司馬遼太郎が特に自覚的に先行の「幕末維新観」を活用した小説と推定される。尾崎秀樹は「司馬遼太郎は天堂晋助以外の登場人物や時代状況を、かなり事実に即してとらえており、その歴史事実のからみあいのなかに引いた一本の補助線といったかたちで、天堂晋助を動かしている」と説く(46)。実際は、奇兵隊総督（第三代）赤根武人の人物像が「歴史事実」に相異するとも言われるが(47)、尾崎の言う「歴史事実」と司馬独創の「一本の補助線」の関係性は、まさに先行の「幕末維新観」と「任意の一人の［…］主人公」の関係性である。同時に『十一番目の志士』を含む司馬の幕末維新小説が先行の「幕末維新観」を再構築する役割を果したのも事実である。実際、一九六八年の「明治一〇〇年」前後を彩る司馬文学の「幕末維新観」への「影響」力は特筆に値し(48)、「幕末維新観」史は司馬以前／以後にも大別し得よう。

無論、人形浄瑠璃や歌舞伎の「世界」が新作の成功などを契機に更新され得るのと同様(49)、先行の「幕末維新観」を活用した全新作が、原理的には「幕末維新観」を再構築し得る。とは言え、司馬遼太郎の幕末維新小説が質的量的に未曾有の体系性に到達し、先行の「幕末維新観」を完全に書き替える程度の「影響」力を持ち得たのも事実である。本論に所謂「司馬史観」の虚実を問題化する余裕は見当らないが、少なくも以下の点は確認し得る。先行の「幕末維新観」を活用しつつ、司馬が『花神』『峠』『十一番目の志士』を生成する過程は、同時に司馬「幕末維新観」が生成し、先行の「幕末維新観」に上書する過程である。結果、第三に以下の点を確認し得る。原作三編を大河ドラマ『花神』第四八回〜第五〇回に縒り合す大野靖子の職業的な脚本術は、幕末維新小説の「具体的な［…］1シリーズ」を司馬「幕末維新観」の完全性に引き寄せる「世界観」志向的な技術である。

五、ビデオ機器と「幕末維新観」

第四節は大塚英志「物語消費」の枠組に拠りつつ、司馬遼太郎以前の「幕末維新観」、司馬の幕末維新小説『花神』『峠』『十一番目の志士』、大河ドラマ『花神』第四八回〜第五〇回、司馬「幕末維新観」の四者の関係性を整理した。先行の「幕末維新観」を活用しつつ、司馬が『花神』『峠』『十一番目の志士』を生成する過程は、同時に司馬「幕末維新観」が先行の「幕末維新観」に上書する過程である点、大野靖子が原作三編を第四八回〜第五〇回に脚本化する過程は、同時に幕末維新小説の「具体的な［…］1シリーズ」が司馬「幕末維新観」の完全性に引き寄せられる過程であり、「世界観」志向的である点を確認した。大河ドラマ制作の起点である職業的な「世界観」志向性と「物語消費」者の私家版制作の起点である非職業的な「世界観」志向性。対照的な志向性の有様が浮び上る。

以上の議論を前提に、第五節は小千谷市版を分析する。とは言え、小千谷市版と「物語消費」の関係性、特に両者の関係性を巡るビデオ機器の位置を見極めるには、一旦、大河ドラマ『花神』が放送された一九七七年前後の第二次アニメブームの状況を参照するのが得策である。近藤和都は第二次アニメブームを牽引した『宇宙戦艦ヤマト』（一九七四〜一九七五年）と『機動戦士ガンダム』を焦点に説く。ビデオ機器が日本社会に根付く以前の一九七〇年代、『宇宙戦艦ヤマト』を動画像のままに保存し、精読する方法に恵まれない「物語消費」者は「世界観」情報を収集するためにテレビ画面を静画像に写真撮影、音声を録音した上、収集した情報を整理するために各放送回の副題を目録化、相互にコモンズ化するために同人誌を印刷した。この慣習は後発の商業的なアニメ専門誌に部分的に継承され、後発『機動戦士ガンダム』の「世界観」情報のコモンズ化に拍車を掛けた、と。(50)

近藤和都の議論は、ビデオ前史的な状況下の「物語消費」者が「世界観」をコモンズ化する過程を活写すると同時に、アニメのような動画像の「世界観」情報を収集するには、写真機器や録音機器以上に、動画像を動画像のままに保存し得るビデオ機器が最適であるとの当り前の事実も逆照射する。近藤もビデオ以後『機動戦士ガンダム』以後の議論の重要性に自覚的である。(51)同時に、ビデオ機器を活用し得た一九八〇年代以後のアニメ愛好家＝消費者を「物語消費」者と決め付けるのも早計である。永田大輔は説く。ビデオ機器に搭載された「コマ送り」「巻き戻し」などの機能が、放送の一回的な視聴には認識し切れない細部の精読を可能化した結果、作画者の個性や映像＝音声の装飾的な編集などを耽美する「オタク的アニメ視聴」が慣習化した、と。(52)この場合、細部と「世界観」を相関させる以前に細部と「具体的な［…］1シリーズ」の相関性が脱臼せざるを得ない。

この通り、ビデオ機器を活用した動画像の精読は「具体的な［…］1シリーズ」の細部に潜む「世界観」情報の収集を可能化し、「物語消費」を促進すると同時に、「具体的な［…］1シリーズ」とは切り離された細部単体への耽美も可能化する。この両義性を参照しつつ、小千谷市版と「物語消費」の関係性を巡るビデオ機器の位置を確認しよう。前述の通り、司馬遼太郎『花神』『峠』『十一番目の志士』を大河ドラマ『花神』第四八回〜第五〇回に縒り合す大野靖子の職業的な脚本術は「世界観」志向的であり、幕末維新小説の「具体的な［…］1シリーズ」を司馬「幕末維新観」側に引き寄せた。一方、小千谷市版の非職業的な編集術は、第四八回〜第五〇回中『花神』原作の江戸編を不在化し、司馬「幕末維新観」側に近付いた物語を再度「具体的な［…］１シリーズ」側に引き戻した。小千谷市版はビデオ機器が反「世界観」志向的な目的に活用され得た事実の例示と言える。

無論、この場合の「世界観」が、司馬遼太郎の幕末維新小説が構築した司馬「幕末維新観」であり、一九六八年の「明治一〇〇年」前後に優勢化した国民国家・日本の建国神話の「世界観」に当る以上、地域に由縁の北越編を選択的に収録した小千谷市版の反「世界観」志向性は脱国民国家志向性、地域志向性と同義である。前述の通り、小千谷市版生成の基本的な動機が地域史教育を図る新潟県小千谷市教育委員会の理念である以上、第三節に見た国民国家・日本の時間の後景化、北越の時間の前景化と合せ、地域志向性の発現は自然である。とは言え、新潟県小千谷市教育委員会の地域志向性と小千谷市版の反「世界観」志向性を単純な因果関係に結ぶのは早計に過ぎよう。実際、二〇二三年の我々には非慣習的に見える逐次的な録画や非職業的な編集の過程も、大河ドラマ『花神』放送前後のテレビ史／ビデオ史的な状況に置き直せば、一定の慣習性を持つ可能性は否定し切れない。

実際、前出の一九七八年二月ソニー商品案内を見れば、現行の小千谷市版の録画テープと同型の「L五〇〇」（ベータマックス）型は一本の最長録画時間一二〇分に対し、価格は四〇〇〇円である。[53] この状況に鑑みれば、小千谷市版とは逆志向的にビデオ機器を活用し、大河ドラマ『花神』全編を録画した上に適宜、司馬遼太郎原作の他の幕末維新劇の録画と編集、『花神』を一層、司馬「幕末維新観」の完全性に引き寄せるような実践も原理的には可能であるが、相当に非現実的である。ＮＨＫ『番組発掘プロジェクト』が公開した、『花神』出演者・上村香子（河井すが役）の母親が上村の出演場面を選択的に録画したとの逸話も、[54] この非現実性を傍証する。前述のアニメの場合と同様、ビデオ機器を活用した非職業的な編集術も原理的には「世界観」志向性と反「世界観」志向性の両義性を持ち得るが、少なくも『花神』放送前後の状況は後者を発現させ易いと言えよう。

六、今後の問題

本論は二〇一四年、新潟県小千谷市教育委員会に現存が確認された大河ドラマ『花神』小千谷市版を主資料に、幕末維新劇の全国的な公共放送に対し、初期のビデオ機器を活用した録画の実践が如何に相関したかを議論した。第二節に小千谷市版の出典と生成過程を推定後、第三節は国民国家の時間の枠組に拠りつつ、小千谷市版の持つ二重の脱国民国家性を分析した。第四節〜第五節は大塚英志「物語消費」の枠組に拠りつつ、第二次アニメブームのテレビ史／ビデオ史的な状況も参照し、小千谷市版の持つ反「世界観」志向性を分析した。この場合の「世界観」が、司馬遼太郎が「明治一〇〇年」前後に構築した国民国家・日本の建国神話の「世界観」に当る以上、時間論的な脱国民国家性と物語論的な反「世界観」志向性の並存には新潟県小千谷市教育委員会の地域性の一定の発現を認め得る。

最後に、本論中に確認した以外の今後の問題を挙げたい。テレビ史／ビデオ史の内、特に視聴覚教育史の問題である。永田大輔は説く。歴史的には、初期のビデオ機器が各家庭以前に主市場に想定し、実際に各家庭以前に根付いたのは各教育機関であり、アニメ愛好家＝消費者が活用した「コマ送り」「巻き戻し」などの機能の原点も教室内の視聴覚教育用に搭載された「スローモーション機能」である、と。[55] 換言すれば、アニメ愛好家＝消費者が視聴覚教育用の機能を流用（APPROPRIATE）した結果が耽美主義的な「オタク的アニメ視聴」である、と。本論はテレビ史／ビデオ史全体の状況を参照しつつ、小千谷市版を分析した。とは言え、小千谷市版生成の主体が新潟県小千谷市教育委員会であり、生成の基本的な動機が地域史教育の理念である以上、テレビ史／ビデオ史に個別的な位置を占める視聴覚教育史と小千谷市版の関係性の議論は、本論の深化に不可避の工程である。

本論は小千谷市版生成に係る編集術を「非職業的な」と形容した。大河ドラマ『花神』制作に係る脚本術、演技術、演出術、編集術などの職業性に対し、小千谷市版の編集術の非職業性は自明であると同時に、この非職業性の焦点化がビデオ機器を巡る二様の実践、小千谷市版と第二次アニメブームを巡る「物語消費」の比較を可能化し、一九七〇～一九八〇年代のテレビ史／ビデオ史全体を議論する明澄な見取図を提供するのも事実である。とは言え、小千谷市版が新潟県小千谷市教育委員会の地域史教育の理念に発端する以上、小千谷市版の非職業的な編集は、同時に地域教育家の職業的な実践の一環とも言えよう。各家庭に先行し、各教育機関に導入されたビデオ機器を活用し、教育家が番組を録画、視聴覚教育用に編集する実践は一九七〇～一九八〇年代の教育界に慣習的に見られたのか。見られた場合、教育家は録画術、編集術を如何に学習したのか。今後の調査に期待したい。

注

（1）「大河ドラマ『花神』、第50回発掘!?」、NHK『番組発掘プロジェクト』〈https://www.nhk.or.jp/archives/hakkutsu/news/detail011.html〉、二〇二二年七月七日閲覧。

（2）大石学／時代考証学会（編）『地域と語る大河ドラマ・時代劇――歴史都市彦根からの発信』（サンライズ出版、二〇一二年）、『大河ドラマと地域文化――『篤姫』『龍馬伝』と鹿児島』（高城書房、二〇一二年）、『時代劇文化の発信地・京都』（サンライズ出版、二〇一四年）、『伊達政宗と時代劇メディア：地域の歴史・文化を描き、伝えること』（今野印刷、二〇一六年）。

（3）羽鳥隆英『日本映画の大衆的想像力――《幕末》と《股旅》の相関史』（雄山閣、二〇一六年）、三一～三二頁。

（4）「花神――新春から登場の大河ドラマ制作進む」、『グラフＮＨＫ』一九七七年一月号、三頁。

（5）大原誠『ＮＨＫ大河ドラマの歳月』（日本放送出版協会、一九八五年）、二一二頁。

（6）注5、二七〇頁。

（7）清水延子「人物の設定のよさ」、『朝日新聞』一九七七年一月二六日（東京）朝刊、二四頁。
（8）磯野宗三郎「他流試合にも興味」、『朝日新聞』一九七七年一月二六日（東京）朝刊、二四頁。
（9）司馬遼太郎「蔵六という人」、前進座公演（東京・新橋演舞場／一九七七年一二月）筋書、二三頁。
（10）「発掘って何?」、注1『番組発掘プロジェクト』〈https://www.nhk.or.jp/archives/hakkutsu/about/〉、二〇二二年七月七日閲覧。
（11）佐藤正明『映像メディアの世紀――ビデオ・男たちの産業史』（日経ＢＰ社、一九九九年）、六三二～六三三頁。
（12）永田大輔「『オタク的アニメ視聴』試論――ビデオの『コマ送り』が可能にした知識に着目して」、梅田拓也／近藤和都／新倉貴仁（編）『技術と文化のメディア論』（ナカニシヤ出版、二〇二一年）、一一九頁。
（13）注11、一一四頁／二三九頁。
（14）注10。
（15）「発掘重点番組」、注1『番組発掘プロジェクト』〈https://www.nhk.or.jp/archives/hakkutsu/graffiti/〉、二〇二二年七月七日閲覧。
（16）「幻の大河ドラマ『花神』発掘（秘）エピソード!」、注1『番組発掘プロジェクト』〈https://www.nhk.or.jp/archives/hakkutsu/news/detail007.html〉、二〇二二年七月七日閲覧。
（17）「大河ドラマ『花神』、中国料理の研究家から発掘?!」、注1『番組発掘プロジェクト』〈https://www.nhk.or.jp/archives/hakkutsu/news/detail305.html〉、二〇二二年七月七日閲覧。
（18）注1。
（19）『花神』第四八回～第五〇回脚本、国立国会図書館蔵。
（20）司馬遼太郎『十一番目の志士』、司馬遼太郎『司馬遼太郎全集』第一六巻（文藝春秋、一九七二年）、三六五～三六八頁。
（21）注19。
（22）テレビ欄、『朝日新聞』一九六八年八月一五日（東京）夕刊、一二頁。
（23）『花神』第四八回～第五〇回香盤、国立国会図書館蔵。
（24）『金曜ＥＹＥ――幻の名作発掘大作戦』、ＮＨＫ総合、二〇一五年九月二五日。

(25) 注23。小千谷市版、新潟県小千谷市教育委員会蔵。『花神：総集編』DVD（NHK、二〇〇三年）。
(26) 注24。
(27) ベータマックス「SL8500」商品案内、筆者蔵。
(28) 吉見俊哉『視覚都市の地政学――まなざしとしての近代』（岩波書店、二〇一六年）、二二一〜二二三頁。
(29) Ito, Ken K., *An Age of Melodrama: Family, Gender, and Social Hierarchy in the Turn-of-the-Century Japanese Novel* (Stanford University Press, 2008) 81-82.
(30) Benedict Anderson, *Imagined Communities: Reflections on the Origin and Spread of Nationalism*, Revised Edition (2C06: Verso, 2016) 24-26.
(31) 『花神』第四八回脚本、国立国会図書館蔵、五四〜五五頁。
(32) 司馬遼太郎『峠』、司馬遼太郎『司馬遼太郎全集』第二〇巻（文藝春秋、一九七二年）、五九頁。
(33) 司馬遼太郎『花神』、司馬遼太郎『司馬遼太郎全集』第三一巻（文藝春秋、一九七四年）、八四頁。
(34) 大塚英志『物語消費論――『ビックリマン』の神話学』（新曜社、一九八九年）、一八頁。
(35) 東浩紀『動物化するポストモダン――オタクから見た日本社会』（講談社、二〇〇一年）、七八頁。
(36) 東園子『宝塚・やおい、愛の読み替え――女性とポピュラーカルチャーの社会学』（新曜社、二〇一五年）、一四二頁。
(37) 津堅信之『新版アニメーション学入門』（平凡社、二〇一七年）、八四〜八五頁。
(38) 注34、一四〜二〇頁。
(39) 注34、一六〜一七頁。
(40) 注34、二〇〜二四頁。
(41) 中川俊宏「趣向」、富澤慶秀／藤田洋（監）『【最新】歌舞伎大事典』（柏書房、二〇一二年）、一一三頁。
(42) 中川俊宏「世界」、注41『【最新】歌舞伎大事典』、四六頁。
(43) 注42、四六頁。
(44) 注34、一九〜二〇頁。
(45) 日文研大衆文化研究プロジェクト（編）『日本大衆文化史』（KADOKAWA、二〇二〇年）、二八八頁。

（46）尾崎秀樹「司馬遼太郎の世界」、注20『司馬遼太郎全集』第一六巻、六四八頁。
（47）竹村紘一『十一番目の志士』、志村有弘（編）『司馬遼太郎事典』（勉誠出版、二〇〇七年）、九〇頁。
（48）注45、二八八頁。
（49）池上文男「世界」、服部幸雄／富田鉄之助／廣末保（編）『【新版】歌舞伎事典』（平凡社、二〇〇〇年）、二五四頁。
（50）近藤和都「『ヤマト』から『ガンダム』へのメディア史――『記憶すべきもの』と『記憶する人々』」、荒木浩／前川志織／木場貴俊（編）『〈キャラクター〉の大衆文化――伝承・芸能・世界』（KADOKAWA、二〇二一年）、三〇六～三一八頁。
（51）注50、三二〇頁。
（52）注12、一一九～一二五頁。
（53）注27。
（54）「浜畑賢吉・上村香子ご夫妻から発掘！『男は度胸』『花神』」、注1『番組発掘プロジェクト』〈https://www.nhk.or.jp/archives/hakkutsu/news/detail136.html〉、二〇二二年七月七日閲覧。
（55）注12、一一六～一二五頁。

謝辞　本論はJSPS科研費（17K13366、22K00128）の助成を得た研究成果であり、原型は二編の報告「幕末＝明治維新表象と地域性――河井継之助（越後長岡藩）を事例に」（時代考証学会第一二回サロン、明治大学、二〇一九年三月二三日）、「テレビ録画研究の可能性――『中間的』映像群を巡る調査を起点に」（公開研究会『ビデオの文化資源学』、主催：新潟大学地域映像アーカイブ研究センター／共催：モノ―メディア研究会、大東文化会館、二〇二〇年二月一六日）である。小千谷市版を閲覧させていただいたNHK『番組発掘プロジェクト』様、調査にご協力いただいた新潟県小千谷市教育委員会様、劇団『前進座』山崎辰三郎様、『ビデオの文化資源学』にご参会いただいた林田真心子様、飯田豊様、近藤和都様、永田大輔様、太田美奈子様、聴衆の皆様に感謝申し上げる。尚、全体の統一性に配慮し、被引用中の数字の算漢は適宜、変換した。

あとがき

本書は、昨年刊行した大石学・時代考証学会編『戦国時代劇メディアの見方・つくり方――戦国イメージと時代考証』（以下、前著）につづいて、勉誠出版より刊行する二冊目の当会シンポジウム成果刊行物となる。その構成は、前著につづき二つのシンポジウム、すなわち第七回シンポジウム「明治・大正・昭和を考証する――時代考証の現場から」（二〇一五年一一月一四開催）、第八回シンポジウム「時代考証学とノンフィクション」（二〇一六年一一月一九日開催）の内容が中心となり、それぞれ第一部・二部に収録している。

当会では「サロン」と称してざっくばらんに参加者と議論をするための研究例会を開催しており、近現代の時代劇を対象としたシンポジウムを企画するにあたり、「近代・現代を描いた時代劇と時代考証」と題したシリーズのサロンを三回開催し（二〇一四年二月二七日：中野良氏、二〇一五年二月二一日：石居人也氏、二〇一六年三月一九日：加藤聖文氏）、その問題群を学会内外で共有を図るべく準備していた。当時、近現代の時代を扱う「時代劇」にも風俗考証としてのみならず、時代考証が入ることが増えていた。この企画意図は、研究担当（当時）の三野行徳が寄せた論考をご参照いただければ幸いである。第三部には、この「近代・現代を描いた時代劇と時代考証」シリーズのサロンのうち三野氏、石居氏、加藤氏の論考、および近現代時代劇メディアに関連するテーマとして開催した羽鳥隆英氏の論考（二〇一九年三月二三日開催サロン）、そしてコロナ禍により企画していたものの延期した刊部芳則氏、山田朗氏にご執筆をお願いし、その論考を収録した。

執筆者の皆様には、時間の経過やコロナ禍により多大なご迷惑をおかけしたにもかかわらず、あらためて本書への寄稿にご快諾いただき、ご多忙のなかご執筆いただいたことに深く感謝の意を表したい。

当会は、毎年一回一一月にシンポジウムを開催しており、そのテーマについては担当者が継続性を意識しながら企画している。今年のシンポジウムにも勉誠出版の吉田祐輔氏、武内可夏子氏にはご参加いただいた。市民との新しい学問構築を目指す本会に対する理解をいただき、前著に引き続き編集に際して適切な助言をいただくことができた。ここに記して厚く御礼を申し上げたい。（時代考証学会編集担当：鈴木一史・中野良・野本禎司・茂木謙之介）

＊

近現代史についての時代考証は、江戸時代や戦国時代の歴史についての時代考証とは根本的に異なるのではないか。これが、第七回シンポジウム「明治・大正・昭和を考証する――時代考証の現場から」を企画したときにわたしが抱いた初発の問いであった。残された史料の量や質が違うこと、根拠となる研究成果や史料を示すことそのものが立場性の表明であること、時代考証が作品を根本的に変える可能性をもつことなどを、準備を進めるなかで幾度となく議論した。時代考証の意義や影響力を信じ、多くの人びとに伝えたいという意気込みがあったといえよう。

しかし、こちらのねらいどおりに報告をお願いできるとは限らない。時代考証学会では演じ手の役割も重視しており、第六回のシンポジウムまでは俳優などを招いていたが、このときはどなたも日程が合わなかった。それでも、日取りが合えばぜひ話したいと言っていると連絡をくださったある芸能事務所の方や、直接電話をくださった俳優ご本人などとの出会いがあり、交渉の過程では演じ手の時代考証に対する関心の高さに接した。結果的に議論の時間を長くとることができ、小田部氏・安達氏からそれぞれの経験にもとづく報告を聞くことができたのは、いまからふりかえれば幸福なめぐり合わせであったと感じている。

自分のかかわる物事に意義を見出し、誇りや使命感をもって熱心に取り組むことと、社会のありようや研究動向のなかでの位置づけについて距離をおいて見定めることとの両立は時に困難である。時代考証学会は研究者以外の人びとにも議論を呼びかけているが、シンポジウムなどの会場に足を運ぶのは時代考証を必要だと考え、比較的高い関心をもつ人びとであろう。そうした人びとは作品を細かいところまで詳しくみるのかもしれないが、『水戸黄門』で印籠が出される場面だけを観て爽快感を得るような（本書第1部第2章）、そのとき限りの娯楽として楽しむ人びとも大勢いる。「幅広い層の考えを把握・分析する手法の構築」（丸島和洋「紹介 大石学・時代考証学会編『戦国時代劇メディアの見方・つくり方——戦国イメージと時代考証』」『歴史評論』八七〇、二〇二二年一〇月、六六頁）を行ったとしても、数量的な傾向という話題以上に議論が深まるわけではない。時代考証の意義を認める一方で、作品はあくまで娯楽として楽しむものでしかないという両方の立場をたもちながら、考証を行う「わたし」、作り手や演じ手の「わたし」、そしてだれもがその立場になるであろう、作品を楽しむ「わたし」にとって時代考証とは何かということを、具体的な作品や個別の考証のありように即して議論することが大切ではないだろうか。

本書の刊行が大幅に遅れたことを深くお詫びするとともに、文字起こしの見直しや書き下ろしなど多くのお願いに応えてくださったみなさまに、心から感謝申し上げたい。

（鈴木一史）

＊

第八回シンポジウム「時代考証学とノンフィクション」を開催したのは二〇一六年一一月一九日のことである。あれからすでに六年余が経過したが、この間、新型コロナウイルス感染症が流行し、ロシアによるウクライナ侵攻が断行されるなど、世界情勢は揺れ動いている。そうした中で歴史をいかに受容し、現在を生きる指針にしていくのか。その在り方をめぐる議論はこれまで以上に重要度を増している。

第八回シンポジウムは、ノンフィクション作品、とりわけ視聴機会の多いテレビの歴史教養番組に焦点をしぼり、人びとに提示される歴史とは何かについて議論を深めた。歴史教養番組は視聴者の教養を深める一助として幅広い世代に受容されてきた歴史を有する。私自身、多様な形態をもつ歴史教養番組を夢中で視聴した思い出がある。

しかしながら、「劇」ではなく「教養」として提示されるがゆえに、歴史教養番組内で紹介される歴史は、研究のフィルターを通した「純然たる史実」であるかのような印象を与えてしまう危うさを内包している。危うさの実態は曖昧模糊としたもので、把握することは困難であったが、その輪郭を捉え、言語化したいという考えが当シンポジウムの出発点であった。

落合弘樹氏には、歴史教養番組制作において歴史学研究の成果を還元していくことの難しさ、史実と演出の狭間で生じる葛藤について、シナリオを検証する現場の視点から論じていただいた。また、谷口雅一氏には、長く現場に携わったご自身の経験に基づいて、フィクション・ノンフィクション作品それぞれの特質、歴史教養番組の制作過程において時代考証に求められる役割の大きさなどを論じていただいた。歴史教養番組の制作過程を議論したことで、ノンフィクション作品においても歴史の取捨選択が行われ、だからこそ時代考証が重要な役割を担っており、時代考証学の対象になり得るということを共有することができた。

末筆ながら、ご登壇いただいた落合氏・谷口氏、ご来場いただいた皆様方に感謝申し上げる。

（神谷大介）

2020年)、『世界史の中の日露戦争』(吉川弘文館、2009年)、『兵士たちの戦争』(岩波書店、2015年)など。

刑部芳則(おさかべ・よしのり)1977年生まれ
日本大学商学部教授、明治維新史学会理事、東海林太郎音楽館学術顧問。
〔業績〕ＮＨＫ大河ドラマ『西郷どん』(軍装・洋装考証、2018年)、ＮＨＫ連続小説ドラマ『エール』(風俗考証、2020年)、映画『太陽の子』(風俗考証、2021年)など。
〔主要論文・著書〕『明治国家の服制と華族』(吉川弘文館、2012年、日本風俗史学会江馬賞受賞)、『古関裕而』(中公新書、2019年)、『セーラー服の誕生』(法政大学出版局、2021年)など。

羽鳥隆英(はとり・たかふさ)1982年生まれ
熊本県立大学文学部日本語日本文学科准教授、早稲田大学坪内博士記念演劇博物館招聘研究員。
〔業績〕『池部良の世界』(早稲田大学坪内博士記念演劇博物館、2012年)、『新国劇と剣劇の世界』(早稲田大学坪内博士記念演劇博物館、2014年)、『極付国定忠治』『殺陣田村』(早稲田大学大隈記念講堂大講堂、2014年)など。
〔主要論文・著書〕『日本映画の大衆的想像力――《幕末》と《股旅》の相関史』(雄山閣、2016年)、「岡本喜八『日本のいちばん長い日』の天皇表象を読む――音響と配役を手掛りに」(『映画研究』第14号、2019年)4-27頁、“'Fugitives' from the Studio System: Ikebe Ryo, Sada Keiji, and the Transition from Cinema to Television in the Early 1960s.” *Routledge Handbook of Japanese Cinema*. Ed. Joanne Bernardi and Shota T. Ogawa. Routledge, 2021. 128-40. など。

『大河ドラマと市民の歴史意識』岩田書院、2013年)、「大河ドラマと展示叙述」(大石学・時代考証学会編『時代劇メディアが語る歴史――表象とリアリズム』岩田書院、2017年)、「多摩の自治体史編さんと地域の歴史意識」(関東近世史研究会『関東近世史研究』第81号、2018年)など。

石居人也(いしい・ひとなり)1973年生まれ
一橋大学大学院社会学研究科教授。
〔業績〕土曜ドラマ「足尾から来た女」(時代考証、NHK、2014年)、企画展示「学びの歴史像――わたりあう近代」(展示、国立歴史民俗博物館、2021年)、企画展「明治の学び舎〜地域における学びと教えの足跡をたずねて〜」(展示、町田市立自由民権資料館、2010年)など。
〔主要論文・著書〕池享・櫻井良樹・陣内秀信・西木浩一・吉田伸之編『みる・よむ・あるく 東京の歴史』第9・10巻(共著、吉川弘文館、2020・2021年)、「「衛生」と「自治」が交わる場所で――「コロナ禍」なるものの歴史性を考える」(歴史学研究会編『コロナの時代の歴史学』績文堂出版、2020年)、「社会問題の「発生」」(大津透・桜井英治・藤井讓治・吉田裕・李成市編『岩波講座 日本歴史』第16巻、岩波書店、2014年)など。

加藤聖文(かとう・きよふみ)1966年生まれ
人間文化研究機構国文学研究資料館准教授。
〔業績〕TBS 60周年記念企画ドラマ『レッドクロス――女たちの赤紙』(2015年)、NHKスペシャル『村人は満州へ送られた――“国策”71年目の真実』(2016年)、NHK特集ドラマ『どこにもない国』(2018年)など。
〔主要論文・著書〕『満鉄全史――国策会社の全貌』(講談社学術文庫、2019年)、『海外引揚の研究――忘却された「大日本帝国」』(岩波書店、2020年)、『満蒙開拓団――国策の虜囚』(岩波現代文庫、2023年)など。

山田　朗(やまだ・あきら)1956年生まれ
明治大学文学部教授。
〔業績〕明治大学平和教育登戸研究所資料館パネル展示(全体監修)。
〔主要論文・著書〕『大元帥・昭和天皇』(新日本出版、1994年、ちくま学芸文庫、江戸無血開城の真相と、秘策！江戸焦土作戦に迫る」(時代考証、日本テレビ、2015年)、『10MTVオピニオン』「幕末・維新史を学ぶ〜英傑たちの決断」(時代考証、テンミニッツTV、2018年)、『偉人・素顔の履歴書』第30回「明治維新 三傑の一人 木戸孝允」(時代考証、BSイレブン、2022年)など。
〔主要論文・著書〕『西郷隆盛と士族』(吉川弘文館、2005年)、『西南戦争と西郷隆盛』(吉川弘文館、2013年)、『秩禄処分——明治維新と武家の解体』(講談社学術文庫、2015年)など。

谷口雅一(たにぐち・まさかず)1969年生まれ
ＮＨＫメディア総局第2制作センター(文化)チーフ・プロデューサー。
〔業績〕「その時歴史が動いた」「ＮＨＫスペシャル」(総合テレビ)、「英雄たちの選択」(ＢＳプレミアム)などの制作。
〔主要論文・著書〕『隠された聖徳太子の世界——復元・幻の天寿国』(ＮＨＫ出版、共著、2002年)、『大化改新　隠された真相』(ダイヤモンド社、2008年)など。

中野　良(なかの・りょう)1978年生まれ
国立公文書館アジア歴史資料センター研究員。
〔業績〕
「シャカレキ！　〜社会歴史研究部〜」(日本テレビ)時代考証。
〔主要論文・著書〕
『日本陸軍の軍事演習と地域社会』(吉川弘文館、2019年)、「『戦争と科学・科学技術』の現在」(水沢光との共著、『歴史評論』第832号、2019年)、「近代日本の戦争と東北の軍都」(安達宏昭・籠橋俊光編『東北史講義【近世・近現代篇】』ちくま新書、2023年3月刊行予定)など。

三野行徳(みの・ゆきのり)1973年生まれ
昭和女子大学専任講師。
〔業績〕京都文化博物館・福島県立博物館「新選組展2022——史料から辿る足跡——」(監修、2022年)、大河ドラマ「新選組！」(資料提供、2004年)、NHK正月時代劇「新選組!! 土方歳三 最期の一日」(資料提供、2006年)。
〔主要論文・著書〕「大河ドラマのなかの新選組と幕末」(大石学・時代考証学会編

〔主要論文・著書〕『梨本宮妃伊都子の日記』(小学館、1991年)、『華族』(中公新書、2006年)、『皇室と学問』(星海社新書、2022年)など。

安達もじり(あだち・もじり)1976年生まれ

ＮＨＫ大阪放送局ドラマ番組ディレクター。

〔業績〕主な演出作品は、土曜ドラマ『夫婦善哉』(2013年)、土曜ドラマ『心の傷を癒すということ』(2020年)、連続テレビ小説『カムカムエヴリバディ』(2021～2022年)など。

門松秀樹(かどまつ・ひでき)1974年生まれ

東北公益文科大学公益学部准教授。

〔業績〕連続テレビ小説『あさが来た』(資料提供、NHK、2015年)、連続テレビ小説『わろてんか』(資料提供、NHK、2017年)、大河ドラマ『青天を衝け』(時代考証、NHK、2021年)など。

〔主要論文・著書〕『開拓使と幕臣――幕末・維新期の行政的連続性』慶應義塾大学大学出版会、2009年)、『明治維新と幕臣NHK「ノンキャリア」の底力』(中公新書、中央公論新社、2014年)、「設置当初の屯田兵による北海道防衛に関する一考察」(『東北公益文科大学総合研究論集』第39号、2021年)など。

神谷大介(かみや・だいすけ)1975年生まれ

横浜開港資料館調査研究員、東海大学文学部非常勤講師。

〔業績〕舞台『あかいくらやみ――天狗党幻譚』(資料提供、2013年)、NHK大河ドラマ『花燃ゆ』(資料提供、2015年)。

〔主要論文・著書〕「文久・元治期の将軍上洛と「軍港」の展開――相州浦賀湊を事例に」(『関東近世史研究』第72号、2012年)、『幕末期軍事技術の基盤形成――砲術・海軍・地域』(岩田書院、2013年)、『幕末の海軍――明治維新への航跡』(吉川弘文館、2018年)など。

落合弘樹(おちあい・ひろき)1962年生まれ

明治大学文学部教授。

〔業績〕『片岡愛之助の解明！歴史捜査 ＃26』「幕末のネゴシエーター・勝海舟

スペシャル『永遠の0』(資料提供、2015年)、特別展「小田原城址の150年　モダン・オダワラ・キャッスル1868-2017」(小田原城天守閣、2017年)、NHK-BSプレミアムドキュメンタリードラマ『Akiko's Piano ～被爆したピアノが奏でる和音～』(時代考証、2020年)、『DVD付学研まんが　NEW日本の歴史12　新しい日本と国際化する社会～昭和時代後期・平成時代～』(監修、学研プラス、2021年)、日本テレビ『シャカレキ！ 社会歴史研究部』(監修、2022年～)など。

〔主要論文・著書〕「MLA連携における学芸員の役割――小田原市立図書館での実務経験から――」(『記録と史料』第26号、2016年)、「戦争を描けなかった紙芝居――戦時下の教育紙芝居をめぐる議論から」(安田常雄編著『国策紙芝居からみる日本の戦争』勉誠出版、2018年)、「翼賛文化運動の戦中と戦後――加藤芳雄旧蔵埼玉県翼賛文化連盟関係資料から――」(『埼玉県立歴史と民俗の博物館 紀要』第15号、2021年)、「紙芝居からみる戦時下の社会意識――埼玉県平和資料館所蔵作品から――」(『埼玉県立歴史と民俗の博物館 紀要』第16号、2022年)など。

花岡敬太郎(はなおか・けいたろう)1983年生まれ

明治大学大学院博士後期課程修了、博士(史学)。明治大学大学院特別補助講師。

〔業績〕映画『ラストレシピ――麒麟の舌の記憶』(時代考証、東宝系、2017年)、NHK『NHKドラマ10 昭和元禄落語心中』(時代考証、2018年)、NHK『Akiko's Piano ～被爆したピアノが奏でる和音～』(時代考証、2020年)など。

〔主要論文・著書〕「「仮面ライダー」シリーズから読み解く1970年代初頭のヒーローの「正義」と戦争の記憶」(『明治大学人文科学研究所紀要第81号』明治大学人文科学研究所、2017年)、「「帰ってきたウルトラマン」制作過程から読み解く1970年代の変容の兆し」(『文学研究論集第49号』明治大学大学院、2018年)、『ウルトラマンの「正義」とは何か』(青弓社、2021年)など。

小田部雄次(おたべ・ゆうじ)1952年生まれ

静岡福祉大学名誉教授。

〔業績〕『白洲次郎』(時代考証、NHK、2009年)、『負けて、勝つ～戦後を創った男・吉田茂～』(時代考証、NHK、2021年)、「皇位継承問題と象徴天皇制の行方」(講座、アイアン・クラブ、2020年10月8日、ZOOMによるオンライン)など。

執筆者一覧

大石　学（おおいし・まなぶ）1953年生まれ

東京学芸大学名誉教授、日本芸術文化振興会監事、時代考証学会会長。

〔業績〕NHK大河ドラマ『新選組！』（2004年）、『篤姫』（2008年）、『龍馬伝』（2010年）、『八重の桜』（2013年）、『花燃ゆ』（2015年）、『西郷どん』（2018年）、NHK金曜時代劇『御宿かわせみ』（2003～05年）、『蝉しぐれ』（2004年）、『慶次郎縁側日記』（2004～06年）、NHK木曜時代劇・土曜時代劇『陽炎の辻』（2007～09年）、NHK-BSプレミアムBS時代劇『薄桜記』（2012年）、映画『大奥』（2010年）、『るろうに剣心』（2012年）、『沈黙』（2017年）、NHKドラマ10「大奥」（NHK、2023年）、オリジナルアニメ「REVENGER」（リベンジャー）（松竹・亜細亜堂・ニトロプラス、2023年）、映画『THE LEGEND & BUTTERFLY』（東映、2023年）など数多くの作品において時代考証を担当。

〔著作等〕『吉宗と享保の改革』（東京堂出版、1995年）、『享保改革と地域政策』（吉川弘文館、1996年）、『徳川吉宗・国家再建に挑んだ将軍』（教育出版、2001年）、『首都江戸の誕生』（角川学芸出版、2002年）、『新選組』（中央公論者、2004年）、『大岡忠相』（吉川弘文館、2006年）、『元禄時代と赤穂事件』（角川学芸出版、2007年）、『江戸の教育力』（東京学芸大学出版会、2007年）、『江戸の外交戦略』（角川学芸出版、2009年）、『徳川吉宗』（山川出版社、2012年）、『近世日本の統治と改革』（吉川弘文館、2013年）、『時代劇の見方・楽しみ方――時代考証とリアリズム』（吉川弘文館、2013年）、『新しい江戸時代が見えてくる――「平和」と「文明化」の265年』（吉川弘文館、2014年）、『今に息づく江戸時代――首都・官僚・教育』（吉川弘文館、2021年）、など。

鈴木一史（すずき・かずふみ）1984年生まれ

埼玉県立歴史と民俗の博物館学芸員、神奈川大学日本常民文化研究所付置非文字資料研究センター研究協力者。

〔業績〕没後30年特別展「大田黒元雄の足跡――西洋音楽への水先案内人――」（杉並区立郷土博物館、2009～2010年）、テレビ東京開局50周年特別企画ドラマ

編者略歴

大石　学（おおいし・まなぶ）

1953年生まれ。東京学芸大学名誉教授、日本芸術文化振興協会幹事。専門は日本近世史。
大河ドラマ『新選組！』『篤姫』『龍馬伝』『八重の桜』『花燃ゆ』『西郷どん』の時代考証を担当。著書に『時代劇の見方・楽しみ方―時代考証とリアリズム』（吉川弘文館、2013年）、『今に息づく江戸時代―首都・官僚・教育』（吉川弘文館、2021年）など多数。

時代考証学会（じだいこうしょうがっかい）

2009年創設。会長は大石学。
編著書（いずれも大石学・時代考証学会編）に『時代考証学ことはじめ』（東京堂出版、2010年）、『時代劇文化の発信地・京都』（サンライズ出版、2014年）、『時代劇メディアが語る歴史―表象とリアリズム』（岩田書院、2017年）などがある。

明治・大正・昭和の時代劇メディアと時代考証

編者　大石　学
　　　時代考証学会
制作　㈱勉誠社
発売　勉誠出版㈱
〒101-0061 東京都千代田区神田三崎町二―一八―四
電話　〇三―五二一五―九〇二一㈹

二〇二三年二月二〇日　初版発行

印刷製本　三美印刷㈱

ISBN978-4-585-32025-8　C0021

戦国時代劇メディアの見方・つくり方
戦国イメージと時代考証

歴史意識・イメージの変遷とそこに影響を与えるポップ・カルチャーの関係にも注目。研究者、漫画家、俳優、ドラマ制作者などのさまざまな視点から、「時代考証」を考察。

大石学・時代考証学会 編・本体三二〇〇円（+税）

明治が歴史になったとき
史学史としての大久保利謙

日本近代史研究の先駆者である大久保利謙の足跡を史学史・史料論・蔵書論の観点を交え検証し、日本近代史研究の誕生の瞬間を描き出す。

佐藤雄基 編・本体二八〇〇円（+税）

パブリック・ヒストリー入門
開かれた歴史学への挑戦

歴史学や社会学、文化人類学のみならず、文化財レスキューや映画製作等、さまざまな歴史実践の現場より、歴史を考え、歴史を生きる営みを紹介。日本初の概説書！

菅豊・北條勝貴 編・本体四八〇〇円（+税）

見る・知る・考える 明治日本の産業革命遺産
日本と世界をつなぐ世界遺産

二〇一五年に世界遺産に登録された明治日本の産業革命遺産。8エリア23資産の歴史・概要を時系列で写真とともに解説。現地を歩くためのガイドブックとしても最適。

岩下哲典・藤村泰夫 編・本体二四〇〇円（+税）

スイス使節団が見た幕末の日本
ブレンワルド日記 1862-1867

横浜での西洋人の生活、幕末の外国商社の活動などを具体的に知ることができる一級資料であるブレンワルドの日記のうち一八六七年十二月までのものを全編翻訳し初公開。

横浜市ふるさと歴史財団・ブレンワルド日記研究会 編
本体九八〇〇円（+税）

少年写真家の見た明治日本
ミヒャエル・モーザー日本滞在記

モーザー自身による日記・書簡類をひもとき、時代を浮かび上がらせる約一三〇点の豊富な写真資料と共に彼の見聞した明治初期の世界を浮き彫りにする。

宮田奈奈／ペーター・パンツァー 編・本体六五〇〇円（+税）

木口木版のメディア史
近代日本のヴィジュアルコミュニケーション

新出の清刷をはじめ、四〇〇点以上の貴重図版を収載。合田清、生巧館の営みを伝える諸資料から、近代日本の視覚文化の一画期を描き出す。

人間文化研究機構 国文学研究資料館 編
本体八〇〇〇円（+税）

庶民たちの日露戦争
従軍日記と報道挿絵が伝える

一兵士が記録した、豊富な内容を持つ従軍日記の全編等を活字化し紹介。当時の庶民たちが戦争に際し、何を感じ、何を考えたかを知るための貴重資料。

西川武臣 著・本体三八〇〇円（+税）

プロパガンダ・ポスターにみる日本の戦争
135枚が映し出す真実

長野県阿智村に現存する、一九三七年の日中戦争開戦から四五年の終戦までの約十年間に製作された一三五枚のポスターをフルカラーで初公開し、詳細に解説する。

田島奈都子 編著・本体二八〇〇円（＋税）

移動するメディアとプロパガンダ
日中戦争期から戦後にかけての大衆芸術

「プロパガンダ芸術＝移動するメディア」と、それを担った個人の思惑や彼らを動かした歴史・社会的な動態との関連を、さまざまな人間模様を通して活写する。

西村正男・星野幸代 編・本体二八〇〇円（＋税）

国策紙芝居からみる日本の戦争

戦争教育や戦意発揚に重要な役割を果たした国策紙芝居をフルカラーで紹介。国策紙芝居が当時果たした役割を分析し、当時の戦争観や状況を知る。

神奈川大学日本常民文化研究所非文字資料研究センター「戦時下日本の大衆メディア」研究班 代表・安田常雄 編著・本体六八〇〇円（＋税）

古写真・絵葉書で旅する東アジア150年

大連、台湾の京都・台南、モダン都市・ソウル——。中国・台湾・朝鮮半島の二十五都市三〇〇点の過去と現在の景観を対比。東アジア再発見の旅へといざなう。

村松弘一・貴志俊彦 編・本体三八〇〇円（＋税）

増補改訂
戦争・ラジオ・記憶

草創期から、戦時中繰り広げられた電波戦争が、二十世紀の国際関係・政治・社会・文化に与えた影響を解明するとともに、震災後のコミュニティ放送の可能性も提示。

貴志俊彦・川島真・孫安石 編・本体六八〇〇円（＋税）

ラジオの技術・産業の百年史
大衆メディアの誕生と変遷

ラジオの発明、世界各地での放送開始から、戦時下の国家による統制・管理の時代を経て、戦後の娯楽メディアとしての興隆、変容など一〇〇年の歴史を追う。

岡部匡伸 著・本体五四〇〇円（＋税）

メディアのなかの仏教
近現代の仏教的人間像

社会的に生み出された文化的所産である仏教的人物像の性質と機能を明らかにし、仏教文化に見られるメディア表現の創造と受容の実態へ迫る。

森覚 編・本体七五〇〇円（＋税）

もやもや日本近代美術
境界を揺るがす視覚イメージ

「美術」とは何か？　様々な「狭間」の中に生じ、「日本近代美術史」の周辺や外部、スキマに山積されている「もやもや」している問題を探る画期的な一冊！

増野恵子・安松みゆき他 編・本体四八〇〇円（＋税）

歌う民衆と放歌高吟の近代
放歌民衆から唱歌・軍歌を歌う国民へ

ありふれた行為であるがゆえに、意識されず、記録に残されることの少なかった「放歌」の歴史を、犯罪記録として残った資料、多数の図版とともに丹念に紐解く。

永嶺重敏 著・本体三五〇〇円（＋税）

渋沢敬三とアチック・ミューゼアム
知の共鳴が創り上げた人文学の理想郷

人びとの興味と能力が調和・共鳴し合いながら互いの成長をはぐくむ共同空間を作り出した渋沢とその仲間たちの営為・思想から、文化創造のあり方を探る。

加藤幸治 著・本体三五〇〇円（＋税）

大宅壮一文庫解体新書
雑誌図書館の全貌とその研究活用

二〇二一年、開設から五十年を迎える大宅壮一文庫について、概要から、その誕生の歴史、そして文庫を活用した研究の実践例まで、すべてを網羅した解説書。

阪本博志 編・本体三五〇〇円（＋税）

江戸川乱歩大事典

死後五十年を経て、未だ我々を魅了し続ける乱歩の創作・思考の背景にあるものはいったい何か。乱歩ワールドの広がりを体感できるエンサイクロペディア。

落合教幸・阪本博志・藤井淑禎・渡辺憲司 編

本体一二〇〇〇円（＋税）